U0139167

凝煉知識品味閱讀

前瞻教育

叢書主編　黃政傑

臺灣教育研究趨勢

高新建　林佳芬　主編

林佳芬　楊智穎　林永豐　劉秀曦
方瑀紳　李隆盛　林坤燦　鄭浩宇
林育辰　張德永　洪雯柔　鄭同僚
徐永康　陳學志　蔡孟樺　蔡孟寧
黃詩媛　吳清山　林雍智　蔡清田
林素微　林建福　沈姍姍　賴阿福
劉世閔　合著

五南圖書出版公司 印行

主編序

教育研究是教育理論與實務的礎石及探照燈，不僅是改革及發展的重要根本基礎，更爲其照亮未來的發展方向及前景。因此，教育研究除了助長學理的進展，也攸關實踐品質的提升。同時，教育實務的實踐經驗，促成教育學理與研究的省思及調適。

然而，教育研究與其所處的政治、經濟、社會及文化情境，乃致於國際情勢，均具有密不可分的關係。教育研究固然可以促成國家及社會的變遷，有助於人力品質的提升；相對的，國內外的政經社會文化情勢，往往也會左右教育研究的議題與取向。

近年來，臺灣的社會型態及其演變，出現解構與重構的種種現象，諸如：高齡化及少子化的趨勢、家庭結構及組成成員的改變、性別平等及多元性別的觀點、各種社會價值觀的遞嬗及並存、科技應用與網路社群的興盛及數位落差、子女教養方式與需求及教育內涵與處遇個殊化及均等化的要求、地球村內全球化與在地化主體意識的協調及均衡、實驗教育與另類教育的興起、主流教育對學力及素養觀念的調適，以迄於今冠狀病毒疫情對社會及教育的影響等等，不勝枚舉。

凡此，均成爲教育於面臨社會快速且多元變遷的新挑戰時，亟須在理論與實務上加以因應，同時，也衍伸出教育研究的新課題。自1994年《師資培育法》公布後，許多大學競相設置教育學程中心，亦有不少增設教育相關學系及研究所，甚至是教育相關學院，使得教育領域的研究人員大量增加。再者，教育研究機構的設立及許多專業組織陸續成立，亦共同促成各類教育研究益形蓬勃發展。

爲了掌握近年來臺灣教育學門各領域研究的發展趨勢及其成果，並揭櫫前瞻議題以引導未來教育研究發展的方向，台灣教育研究院乃以「臺灣教育研究趨勢」爲主題，區分爲「各級各類教育」及「教育學理與實務」等兩篇，邀請教育各領域的知名優秀學者方家撰文。二篇的分類及內涵，儘量可能周延，但卻不會互斥。

本書彙集教育研究趨勢與展望的精心論述十七章，且均經匿名雙審查通過。各章作者精當掌握方向，精巧安排架構，精湛分析文獻，精準運用文字，精闢闡釋見解，精確指引前景，實爲近年僅見的教育研究後設分析專著。專書付梓之前，特別感謝各章作者惠賜鴻文，感謝匿名學者費心審查文稿，感謝五南圖書出版公司慨允出版及編輯團隊用心處理，感謝本院東松洋助理細心聯絡及彙整稿件。台灣教育研究院社社長暨全體理事與監事及秘書處同仁的協助，於此併誌謝忱。

高新建、林佳芬　謹識

台灣教育研究院

2021 年 12 月 9 日

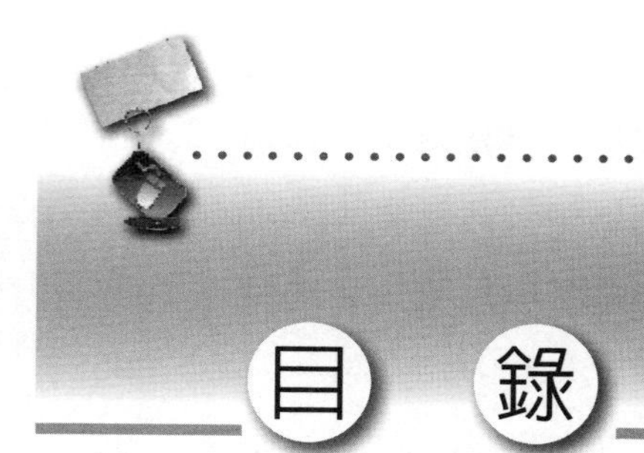

目錄

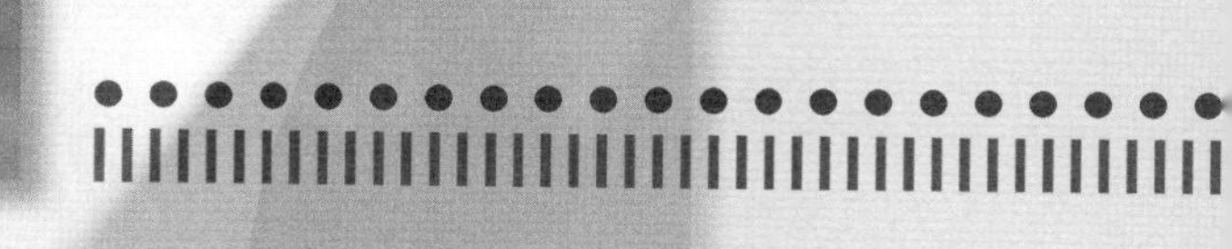

第一篇
各級各類教育

第一章

幼兒教育研究的趨勢與展望

林佳芬

前言

本文主要是在分析臺灣自西元 2000 年至 2020 年（民國 89 年至 109 年），近二十年幼兒教育研究之趨勢，討論重點包括了：幼兒教育研究的背景沿革、理論框架與實務發展、研究方法的典範位移、研究現況與主要議題分析、代結語—趨勢與展望等。希望藉由上述議題的論述，提供未來幼兒教育研究在學術與實務上的相關資訊與建議。

幼兒教育研究的背景沿革

臺灣的幼兒教育研究背景主要受到社會發展與教育政策影響，回顧近二十年期間，重要的社會發展議題即是人口結構的改變，少子女化現象在此時期開始受到重視；接續的《幼托整合政策》、《幼兒教育及照顧法》、《幼兒園教保活動課程綱要》、《教保公共化政策》……等，皆為近二十年幼兒教育研究的相關背景歷程。以下分別從社會、體制、實務、政策等四項背景，分述之。

一、社會背景：少子女化人口結構

「少子女化」人口結構，是近二十年來幼兒教育研究的重要社會背景因素之一。主要是在此之前，家庭生養子女的數量是足夠的，並沒有因為人數的減少而引起國家與社會的急切關注。依據內政部戶政司（2021）的人口統計資料顯示，自民國 40 年迄 109 年期間，歷經了國民政府播遷來臺後的戰後嬰兒潮，當時的人口總生育率約為 7.04 人；隨著社會的變遷與繁榮，由農業社會進入工業社會，職業婦女的比率逐漸提高，加上民國 60 年施行的家庭計畫政策「兩個孩子恰恰好」，人口的總生育率在民國 65 年時已經降為 3.09 人；之後的經濟起飛時期，年輕人的晚婚與不婚的比率增加，民國 89 年時的總生育率再降下為 1.68 人，直至民國 109 年總生育率只有 0.99 人。由人口總生育率的急速下降，可知民國 89 年至 109 年這二十年期間，「少子女化」已經是影響這個時代的重要社會背景。

新生兒出生率的下降，對於各級教育的衝擊，幼兒教育是首當其衝；除了考驗幼兒教育機構的生存與營運外，並含跨了職前與在職師資的培育與發展，及其所對應的教育經費資源之規劃與調整。「少子女化」的時代趨勢，是近二十年幼兒教育研究的重要社會背景。

二、體制背景：學前教保制度的變革

在民國 89 年至 109 年期間，國內學前教保機構有了重要的改革，主要關鍵就是推動《幼托整合政策》，與《幼兒教育及照顧法》立法。《幼托整合政策》是政府的跨部門合作業務，於民國 90 年時成立「幼托整合推動委員會」，由教育部與內政部分別針對其管轄的幼稚園與托兒所，檢討兩者所提供的幼兒教保服務功能重疊之相關問題與改革措施。在教保制度變革之前，幼稚園依據《幼稚教育法》之規範爲學前教育機構，招收四足歲至入國民小學前之幼兒；托兒所則是依據《兒童及少年福利法》爲辦理托育服務之兒童福利機構，分成托嬰與托兒兩部分，托嬰收托出生滿一個月至二歲，托兒收托二足歲至六歲之幼兒。教育部於民國 92 年的「幼托整合政策規劃專案報告」中，將相關業務進行專業分工，分成了「師資整合組」、「立案及設備基準組」、「長程發展規劃組」等組別。行政院並於民國 94 年決議，由教育部擔任幼托整合後的主管機關，持續推動學前教保制度的改革。直至民國 100 年公布了《幼兒教育及照顧法》，並於 101 年開始施行，學前教保制度建立了新的架構與機制。之後，幼稚園及托兒所均改制爲幼兒園，招收二歲至入國民小學前的幼兒。此外，因應《幼兒教育及照顧法》中對於專業服務的規範，教育部於民國 106 年完成《教保服務人員條例》，明文規定了教保服務人員的培育與資格、權益、管理、申訴與爭議……等。這些改革的歷程，亦是從事幼兒教育研究時需要探究的政府行政體制背景。

三、實務背景：頒定幼兒園教保活動課程綱要

頒定《幼兒園教保活動課程綱要》，是延續上述學前教保制度變革

後，針對實務運作上的重要背景。在民國 89 年至 109 年期間，前十年的幼稚園課程實務是依據民國 76 年的《幼稚園課程標準》，以健康、遊戲、音樂、工作、語文、常識等六項領域，規劃課程目標、範圍與評量。後十年的幼兒園課程實務，則在民國 101 年施行《幼兒教育及照顧法》後有了重要的調整；同年公布的《幼兒園教保活動課程暫行大綱》，將課程分爲身體動作與健康、認知、語文、社會、情緒和美感六大領域，透過統整各領域的課程活動，以培養幼兒具有覺知辨識、表達溝通、關懷合作、推理賞析、想像創造、自主管理等六項核心素養。這項課程實務的改革，政府透過幼兒園輔導、課程綱要宣講等相關計畫，於幼兒園進行課程實務的推廣與實驗。民國 106 年正式頒定《幼兒園教保活動課程大綱》，並陸續完成課程實務運作之相關配套資源，包括：幼兒園教保活動課程手冊、課程發展參考實例、幼兒學習評量手冊、文化課程參考實例手冊……等。這二十年間，幼兒教育實務運作對應了前後兩種不同的課程規範框架，亦提供了進行相關研究時之重要資源與題材。

四、政策背景：推動幼兒教保公共化

近二十年，幼兒教育相關的政策背景，除了上述前十年的《幼托整合政策》，後十年則是推動《幼兒教保公共化》的相關政策。後者，主要是源自民國 100 年《幼兒教育及照顧法》的精神，政府希望能提供優質、平價、普及、近便之學前教保服務。具體的政策方向，則是起於民國 106 年的「擴大幼兒教保公共化計畫（106-109 年度）」，此項計畫的主要內容是提高公共化幼兒園的就學比例，將原本的 30% 提高至 40%，並以增設非營利幼兒園爲主、公立幼兒園爲輔的方式，擴增公共化幼兒園的班級數。接續，政府於民國 107 年的「我國少子女化對策計畫（107 年—111 年）」，提及因應公共化教保服務的供應量與推動時程，尚無法滿足家長期待；因此，規劃「準公共化機制」，將私立幼兒園納入合作對象，並於 108 年 8 月全國施行，參與的私立幼兒園必須符合「收費數額」、「教師及教保員薪資」、「基礎評鑑」、「建物公安檢查」、「教保人力比」及

「教保品質」等六項規範條件。可知，在這二十年期間的前十年的《幼托整合政策》已經完成政策任務；後十年，幼兒教保公共化的相關議題與內容則是持續的推動中，亦是目前進行幼兒教育研究時之重要政策背景。

 貳 理論框架與實務發展

探究臺灣近二十年幼兒教育研究的理論框架，可以依據課程設計與經營管理兩大部分進行分析，並對應其實務發展趨勢。在課程教學部分，主要的理論是延續「學校本位課程」之理念，循序發展爲現在的「在地文化課程」；在經營管理部分，主要的理論則是受到「特許學校模式」的影響，逐步擴增「非營利幼兒園」。

一、學校本位課程理論與在地文化課程

學校本位課程（School-based Curriculum Development, SBCD），在經濟合作暨發展組織（Organization for Economic Cooperation and Development, OECD）1979 年針對各國課程政策中權力下放與民間參與改革等議題進行公開討論後，已經成爲當代課程政策與實務的重要理論之一。之後，Skilbect（1984）提出學校本位課程的「情境分析模式」（situational analysis model），主要的實務運作方式包括了：情境分析、目標界定、教與學計畫、詮釋與實施、評估與評鑑等五項。Skilbect 的「情境分析模式」，爲學校本位課程的發展奠定了基礎並提供具體的參考架構。這種以學習者爲核心，帶領學校團隊成員進行專業合作，及國家課程決策權力下放的理念，如同旋風從西方吹進了亞洲，政策借用（policy borrowing）的衝擊影響了各級教育階段，也喚起了各地對於學前教育在地化課程的重視（林佳芬、李子建，2014；Kennedy & Lee, 2008）。

分析國內近二十年幼兒教育課程政策與實務的演變，由前述早期的「課程標準」到現今的「課程綱要」，顯示出課程的彈性與賦權已逐漸受到重視。且，幼兒園課程並沒有教科書，也無教科書或教材的審定制度；相較於各級教育階段，幼兒園階段更適合落實學校本位課程的理念與實

務。然而，學校本位課程理論在國內學前教育課程的應用情形如何？由目前教育部於2017年推動《幼兒園教保活動課程大綱》，及2019年編制的《文化課程參考實例手冊》等內容，可以了解政府正在持續引導幼兒園發展在地文化課程。

以國內幼兒園在地文化課程，對應上述的Skilbect的學校本位課程「情境分析模式」進行分析。首先，「情境分析」是發展地文化課程的起點，必須要了解各園地理位置不同對於區域生活環境的影響，及考量幼兒族裔與家庭生活經驗的差異，以進行在地文化情境與資源的相關背景分析。接續的「目標界定」、「教與學計畫」、「詮釋與實施」、「評估與評鑑」等實作方式，則是以《幼兒園教保活動課程大綱》的相關內容爲規範。「目標界定」，主要是依據六大學習領域及其分齡指標進行學習目標的確認；「教與學計畫」，需要於學年與學期的課程發展會議中，由課程參與者共同提擬對應幼兒學習目標的相關教保活動規劃；「詮釋與實施」，可以藉由課程與教學的具體運作方式加以落實，例如主題式、方案式、學習區角式、蒙特梭利式、華德福……等；「評估與評鑑」，可以依據六大核心素養之學習評量指標進行幼兒的學習能力評估，而評鑑部分目前則是先以幼兒園整體運作進行基礎檢核，但是目前並無納入明確的教學成效。針對評鑑的部分，即是國內幼兒園發展在地文化課程時，對應學校本位課程的理論上需要補充與加強的部分。可知，國內幼兒園在地文化課程主要是依據學校本位課程的學理框架，亦是幼兒教育研究中課程教學領域上的實務趨勢。

二、公私協力特許學校模式與非營利幼兒園

非營利幼兒園是臺灣近二十年所興起的新形態體制，有別於傳統的公立幼兒園及民辦的私立幼兒園，主要是採用公私協力（Public Private Partnership, PPP）的合作方式。政府如何與民間組織合作辦理教育機構？簽訂合約進行委託授權與補助教育經費，均是可行方式。其中特許學校（Charter School）的運作模式，即爲國內非營利幼兒園經營管理的重要理論架構

之一。特許學校起始於 1990 年代的美國，由明尼蘇達州、加州等地方政府率先通過《特許學校法》並陸續成立學校。特許學校爲公私協力的教育經營方式，特許機關爲美國的地方各州政府，並負擔學校的教育經費；民間承辦者可以是私人與團體，如：家長、教育專業團體、非營利機構……等，有些州甚至可以由商業團體承辦（秦夢群，2014）。特許學校體制上屬於公立學校，但是經營管理並不受到一般教育行政法規的限制，可以依據辦學者的理念營造課程與教學之特色，以吸引家長選擇入學及肩負學生學習成效的責任，並需要接受政府的評鑑考核，決定學校的續辦與經費的核發（Manno, Finn, Bierlein, & Vanourek, 1998; Ericson, Silverman, 2001）。

在特許學校的模式框架下，國內在《幼托整合政策》前，已經有相關的運作經驗。首先，臺北市於民國 83 年制定了《臺北市政府社會福利設施委託民間專業機構辦理實施要點》，設立了第一間公辦民營托兒所——「臺北市正義托兒所」，以招收弱勢家庭幼兒爲優先對象。臺北縣（現爲新北市）則於民國 87 年制定了《臺北縣政府委託民間辦理幼稚園實施辦法》，以政府的土地與建物設施設備進行幼兒教育的委託辦理。內政部於民國 91 年依據「社區自治幼兒園實驗計畫」，成立的社區自治幼兒園，交由人民團體辦理。教育部於民國 96 年試辦「友善教保服務實驗計畫」，以公辦民營方式成立非營利幼兒園。直至，民國 101 年《幼兒教育及照顧法》施行後，由教育部頒定的相關子法《非營利幼兒園實施辦法》，至此有了明確的推動方式與相關規範。在其第 19 條，即定義非營利幼兒園的辦理方式，包括了委託辦理及申請辦理等兩種。此兩種方式，與特許學校運作模式相同，主要是接受政府的委託辦理與申請教育經費，並接受政府的續約考核評鑑。然而，不同的是在《非營利幼兒園實施辦法》施行後，定義爲私立幼兒園；在民國 107 年的「我國少子女化對策計畫（107 年—111 年）」中，被列爲政府的公共化幼兒園之一；此與特許學校模式中，明確定爲公立學校的部分有其差異；且，國內非營利幼兒園的承辦單位不能爲商業團體。可知，公私協力特許學校模式是國內幼兒教育於經營管理領域的重要理論架構與實務發展趨勢。

 研究方法的典範位移

幼兒教育研究隸屬於社會科學研究之下，其研究典範的沿革，亦隨著不同典範的對峙論辯到彼此整合後之視框位移，區分成不同的歷程階段。何謂典範（paradigm）？其源自於希臘文的並列之意。近代由 T. S. Kuhn 在 1962 年的著作《科學革命的結構》（*The Structure of Scientific Revolutions*）中提出這項專業名詞並進行定義。Kuhn 指出典範是一群擁有共同世界本體論、知識論與方法論的研究者，在進行科學研究時彼此間所形成的專業共識與監督。以下論述幼兒教育研究典範的更迭位移，有三個重要的歷程階段。

一、實證典範與量化研究

首先爲實證主義（Postpositivism）典範，此典範的研究者認爲研究的主體（knower）與客體（known）是分離（dualism）且值中立（value-free）的，在研究設計的邏輯方法上以量化（quantitative）資料的演繹（deductive）爲主。以幼兒教育研究領域進行分析，實證典範的研究者會採用量化研究，並著重於實驗研究法（Experimental Research）及調查研究法（Survey Research）等方式，希望透過科學研究以尋找共通的原理原則，研究者的身分多具有醫學背景。例如：Arnold Lucius Gesell（1880-1961）是一位小兒科醫生，並具有教育學與心理學的跨領域專長。他和同事們在「耶魯兒童發展診所」中進行實驗研究，發現幼兒中樞神經系統發育對於動作發展的影響，並於 1947 年時發表了「葛塞爾發展量表」（Gesell Development Schedule），測量出生四週至六歲嬰幼兒的發展情形，包括：動作行爲、適應行爲、語言行爲、個人、人際互動等部分（Gesell, 1928; Gesell, 1934; Gesell, 1945; Gesell & Amatruda, 1947）。在國內的相關研究範例上，有孟瑛如等人（2020）編製的「學前幼兒認知發展診斷測驗」（Cognition Development Diagnostic Assessment for Preschoolers），以臺灣北中南三區共 850 位幼兒爲研究對象，依照年齡分別建立常模，評估學前階段幼兒的智力或認知發展狀態，藉由結果了解其弱勢能力，以提供診斷發展遲緩幼兒

之解釋參考。

二、建構典範與質性研究

建構主義（Constructivism）典範，此典範的研究者認爲研究的主客體無法分離，應該要重視研究者的主觀與價值判斷，在研究方法上採用質性（qualitative）研究方法，並主張研究品質不適合套用量化研究的信度與效度，而以信實度（Trustworthiness）作爲評核的重點。以幼兒教育研究領域進行分析，建構典範的研究者常以質性研究中的觀察研究法（Observational Method）爲主要方式，包括了參與式觀察（Participant Observation）與非參與式觀察（Nonparticipant Observation）。在幼兒教育的場域中，建構典範研究者重視自已與被研究對象（幼兒、家長、幼兒教育者）之間的關係與情境，以探究更多或更深層的研究內容。例如：Jean Piaget（1896-1980）即是著名的教育學家，同時也兼具發展心理學家與哲學專長。他的研究方法不採用當時流行的實驗研究法及相關的統計數據，而採用對於個別幼兒在自然的情境下，長時間且詳細的觀察紀錄，探究幼兒對事物處理的智能反應，並提出認知發展論（Cognitive-developmental theory），說明幼兒自出生後如何適應環境及學習成長的歷程（Piaget, 1971; Piaget, 1977）。國內的相關研究範例上，有周淑惠（2004）的「建構取向之幼兒自然科學教學之歷程性研究」，採用質性研究方式探究幼兒園教學如何藉由共同建構、語文心智工具與鷹架以引導「社會建構論」，並分析在整體試行歷程中的相關問題與解決策略。

三、實用典範與行動研究、混合方法研究

實用主義（Pragmatism）典範的出現，代表了研究者對於典範上非此即彼（either-or）的選擇性鬆綁（Tashakkori & Teddlie, 1998）。若將強調量化分析的實證主義與重視質性探究的建構主義，延伸爲一條線的兩個端點，不同的典範代表不同的位置，而實用主義則是介於這些典範的中間（林佳芬、林舜慈，2010）。實用主義整合了上述兩種典範的理念，研究者採取主客觀並存的觀點，在研究方法上結合量化演繹與質性歸納。

以幼兒教育研究領域為例，實用典範研究者多採用行動研究（Action Research）、混合方法研究（Mixed Methods Research）等方式。行動研究強調行動者就是研究者，其研究設計可以調節實驗研究受限於研究的倫理與缺乏對照組的困境。Creswell 和 Plano Clark（2007）在其著作《混合方法研究的設計與執行》（*Designing and conducting mixed methods research*）中，以量化研究與質性研究方法的整合，提出四種混合方法設計模式，分別為三角驗證設計（triangulation design）、解釋型設計（explanatory design）、探索型設計（exploratory design）、嵌入型設計（embedded design）。在混合方法研究的國內相關範例上，有莊廣盈、徐曄、陳淑瑜（2017）的「編製兒童溝通發展音樂評量表之前導研究」，以立意取樣選取臺北市和新北市 0～6 歲嬰幼兒為研究對象，並採用混合方法研究之「探索式研究」（exploratory research）中的「工具發展模式」，從質性資料分析開始，結束於量化數據調查；了解一般幼兒和特殊幼兒之溝通能力年齡水準，以增進評估的多元性及相關教學或介入設計等的實務建議。在行動研究範例上，有林怡滿、李美玲、周芸頻、蔡淑君、洪慧英（2015）的「幼兒園課程變革之行動研究：從傳統到學習區」，係以行動研究的蒐集教學日誌、作息表、教師省思和園務會議等紀錄等相關資料，應用「幼兒園課程與教學品質評估表」檢視幼兒學習環境，並作為研究中的行動策略及修正的依據，探討課程模式從傳統轉變成學習區的歷程。

肆 研究現況與主要議題分析

分析西元 2000 年至 2020 年（民國 89 年至 109 年），臺灣近二十年幼兒教育研究的發展趨勢，本文彙整本領域重要的研究主題及其成果，包括：專題研究（學者、大專生）、學術期刊論文、碩士及博士論文……等相關資料進行分析，詳見下表 1、表 2、圖 1、圖 2。在資料蒐集與彙整上，受限於人力與授權等因素，以上相關研究資料的蒐集來源，包括：國家圖書館碩博士論文知識網及學術期刊查詢網、科技部研究計畫獎勵與結案系統、全國幼兒教育相關學系的專兼任師資著作發表網頁……等；唯，研究者於國際外文期刊發表中，僅能納入其個人著作研究網頁中公布的研究資訊，無法全面彙整各種不同語言之外文相關發表，是本次資料分析上的限制。

一、幼兒教育研究之研究現況

本文在幼兒教育研究的時間分析上，將二十年分成前後兩個時期。在 2000 年至 2010 年的前十年間，幼兒教育相關研究共有 1,138 篇，其中以碩士論文占最多數，共有 720 篇，占 63%；期刊次之，有 218 篇，占 19%；科技部研究計畫與博士論文相較於前述兩者較為偏少，分別有 179 篇與 21 篇，合計共占總數的 18%。接續，在 2011 年至 2020 年的後十年間，幼兒教育相關研究共有 2,332 篇，同樣是以碩士論文占最多數，共有 1,664 篇，占 71%；期刊次之，有 300 篇，占 13%；科技部研究計畫有 289 篇，占 13%；博士論文最少，有 79 篇，占 3%。由前後兩個時期的數據可知，國內幼兒教育相關研究總數共有 3,470 篇，以 2011 年至 2020 年的後十年間的發表量較多，比 2000 年至 2010 年的前十年間多出了 1,197 篇，達將近一倍的發表量，顯示近十年的研究數量有積極上升的趨勢。而在此二十年期間，幼兒教育研究發表的整體篇幅數量，以碩士論文占最多數，約占全體發表量數的將近七成；期刊發表數量次之，約占一成五；科技部計畫，約占一成三；博士論文的數量最少，在一成以下。在數量分析上，科技部計畫則有明顯的增加，前十年只有 179 篇，後十年則增加至 289 篇，可以顯示後十年期間政府與學者及大專生投入相關研究經費與計畫數的提升。詳見下表 1、表 2、圖 1、圖 2。

表 1　2000-2010 年幼兒教育相關研究資料彙整

研究議題／發表形式	期刊	科技部研究計畫		博論	碩論	小計
		學者	大專生			
幼兒身心發展	43	47	15	4	166	275
幼兒園課程與教學（含特殊幼兒教育）	97	27	40	3	289	456
幼兒園行政管理	39	12	1	6	57	115

（續前頁）

研究議題／發表形式	期刊	科技部研究計畫		博論	碩論	小計
		學者	大專生			
幼兒園家庭與社區合作	13	8	8	0	102	131
教保服務人員專業成長	22	17	4	6	99	148
教保公共化	4	0	0	2	7	13
小計	218	179		21	720	1138
2011-2020						

表 2　2011-2020 年幼兒教育相關研究資料彙整

研究議題／發表形式	期刊	科技部研究計畫		博論	碩論	小計
		學者	大專生			
幼兒身心發展	43	56	46	5	365	515
幼兒園課程與教學（含特殊幼兒教育）	147	42	57	28	669	943
幼兒園行政管理	32	12	5	20	155	224
幼兒園家庭與社區合作	22	20	15	4	203	264
教保服務人員專業成長	31	17	13	21	244	326
教保公共化	25	6	0	1	28	60
小計	300	289		79	1664	2332

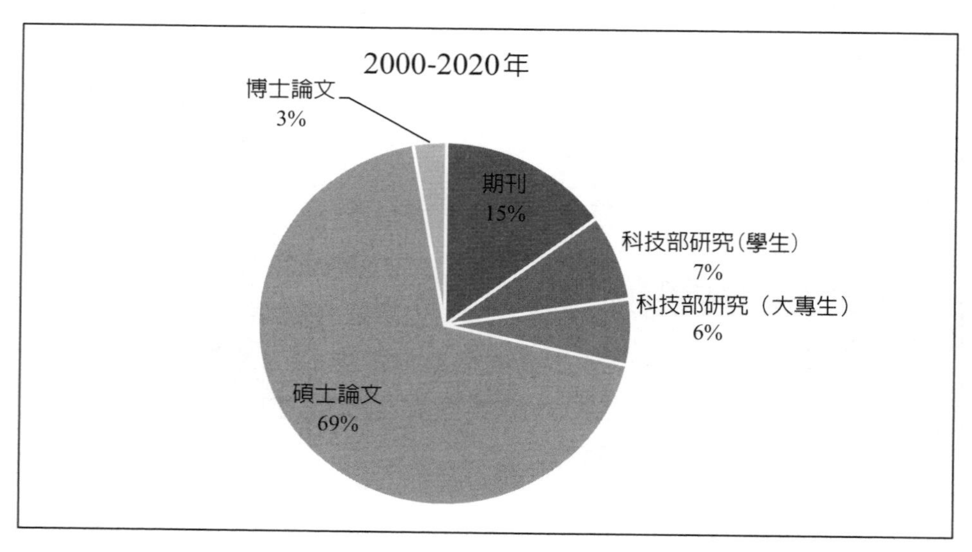

圖 1　2000-2020 年幼兒教育相關研究發表形式比例

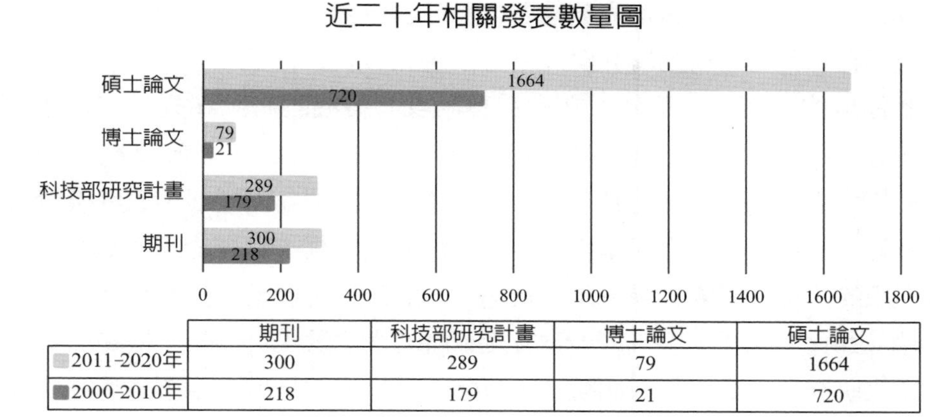

	期刊	科技部研究計畫	博士論文	碩士論文
2011-2020年	300	289	79	1664
2000-2010年	218	179	21	720

圖 2　2000-2020 年幼兒教育相關研究發表數量

二、幼兒教育研究之主要議題分析

由上述 2000 年至 2020 年期間的幼兒教育相關研究資料，應用內容分析法，將研究議題與數量之重疊與分布以進行統合分析，其主要的研究議題及其發現，可以分成幼兒發展、幼兒園實務運作、教保政策等三大類及其六個分項領域，包括了：幼兒身心發展、幼兒園課程與教學（含特殊幼兒教育）、幼兒園行政管理、幼兒園家庭與社區、教保服務人員專業成長、教保公共化等項目，以下分述之。相關數據詳見表 1、表 2、圖 1、圖 2。

㈠幼兒身心發展

在二十年期間，與幼兒身心發展有關議題的研究共有 790 篇，前十年有 275 篇，後十年有 515 篇。發表的形式以碩士論文居大多數，共有 531 篇，占整體發表數量的 67%；其次是科技部計畫，包括學者與大專生專題計畫等兩部分，學者計畫有 103 篇，大專生專題有 61 篇，兩者合計共有 164 篇，占整體發表數量的 21%；學術期刊共有 86 篇，占整體發表數量的 11%；博士論文共有 9 篇，占整體發表數量 1%。在幼兒身心發展相關研究議題的 790 篇論文中，主要研究內容包括了：身體動作發展、語言發展、情緒發展、認知學習、人際社會……等；研究方法設計，則包括了量化研究、質性研究、行動研究與混合方法研究等。

此領域的相關研究範例，在幼兒整體身心發展的研究部分，有張鑑如（2011）的「幼兒發展資料庫先期研究」，其研究以三年的研究時間研發 0-5 歲嬰幼兒認知語言發展、社會情緒發展、身體動作發展、家庭環境品質及經驗、和家庭外教保環境品質及經驗評估工具，以探究國內幼兒發展資料庫的定位、研究架構及研究議題。關於幼兒身體動作技能發展，有蔡政玲（2016）的「三至六歲 Movement ABC-2 測驗工具信效度檢驗與常模建立之研究」，此研究採測驗法，以隨機抽樣方式抽取臺中市公私立幼兒園身體健康無疾病之三至六歲幼兒，檢驗幼兒於「MABC-2 動作發展量表」之信效度，了解不同背景變項幼兒的動作技能發展情形。關於幼兒語言發展，有陳欣希（2010）的「家庭語文經驗對幼兒詞彙表達能力影響之研究－生態系統理論 PPCT 的應用」，此研究採用調查研究法，以自編的「二歲幼兒家庭語文活動調查問卷」及「華語嬰幼兒溝通發展問卷（臺灣版）」，以了解幼兒與母親互動、與父親互動、及幼兒獨自探索活動，進而評估幼兒的詞彙表達能力。關於幼兒認知與社會人際發展，有張耿彬（2006）的「從幼兒繪畫內容探討幼兒認知、環境因素與幼兒繪畫的關係」，此研究採用質性研究方式，以研究者任教的幼兒為對象，透過收集幼兒自由畫作、幼兒繪畫內容訪談、幼兒家庭環境訪視、幼兒及家長訪談等資料進行分析，其研究發現幼兒的畫作內容多半圍繞在生活經驗與想像的事物上，幼兒性別與繪畫內容有明顯的區別，藉由繪畫可以探究幼兒的認知發展與其社會人際互動情形。

由上述相關研究數據與範例中，可以了解關於幼兒整體身心發展的資料庫建置，需要有充足的經費與資源以支持，如：張鑑如（2011）的「幼兒發展資料庫先期研究」，是由科技部獎助的專題研究計畫。此外，關於提升研究工具信效度與實務應用的研究中，多為博士論文，如：陳欣希（2010）的「家庭語文經驗對幼兒詞彙表達能力影響之研究－生態系統理論 PPCT 的應用」、蔡政玲（2016）的「三至六歲 Movement ABC-2 測驗工具信效度檢驗與常模建立之研究」……等。其他與幼兒身心發展有關議題的研究，則會依據研究者的專長與實務背景，選擇其適合的研究方法進行學術發表，其中較多的發表數量仍是碩士論文。

㈡幼兒園課程與教學

與幼兒園課程與教學（含特殊幼兒教育）有關議題的研究共有 1,399 篇，前十年有 456 篇，後十年有 943 篇。發表的形式以碩士論文居大多數，共有 958 篇，占整體發表數量的 69%；其次學術期刊共有 244 篇，占整體發表數量的 17%；科技部計畫，包括學者與大專生專題計畫等兩部分，學者計畫有 69 篇，大專生專題有 97 篇，兩者合計共有 166 篇，占整體發表數量的 12%；；博士論文共有 31 篇，占整體發表數量 2%。在幼兒園課程與教學相關研究議題的 1,399 篇論文中，主要研究內容包括了：課程發展、課程設計、教保活動、教學知能、混齡學習、課室經營、學習環境、特殊教育、融合教育……等；研究方法設計，則包括了量化研究、質性研究、行動研究與混合方法研究等。

此領域的相關研究範例，在幼兒園課程設計部分，有王均安（2004）的「幼兒教育主題式課程之分析研究一以臺灣幼稚園實驗課程為例」，此研究是在《幼托整合政策》之前，採用文獻分析研究法中的歷史研究取向，探討臺灣幼兒教育「主題式課程」的發展與演進，以論述「主題式課程」的基本主張、課程內容及實施方式，作為實施「主題式課程」之參考。關於教學實務部分，有翟敏如（2011）的「繪本結合對話式閱讀技巧於幼兒情緒領域的應用：情緒字彙之探究」，此研究採用質性研究方式，研究對象為一位幼教師與 29 位中班幼兒，研究工具為 16 本與情緒相關之繪本，共計 8 個情緒主題；以了解幼兒情緒字彙的表現及幼兒園教師對話式閱讀技巧的改變歷程，提升幼兒園教師運用繪本於幼兒情緒學習時之教學實務技巧。關於幼兒的混齡學習部分，有陳寶燕（2017）的「幼兒園課程大綱下創意遊戲課程在混齡班實踐之行動研究」，此研究是在《幼托整合政策》之後，研究者採用行動研究方式，以其任教的混齡幼兒班級為對象，進行為期 15 週的創意遊戲課程活動，其研究結果認為課程規劃應以幼兒的年齡、興趣、能力為主，區隔出活動的難易度及層次感，並適時加入教師及同儕的學習鷹架，有助於提升幼兒的學習興趣與成效。關於特殊幼兒融合教育部分，有鄭雅莉（2004）的「特殊幼兒融合教育品質之研究」，此研究是在《幼托整合政策》之前，設計採用混合方法研究，量化研究是以問卷調查方式，調查 120 名有教導特殊幼兒的幼稚園教師；質性研究則是應用觀察法和訪談法，選定一所招收特殊幼兒之幼稚園以訪談特殊幼兒家長、班級教師及特殊教育巡迴教師；其研究顯示，班級中已安置特殊幼兒的幼稚園教師，對於特殊幼兒在融合教育的社會環境與其課程與教學等之評定情形皆趨向正向並肯定其服務品質。

由上述相關研究數據與範例中，可以了解關於幼兒園課程與教學的研究，依據《幼托整合政策》施行的前後，在研究議題上有明顯區別。在此之前，課程與教學的研究內容較多在分析課程模式與提升教學技巧上，如：王均安（2004）的「幼兒教育主題式課程之分析研究—以臺灣幼稚園實驗課程爲例」、鄭雅莉（2004）的「特殊幼兒融合教育品質之研究」、翟敏如（2011）的「繪本結合對話式閱讀技巧於幼兒情緒領域的應用：情緒字彙之探究」……等。在此之後，課程與教學的研究內容多以《幼兒園教保活動課程大綱》爲架構，依據研究者的專長與興趣，探究身體動作與健康、認知、語文、社會、情緒和美感等六大領域，如：陳寶燕（2017）的「幼兒園課程大綱下創意遊戲課程在混齡班實踐之行動研究」……等。在此領域中，其中較多的發表數量仍是碩士論文，而研究方法的取向則較多採用實用典範觀點，選擇以行動研究與混合方法研究作爲研究設計的比例，相較其他領域爲高。

㈢幼兒園行政管理

與幼兒園行政管理有關議題的研究共有 339 篇，前十年有 115 篇，後十年有 224 篇。發表的形式以碩士論文居大多數，共有 212 篇，占整體發表數量的 63%；其次學術期刊共有 71 篇，占整體發表數量的 20%；科技部計畫，包括學者與大專生專題計畫等兩部分，學者計畫有 24 篇，大專生專題有 6 篇，兩者合計共有 30 篇，占整體發表數量的 9%；；博士論文共有 26 篇，占整體發表數量 8%。在幼兒園行政管理相關研究議題的 339

篇論文中，主要研究內容包括了：領導類型、人才管理、行政效能、組織文化、績效責任、職務任用、兼任職務、工作認同、工作滿意度……等；研究方法設計，則包括了量化研究、質性研究、行動研究與混合方法研究等。

此領域的相關研究範例，在幼兒園行政領導方式上，有許雅惠（2016）的「教保服務人員知覺幼兒園主管正向領導、園所組織文化與組織效能關係之研究」，此研究是採用調查研究法，運用統計分析進行現況分析、考驗變項間之差異、相關及結構方程模式的關係，驗證其因果關係的適配度；其研究結果顯示，公立幼兒園主管正向領導及園所組織文化對其組織效能具有預測力，正向領導以建立正向關係及善用正向溝通對組織效能解釋力最高，組織文化以組織創新發展次之。關於人才管理的部分，有陳怡靖（2016）的「臺灣幼教機構整合性人才管理取向之探討與 IPA 分析之應用：並論臺灣、新加坡跨國人才管理之比較」，此研究採用文獻分析法、調查研究法、訪談法比較研究法等研究設計，主要是透過實徵資料分析來建構幼教機構的人才管理內涵，並蒐集臺灣幼教機構人才管理的實況，除了找出人才管理不足與過度管理之項目、分析不同類型幼兒園在人才管理上的差異、以及不同人才管理取向的效益之外，也分析比較新加坡的人才管理現況，以提供臺灣幼兒園在人才管理上的參考。關於兼任職務的部分，有黃姵璇（2019）的「公立專設幼兒園教師兼任行政職務之困境及因應方式」，此研究採用質性研究方式，透過深度訪談，訪問三位公立專設幼兒園兼任行政職務教師，進行質性資料的蒐集；其研究顯示幼兒園兼任行政教師面臨的困境，主要係因為教師非自願兼任行政職務，在教學行政時間難平衡容易導致人際關係問題……等。關於工作認同與壓力的部分，有林巧（2020）的「新北市公立幼兒園教保員工作認同與工作壓力關係之研究」，此研究採用問卷調查法，以 t 考驗、單因子變異數分析、皮爾遜積差相關及同時逐步迴歸等統計方式進行資料分析；其研究結果顯示，工作認同各構面能顯著預測整體工作壓力，工作認同中以工作價值構面為最低，工作壓力中以福利政策構面最低。

由上述相關研究數據與範例中，可以了解關於幼兒園行政管理的研究，在近二十年期間，整體發表的論文篇幅數量有 339 篇，相較於幼兒身心發展領域的 790 篇，約為其發表量的 1/2；及幼兒園課程與教學領域的 1,399 篇，約為其發表量的 1/4；顯示幼兒教育研究者在此領域的研究興趣與動機不及上述其他兩者，亦表示在行政管理的研究議題上並未飽和，仍有許多增進的空間。此外，在幼兒園行政管理領域，以量化研究占多數，主要為推論行政管理方式與組織效能間的關聯性，如：許雅惠（2016）的「教保服務人員知覺幼兒園主管正向領導、園所組織文化與組織效能關係之研究」、張淑敏、陳惠珍（2007）的「公立幼稚園園長任用形式與行政效能之研究」……等。也有部分研究採用質性研究方式，主要在於探究研究對象的情境問題與因應方式，如：黃姵璇（2019）的「公立專設幼兒園教師兼任行政職務之困境及因應方式」……等。此外，運用混合方法研究進行多元資料蒐集的研究設計者較少，其所需要有充足的時間、經費與資源，多為科技部獎勵計畫，如：陳怡靖（2016）的「臺灣幼教機構整合性人才管理取向之探討與 IPA 分析之應用：並論臺灣、新加坡跨國人才管理之比較」……等。

㈣幼兒園、家庭與社區

與幼兒園、家庭與社區有關議題的研究共有 395 篇，前十年有 131 篇，後十年有 264 篇。發表的形式以碩士論文居大多數，共有 305 篇，占整體發表數量的 77%；其次學術期刊共有 35 篇，占整體發表數量的 9%；科技部計畫，包括學者與大專生專題計畫等兩部分，學者計畫有 28 篇，大專生專題有 23 篇，兩者合計共有 51 篇，占整體發表數量的 13%；博士論文共有 4 篇，占整體發表數量 1%。在幼兒園、家庭與社區相關研究議題的 395 篇論文中，主要研究內容包括了：幼兒園與家庭、幼兒園與社區、幼兒園家庭與社區、親職教育、家長選擇權……等；研究方法設計，則包括了量化研究、質性研究、行動研究與混合方法研究等。

此領域的相關研究範例，在幼兒園與家庭部分，有胡倩瑜、臧瑩卓（2008）的「幼兒園大班家長在親子互動認知現況之調查研究」，採用問卷調查法，並以立意取樣方式選取研究者任教園所之 100 名大班幼兒家長爲研究對象，了解家長個人特性在親子互動量表上的認知差異。關於幼兒園與社區部分有，有胡美智、鄭雅莉（2017）的「鄉立幼兒園太魯閣在地文化課程融入學習區的歷程」，採用個案研究，以社區的原住民在地文化，融入幼兒園學習區活動，以發展幼兒園課程模式。關於幼兒園、家庭與社區部分有，有鄭東芬、劉燕雯、張璧如（2012）的「社區資源融入幼兒園方案教學：理論與實務」，採用個案研究方法，以方案教學法結合幼兒園家長的資源與當地的社區特色——溫泉，協助一所公立小學附設幼兒園發展其在地文化課程。

由上述相關研究數據與範例中，可以了解關於幼兒園、家庭與社區的研究，在近二十年期間，整體發表的論文篇幅數量有 395 篇，在發表數量總數上與幼兒園行政管理的數量接近，顯示此領域仍有許多增進的空間。由於此領域爲《幼托整合政策》後所推動實務運作方式，並受到《幼兒園教保活動課程大綱》的指引，因此在研究方法與議題上，多以特定幼兒園作爲研究的個案對象，以探究幼兒園、家庭與社區在實務運作上的合作方式與歷程；田野調查、個案研究與行動研究，是此領域常見的研究方法。

㈤教保服務人員專業成長

與教保服務人員專業成長關議題的研究共有 474 篇，前十年有 148 篇，後十年有 326 篇。發表的形式以碩士論文居大多數，共有 343 篇，占整體發表數量的 72%；其次學術期刊共有 53 篇，占整體發表數量的 11%；科技部計畫，包括學者與大專生專題計畫等兩部分，學者計畫有 34 篇，大專生專題 173 篇，兩者合計共有 53 篇，占整體發表數量的 11%；博士論文共有 27 篇，占整體發表數量 6%。在教保服務人員專業成長相關研究議題的 474 篇論文中，主要研究內容包括了：專業知能、工作實踐、情緒勞務、職涯發展、生命史……等；研究方法設計，則包括了量化研究、質性研究、行動研究與混合方法研究等。

此領域的相關研究範例，在教保服務專業知能部分，有孫良誠（2019）的「教保服務人員教學專業表現量表編製研究」，此研究採用調查研究法，主要目的在建構教保服務人員教學專業表現量表，並分析其信度及效度；其研究結果將教學專業表現分成專業知識、專業實踐、專業參與等三個領域，並歸納出九層面及 32 項專業表現觀察變項。關於工作實踐的部分，有楊于嫻（2019）的「一位幼教教師課程實踐的專業成長歷程」，此研究採用質性研究方式與個案研究法，研究者本身即爲研究個案，研究主要是在透過自身專業成長的過程，尋求自己在課程實踐上專業能力的突破與轉變；其研究結果發現影響自己專業成長及實踐的因素，包括外部力量：微系統（協同教師），外部系統（輔導計畫、在職進修、共學團體），大系統（教育政策—課程大綱），及內在動力：微系統（自己）。關於職涯發展部分，有林廷華（2008）的「兩位資深幼兒教師實際知識及其發展歷程之研究」，此研究採用質性研究的民族誌與生命史等方式，探討兩位資深幼兒教師的實際知識內涵、實際知識發展歷程及影響實際知識發展的因素等；其研究結果發現幼兒教師實際知識的發展歷程並非直線性，而是呈現循環的階段性，可分爲摸索期、鞏固期、信心期等，每個階段會形成「困境→挑戰→突破」機制，致使她們實際知識持續往上提升。關於情緒勞務部分，有薛婷芳（2016）的「幼教教師後設情緒理念及其實踐之研究」此研究採用質性研究的俗民誌研究設計，以參與觀察、訪談、田野札記及教師情緒札記等的資料蒐集，彙整出具有意義與關鍵性的師生情緒互動經驗故事；其研究結果發現幼教教師後設情緒理念的結構，分成「情緒行爲表徵構面」與「情緒心智表徵構面」，再區分出「約束性紀律鷹架」與「教導式紀律鷹架」、「情感式關懷鷹架」與「認知性引導鷹架」等四種鷹架類型。

由上述相關研究數據與範例中，可以了解關於教保服務人員專業成長的研究，在近二十年期間，文篇幅數量有 474 篇，約占整體發表量的一成四，顯示此領域仍有許多增進的空間。此領域的量化研究數量，相對於其他領域者較少，如：孫良誠（2019）的「教保服務人員教學專業表現量表編製研究」……等。此領重視教保服務人員的實務經歷，研究者進入研究田野中的比例提高，因此質性研究方法中俗民誌研究是常見的研究設計，如：薛婷芳（2016）的「幼教教師後設情緒理念及其實踐之研究」，及林廷華（2008）的「兩位資深幼兒教師實際知識及其發展歷程之研究」。此外，探究教保服務專業發展的個人的職涯經歷與生命故事，亦是此領域的研究趨勢，如：倪鳴香（2004）的「童年的蛻變：以生命史觀看幼師角色的形成」、林廷華（2008）的「兩位資深幼兒教師實際知識及其發展歷程之研究」、楊于嫻（2019）的「一位幼教教師課程實踐的專業成長歷程」……等。

㈥教保公共化

與教保公共化有關議題的研究共有 73 篇，前十年有 13 篇，後十年有 60 篇。發表的形式以碩士論文占多數，共有 35 篇，占整體發表數量的 48%；其次學術期刊共有 29 篇，占整體發表數量的 40%；科技部計畫，包括學者與大專生專題計畫等兩部分，學者計畫有 6 篇，大專生專題 0 篇，兩者合計共有 6 篇，占整體發表數量的 8%；博士論文共有 3 篇，占整體發表數量 4%。在教保公共化相關研究議題的 73 篇論文中，主要研究內容包括了：政策評估、福利措施、準公共化……等；研究方法設計，則包括了量化研究、質性研究、混合方法研究等。

此領域的相關研究範例，在政策評估部分，有謝美慧（2002）「教育政策評估理論之研究—以北高兩市幼兒教育券政策爲例」，此研究採用混合方法研究，先以文獻分析法進行理論的探究，在使用問卷調查法與訪談法來了解北、高兩市幼兒教育券政策的實施成效；其研究主要在探究教育政策評估理論之理論基礎、模式與評估標準，接續分析臺灣及主要國家幼兒教育券政策的緣起與發展，進而應用理論架構，評估北、高兩市實施幼兒教育券政策之實施成效，作爲幼兒教育政策評估之參考。關於福利措施部分，有郭曉雲（2008）的「瑞典親職假政策對我國相關政策之啟示」，此研究採用文獻分析法，其研究結果顯示面臨生育率下降、家庭育兒負擔等問題上，參照瑞典的親職假制度，調整國家在兒童照顧上的定位及引導企業建立友善家庭措施，有助於協助幼兒家長兼顧工作與家庭。關於準公共化部分，有韋莉莉（2019）的「我國幼兒教育準公共化政策之研究—以南投縣幼兒園爲例」，此研究採用調查研究法，研究對象爲南投縣私立幼兒園之負責人、園長、教保人員、家長等，以敘述性統計、t 檢定、單因子變異數來進行資料分析；其研究果顯示，在政策影響面中以減輕家長育兒負擔最受肯定，在政策實施方面以針對經濟弱勢家庭訂有全額補助最受肯定，其中政策影響滿意度優於政策實施滿意度，研究對象之年齡、學歷、現職身分、學校規模、幼兒園學費之不同會有顯著差異。

由上述相關研究數據與範例中，可以了解關於教保公共化的研究，由於為近十年新發展出來的研究議題，主要是因應國家的在人子女化人口結構上的相關政策所衍生的研究領域。在近二十年期間，相對於其他五個研究領域，其文篇幅數量最少，共有 73 篇，約占整體發表量的一成以下，顯示此領域仍有許多發展的空間。此領域，著重在相關政策與理論的文獻分析，如：郭曉雲（2008）的「瑞典親職假政策對我國相關政策之啟示」、張珮玲（2019）的「幼兒教育政策之發展與現況分析 - 以幼兒學前補助款政策及準公共幼兒園政策為主」……等。此外，相對利害關係人的意見調查，亦是此領域的重要方向，如：謝美慧（2002）「教育政策評估理論之研究—以北高兩市幼兒教育券政策為例」、韋莉莉（2019）的「我國幼兒教育準公共化政策之研究—以南投縣幼兒園為例」……等。

伍 代結語—趨勢與展望

依據本文前述臺灣近二十年幼兒教育研究的發展，由背景沿革、理論框架與實務趨勢、研究方法的典範位移，至研究趨勢現況與主要議題分析等內容；據此，論述幼兒教育研究的趨勢與展望等。

一、幼兒教育研究的相關背景層面，包括社會、體制、實務、政策等

國內近二十年幼兒教育研究的相關背景歷程，由本文上述分析中，共有社會、體制、實務、政策等四項背景。其中，社會背景層面的主要關鍵為少子女化時代趨勢，新生兒出生率的下降，除了考驗幼兒教育機構的生存與營運外，並含跨了職前與在職師資的培育與發展，及其所對應的教育經費資源之規劃與調整。體制背景層面的主要關鍵為學前教保制度的變

革，包括了推動《幼托整合政策》，與《幼兒教育及照顧法》立法。實務背景層面的主要關鍵爲頒定幼兒園教保活動課程綱要，對應《幼稚園課程標準》與《幼兒園教保活動課程綱要》前後兩種不同的課程規範，爲相關研究的重要實務架構與題材。政策背景層面的主要關鍵爲推動幼兒教保公共化，是目前進行幼兒教育研究時的主要政策措施。

二、幼兒教育研究整合理論與實務，著重在地文化課程與公私協力模式

國內幼兒教育研究的實務發展趨勢，是從課程設計與經營管理的理論框架下衍生而成。在課程設計部分，主要依據的理論是「學校本位課程」，並在民國 106 年頒定《幼兒園教保活動課程大綱》後，配合相關研習進修與實務操作手冊等，持續推動幼兒園的「在地文化課程」；在經營管理部分，主要的理論則是受到「公私協力模式」的影響，於民國 101 年《幼兒教育及照顧法》施行後，由教育部頒定的《非營利幼兒園實施辦法》，逐步擴增「非營利幼兒園」，及民國 108 年將私立幼兒園納入合作辦學的「準公共化機制」。

三、幼兒教育研究呈現實用典範觀點，研究方法具有多元性

幼兒教育研究的典範沿革，在社會科學研究的引領下，由實證典範的量化研究至建構典範的質性研究，歷經後現代主義的去中心化及多元混沌的世界觀，已揮別了兩大典範論戰的喧嚷。實用典範的出現，帶動了第三波典範位移所形成的新視框，在量化研究與質性研究的基礎下，混合方法研究及行動研究的多元證成立論，正在帶領研究者以豐富的角度去進行幼兒教育研究。

四、幼兒教育研究發表數量倍增，以碩士論文為最多數，學術期刊次之

國內在近二十年期間，幼兒教育相研究之相關發表，共有 3,470 篇；後十年的研究發表數量共有 2,332 篇，比前十年的 1,138 篇，增加有一倍

之多。在增加的數量中，以碩士論文的數量提升占最多比例；前十年共有720 篇，後十年共有 1,664 篇，增加了 944 篇；且二十年期間，碩士論文共發表 2,384 篇，占總數的 69%。可知，近二十年期間，碩士論文爲幼兒教育研究的重要成果。而學術期刊，發表者包括了學者、研究生與實務工作者，在總體數量上的第二位，共計有 518 篇，前十年有 218 篇，後十年有 300 篇，占二十年期間總數的 15%，僅次於碩士論文。但是，數量上相對於碩士論文的比例，仍有大幅的差距，顯示學術期刊的發表，仍有提升的空間。

五、主要的研究議題包括幼兒身心發展、幼兒園實務運作與教保政策等三類及其分項

本文蒐集並彙整二十年期間的幼兒教育相關研究資料，分析主要研究議題類型，可以分成三大類及六個領域分項，三大類包括：幼兒發展、幼兒園實務運作、教保政策等。在此三類型的研究數據中，以幼兒園課程實務運作占多數，占總發表量的七成以上。可知，幼兒園實務運作爲近二十年，幼兒教育研究的主要議題內容。幼兒園實務運作依據專業功能，可以再分爲幼兒園課程與教學（含特殊幼兒教育）、幼兒園行政管理、幼兒園家庭與社區、教保服務人員專業成長等四個分項。據此，本文將主要研究議題領域，分成：幼兒身心發展、幼兒園課程與教學（含特殊幼兒教育）、幼兒園行政管理、幼兒園家庭與社區、教保服務人員專業成長、教保公共化等六個分項。

六、擴展臺灣幼兒教育研究資源，以因應相關學術與實務之需求

分析近二十年的幼兒教育研究發表數量與類型上，除了研究者個人的碩士與博士論文外，學術期刊論文的比例不到二成，科技部研究計畫約占總體發表數量的一成三。顯示國內在進行專業學術研究發表的資源，尙有積極開拓的空間與機會。建議政府、學術機構與實務產業，應該建立合作交流的公開平臺，讓幼兒教育相關研究能及時因應學術與實務上的需求，擴展研究的相關成果與延伸效益。

參考文獻

內政部戶政司（2021）。**人口統計圖**。取自：https://www.ris.gov.tw/app/portal/346

王均安（2004）。**幼兒教育主題式課程之分析研究——以臺灣幼稚園實驗課程為例**。（未出版碩士論文）。國立臺灣師範大學，臺北市。

幼兒教育及照顧法（2011）。

幼稚教育法（1981）。

兒童及少年福利法（2003）。

非營利幼兒園實施辦法（2012）。

幸曼玲、楊金寶、柯華葳、丘嘉慧、蔡敏玲、金瑞芝、簡淑真、郭李宗文、林玫君、倪鳴香、廖鳳瑞（2018）。**幼兒園教保活動課程手冊**（上冊、下冊）。臺北市：教育部國民及學前教育署。

林玫君、王慧敏（2019）。**幼兒園教保活動課程——課程發展參考實例**（上冊、下冊）。臺北市：教育部國民及學前教育署。

林巧（2020）。**新北市公立幼兒園教保員工作認同與工作壓力關係之研究**（未出版碩士論文）。國立臺北教育大學，臺北市。

林佳芬、李子建（2014）。私立幼兒園課程領導困境及其解決策略之探究：質性研究分析取徑。**課程與教學季刊，17**(2)，67-92。

林佳芬、林舜慈（2010）。研究典範的視框位移：以家庭科學教育混合方法研究 為例。**中華家政學刊，48**，63-82。

林怡滿、李美玲、周芸頻、蔡淑君、洪慧英（2015）。幼兒園課程變革之行動研究：從傳統到學習區。**長庚科技學刊，22**，53-70。

林廷華（2008）。**兩位資深幼兒教師實際知識及其發展歷程之研究**（未出版博士論文）。國立屏東教育大學，屏東縣。

孟瑛如、陳雅萍、田仲閔、黃姿愼、簡吟文、彭文松、周文聿、郭虹伶（2020）。**學前幼兒認知發展診斷測驗**。新北市：心理。

周淑惠（2004）。**建構取向之幼兒自然科學教學之歷程性研究（II）**。行政院國家科學委員會專題研究計畫。

胡美智、鄭雅莉（2017）。鄉立幼兒園太魯閣在地文化課程融入學習區的歷程。**教育學報，45**(1)，157-179。

胡倩瑜、臧瑩卓（2008）。幼兒園大班家長在親子互動認知現況之調查研究。**新生學報，3**，85-112。

韋莉莉（2019）。**我國幼兒教育準公共化政策之研究——以南投縣幼兒園爲例**（未出版碩士論文）。中臺科技大學，臺中市。

秦夢群（2014）。美國特許學校經營與成效之研究。**教育資料與研究，115**，169-192。

倪鳴香（2004）。童年的蛻變：以生命史觀看幼師角色的形成。**教育研究集刊，50**(4)，17-44。

孫良誠（2019）。教保服務人員教學專業表現量表編製研究。**教育行政與評鑑學刊，25**，35-66。

教育部（1987）。**幼稚園課程標準**。

教育部（2003）。**幼托整合政策規劃專案報告**。

教育部（2012）。**幼兒園教保活動課程暫行綱要**。

教育部（2017）。**幼兒園教保活動課程綱要**。

教育部（2017）。**教保服務人員條例**。

教育部（2017）。**擴大幼兒教保公共化計畫**（106-109年度）。

教育部、衛生福利部、勞動部、內政部、財政部、經濟部、科技部、交通部、人事行政總處、國家發展委員會（2019）。**我國少子女化對策計畫**（107年—111年）。

莊廣盈、徐曄、陳淑瑜（2017）。編製兒童溝通發展音樂評量表之前導研究。**臺北市立大學學報——教育類，48**(1)，23-48。

郭曉雲（2008）。瑞典親職假政策對我國相關政策之啟示。**幼兒教育，291**，55-68。

許雅惠（2016）。**教保服務人員知覺幼兒園主管正向領導、園所組織文化與組織效能關係之研究**（未出版碩士論文）。國立嘉義大學，嘉義市。

陳淑琦、鍾雅惠（2019）。**幼兒園教保活動課程——文化課程參考實例手冊（上冊、下冊）**。臺北市：教育部國民及學前教育署。

陳怡靖（2016）。**臺灣幼教機構整合性人才管理取向之探討與IPA分析之應用：並論臺灣、新加坡跨國人才管理之比較**。科技部補助研究計畫。

陳寶燕（2017）。**幼兒園課程大綱下創意遊戲課程在混齡班實踐之行動研究**（未出版碩士論文）。國立臺中教育大學，臺中市。

黃姵璇（2019）。**公立專設幼兒園教師兼任行政職務之困境及因應方式**（未出版碩士論文）。國立屏東大學，屏東縣。

張淑敏、陳惠珍（2007）。公立幼稚園園長任用形式與行政效能之研究。**幼兒教育年刊**，**18**，1-33。

張珮玲（2019）。**幼兒教育政策之發展與現況分析——以幼兒學前補助款政策及準公共幼兒園政策爲主**（未出版博士論文）。國立嘉義大學，嘉義市。

楊于嫻（2019）。**一位幼教教師課程實踐的專業成長歷程**（未出版碩士論文）。國立臺北教育大學，臺北市。

翟敏如（2011）。**繪本結合對話式閱讀技巧於幼兒情緒領域的應用：情緒字彙之探究**。科技部補助研究計畫。

廖鳳瑞、張靜文（2019）。**幼兒園教保活動課程——幼兒學習評量手冊**。臺北市：教育部國民及學前教育署。

鄭束芬、劉燕雯、張璧如（2012）。**社區資源融入幼兒園方案教學：理論與實務**。臺北市：心理。

鄭雅莉（2004）。**特殊幼兒融合教育品質之研究**（未出版博士論文）。國立彰化師範大學，彰化縣。

薛婷芳（2016）。**幼教教師後設情緒理念及其實踐之研究**（未出版博士論文）。國立彰化師範大學，彰化縣。

謝美慧（2002）。**教育政策評估理論之研究——以北高兩市幼兒教育券政策爲例**（未出版博士論文）。國立臺灣師範大學，臺北市。

Creswell, J. W., & Plano Clark, V. L. (2007). *Designing and conducting mixed methods research.* Thousand Oaks, Calif: SAGE Publications.

Ericson, J., Silverman, D. (2001). *Challenge and opportunity: The impact of charter schools on school districts.* Office of Education Research and improvement U.S. Department of Education.

Gesell, A. L. (1928). *Infancy and human growth.* New York: Macmillan.

Gesell, A. L. (1934). *Atlas of infant behavior: A systematic delineation of the forms and early growth of human behavior patterns*. New Haven: Yale University Press.

Gesell, A. L. (1945). *The embryology of behavior: The beginnings of the human mind*. New York: Harper.

Gesell, A., & Amatruda, C. S. (1947). *Developmental diagnosis (2nd ed.)*. New York: Hoeber.

Kennedy, K., & Lee, J. (2008). *Changing schools in Asia: Schools for the knowledge society.* London: Routledge.

Kuhn, T. S. (1962). *The structure of scientific revolutions*. Chicago: University of Chicago Press.

Manno, B. V., Finn, C. E., Bierlein, L. A., & Vanourek, G. (1998). How charter schools are different: Lessons and implications from a national study. *Phi Delta Kappan*, *79*(7), 489-498.

OECD (1979). *School-based curriculum development*. Paris: OECD.

Piaget, J. (1971). The Theory of Stages in Cognitive Development. In D. Green, M. P. Ford, & G. B. Flamer (Eds.), *Measurement and Piaget* (pp. 1-11). New York: McGraw-Hill.

Piaget, J. (1977). The first year of life of the child. In H. E. Gruber & J. J. Voneche (Eds.), *The essential Piaget: An interpretive reference and guide* (pp. 198-214). New York: Basic Books.

Skilbeck, M. (1984). *School-based curriculum development.* London: Paul Chapman Publishing Ltd.

Tashakkori, A., & Teddlie, C. (1998). *Mixed methodology: Combining qualitative and quantitative approaches*. Thousand Oaks, CA: Sage Publications.

初等教育學校科目研究的趨勢與展望

楊智穎

壹 緒論

學校科目常被多數人視爲學校課程的代言人，主要在於其是學校課程中最常被確認的組織型態，在歷次課程改革中，與學校科目有關的革新方案，通常會是各界關注的焦點。更重要的是，在課程領域中，學校科目也是一個重要關鍵詞。例如在 Marsh（1997）所著的《規劃、管理和意識型態：理解課程的關鍵概念》（*Planning, Management & Ideology: Key Concepts for Understanding Curriculum*），及 Lewy（1991）所編的《課程的國際辭典》（*The International Encyclopedia of Curriculum*）等論著中，皆將學校科目列爲其中一個重要概念。足見在課程學術領域中，「學校科目」已是一個重要的研究主題。本研究基於課程研究是課程發展和課程改革的基礎（黃政傑，2004），同時是讓理論、政策和實踐能積極促進教育功能發揮的關鍵（陳伯璋，1987），加上對學校科目進行探究，也可豐富該主題的學理內涵，而在初等教育階段，因國家所制定的學校科目，被定位爲是爲所有兒童所提供的共同核心課程。基於上述，本研究認爲除了有必要對該教育階段的「學校科目」進行研究，同時也要對該主題整體的研究現況及品質進行後設分析。

回顧臺灣在各時期初等教育階段的學校科目架構，及各個學校科目的知識內涵，依時有不同的課程樣貌。例如民國 38 年國民政府遷臺後的 41 年版課程標準中，曾設置常識科，到 64 年版課程標準，則取消常識科，改爲社會科。其實這樣的學校科目改變係具有社會建構、歷史制約和政治導向的特質（Apple, 1993）。其次，在實踐面向，其也常會在教室層級中被教師和學生所協商，而成爲被落實的課程（enacted curriculum）（Zumwalt, 1989）。因此，關於「學校科目」的研究，便可從不同的科目領域，或從時間的歷史軸線去分析其形成與變化，或探討其在不同課程決定層級的轉化情形。截至目前爲止，與學校科目有關的主題已是相當多元，同時也累積一定的研究成果。

其實臺灣學校科目研究的相關學理基礎，受西方學術的影響極大。如 Dewey 在二十世紀末即提出，學校科目的形成必須關聯至三個因素，分別是專門化的知識、學習者和社會。Tyler（1949）在其《課程與教學的基本原理》（*Basic Principle of Curriculum and Instruction*）一書，也追隨 Dewey 的觀點，對學校科目有所探討。具體而言，西方在 1970 年代以前，主要建立在哲學、行政學和心理學等理論，當時學校科目被視爲是一種知性系統，探究的問題大多集中在要發展何種知識或結構的學校科目對學生最有幫助（楊智穎，2004）。1957 年蘇聯成功發射第一枚人造衛星 Sputnik 後，促成以學科知識結構爲中心的研究，Bruner 即爲其中一位重要學者，此論點也成爲設計學校科目內容（school subject matter）的重要立論基礎。Bruner（1960）所著的《教育的過程》一書，即爲重要論著。同一時期，還有 Schwab（1962）的〈學科結構的概念〉一文，也對學校科目結構的理論進行探討。然 Shulman 在 1980 年代提出教師學科內容的論點（Shulman, 1987），將學校科目內容的探究焦點，從學科專家轉移至個別教室中的教師（Deng, 2007），則不同於 Bruner 對於學科結構設計主張，Bruner 的主張偏向依賴學科專家和心理學者。1970 年代以後，由於新教育社會學的崛起，相關研究開始嘗從歷史與社會學的角度進行學校科目研究（Hammersley & Hargreves, 1983），特別是對「學校科目」一詞，重新賦予新的概念，包括 Young（1971）、Goodson（1983），及 Hammersley 和 Hargreves（1983）等，皆主張學校科目同時也是一種社會系統，是不同團體爲尋求定義學校科目內容之衝突與協商下所形成的社會歷史產物，在 1980 年代起持續出版一系列與「學校科目」有關的專書論著。1990 年代之後，隨著新學術觀點的加入，包括後結構主義、生命史等，使得學校科目研究的理論觀點和研究取徑更加多元化。

根據上述國外所累積關於學校科目的研究成果，反思國內學校科目的研究發展。先就臺灣課程研究的歷史，1990 年代後開始蓬勃發展，同時也有諸多學者針對特定課程主題的研究文獻進行後設分析，包括教科書、課程評鑑和課程領導等（周珮儀，2005；張芬芬，2012；黃政傑、張嘉育，2004；黃嘉雄，2012），然卻較少針對學校科目。楊智穎（2004）雖曾針對學校科目研究的發展趨勢與展望進行探究，但卻未對國內相關論文的研究情形進行分析。由於對特定學術領域進行後設分析，有助於發現該領域發展的不足，進而健全該領域的學術發展。因此本研究特針對近十年來（2011-2021）來臺灣初等教育階段學校科目的學術研究成果進行後設分析，剖析該課程主題的研究狀況，並據此提出未來的展望。為達上述研究目的，以下先分別說明本研究的資料來源與研究方法，其次陳述臺灣近十年來（2011-2020）與學校科目發展有關的背景脈絡，接下來剖析臺灣初等教育學校科目的研究趨勢，最後提出本研究的結論與展望。

資料來源與研究方法

本研究主要對近十年間（2011-2020）臺灣初等教育階段學校科目的相關研究，進行後設分析。以下就分析項度、分析範圍和分析策略等三部分進行說明：

一、分析項度

關於本研究的分析項度，主要包括內容主題、領域類別與研究取向三部分。

㈠內容主題

有關學校科目內容主題的分析分類架構，目前學界並無提出較為完善的分類構念內涵，因此仍需藉助於相關學者觀點之歸納分析，方能建構出具理論內容效度的分類概念架構。本研究參考西方學校科目的重要論著，針對其所探究的主題內容加以整理（Deng & Luke, 2008; Goodson, 1983; Goodson, 1985; Goodson & Marsh, 1996; Marsh, 1997; Popkewitz, 1987）。其中，Deng 和 Luke（2008）主要探討學校科目內容的理論觀點。Goodson 和 Marsh（1996）的論著中主要包含學校科目的文化脈絡、跨國比較、傳統和利益團體，以及學科部門。Popkewitz（1987）主要探討學校科目的形成和政治脈絡。Marsh（1997）主要探討學校科目的傳統和影響因素。楊智穎（1994）曾提出學校科目中值得探討的主題，包括不同層級學校科目的形成、學校科目的再脈絡化、沉澱歷史、規範策略及內在傳統等。本研究綜合前述西方學者和楊智穎的觀點，將學校科目研究中之內容主題的分析分類架構，歸類爲以下五個部分，分別爲：1. 學校科目的內涵，如知識內容、科目傳統、意識型態和價值觀等；2. 學校科目的形成與改變，此部分主要從歷史的角度，探討某一學校科目的形成，或內容改變的情形；3. 學校科目發展與設計實務，此部分係指特定學校科目的內容設計及發展，或相關指標的訂定等；4. 學校科目的實施；及 5. 學校科目的跨國比較。

㈡ 領域類別

關於學校科目研究的領域類別，係指初等教育階段的各領域，而本研究的領域分類，係依十二年國教課綱中部定課程所陳列的領域，包括語文（包括本國語文、本土語文、新住民語和英語）、數學、社會、自然、藝術、生活、健康與體育及綜合活動等。其中，本土語文又包括閩南語文、客家語文和原住民族語文。

㈢ 研究取向

本部分中的研究取向係採較爲寬廣的界定，包括探討學校科目研究的研究方法，如歷史研究取向、比較分析取向或理念分析取向，而不涉及較爲技術性的資料蒐集方法。歸納學校科目研究的相關論文，本研究中的研究取向的分類，包括採文獻探討的「理念分析」，透過時間軸線的「歷史分析」，是藉由教師或學生的言說進行學校科目研究的「敘事分析」，對相關課程文件進行分析的「內容分析」，比較不同地區或國家學校科目的「比較分析」，及對特定學校科目進行設計與實施，本研究將此命爲「設計與實施即研究」。

二、分析範圍

綜觀「學校科目」一詞在各時期官方課程文件中所呈現的語彙並不一致，九年一貫課程實施前，係採用「科目」一詞，如國語科、數學科和社會科等，到了九年一貫課程推動時期，則採用「學習領域」，隨著十二年國民教育課程的推動，則又改爲「領域」，各時期所使用的用詞雖不同，但其意涵皆是一種「學校科目」概念。因此，在進行論文蒐集時，會將題目中出現之「科目」、「學習領域」或「領域」等用詞，皆視為是「學校科目」的同義詞。在量化部分的分析範圍方面，資料來源係涵蓋科技部研究、博碩士論文和學術期刊，時間範圍從 2011 年至 2020 年。

為蒐集所要分析的論文，本研究透過「臺灣博碩士論知識加值系統」、「期刊文獻資料網」和「科技部補助研究計畫」等資料庫，以「課程」及領域名稱作為關鍵詞，從蒐尋到的論文或計畫中，選擇與初等教育階段有關的論文，期刊論文又以具雙審者為主。透過相關資料庫的蒐尋，共獲得期刊計 48 篇、科技部研究計畫 28 篇、學位論文 23 篇。其中，因有些論文對於學校科目知識內涵的探究，係透過教科書或課綱，因此本研究會視論文主題內容，再進一步選擇所要分析的論文。

三、分析策略

本研究的分析策略包括量化和質化分析兩部分。在量化分析部分，會先針對所蒐集到論文，依其分類屬性，逐一歸類劃記，每一篇論文或研究計畫僅劃記一次，然後累積其次數，最後再進行量化的內容分析。在質化分析部分，則是在各個量化分析結果下，再加入重要學校科目研究專書的補充說明，及輔以更深入的質性探討，如分析研究背景與研究結果的關係，及相關研究論著背後所蘊含的理論觀點等。

學校科目發展的背景脈絡

任何研究知識的產生及生產，都不會孤立於歷史的眞空，而是會根植於歷史脈絡之中，一些重要研究問題也是在歷史中形成（林麗雲，2004），而社會環境則是影響學術知識形成或研究方向轉變的因素。以美國為例，1929 年經濟大蕭條，及 1960 年代 Sptuck 人造衛星的發射，除促成某科目知識內涵的改變，同時也影響當時課程的研究方向。因此對近十年臺灣社會和教育的環境背景中與學校科目有關的因素進行分析，有助於了解是那些社會結構性因素影響學校科目的研究樣貌。

一、社會背景

在社會背景方面，臺灣在 2010 年起的社會環境，因受到全球化、數位化加速發展的影響，使得科技和人工智慧的知識受到重視。為因應此一全球化和科技化時代的來臨，聯合國發展「全球數位素養評估架構」（Global Framework to Measure Digital Literacy），並於 2018 年提出教師在數位時代必須幫助學生獲取的三個面向知識，包括：「科技素養」、「知識深化」和「知識創造」（陳劍涵，2021），而此社會環境因素也促使跨領域人才培育受到重視。其中，著重科學、科技、工程和數學（簡稱 STEM）的知識和技能，更成為世界經濟產業支持力的重關鍵點之一（湯維玲，2019）。

然在科技加速發展的同時，自然生態持續惡化問題卻也伴隨而生，使得環境保護與永續發展的理念受到關注，加上公民社會的興起，促使身心障礙者、原住民、失業者與低收入戶等弱勢族群的權利日受重視。為此，聯合國繼 2000 年發布千禧年發展目標後，又在 2015 年再度發布永續發展目標（Sustainable Development Goals，以下簡稱 SDGs），共計 17 項目標，重要內涵包括經濟發展、社會進步與環境保護三方面，因為其是國際重要組織所提出的議題，必然會相當程度影響世界各國對於其國民教育各領域課程的設計。

至於分析國內近十年社會背景中影響學校科目發展的重要因素，政治因素具重要關鍵影響力，如從 2012 年馬英九先生連任中華民國第十三任總統，到 2016 年蔡英文當選中華民國第十四任總統，民進黨再次取得政權，此一政治情勢的轉折，除了在兩岸政治關係和中國國民黨執政時期有所不同，也反映到學校科目的發展，2013 年 8 月至 2016 年 8 月間所發生的 103 微調課綱事件，即為其中一個明顯的例子。另一個例子則是關於本土語言課程延伸至高中實施，也和社會因素有關，特別是原住民族語文。從 2016 年蔡英文當選當天，正式以國家元首身份向臺灣原住民族道歉，加速 2017 年《原住民族語言發展法》通過（波宏明，2016），該法內容中規定「原住民族語言為國家語言」，到 2019 年 1 月通過的《國家語言發展法》，更促使國民教育階段課程產生重大改變，除重新界定臺灣各固有族群使用之自然語言及臺灣手語爲國家語言，同時規範中央教育主管機關應於國民基本教育各階段，將國家語言列爲部定課程，並對十二年國教課綱中的各類本土語言的科目內涵，重新再加以修訂。此外，隨著國內新住民人數逐漸上升，在十二年國教課綱中也設置新住民語文課程，此課程現象也和整個臺灣社會人口結構的改變有關。

二、教育背景

分析 2010 後至今十年左右時間影響臺灣學校科目發展的教育大事，可追溯 2014 年由教育部所發布的《十二年國民基本教育課程綱要總綱》，接續此課程綱要，2018 年又發布各領域課程綱要，列出三面九項的核心素養項目，此除了作爲發展各階段核心素養的基礎，同時也提供各領域發展素養導向課程的參考。此外，在此課程文件中還規範各領域課程內涵，從九年一貫課程的能力指標，轉變爲學習重點（包含學習內容和學習表現），及強調跨領域的課程發展。再者，隨著臺灣本土意識逐漸抬頭，除將本土語言納入課程規劃，並從國小一年級就開始實施。爲落實本土語言教學，客家委員會及原住民族委員會又分別訂定「客語沉浸式教學試辦計畫」及「推動沉浸式族語教學幼兒園試辦計畫」。國教署則自 104 學年度起針對閩南語，規劃夏日樂學試辦計畫。後續，教育部又於 2011 年發布《原住民族教育政策白皮書》；2017 年發布「原住民重點學校新校園運動實施計畫」，並於國家教育研究院成立「原住民族教育研究中心」，進行原住民族實驗教育評估，與原住民族學生基本學力追蹤改善方案等整合型研究，以強化原住民族教育主體性，上述教育計畫的推動也相當程度影響各種本土語言課程的發展。

此外，近十年也是「翻轉」教育和全球化風潮擾動正式教育現場最爲熱絡的時期。自 2007 年起，美國兩位老師 Bergmann 與 Sams 開啟「翻轉教室」風潮，接著 2012 年，日本佐藤學教授提出的「學習共同體」（learning community）教育理念，引導臺灣部分學校試辦「學習共同體」，掀起學校／課室的改變。除了上述，爲力求體制內學校教育的實驗與創新，2014 年還公布《實驗教育三法》（高級中等以下教育階段非學校型態實驗教育實施條例、學校型態實驗教育實施條例及公立國民小學及國民中學委託私人辦理條例），也因爲這波實驗教育的熱潮，讓一些有意願成爲實驗學校者，有機會依自身需求，重新思考教育的核心，進而發展不同於中央所規範的國家課程架構與內容。

除了上述，爲強化與國際間的緊密連結，2018 年教育部依行政院發布之「2030 雙語國家政策發展藍圖」，訂定「教育部推動雙語國家計畫」。受到此政策的影響，師資培育暨藝術教育司還透過經費補助，在特定師資培育大學設立雙語教育研究中心，鼓勵各師資培育大學申請雙語教學次專長課程，各縣市的教師甄選也爭相開設各領域雙語教學教師名額。更重要的是，該政策改變有些學校科目在學校層級中的知識內涵，例如必須搭配英語進行自然或藝術領域的教學。表 1 是本研究整理臺灣近十年間影響學校科目發展的背景脈絡，主要針對社會和教育背景兩部分。

表 1　臺灣近十年間影響學校科目發展的背景脈絡（2011-2020）

年代	教育背景	社會背景
2011	• 教育部發布《原住民族教育政策白皮書》	• 陸客自由行正式啟動
2012	• 日本佐藤學教授提出「學習共同體」教育理念	• 馬英九先生連任中華民國第十三任總統
2013	• 教育部公布《國民小學及國民中學補救學實施方案》	• 江宜樺接任行政院長 • 洪仲丘事件發生後引爆社會運動
2014	• 發布《十二年國民基本教育課程綱要總綱〉 • 公布《實驗教育三法》 • 教育部通過高中國文及社會領域微調課綱	• 發生太陽花學運 • 毛治國接任行政院長
2015	• 行政院核定「新住民子女教育發展五年中程計畫」	• 聯合國發布永續發展目標（SDGs）
2016	• 教育部修正發布《高級中等以下學校課程審議會組成及運作辦法》	• 蔡英文當選中華民國第十四任總統
2017	• 於國家教育研究院成立原住民族教育研究中心 • 通過《原住民族語言發展法》	• 行政院發布「2030 雙語國家政策發展藍圖」

（續前頁）

年代	教育背景	社會背景
2018	• 教育部訂定發布「美感教育中長程計畫第二期（2019-2023）」	• 教育部同意管中閔出任國立臺灣大學校長，教育部長葉俊榮請辭獲准
2019	•《十二年國民基本教育課程綱要》開始實施 • 國立臺灣師範大學等 9 校辦理「雙語教學師資培育職前課程」，啟動培育雙語教學師資。	• 公布《國家語言發展法》
2020	• 成立本國語文教育推動會 • 教育部公布《補助師資培育之大學領域教材教法人才培育計畫作業要點》	• 蔡英文連選中華民國第十五任總統 • 發生重大 Covid-19 疫情傳染病
2021	• 推動原住民族教育發展計畫（2021-2025）	• Covid-19 疫情傳染病持續

肆 近十年初等教育階段學校科目研究趨勢

本部分旨在透過量化與質化分析結果，針對臺灣初等教育階段學校科目的研究情形進行探討，並歸納整體研究趨勢，在探討的過程中同時會與西方的研究成果做比較，特別是英美兩國。

一、在研究主題方面

㈠以學校科目發展、設計和實施的主題居多

根據表 2 所示，在研究主題方面，無論是學位論文、期刊論文或科技部計畫，都是以「學校科目發展、設計和實施」的主題居多。例如學校科目實施主題的學位論文便計有 11 篇，期刊論文有 30 篇，學校科目發展與設計實務也有 6 篇。在這些論文中，受到社會環境趨向科技化的影響，探討科技融入學校科目的設計與實施有增加的趨勢，如黃昭銘、宋順亨、張至文和鄭文玄（2014）的《行動科技融入國小數學「分數」學習活動之研究》，及彭文萱（2013）的《國小自然與生活科技領域電子教科書之評鑑研究》。此外，隨著多元文化教育受到重視，探討原住民融入學校科目設計與實施的主題，近年也漸受重視，如徐偉民（2019）的《原住民文化融

入數學課程的發展：以一所實驗小學爲例》。科技部也有多篇這類主題的研究，如陳嘉皇的《數學語言出發之泰雅民族課程設計與教師專業發展》（2017.08.01-2021.07.31），及洪振方的《原住民族知識體系爲本之物質科學領域素養導向課程開發》（2019.01.01-2020.01.31）。

表 2　初等教育學校科目研究篇數統計：研究主題分布

主題／論文別	學校科目的內涵	學校科目的改變與形成	學校科目發展與設計實務	學校科目實施	學校科目跨國比較
學位論文	3	1	6	11	2
期刊論文	7	2	5	30	4
科技部計畫	2	1	15	10	0

㈡學校科目形成、改變的研究漸受重視

分析學校科目形成與改變的研究，近年漸受重視，其中，研究重點不只在針對學校科目形成與改變進行歷時性分析，還會透過相關理論視角，探討影響學校科目形成與改變的各種因素，如 Hammersley 和 Hargreves（1983）所言，「不僅要知道誰贏了，誰輸了，更要知道輸得有多慘？」關於這方面的研究，西方在 1980 年代起已有不少的研究論著，至於國內，相關研究如石鳳茹（2015）的《臺灣與美國國小數學教科書中形成體積公式教材之內容分析》，張鍠焜（2015）的《國小生活與倫理教科書德育課程觀之轉變——從 64 年課程標準本到 78 年改編本》，及馮永敏、楊淑華和李素君（2016）的《戒嚴時期作家參與國語教科書編寫之語文課程觀與知識觀——三位作家口述史之探析》。

在專書論著方面，國內在 2012 年和 2018 年，也在國家教育研究的經費支持下，透過長時間軸，探討中小學各領域課程的發展歷程。在小學部分，分別探討數學、社會、健康教育、體育和音樂等，探討的重點包括各時期的社會背景、該領域的教育政策、各時期的名稱、時數演變、學術理論（林慶隆，2018）。其中，周淑卿等（2018）所合著的《小學社會課程發展史》，除對 1967 年至今的臺灣社會課程發展史進行探析，並在書中

從社會認識論的觀點，分析三大理念陣營，包括「舟山模式」、「板橋模式」和「南海模式」，是如何形塑不同階段的社會課程。另外，在周淑卿等所編的《臺灣國民小學教科書課程觀的演變》一書中，則分別針對國小國語、數學等科目的課程觀演變進行研究。其中，歐用生（2016）還特別提出這本書背後的理論觀點，包括社會認識和課程生命史，爲國內學校科目研究的理論奠下良好的基礎。白亦方（2008）曾指出，關於學校科目歷史起源的探究仍付闕如，這幾年經過相關學者的努力，目前這方面的研究雖然數量並不多，但相較過去，已有很大進步。本研究從相關研究中呈現能對此主題能進行深入探究的論文，如表 3 所示。

表 3　初等教育學校科目形成與改變的研究量整表

研究者	研究主題	理論／研究取向	領域
楊智穎（2014）	課程史研究：學校科目的歷史研究及個案分析	歷史個案研究法、理論分析、口述歷史、歷史比較	社會和本土語言
張鍠焜（2015）	國小生活與倫理教科書德育課程觀之轉變——從 64 年課程標準本到 78 年改編本	歷史研究	生活與倫理
周淑卿等（2018）	小學社會課程發展史	社會認識論、歷史研究	社會
馮永敏、楊淑華、李素君（2016）	戒嚴時期作家參與國語教科書編寫之語文課程觀與知識觀——三位作家口述史之探析	口述歷史	國語文

㈢較少針對「學校科目」的學理基礎及跨國比較進行研究

學校科目內容常是決定課程要何種知識內容的依據，然如何設計學校科目的內容，這是一個相當複雜的問題，因爲其所牽涉到的過程性要素，不僅包括課程內容的選擇、分類，及如何轉化成可被理解的知識、技能等，同時也思考其在哲學、心理學和社會學等學理上的立論依據。以上所述只是「學校科目」內容設計的一般性原則，不同學校科目間在課程發展上的學理依據也有其差異性。目前國內關於「學校科目」學理基礎的研究，和西方相較，仍有很大的努力的空間。

其實回顧臺灣早期在學校科目學理基礎的研究，多偏向西方文獻的翻譯，同時以各學校科目之課程內容設計的主題居多，如社會科中的敘述性、概念性和動態性課程取向（呂愛珍，1993；歐用生，1995），或是建構式數學課程取向（甯自強，1993；魏宗明，2007）。再就「學校科目」形成與演變之學理基礎的研究，在早期臺灣的課程領域中可說是缺理論的。2000 後此一主題的學理基礎研究逐漸重視。關於近年探討初等教育階段中學校科目形成與演變之學理基礎的專書，如周淑卿於 2014 年所編的《小學社會課程發展史》，及楊智穎於 2014 所著的《課程史研究：學校科目的歷史研究及個案分析》一書。

至於學校科目跨國比較的研究，近十年也已有少數的論文出現，如許瀞文（2011）的《臺日國小健康與體育課程綱要之比較》，及何世雄（2012）的《臺日國小社會科課程大綱及教材內容之比較研究：以國小五年級之語彙爲對象》，然較少系列性專書的出版，同時也較少從各國的歷史脈絡進行學校科目的比較分析。Goodson 於 1987 年曾編著一本名爲《課程史的國際觀點》的專書，分析世界各國的科目發展史（Goodson, 1987），該論著對世界各國學校科目所採取的比較研究取向，可提供國內進行這方面研究時的參考。

二、領域類別

根據表 4 所示，此類研究以語文類科最多，而語文類科又以國語領域最多，其次是數學科，英語次之，其他如生活、本土語言和藝術較少。分析其原因，可能和初等教育階段以國語、數學作爲主科有關。另一方面，值得進一步提出討論的問題，則是隨著培育小學師資類科之師資培育大學紛紛轉型爲綜合大學，許多領域教材教法教師逐漸流失，特別是學分數較少的藝能領域，其影響所及，除了相關師資培育課程的教授。還包括這些科目的研究，此方面的危機有必要加以關注，並思考解決之道。

表 4　初等教育學校科目研究篇數統計：領域類別分布

	國語	英語	本土語言	數學	社會	自然科學	藝術	綜合活動	生活	健康與體育
學位論文	4	5	3	0	3	3	2	1	1	1
期刊	19	0	0	11	5	0	2	5	2	4
科技部	1	7	2	7	3	3	0	1	0	1

三、研究取向

在研究取向方面，以「設計與實施即研究」取向的篇數最多，如表 5 所示。近年部分研究嘗試採取敘事取向，探討教師的自我敘說與學校科目發展、實施的關係，如魏俊揚（2019）的《一位國小教師的課程意識與國語文教學實踐之旅》。其他不同於過去的研究取向，如周淑卿、章五奇（2014）的《屠炳春口述史探究解嚴前小學社會科教科書的發展》，該論文透過對屠炳春先生的訪談，分析其社會科參與教科書撰寫與審查的生命歷程，了解解嚴前社會科所隱含的課程觀，此研究取向亦具生命史的意涵。楊智穎（2014）的《課程史研究：學校科目的歷史研究及個案分析》，則是探討社會課程和本土語言課程的科目發展史，研究取向兼採歷史個案研究、口述歷史研究和歷史比較研究。周淑卿編（2018）的《小學社會課程發展史》，則採口述史，探討相關學校科目中課程觀的演變。

表 5　初等教育學校科目研究篇數統計：研究取向分布

	歷史分析	內容分析	比較研究	設計與實施即研究	理念分析	敘事取向
學位論文	1	5	1	14	0	1
期刊	1	5	4	32	4	2
科技部	1	2	0	24	0	1

綜合上述，國內初等教育階段學校科目研究所採取的研究取向已傾向多元化，但整體而言，仍缺乏針對方法論進行探討。回顧西方在這方面

的研究成果，一些學者曾嘗試透過歷史社會學的觀點，建構學校科目的學理基礎，同時出版許多重要專書。在美國方面，較有名的專書如 Kliebard（1986）所著的《爭奪美國課程：1893-1958》，Popkewitz（1987）主編的《學校科目的形成：為創造美國制度而競逐》。在英國方面，則以 Goodson 於 1983 年所著的《學校校目及課程改變》，及 1985 年所著的《中等課程的歷史：科目的研究》較受關注。國內對於這個主題之研究取向的創新性仍有待加強，特別是強調不同取向的結合，以 Ball 和 Goodson（1984）的研究為例，其在探討學校科目研究的方法論時，即提出結合歷史和人種誌研究取向重要性，Hammersley（1984）也指出，歷史和人種誌研究取向不僅可互補，更重要的是，這兩種研究取向都特別會去關心事件和過程的細節。

伍　結論與展望

本研究透過歷史回顧，大致已掌握臺灣近十年初等教育學校科目研究的趨勢，包括在研究主題方面，以學校科目發展、設計和實施的主題居多；學校科目形成、改變的研究漸受重視；但較少針對「學校科目」的學理基礎及跨國比較進行研究。在領域類別方面，以語文類科最多，而語文類科又以國語領域最多。在研究取向方面，則以「設計與實施即研究」取向的篇數最多。整體而言，和過去相較，近十年已有很大的進步，同時在相關研究主題，也會去關注少數族群文化。分析這樣的研究成果，並非是先驗存在，像太陽一樣，時間到了就自動升起，其概念範疇也不會是既定的，而是歷史的，是經由在臺灣發展的點點滴滴研究經驗資料的累積與互動產生的（景崇剛，2005）。值得注意的是，與學校科目發展與設計實務有關的主題仍較常被研究，即較傾向採社會改良導向，和西方相較，未來仍需強化學理基礎與方法論面向的探究。由於本研究僅針對初等教育階段學校科目研究文獻進行後設分析，未來可再持續針對中等教育或高等教育中的學校科目研究文獻，進行後設分析，並強化專書論著的發表與出版。

以下根據本研究的分析結果，提出臺灣未來初等教育學校科目研究的展望：

一、持續針對初等教育階段各學校科目的研究人才進行培育

學校科目在初等教育階段扮演相當重要角色，而要在初等教育階段做好學校科目的規劃，「研究」必然是不可或缺。然要達成此目的，各個學校科目研究人才的培育甚爲關鍵。近年隨著相關教育類研究所的大量增加，和學校科目有關的研究成果也劇增，然本研究更關心研究品質的提升。近十年來受到師資培育大學轉型爲綜合大學後，各領域教材教法師資流失的影響，特別是培育小學師資類科的師資培育大學，導致一些學校科目的研究人才也逐漸流失，甚至產生嚴重斷層現象。値得慶幸的是，近年教育部已開始透過各種計畫經費的支持，來培育各領域教材教法人才，如2020年訂定的「教育部補助師資培育之大學領域教材教法人才培育計畫作業要點」，此計畫還提供經費補助博士生進行這方面的研究。至於未來還可進一步努力的方向，本研究認爲可針對當時期與學校科目有關的重大議題，從政策革新、學理建構，到課程與教學設計等面向，規畫出整體架構後，透過團隊合作方式，深化學校科目研究人才的培植。

二、提升學校科目研究的學理基礎與方法論

任何學門之學理基礎或方法論的建置，都是促使該學門邁向成爲一個成熟學術領域的重要工程。關於臺灣學校科目之學理基礎或方法論等的研究狀況，歐用生很早就提出學科教育學之研究領域急待建立的呼籲（歐用生，1996），然從本研究對國內近十年來學校科目研究現況的分析可發現，學理基礎或方法論的探究仍有待努力。目前西方在學校科目之學理基礎或方法論探究方面，已累積一定的研究成果，未來可在西方的學術研究基礎上，對學校科目之學理基礎或方法論進行更爲加深加廣的研究，包括創新多元的研究視角，及加入新的學理觀點，並藉由科際整合的研究途徑，來豐富該領域的研究內涵。

三、加強初等教育階段學校科目的本土化研究

關於學術研究在地化的議題，在近年倍受關注。誠如林麗雲（2004）所言，學術研究本應感應在地社會的問題而發展問題意識，再根據在地社會的脈絡提出可能的解釋或解決之道，進行學校科目的研究亦然，特別是透過社會史的視角，對學校科目的形成與改變進行探究，更能深入理解各學校科目發展的在地脈絡性。關於這方面的研究，西方自 1980 年代起已累積相當多的研究成果，但外來的理論或研究模式未必能完全回應本地的問題與契合在地的脈絡（葉啟政，2003）。觀察近年受到外在社會環境的影響，在國內初等教育階段之學校科目形成與知識內涵的演變方面，出現一些不同於國外的在地課程現象，如本土語言，或結合科目領域的雙語課程，這些在地化的課程主題值得加以探討，而在探究這些課程主題的過程中，可同時與西方課程理論進行對話，進而建構出具本土特色的學校科目理論。

四、持續強化初等教育階段學校科目研究的反思性

當我們生產許多學校科目有關的研究論文時，除了透過量化成果的呈現，對這些論文進行後設分析，更有必要從知識社會學或研究倫理的角度，深入探討這些研究成果如何成為可能，是否會反過來控制學校中的課程設計與實施。其實學校科目中的知識選擇與設計，許多會受到特定學科專家本身知識結構的影響，此偏向學術理性思維的顯著課程文化，從語文到科學到藝術，都以培養學術上的接班人爲目的，不太講求學生生活上的關聯性（張建成，2000）。近年已有諸有多研究或類似實驗性的學校，嘗試努力去破除學科專家主導的學校科目知識內涵，如原住民文化本位的數學設計，或實驗學校所發展的另類學校科目結構，這方面的議題應持續進行研究，除了從族群文化的角度，本研究認爲未來還可擴展從教師的角度，探究教師之學校科目內涵。

參考文獻

白亦方（2008）。**課程史研究的理論與實踐**。臺北市：高等教育。

石鳳茹（2015）。臺灣與美國國小數學教科書中形成體積公式教材之內容分析。**科學教育月刊，381**，37-43。

何世雄（2012）。臺日國小社會科課程大綱及教材內容之比較研究：以國小五年級之語彙爲對象。**中臺學報：人文社會卷，23**(4)，9-32。

呂愛珍（1993）。**國民小學社會科課程與教材**。臺北市：五南。

波宏明（2016）。評析原住民族的歷史（轉型）正義──原住民族語言發展的法制化工程。**臺灣教育評論月刊，5**(9)，10-15。

周淑卿、章五奇（2014）。由屠炳春口述史探究解嚴前小學社會科教科書的發展。**教科書研究，7**(2)，1-32。

周淑卿、歐用生和楊國揚（編）（2016）。**臺灣國民中小學教科書課程觀的演變**。臺北市：國家教育研究院。

周淑卿（編）（2018）。**小學社會課程發展史**。臺北市：國家教育研究院。

周珮儀（2005）。我國教科書研究的分析：1979-2004。**課程與教學季刊，8**(4)，91-115。

林麗雲（2004）。**臺灣傳播研究史：學院內的傳播知識生產**。臺北市：巨流。

林慶隆（2018）。臺灣中小學課程發展史系列叢書總序。載於周淑卿（主編）。**小學社會課程發展史**。臺北市：國家教育研究院。

徐偉民（2019）。原住民文化融入數學課程的發展：以一所實驗小學爲例。**教育研究集刊，65**(4)，77-116。

周淑卿、章五奇（2014）。由屠炳春口述史探究解嚴前小學社會科教科書的發展。**教科書研究，7**(2)，1-32。

許瀞文（2011）。臺日國小健康與體育課程綱要之比較。**國北教大體育，5**，170-179。

甯自強（1993）。國小數學科新課程的精神及改革動向：由建構主義的觀點來看。**科學教育月刊，1**(1)，101-108。

景崇剛（2005）。從「想像」臺灣傳播學，到「想像的」臺灣傳播學，再到「臺灣傳播學的想像」。**新聞學研究，83**，219-222。

黃政傑、張嘉育（2004）。臺灣課程研究的回顧與展望：1949-2000。載於中華民國課程與教學學會（主編），**課程與教學研究之發展與前瞻**（頁1-23）。臺北市：高等教育。

黃嘉雄（2012）。臺灣課程評鑑研究的回顧與前瞻。**課程與教學季刊，15**(4)，25-52。

陳劍涵（2021）。人工智慧在教育的應用：發展現況、人才培育與勢議題。載於中華民國課程與教學學會（主編），**AI時代的課程與教學：前瞻未來教育**（頁31-41）。臺北市：五南。

馮永敏、楊淑華、李素君（2016）。戒嚴時期作家參與國語教科書編寫之語文課程觀與知識觀——三位作家口述史之探析。**教科書研究，9**(2)，1-34。

張芬芬（2012）。半世紀臺灣教科書研究之概況與趨勢（1956-2010）。**教育研究月刊，217**，5-24。

張建成（2000）。文化與課程。**研習資訊，17**(2)，20-28。

張鍠焜（2015）。國小生活與倫理教科書德育課程觀之轉變——從64年課程標準本到78年改編本。**教科書研究，8**(3)，77-111。

彭文萱（2013）。**國小自然與生活科技領域電子教科書之評鑑研究**。國立臺北教育大學自然科學教育博士論文（未出版）。臺北市：國立臺北教育大學。

湯維玲（2019）。探究美國STEM與STEAM教育的發展。**課程與教學季刊，22**(2)，49-78。

國家教育研究院（編）（2012）。**開卷有益：教科書回顧與前瞻**。臺北市：作者。

魏宗明（2007）。**建構式數學改革論述分析**。國立中正大學教育研究所博士論文（未出版）。嘉義縣：國立中正大學。

葉啟政（2003）。臺灣社會學的知識：權力遊戲。**國立政治大學學報，35，**1-34。

楊智穎（2004）。學校科目研究的發展趨勢與展望。載於中華民國課程與教學學會（主編），**課程與教學研究之發展與前瞻**（頁1-23）。臺北市：高等教育。

楊智穎（2013）。**課程史研究：學校科目的歷史探究及個案分析**。高雄市：麗文。

魏俊揚（2019）。**一位國小教師的課程意識與國語文教學實踐之旅**。國立臺灣師範大學課程與教學研究博士論文（未出版）。臺北市：國立臺灣師範大學。

歐用生（1996）。**國民小學社會科教學研究**。臺北市：師大書苑。

歐用生（1996）。**教師專業成長**。臺北市：師大書苑。

歐用生（2016）。百年來的創舉：教科書（史）研究的新里程碑。載於周淑卿、歐用生和楊國揚（主編），**臺灣國民中小學教科書課程觀的演變**（頁1-20）。臺北市：國家教育研究院。

Apple, M. W. (1990). *Ideology and curriculum*. New York: Routledge.

Apple, M. W. (1993). *Official knowledge: Democratic education in a conservative age*. New York: Routledge.

Ball, S., & Goodson, I. (1984) Introduction: Defining the curriculum; histories and ethnographies. In S. Ball & I. Goodson(Eds.), *Defining the curriculum: Histories and ethnographies*(pp. 1-14). London and Philadephia: The Falmer Press.

Deng, Z. (2007). Transforming the subject matter: Examining the intellectual roots of pedagogical content knowledge. *Curriculum Inquiry*, *37*(3), 279-295.

Deng, Z., & Luke, A. (2008). Subject matter: Defining and theorizing school subjects. In F. M. Connelly, M. F. He & J. Phillion(Eds.), *The SAGE Handbook of curriculum and instruction*(pp. 66-87). London: SAGE.

Goodson, I. F. (1983). *School subjects and curriculum change: Studies in curriculum history*. Wasfington, D.C. London: The Falmer Press.

Goodson, I. F.(Ed.)(1985). *Social histories of the secondary curriculum: Subject for study*. London and Philadephia: The Falmer Press.

Goodson, I. F. (1987). *International perspectives in curriculum history*. London: Croom Helm.

Goodson, I. F., & Marsh, C. J. (1996). *Studying school subjects*. London & Washington: The Falmer Press.

Hammersley, M. (1984). Making a vice of our virtues: Some notes on theory in ethnography and history. In S. Ball & I. Goodson (Eds.), *Defining the curriculum: Histories and ethnographies* (pp. 15-24). London and Philadephia: The Falmer Press.

Hammersley, M. & Hargreves, A. (1983). Introduction. In M. Hammersley & A. Hargreves (Eds.), *Curriculum practice: some sociological case studie*s (pp. 1-14). London& New York: The Falmer Press.

Kridel, C. & Newman, V. (2003). A random harvest: A multiplicity of studies in American curriculum history research. In W. F. Pinar (Ed.), *International handbook of curriculum research* (pp. 637-650). N.J: Lawrence Erlbaum Associate, Inc.

Lewy, A. (Ed.) (1991). *The international encyclopedia of curriculum*. Oxford: Pergamon Press.

Marsh, C. J. (1997). *Planning, management & ideology: Key concepts for understanding curriculum*. London: The Falmer Press.

Pinar, W. F. (2003). Internationalization of curriculum studies. In D. Trueit., W. E. Doll., Jr., H. Wang & W. F. Pinar(Eds.), *International of curriculum studies* (pp. 1-14). New York: P. Lang.

Popkewitz, T. S. (Ed.) (1987). *The formation of the school subjects*. New York: The Falmer Press.

Shuman, L. S. (1987). Knowledge and teaching: Foundation pf new reform. *Harvard Educational Review*, *57*(1), 1-22.

Young, M. F. D. (1971). *Knowledge and control: New directions for the sociology of education*. London: Collier-Macmillan.

Zumwalt, K. (1989). Beginning professional teachers: The need for a curriculum vision of teaching. In M. C. Reynolds (Ed.), Knowledge base for the beginning teachers (pp. 173-184). Oxford, UK: Pergamon.

中等教育研究的趨勢與展望

林永豐

根據國際教育分類標準（International Standard Classification of Education，ISCED，簡稱 ISCED-2011）的界定（UNESCO, 2011），中等教育主要包含前期中等教育（level 2）和後期中等教育（level 3）兩個階段，又進一步可以區分為普通（general）與技職（vocational）兩類的進路。對照我國的學制，則中等教育大約是供年齡為十二至十八歲的學童就讀。

本文希望探討我國中等教育的研究現況與重點，呈現近十年來的研究趨勢。為了對中等教育的研究脈絡能有較深入的掌握，本文主要透過文件分析，利用國內收集學位論文與期刊論文的兩個主要線上資料庫，分析其主題類別與研究方法，以呈現整體的研究趨勢。本文將先探討我國學制中的中等教育，繼之再分析教育學門中的中等教育特質，然後分「博碩士論文」「期刊論文、專書與專書論文」兩大面向，深入分析中等教育研究的趨勢，最後再進行歸納，提出結語與對未來研究的展望。

一、我國學制中的中等教育

在我國的學制中，中等教育主要是銜接國小的初等教育，經過三年的國民中學教育，繼之銜接三年的高級中等教育，之後再邁向至少兩年或四年的高等教育。因此，中等教育即是介於初等教育與高等教育之間、共六年的教育，由於我國學齡學童於各級教育畢業之後，繼續就讀的比例相當高，中等教育因此有著明顯的中介性質，亦即，扮演著深化初等教育學習的成效、奠定邁向高等教育學習的基礎等兩個重要的教育功能。

2014 年以前，我國的國民教育以九年義務教育為主，包括了六年的國小教育與三年的國中教育。2014 年以後，基於十二年國民基本教育的推動，在原有的九年國民教育的基礎上，納入了三年的後期中等教育階段，並稱「國民基本教育」，盡力朝免試、免費、非強迫入學的方向轉型，而後期中等教育階段具備了採免試為主、有條件免學費、非強迫入學的方式，因而具備了「類國民教育」的性質。從學齡人口在學率來看，過去十年來，中等教育階段在學率變化不大。以 109 學年度為例，國中階段的淨在學率為 97.29%，粗在學率為 98.49%；而高中階段的淨在學率雖僅 93.77%，但粗在學率仍高達 98.49（教育部，2021）。可見，前期與後期等兩個階段的中等教育，不僅在學制上已均屬於國民基本教育，而實質上，也幾乎等同於普及就學的國民教育。

上述這項中等教育性質的改變，更彰顯了中等教育作爲「第二級教育」（secondary education）的特質，是介於初等教育（primary）與「第三級的」（tertiary）高等教育之間的階段。若以陶冶、試探、分化、準備等四項中等教育的教育功能（林永豐，2010）來分析，屬於前期中等教育的國民中學最具「陶冶」的特質，以共同課程爲主；相對地，屬於後期中等教育的高中職等四類型高級中學（高級中等教育法，2013）則更著重「準備」的功能，而介於其間則需要適度地試探與分化。整個六年的中等教育階段，就是一個從共同教育的陶冶，漸進地透過試探與分化，逐步邁向專精教育準備的教育歷程。就性質而言，這樣的試探與分化，非僅爲了區別學生邁向升學或就業的發展性向，而更是著重於爲了將學生導向大學（包括技職高等教育的四技二專等）的各種學門與系所進行適性分流。

過去十年來（100 學年度—109 學年度），中等教育在質與量方面均有顯著的變化。茲透過以下幾項重要的教育統計數據（教育部，2020），來呈現中等教育的主要趨勢。

在前期中等教育階段，十年來的幾項重要發展可歸納如下：

1. 在校數方面大幅減少，且小校明顯增加：國民中學的校數由 742 校，僅微幅減少 6 校至 737 校。但受少子化趨勢的嚴重影響，全校不足 300 位學生的學校，由 195 所大增至 300 所，增幅高達 50%。

2. 國中學生人數持續明顯減少：十年來學生數從 873,226 人，降至 597,786 人，降幅達 32%。影響所及，各校的班級數、每班班級人數、各校所需教師數量、排課方式、師資調度、校務運作等，都會受到影響。

3. 國中班級數減幅也很顯著，十年來自 27,693 班，降至 22,170 班，跌幅高達二成。班級數減少使得小校增加，不僅排課等校務經營更形挑戰，也影響到老師可以授課的班級與節數。

4. 國中每班平均學生數由 31.59 人，降至 26.96 人；而每班不足四人的班級，由 4 班大幅增加至 42 班。相對地，每班 5-9 人的班級，由 50 班增加至 80 班。小班的趨勢欲發明顯，增加了師生互動的機會，但也對老師的授課方式構成新的挑戰，有賴教師調整教學方式以爲因應。

5. 國中畢業生人數自 100 學年度時尚有 309,159 人，至 108 學年度的畢業生僅剩 204,470 人，減幅高達 34%。

6. 國中的專任教師人數由 51,200 人，降至 46,486 人。偏遠地區國中的教師，則由 5,259 人，略微降至 5,023 人。教師人數減少顯示教師需求逐年降地，各縣市關心教師員額不足，造成超額問題，多數僅少量進用初任教師，影響到教師族群更新的速度減緩，師資生出路不多，則影響了年輕人進入教職的意願。

在後期中等教育階段，除了整體的發展趨勢外，普通高中、技術高中與綜合高中等三種不同類型學校也都各有不同的增減情形，分述如下：

1. 各類高級中等學校的校數，十年來從 491 校，增加至 510 校，增加了 4%。然而，相對於同一時期，國中畢業生人數自 100 學年度時尚有 309,159 人，至 108 學年度的畢業生僅剩 204,470 人，減幅高達 34%。可見，整體而言，在少子化的趨勢下，高級中等學校乃略微朝向小型化、社區化的特質發展。

2. 就三類主要進路而言：103 至 109 學年度之間，開設普通科的高級中等學校校數增加了 11 所，由 366 校增至 377 校；同一時期，則開設專業群（職業）科的學校則增加了 12 所，由 256 校微幅增加至 268 校。可見，過去獨重廣設高中的現象已不明顯。綜合高中的校數從 103 學年度時尚有 107 所，降至 109 學年度時，僅剩 67 所，幾乎少掉三分之一，只占所有高級中等學校校數的 12%。

3. 三類高級中等學校的學生總數，從 899,188 人，降至 609,745 人，降幅達 32%。學校畢業生人數，從 279,381 人，降至 202,221 人，降幅約 28%。在大學系所基本不變的情形下，這明顯地意味著僧少粥多，高中生有更高的機率可以進入高等教育機構。

綜上所述，可見過去十年來，中等教育在數量規模與教育性質上已有顯著變化。這樣的變化，不僅爲教育政策的推動、學校校務的規劃、課程教學的實施、教師專業的發展、學生學習的促進等面向都會帶來諸多挑戰，也會影響中等教育研究的重點。下文中，乃聚焦從研究的角度，深入探討中等教育的研究趨勢。

二、教育學門中的中等教育

中等教育的研究屬於教育學門，因此，大多數的研究論文將會歸屬於教育學門之中。不過，教育學門之外，尚有包括藝術、社會及行為科學、法律、傳播、商業及管理、數學及統計、工程、社會服務、民生、電算機、自然科學……等不同學門，而在這些學門之中，也會有中等教育相關的研究。

然教育學門本身也是一個多元而豐富的研究領域，此一學術範疇即包括了許許多多的次領域，例如教育史、教育哲學、教育心理學、教育社會學、教育行政與領導、教育政策、課程與教學、輔導與諮商、測驗、測驗與統計、幼兒教育、初等教育、中等教育、國民教育、高等教育、師資培育等，研究者各有所長，所要深入探討的主題，也會相當不同。此外，教育議題具有多重的面向，往往一個議題，就兼而涉及了兩個或三個領域，例如探討中等教育的財務議題、從教育社會學的角度探討中等教育的師資培育、探討中等教育史中的教育改革……。近來，受到科技整合趨勢的影響，跨領域研究愈來愈明顯，相對之下，傳統的學科或領域之間有更多的關聯與整合，使得研究議題也就更為多元而豐富了。

根據柯華葳（2010）的歸納，教育學門有下列幾項特色：

1. 研究對象不一，由幼兒到老人，由一般到特殊。

2. 研究立論各異，自古至今的理論皆有人採用，並深受社會與科技變遷的影響。

3. 研究方法各有所長，由個案到廣泛抽樣，由質到量。

4. 所跨領域各異，如體育跨生物、化學和管理。圖資跨資管、圖書和閱讀，教育更是跨足各種領域。

上述這些特色，也會顯現在中等教育的研究之上，在研究對象、研究立論、研究方法與研究領域方面，都可能會有愈來愈豐富的樣貌。

中等教育的研究成果可能會以不同方式呈現，例如，透過各類期刊發表學術或非學術性的文章，討論中等教育的問題。易或是大學的研究生會嘗試針對中等教育的相關問題進行探討，發表碩士論文或博士論文，並據此取得學位。此外，學者會以專書的方式彙編研究成果；大學或研究機構也會以進行專案計畫的方式從事相關研究與發表。

由於中等教育研究的範圍很廣、數量頗多，爲考量資料的完整性與資料分析的便利性，下文中乃分「博、碩士論文」以及「期刊論文、專書與專書論文」兩大類，嘗試透過國家圖書館與科技部人文與社會科學中心的資料庫，探討並呈現中等教育的研究現況與重點。受惠於資訊網路的便利技術與資料庫的豐富資料，希望得以呈現中等教育的研究趨勢。

爲便於進行論文的界定與分類，在進行資料收集時，將下列名詞具體界定如下：

1.「前期中等教育」相關論文：指該論文題目中包含國中、國民中學或中小學等詞者。

2.「後期中等教育」相關論文：指該論文題目中包含了高中、高中職、高級中等教育、高級中等學校或後期中等教育等詞者。

3.「普通高中」相關論文：指該論文題目中包含了高中或普通高中等詞者。由於「普通高中」常被簡稱爲「高中」，但若以「高中」一詞做關鍵字時，也可能納入了包括「技術高中」或「綜合高中」的論文篇目，而無法確切地判別就係是否指「普通高中」。因此，有關「普通高中」此一項目的相關數據，仍須得保留一定的解釋彈性，未必僅指普通高中。

4.「技術高中」相關論文：指該論文題目中包含了高職、職業學校、技術高中、技術型高中或技術型高級中學等詞者。

5.「綜合高中」相關論文：指該論文題目中包含了綜高或綜合高中等詞者。

6. 單科高中相關論文：指該論文題目中包含了單科高中一詞者。惟經查近十年來學位論文與期刊論文中，並未有以「單科高中」爲主題或關鍵字之研究，故本文後續的討論中將不納入此項討論。

三、中等教育的研究與趨勢：博碩士論文的分析

爲探討中等教育階段的學位論文，分析其研究主題與研究方法上的特色，乃透過國家圖書館所收錄的各大學博碩士論文，並利用「臺灣博碩士論文知識加值系統（https://ndltd.ncl.edu.tw/）」中的資料庫功能。本節分析所涵蓋的範圍以過去十年的資料爲主，蒐集自 100 學年度（2011 年）至今的學位論文書目進行分析。

所謂的學位論文主要包涵了「碩士論文」與「博士論文」兩大類，又區分「教育學門」與「不限學門」兩類。就資料庫中所收錄的學位論文進行分析（請參見圖 1），可歸納出下列重點：

1. 除了教育學門之外，其他學門也有爲數眾多的論文涉及或討論了中等教育的相關主題。其中，又以碩士論文最爲明顯，甚至比教育學門的碩士論文還多，相對地，涉及中等教育的博士論文則主要限於教育學門。

2. 在教育學門之內，與中等教育相關的「碩士論文」數量，遠多於「博士論文」。

3. 教育學門之中的「碩士論文」，處理「前期中等教育」相關主題的數量近 5,000 篇，遠多於處理「後期中等教育」相關主題的 1,675 篇，幾乎已達三倍。

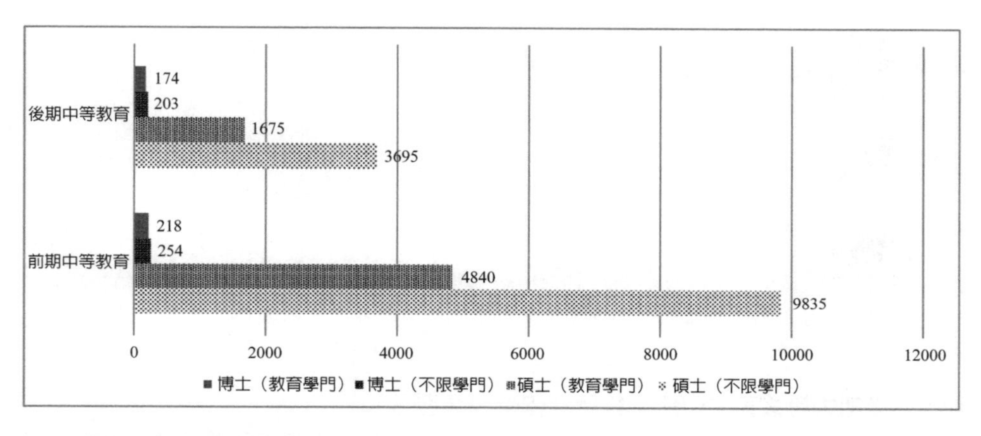

圖 1　中等教育階段期刊論文統計（依學門分）

4. 教育學門之中的「博士論文」，處理「前期中等教育」相關主題的數量仍較多於處理「後期中等教育」的相關主題，前者爲 218 篇，後者約 174 篇。

在後期中等教育階段，若進一步依照四種類型學校來分，相關的論文數量統計如下圖 2。可以發現以下幾個研究趨勢：

1. 非教育學門中，也有爲數眾多的學位論文涉及高中職相關的主題。幾乎與教育學門內的學位論文相當，或甚至略多。

2. 絕大多數與高中職教育有關的學位論文，都聚焦於普通高中或技術高中。而其中與「高中」或「普通高中」相關的學位論文最多，比「高職」或「技術高中」的論文多了近 50%。

3. 與綜合高中相關的學位論文，僅有碩士論文，並無任何博士論文。其中，教育學門內的碩士論文僅 11 篇，不限學門的話，則爲 27 篇。

4. 並未有任何學位論文探討單科高中。

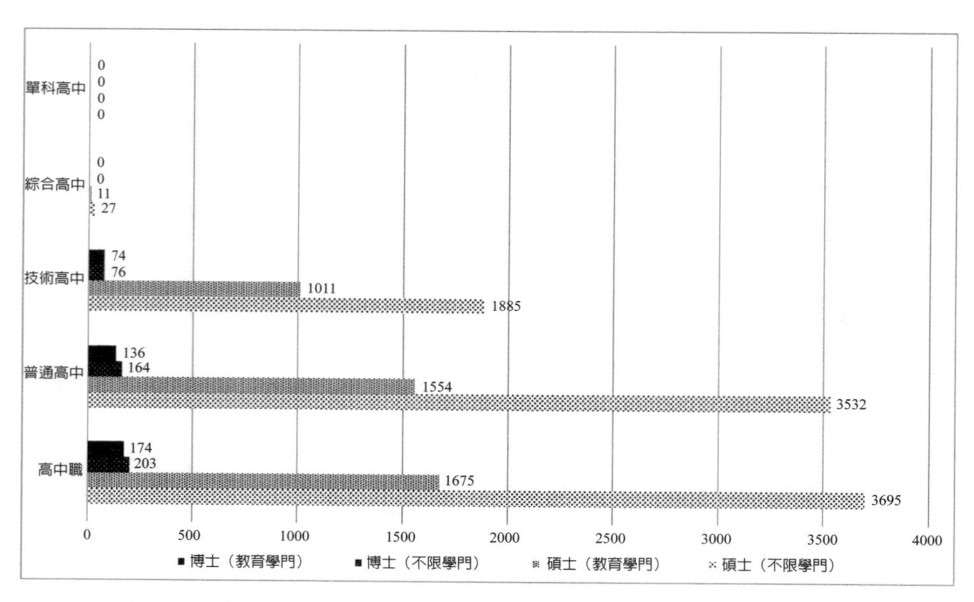

圖 2　後期中等教育學位論文統計（依學校類型分）

若針對教育學門深入分析學位論文的研究主題，乃透過各篇學位論文中所列出的關鍵詞進行統計，結果如表 1 與表 2。

表 1 所納入分析的是自民國 100 年（2011 年）以來，題目中包含了「國中」或「國民中學」的學位論文，其中包含了 4,840 篇的碩士論文，以及 218 篇的博士論文。依關鍵詞出現的次數進行依序排列，呈現次數較多的前 20 個關鍵詞。

表 1　與「前期中等教育」為主題的學位論文關鍵詞分析

碩士論文部分（N = 4840）		
編號	關鍵詞	數量
1	國中生	80
2	行動研究	70
3	國民中學	65
4	工作壓力	57
5	國中教師	56
6	國中學生	51
7	學習動機	43
8	學習成效	38
9	合作學習	37
10	學習態度	36
11	教學效能	35
12	幸福感	34
13	因應策略	29
14	人格特質	26
15	學習滿意度	25
16	學校效能	25
17	學習障礙	24
18	閱讀理解	23
19	學習成就	23
20	國民中學教師	23

博士論文部分（N = 218）		
編號	關鍵詞	數量
1	指標建構	10
2	層級分析法	10
3	德懷術	8
4	學校效能	8
5	模糊德懷術	7
6	國際教育	6
7	學習成就	5
8	國中生	5
9	驗證性因素分析	4
10	學習風格	4
11	學習成效	4
12	學習動機	4
13	國民中學	4
14	課程領導	3
15	行動研究	3
16	自我效能	3
17	結構方程模式	3
18	組織文化	3
19	組織承諾	3
20	組織學習	3

表 2　與「後期中等教育」相關主題的學位論文關鍵詞分析

碩士論文部分（N = 1674）			博士論文部分（N = 174）		
編號	關鍵詞	數量	編號	關鍵詞	數量
1	學習成效	81	1	技術型高中	11
2	學習動機	69	2	學校效能	8
3	高中生	64	3	高級中等學校	7
4	技術型高中	63	4	學習成效	6
5	學習滿意度	46	5	自我效能	5
6	行動研究	45	6	指標建構	5
7	高中職學生	41	7	高中生	4
8	學習態度	39	8	高中校長	4
9	高中學生	37	9	模糊德懷術	4
10	工作壓力	34	10	教師教學效能	4
11	高中職	30	11	教學效能	4
12	參與動機	27	12	技術型高級中等學校	4
13	合作學習	23	13	高中教師	3
14	十二年國民基本教育	23	14	高中	3
15	軍訓教官	21	15	結構方程模式	3
16	自我效能	21	16	科技教育	3
17	人格特質	21	17	特殊教育長期追蹤資料庫	3
18	阻礙因素	19	18	校長正向領導	3
19	因應策略	19	19	教師自我效能	3
20	高級中等學校	17	20	教師組織承諾	3

在碩士論文部分，在高達近 5,000 篇與前期中等教育相關的論文中，出現最多的關鍵詞也僅 80 次，顯示各篇論文所選擇的關鍵詞非常不同。此外，前 20 個關鍵詞中就包含了國中生、國民中學、國中教師、國中學生、國民中學教師等五個，這些詞顯然比較可能是指涉研究的對象，而未必是研究的主題，更顯得研究主題的多元。其次，關鍵詞中與「教師」比

較相關的詞，就包括了工作壓力、教學效能、幸福感、人格特質等，但相對地，與「學生」比較有關的關鍵詞，則包括了學習動機、學習成效、合作學習、學習態度、學習滿意度、學習障礙、學習成就等。可見，碩士論文的主題比較聚焦於「學生」相關的研究，其次才是與「教師」相關的研究。

在博士論文部分，十年間僅 218 篇與前期中等教育有關，平均一年僅約 20 篇。其中，出現頻率較多的關鍵詞是「指標建構」，也僅出現 10 次。可見，博士論文的研究主題也很多元。其次，博士論文中出現較多的兩類關鍵詞，一類是有關學校的經營與效能，包括了學校效能、課程領導、組織文化、組織承諾、組織學習等，顯示博士論文比較傾向探討學校整體的組織與運作問題；另一類則是有關方法論的主題，例如有層級分析法、德懷術、模糊德懷術、驗證性因素分析、行動研究、結構方程式等，則顯示博士論文更在意方法論上的把握，以求對議題有更深入的研究成果。

表2所納入分析的是自民國100年（2011年）以來，題目中包含了「高中」、「高中職」「高級中學」、「高級中等學校」、「高級中等教育」或「後期中等教育」等詞的學位論文，其中包含了 1,647 篇碩士論文，與 174 篇博士論文。依關鍵詞出現的次數進行依序排列，呈現次數較多的前 20 個關鍵詞。

在碩士論文部分，在 1,674 篇論文中出現最多的幾個關鍵詞分別是學習成效（81 次）、學習動機（69 次）、高中生（64），而相關的關鍵詞還包括學習滿意度、學習態度、參與動機等，顯見相對於國中階段而言，後期中等教育階段的學位論文，非常重視學生學習的動機與成果，這或許是受到大學入學壓力的明顯影響所致。其次，與教師相關的研究，似乎較國中階段更少，僅工作壓力與自我效能較為有關。比較特別的是「十二年國民基本教育」與「軍訓教官」兩項，都與教育政策或改革較為相關。

在博士論文部分僅 174 篇。與碩士論文相較，博士論文部分較為重視教師端的研究，出現的關鍵詞即包括自我效能、教師教學效能、教學效能、高中教師、教師自我效能等。另外，聚焦學校整體經營與管理的傾向也很明顯，出現的關鍵詞包括學校效能、高中校長、校長正向領導、教師組織承諾等。

進一步針對三類型學校進行學位論文進行分類，再蒐集歸納出現較多的關鍵詞，藉此呈現學位論文研究的主題，結果如表 3。

表 3　後期中等教育三類學校的主題關鍵詞分析

普通高中				技術高中				綜合高中	
碩士論文（N = 1554）		博士論文（N = 136）		碩士論文（N = 1011）		博士論文（N = 72）		碩士論文（N = 11）	
標題	數量	標題	數量	標題	數量	標題	數量	標題	數量
學習成效	76	技術型高中	11	學習成效	96	技術型高中	11	綜合高中	5
學習動機	64	學校效能	6	學習動機	73	學習成效	8	學程選擇	2
高中生	63	學習成效	5	技術型高中	58	高職	4	合作學習	2
技術型高中	58	高中生	4	學習滿意度	48	高級職業學校	4	高中生	1
行動研究	45	高中校長	4	學習態度	48	學校效能	4	重補修	1
學習滿意度	44	指標建構	4	智能障礙	45	課程發展	3	課程參與態度	1
高中職學生	41	高中教師	3	高職學生	38	評鑑指標	3	試探功能	1
學習態度	38	高中	3	行動研究	33	數位學習	3	英文學習	1
高中學生	37	自我效能	3	合作學習	27	教師教學效能	3	自我探索	1
工作壓力	31	結構方程模式	3	高職生	26	專題製作	3	素養導向	1
高中職	30	科技教育	3	高職	26	階層線性模式	2	畜產保健學程	1

（續前頁）

普通高中				技術高中				綜合高中	
碩士論文（N = 1554		博士論文（N = 136）		碩士論文（N = 1011）		博士論文（N = 72）		碩士論文（N = 11）	
標題	數量	標題	數量	標題	數量	標題	數量	標題	數量
參與動機	27	模糊德懷術	3	技能檢定	23	認知負荷	2	核心素養	1
合作學習	23	教師教學效能	3	高職教師	20	自我決策	2	教育抱負	1
自我效能	20	教學效能	3	專題製作	20	能力指標	2	教學滿意度	1
阻礙因素	19	教學創新	3	學習成就	20	職業學校	2	政策借用	1
因應策略	19	情緒勞務	3	因應策略	20	績效評鑑	2	探索教育	1
軍訓教官	18	心理資本	3	自我效能	15	組織文化	2	寄居蟹式教學法	1
人格特質	18	工作滿意度	3	工作壓力	15	教師自我效能	2	學習滿意度	1
高中	17	專業學習社群	3	人格特質	15	教學效能	2	學習困擾	1
生涯發展	17	高中職教師	2	教學效能	14	指標建構	2	學習動機	1

就碩士論文而言，絕大多數的學位論文主題與「普通高中（1,554 篇）」或「技術高中（1,011 篇）」有關，其研究主題也較為相近，均較為關心學生的學習成效、學習動機、學習滿意度等，也同樣關心教師的工作壓力、自我效能、人格特質等。相異處是普通高中的相關論文還關心「軍訓教官」，而技術高中的相關論文則較關心「技能檢定」與「專題製作」等。相對而言，與綜合高中有關的學位論文僅 11 篇，研究重點也很分散。

就博士論文而言，136 篇與普通高中或所有高中職有關，聚焦於技術高中者則僅約其一半。在眾多的學位論文中，較被提及的研究主題是「學習成效」與「學校效能」，其他關鍵詞至多僅有 3-4 篇是共同的，相當分散。有趣的是，在與普通高中爲關鍵詞的博士論文中，出現最多關鍵詞卻是「技術型高中」，推斷這應該是同時將技術型高中納入爲重要的討論主題，亦即是從整個後期中等教育的角度來進行研究，未必僅針對普通高中。

學位論文的特色之一，在於對於該研究所採用的研究方法有比較明確的交代，通常也會列出專章予以說明。但在本文所查閱的論文資料庫中，並未設計有特定的欄位，來顯示該論文所採用的研究法。而受限於所要分析的學位論文篇數過多，無法一一檢視分類。此外，由於愈來愈多研究，會視研究需要同時採用不同的研究法，可能兼採質性或量化的研究取向，呈現出多元的研究特性。

基於上述考量，下文中乃透過資料庫的搜尋功能，先挑選出「篇名」中含有「前期中等教育」或「後期中等教育」相關詞彙的碩士或博士論文，再逐一查詢這些論文中的「摘要」，有多少篇包含了下列與研究方法有關的詞彙。考量各篇摘要應能簡要說明該研究所採用的研究方法，因此可以透過上述方式，來呈現學位論文之方法論取向。

根據表 4 各類學位論文所採用之研究方法來分析，可以歸納出下列幾個重點：

1. 量化研究取向非常明顯：「問卷調查法」是所有中等教育階段中，不分碩、博士論文均最被採用的研究法，尤其與國中相關主題的碩士論文，採用問卷調查法的總數，幾乎是第二「訪談法」與第三位的「觀察法」。此外，準實驗研究、實驗研究也多在前十位。

2. 質性取向的研究方法相當多元：研究方法包括了訪談、觀察、半結構式訪談、焦點團體、深度訪談、個案研究等，不過，採用敘事、田野調查等方式的論文，還是比較少的。

3. 採用行動研究的學位論文研究相對較少：強調實務問題導向，也重視質量兼顧的「行動研究」，在各類學位論文中被採用的情形並不明顯。在前期中等階段僅約 1/10，在後期中等教育階段更低。

表 4　中等教育相關主題的碩博士論文研究方法分析

前期中等教育				後期中等教育			
碩士論文（N = 4840）		博士論文（N = 218）		碩士論文（N = 1674）		博士論文（N = 174）	
問卷調查	1897	問卷調查	73	問卷調查	627	問卷調查	67
訪談 / 訪談法	1192	訪談 / 訪談法	61	訪談 / 訪談法	405	訪談 / 訪談法	48
觀察	740	觀察	28	觀察	209	觀察	20
行動研究	497	德懷術	25	準實驗	125	深度訪談	15
準實驗	439	行動研究	12	行動研究	107	德懷術	14
實驗研究	340	個案研究	10	實驗研究	98	準實驗	13
質性研究	230	質性研究	10	質性研究	90	實驗研究	10
個案研究	194	實驗研究	9	個案研究	73	質性研究	10
內容分析法	149	焦點團體	9	深度訪談	61	內容分析法	7
半結構式訪談	147	深度訪談	8	半結構式訪談	54	行動研究	6
深度訪談	121	準實驗	6	內容分析法	43	焦點團體	5
參與觀察	57	內容分析法	4	參與觀察	28	個案研究	5
德懷術	38	參與觀察	3	德懷術	25	參與觀察	4
焦點團體	32	半結構式訪談	2	焦點團體	19	半結構式訪談	2
敘事	28	敘事	2	敘事	11	田野調查	0
田野調查	5	田野調查	0	田野調查	2	敘事	0

表 5　與後期中等教育三類型學校相關碩博士論文之研究法分析

普通高中				技術高中				綜合高中	
碩士論文（N = 1589）		博士論文（N = 141）		碩士論文（N = 1026）		博士論文（N = 74）		碩士論文（N = 12）	
問卷調查	576	問卷調查	52	問卷調查	378	問卷調查	24	問卷調查	6
訪談 / 訪談法	391	訪談 / 訪談法	42	訪談 / 訪談法	215	訪談 / 訪談法	21	行動研究	2
觀察	207	觀察	20	準實驗	124	實驗研究	8	訪談 / 訪談法	2
準實驗	122	準實驗	14	觀察	124	準實驗	7	觀察	2
行動研究	110	深度訪談	13	實驗研究	97	德懷術	7	準實驗	1
實驗研究	96	德懷術	11	行動研究	77	行動研究	6	質性研究	1
質性研究	83	實驗研究	10	質性研究	43	觀察	6	實驗研究	0
半結構式訪談	76	質性研究	10	個案研究	38	焦點團體	4	半結構式訪談	0
個案研究	74	半結構式訪談	7	深度訪談	26	內容分析法	3	深度訪談	0
深度訪談	55	行動研究	5	半結構式訪談	21	深度訪談	2	焦點團體	0
內容分析法	45	焦點團體	5	內容分析法	17	質性研究	2	德懷術	0
參與觀察	27	內容分析法	5	焦點團體	9	半結構式訪談	1	內容分析法	0
焦點團體	17	個案研究	5	德懷術	9	個案研究	0	個案研究	0
德懷術	12	參與觀察	3	參與觀察	9	田野調查	0	田野調查	0
敘事	11	敘事	1	敘事	3	敘事	0	敘事	0
田野調查	2	田野調查	0	田野調查	1	參與觀察	0	參與觀察	0

4. 採用質性方法的博士論文數量大爲增加：若比較碩士論文與博士論文，雖然採用「問卷調查」的數量還是最多，但與其他研究方法的數量差距已大幅減緩。另更多比例的博士論文採用「德懷術」、「深度訪談」等，可能藉此得以對研究議題有較深入的把握。

進一步針對與後期中等教育階段相關的學位論文而言，則以「普通高中」或「技術高中」相關主題的論文，其所採用的研究方法相差不大（見表 5），採用較多的包括問卷調查、訪談、觀察、準實驗等，呈現質性、量化兼具，惟量化取向研究略多的傾向。

另，相對於針對「技術高中」的研究，則針對高中或普通高中的研究方法較爲多元，有較多的「個案研究」、「敘事」、「參與觀察」、「田野調查」等。

就綜合高中相關的研究而言，因爲篇數較少，所涉及的研究方法也就比較有限。其中，除「問卷調查」最爲明顯之外，「行動研究」、「訪談」、「觀察」各有兩篇。

四、中等教育的研究與趨勢：期刊論文、專書與專書論文的分析

本節針對期刊論文、專書與專書論文的部分進行分析。主要透過「臺灣人文及社會科學引文索引資料庫」（Taiwan Citation Index- Humanities and Social Sciences, TCI-HSS, https://tci.ncl.edu.tw/）。而該資料庫所收錄的期刊，需爲「『具審查制度』、『定期出刊』、『每年平均每期刊載 3 篇以上』之學術刊物」。因此，所納入的期刊文獻應較具有研究的性質。

透過上述資料庫，再以期刊論文的篇名中是否包含相關關鍵字進行查詢，可以發現諸多與中等教育相關的論文（圖 3）。若進一步依不同教育階段區分，查詢過去十年的資料，爲教育學門內自 2011 年發表至今、且收錄於資料庫中的期刊論文共 1,173 篇。而同期內，非教育學門的期刊論文也有高達 1,002 篇，這些論文雖未必以中等教育爲論述重點，但或許涉及中等教育的機構、人員、事務……，因此，也會在其篇名中納入中等教育等詞彙。

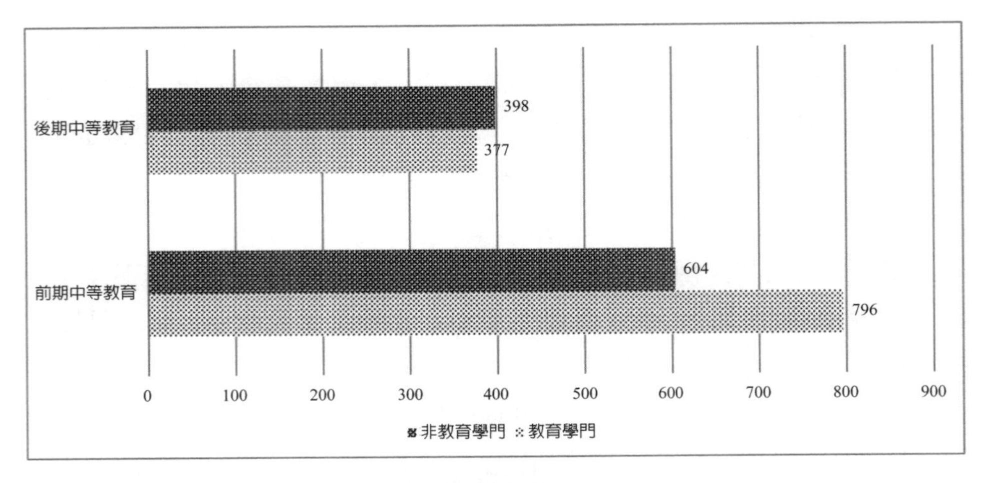

圖 3　中等教育階段期刊論文統計（依學門分）

此外，從篇數來看，在教育學門之內的期刊論文，多數與「前期中等教育」相關，遠超過與「後期中等教育」相關的論文數量，爲其兩倍有餘。相對而言，在後期中等教育階段，「非教育學門」內的期刊論文，甚至多過於屬於「教育學門」的期刊論文，顯見其研究主題跨出教育學門的傾向較爲明顯。

再以後期中等教育階段的三類學校來區分（圖 4），則最明顯的特色是絕大多數的期刊論文都以「普通高中」或以「高中」來意指整個高中職教育爲主題或範圍，總數達 347 篇，是以「技術高中」爲研究主題的期刊論文的四倍多。相對地，與綜合高中相關的期刊論文卻出奇地少，僅有 3 篇。

爲進一步了解期刊論文的論述主題，乃透過資料庫的搜尋功能，先挑選出「篇名」中含有「前期中等教育」或「後期中等教育」相關詞彙的期刊論文、專書與專書論文，再針對其所包含的關鍵詞進行分析，分爲前期中等教育與後期中等教育兩個部分加以呈現，結果如表 6。

在期刊論文部分，總數近 800 篇與「前期中等教育」有關的論文中，出現次數最多的關鍵詞也才不到 30 次；而近 400 篇與「後期中等教育」相關的論文中，出現最多的關鍵詞也僅 25 次，可見期刊論文的論述主題

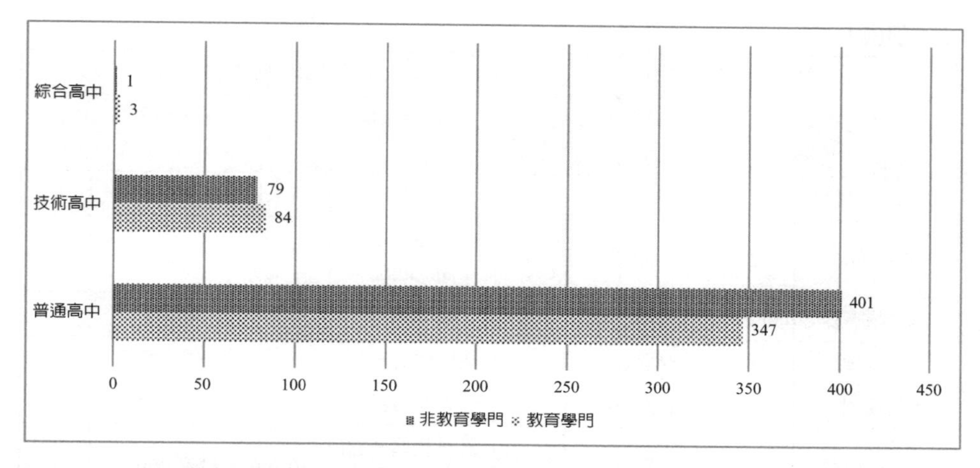

圖 4　後期中等教育階段期刊論文統計（依學校類型分）

表 6　中等教育為主題的期刊論文、專書與專書論文之關鍵詞分析

前期中等教育階段				後期中等教育階段			
期刊論文（N = 796）		專書與專書論文（N = 8 + 33）		期刊論文（N = 377）		專書與專書論文（N = 1 + 15）	
關鍵詞	數量	關鍵詞	數量	關鍵詞	數量	關鍵詞	數量
國中生	29	中小學	6	高中	25	高中	4
Junior high school	27	中等教育	5	Curriculum reform	13	十二年國教	3
國民中學	24	教育政策	4	課程改革	12	中等教育	3
國中	20	教育改革	4	高中生	10	高級中等教育	2
Junior high school students	20	國中	4	十二年國民基本教育	10	高中課程	2
中小學教師	17	十二年國教	4	十二年國教	10	高中教育	2
教科書	14	中小學教師	4	Senior high school	9	新加坡	2
中小學	14	美國	3	高中職學生	8	少子化	2
教師專業發展評鑑	12	概念學習	3	課程設計	8	高中職	1

（續前頁）

前期中等教育階段				後期中等教育階段			
期刊論文（N＝796）		專書與專書論文（N＝8＋33）		期刊論文（N＝377）		專書與專書論文（N＝1＋15）	
教師專業發展	12	校長	3	教科書	8	香港	1
學習障礙	12	教師評鑑	3	12-year basic education	8	電磁學	1
學習動機	12	國民中小學	3	高中課程	7	資源班	1
國際教育	11	課程改革	2	高級中等學校	6	課程銜接性	1
國中學生	11	科學教育	2	高中教師	6	課程規劃	1
十二年國教	11	數學	2	臺灣教育長期追蹤資料庫	6	課程綱要	1
Learning disabilities	11	教育制度	2	技術型高中	6	課程架構	1
Junior high school student	11	教師專業發展	2	高中教育	5	課程分級	1
Academic achievement	11	教學改革	2	課程綱要	5	評量改革	1
Textbook	10	少子化	2	素養導向課程	5	臺灣	1
Teacher evaluation for professional development	10	國中教師	2	歷史教科書	5	班級安置	1

非常多元而分歧，相同的關鍵詞不多，累積次數就少，顯示各篇自有其聚焦的詞彙。當然，部分期刊論文並未提供關鍵詞，可能也會影響此部分的篇數統計。

其次，不同階段各有一些比較獨特的主題被突顯出來，例如，在前期中等教育階段有不少期刊論文討論教師專業發展、教師專業發展評鑑等，但在後期中等教育階段，就缺乏類似的論文主題。相對地，後期中等教育階段有多篇討論臺灣教育長期追蹤資料庫，也是前期中等教育階段沒有的主題。

在專書與專書論文部分，前期與後期中等教育兩個階段相關的論文中，都頗為關注政策與改革的主題，包括「教育政策」「教育改革」「課程改革」「教學改革」或「十二年國教」等；且兩個階段均有論文涉及國際面向，例如「美國」與「新加坡」。

若進一步區分後期中等教育階段的三種學校類型，則可以發現幾個比較明顯的研究特色（表 7）。其中，與普通高中有關的期刊論文中，「課程改革」、「課程設計」等主題較被凸顯，但在技術高中的相關論文中，則有多篇討論「專題製作」與「特殊教育」相關的主題。相對而言，綜合高中因為篇數太少，所分析出來的關鍵字，無法據以進行相關的解釋或推論。

表 7　與後期中等教育相關為主題的期刊論文之關鍵詞分析

普通高中		技術高中		綜合高中	
期刊論文（N = 347）		期刊論文（N = 84）		期刊論文（N = 3）	
關鍵詞	數量	關鍵詞	數量	關鍵詞	數量
高中	25	Vocational high school	10	課程分化	1
Curriculum reform	13	智能障礙	9	英文課程	1
課程改革	12	技術型高中	6	臺灣教育長期追蹤資料庫	1
高中生	10	高職	5	綜合高中	1
十二年國教	9	高職特教班	4	後期中等教育	1
高中職學生	8	高職學生	4	學校制度	1
課程設計	8	Intellectual disabilities	4	多元文化素養	1
教科書	8	教科書	3	多元文化文本	1
Senior high school	8	專題製作	3	多元文化	1
高中課程	7	學習成效	3	受教育權	1
臺灣教育長期追蹤資料庫	6	學習態度	3	十二年國教	1

（續前頁）

普通高中		技術高中		綜合高中	
期刊論文（N = 347）		期刊論文（N = 84）		期刊論文（N = 3）	
關鍵詞	數量	關鍵詞	數量	關鍵詞	數量
十二年國民基本教育	6	十二年國民基本教育	3	傾向分數配對法	1
12-year basic education	6	高職綜合職能科學生	2	Taiwan Education Panel Survey	1
高中教育	5	高職教師	2	School system	1
高中教師	5	身心障礙學生	2	Right to education	1
課程綱要	5	課程發展	2	Propensity score matching	1
素養導向課程	5	補救教學	2	Post secondary education	1
歷史教科書	5	自我決策	2	Multicultural text	1
技術型高中	5	自主動機	2	Multicultural literacy	1
High school	5	生涯自我效能	2	Multicultural	1

五、結語與建議

過去十年來，我國中等教育經歷了學制上的調整：在原有的九年國民教育的基礎上，納入了三年的後期中等教育階段，並稱「國民基本教育」，盡力朝免試、免費、非強迫的方向轉型。使得原本屬於非義務教育的高中職階段，也具備了「類國民教育」的性質。在此一轉型的同時，前期中等教育與後期中等教育同樣歷經了量與質的變化，包括學生人數、學校數、班級數、每班人數、畢業人數、教師數等都有顯著的不同，因而對教師教學、校務運作、行政領導等都構成新的挑戰。在此背景之下，中等教育的研究也呈現出相當的特色，不僅在教育學門內有豐富而多元的研究主題，也有許多非教育學門的研究涉及中等教育，呈現出跨域連結的趨勢。

本文的分析聚焦在「博碩士論文」與「期刊論文、專書與專書論文」

兩大面向。歸納上述的研究分析，在教育學門的「博碩士論文」部分有幾項重要的研究趨勢如下：

1. 整體而言，大多數的學位論文聚焦於普通高中或技術高中，其中與高中或普通高中相關的學位論文最多，而與綜合高中相關的論文僅 10 餘篇。

2. 在主題方面，與前期中等教育相關的碩士論文較多聚焦於與學生相關的主題，其次才是與教師相關的主題。博士論文方面，較受關注的兩個主題，一個是學校整體的組織與運作，另一個則是相關的研究方法論。與後期中等教育有關的碩士論文則較爲關心學習成效、學習動機、高中生等主題，其次，則是有關十二年國民基本教育或軍訓教官等課程改革的議題。博士論文方面，有較多的研究關注教師自我效能、教學校能等，其次則是有關學校整體的經營與管理。

3. 在研究法方面，最多學位論文採用的是量化研究取向的問卷調查法，其次才是訪談、觀察法等。屬於質性研究的論文則採用較爲多元的研究方法，包括深度訪談、焦點團體、個案研究、敘事、田野調查等。

在教育學門的「期刊論文、專書與專書論文」方面，重要的研究趨勢可歸納爲下列幾項：

1. 整體而言，多數的期刊論文較爲關心前期中等教育的相關主題，是後期中等教育相關期刊論文的兩倍多。而非教育學門的期刊論文也有許多涉及後期中等教育，可見跨出教育學門的研究傾向頗爲顯著。

2. 就研究主題而言，前期中等教育階段有不少期刊論文討論教師專業發展、教師專業發展評鑑等，但在後期中等教育階段則有多篇討論臺灣教育長期資料庫。在專書與專書論文部分，較爲明顯的研究重點是有關「教育政策」「教育改革」「課程改革」「教學改革」或「十二年國教」等教育政策或改革的主題，也有不少論文涉及國際面向，納入了「美國」與「新加坡」等討論。

綜合上述分析所呈現的中等教育研究現況與重點，本文進而提出下列幾點對未來研究的建議：

1. 就整體而言，更爲關注跨領域的中等教育研究，期冀從更多元的角度來提供探究與理解中等教育的視角。本文發現，已有眾多非教育學門的論文關注中等教育的相關議題，將可作爲鼓勵未來更多跨領域研究的基礎。

2. 就研究主題而言，既有的相關論文雖已呈現多元的研究重點，惟與學生、教師與校務經營等議題仍占多數，可見研究的主軸仍延續偏重於幾個常見的主題。未來可鼓勵研究者探究那些仍待經營的主題或領域，以期促進更多的深度對話與政策論辯。

3. 就研究方法而言，既有的中等教育研究仍有明顯的量化傾向，尤其偏愛採用問卷調查法。未來的研究可更關注是否兼採質量並重的原則，期能對研究議題有更完整的把握，也能對研究結果提供多元的解釋觀點。

參考文獻

林永豐（2002）。後期中等教育課程的改革趨勢——一個泛歐洲的觀點。**教育研究集刊，48**(1)，35-63。

林永豐（2010）。我國後期中等教育課程試探功能之評析。**課程與教學季刊，13**(3)，23-46。

柯華葳（2010）。我看歧異多元的教育學門。**人文與社會科學簡訊，10**(2)，79。

高級中等教育法（2013）。中華民國102年7月10日通過。

教育部（2020）。**教育統計**。臺北：教育部。

United Nations Educational, Scientific and Cultural Organization (2011). *The International Standard Classification of Education: ISCED-2011*. Montreal: UNESCO: Institute of Statistics.

第四章

高等教育財政研究的趨勢與展望

劉秀曦

緒論

教育財政學（Educational Finance）爲 1960 年代至 1970 年代科際整合運動的產物，屬於教育經濟學（The Economics of Education）的一個分支，旨在運用財政學和經濟學的理論和方法，來解決教育領域中資源籌措與分配的問題。相較於教育經濟學，教育財政學更側重於探討與公共政策有關的議題，包括財政政策的規劃與執行，以及評估政府政策的干預對教育發展造成的影響（林文達，1986；蓋浙生，1986；國家教育研究院，2000）。至於高等教育財政研究，則是將研究主題進一步限縮於高等教育階段，就政府各項財政政策進行探究。

1980 年代以後，由於大學競爭力被視爲是國家競爭力的重要體現，遂讓高等教育資源配置政策受到各國政府重視，連帶促成全球學者對於高等教育財政議題的研究興趣。這些不同領域學者的積極投入，確實有助於各界釐清不同資源配置方式對高等教育發展的影響，並爲各國政府推動高等教育財政改革提供理論基礎和政策指導。反觀臺灣，整理國內相關學術論文後，卻發現目前以高等教育財政研究爲主題的文獻數量相當有限。然而財政爲庶政之母，若能針對高等教育財政研究領域之現況與趨勢進行梳理，定能從中獲得更多啟發，不但能激勵國內高等教育財政的創新研究，更可以有效掌握影響高等教育發展的根本問題，進而提出關鍵性的因應策略。

基於此，本文以收錄於 Web of Science 資料庫的期刊文章爲範圍，針對 1990 年至 2020 年共三十年間全球高等教育財政研究的相關文獻進行整理。爲了讓研究發現更具體化，本文運用 CiteSpace 資訊視覺化分析軟體，透過知識圖譜的繪製，結合大數據分析和文字說明來理解全球高等教育財政的研究焦點和發展趨勢。最後，透過全球和臺灣高等教育財政研究成果的相互對照，釐清臺灣相關研究成果不足與可持續強化之處，藉此讓臺灣高等教育財政研究之方向能與全球學術發展趨勢進行更緊密地連結。

全球高等教育財政研究之發展趨勢與臺灣關注重點

誠如本書主編所述，各國教育研究關注的焦點與該國政治、經濟、社會和文化發展，乃至於國際局勢的變化都具有密不可分的關係。尤其在全球化的時代背景下，各國高等教育系統互動頻繁，早已形成一個龐大的學術網絡。因此，一旦主要國家提出創新的高等教育財政政策，或推動教育財政體制變革時，隨即也會引起其他國家爭相參考模仿，進而主導全球學者研究的議題和取向。

因此，本節首先剖析全球高等教育財政研究的發展趨勢，其次再就臺灣相關學術研究成果的累積進行說明，藉此讓讀者對國內外高等教育財政研究的發展歷程和重要議題有概括性的了解。

一、全球視野：各國高等教育財政研究的發展趨勢

歐美學者對高等教育財政議題的關注始於二次大戰後，當時由於德國和日本兩個戰敗國之經濟發展在短短十數年間迅速復甦的奇蹟，讓各國政府深深體會到將公共資源投注於人才培育政策的重要性。

在歐美國家不斷以增加公共經費投入來提升高等教育規模的情況下，高等教育財政議題也開始受到研究人員和政府決策者的重視。但如前所述，由於教育財政學爲教育經濟學的分支，因此在 1960 年代至 1970 年代，高等教育財政學研究仍是以經濟學的思維爲主流，並從中汲取問題意識和建立分析架構，故此時的理論基礎多建立在財政學的公共財理論（Public Goods Theory）與經濟學的人力資本論（Human Capital Theory）上，研究重點則聚焦於探討政府公共教育經費投入對國家經濟成長的影響（Mincer, 1970; Holmes, 2013），以及對高等教育投資報酬率進行跨國比較（Psacharopoulos, 1981; Psacharopoulos & Patrinos, 2018）等等。

1980 年代以後，在高等教育擴張與國家財政緊縮的雙重壓力下，許多國家愈來愈無力支應高等教育運作所需要的龐大經費，故開始試圖引進私部門資源來彌補政府的財政缺口。在此背景下，美國學者 Johnstone 於

1984年所提出的高等教育成本分擔（cost sharing in higher education）理念，立刻獲得各國政府青睞，也被視為是高等教育收費政策的理論基礎（Johnstone, 2003）。此後，與大學學費政策有關的研究成果逐漸累積，包括各國學費政策的跨國比較、免學費政策所衍生的逆向所得重分配問題，以及獎助學金和學生貸款方案等配套措施對弱勢學生入學機會之影響等。

在此同時，隨著新自由主義（Neo-Liberalism）意識形態在歐洲國家公共政策中取得主流地位，主要國家政府亦開始重視不同政事部門運用公共經費的績效責任，連帶促成「績效本位經費分配制度」（performance-based funding system）或「競爭型經費」（competitive funding）（Emanuela & Marco, 2013; Hicks, 2012; Miao, 2012）的出現。其後，檢討績效本位經費分配制度對高等教育整體發展影響的研究陸續發表，各國學者紛紛提出政策建言，憂心政府經費投入對象的過度集中可能導致高等教育發展的失衡（Jongbloed, 2004; Jonkers & Zacharewicz, 2016; Salmi, 2009, 2016）。

有鑑於二十年來各國高等教育財政政策過度強調效率與效能原則，卻忽視了教育機會均等理想之實踐。聯合國教科文組織（UNESCO）（1998）遂於邁入二十一世紀前夕，提出「二十一世紀國際高等教育宣言」（World Declaration on Higher Education for the Twenty-first Century），重申任何人是否具備接受高等教育資格之判斷標準，在於其學業能力而非付費能力。基於此種理念，高等教育公平的關注再度浮上檯面，學費政策及其配套措施的影響再次成為本領域研究的核心議題。惟隨著各國不同政黨輪替執政，學費政策也在高學費與免學費兩種極端類型之間擺盪，影響所及，Garritzmann（2016）等學者突破傳統經濟學的思維方式，另從新制度主義（new institutionalism）的觀點來剖析學費政策的政治意涵。

Becher 和 Trowler（2001）指出，欲確定某學門是否為一個專業的研究領域時，常用以下指標，例如：具有獨特的知識架構、嚴謹的研究方法、專業／學術組織、設置大學系所，以及創立專門期刊等。由前述說明可知，高等教育財政研究之理論與方法最早來自於教育經濟學；但隨著不同領域學者對此議題的重視與投入，也慢慢融入法學、政治學、社會學，和管理學等其他學門的內涵和特色，成為一個獨特的、多元的、交叉的、科際整合的應用性學科。此外，高等教育財政研究在美國和西歐國家發展多年，在大學中早設立相關系所，並組成如教育財政與政策學會（Association for Education Finance and Policy）等專業性的學術組織，同時創立高等教育期刊來收錄相關學術論文，不斷累積與高等教育財政有關的課題。換言之，高等教育財政研究在歐美國家早已被視為是一個專業的研究領域。

最後必須提醒的是，高等教育財政研究所涉及的課題其實相當廣泛，本節限於篇幅僅能簡要呈現 1970 年代迄今各國高等教育財政學者的關注重點。顯而易見地，這些議題都和國家政治局勢和經濟狀況密不可分。

二、在地思維：臺灣高等教育財政研究的關注重點

就臺灣高等教育財政研究的發展歷程觀之，相較於歐美國家，臺灣至今則是尚未形成一個較完整的學術社群，相關論文多是個別學者基於個人的研究興趣而撰寫，故有系統的學術著作並不多。早期雖有林文達（1986）和蓋浙生（1986）以教育財政學為名撰寫專書，另亦有丁志權（1999）以臺美英三國教育經費財源與分配制度進行比較研究；但以高等教育階段為焦點的研究成果，則是散見於不同期刊，或是在科技部（國科會）專題研究計畫中偶爾出現。

1990 年代以後，隨著《大學法》的修正公布，其所強調的大學自主精神，促使我國高等教育發展邁入另一個里程碑。由於財務自主為落實大學自主的關鍵，政府遂於 1996 年開始試辦國立大學校務基金制度，讓臺灣高等教育財政體制因此產生巨大變革，也激勵了相關研究成果的陸續產出。例如陳麗珠（2001）以及盧文民和何東興（2009）等人均曾分析國立大學校務基金制度之推動成效；另鍾任琴和曾騰光（2003）以及秦夢群（2005）等人則是針對私立大學校院獎勵和補助制度進行研究。

2000 年以後，受到主要國家競相推出競爭型計畫的影響，臺灣政府也從 2006 年起推動各項大學卓越計畫，欲透過選擇和集中的經費分配原則來刺激大學競爭，並鼓勵大學經費籌措管道朝向多元化發展。例如湯堯（2005）即撰文探究大學財務制度之變革趨勢；許添明（2009）則以美國

爲例，探討世界一流大學的財務策略作爲我國參考。但在此同時，也因爲各界對於競爭性計畫所引發的問題批評聲浪不斷（陳伯璋，2012；黃政傑，2016），故也出現檢討競爭型計畫對臺灣高等教育發展影響的論文，例如范麗雪（2012），以及劉秀曦、成群豪、高新建和黃政傑（2020）等。

然而除了追求大學卓越發展之外，促進教育機會均等也是高等教育經費配置所欲達成的重要目標。就高等教育階段而言，大學收費政策常被視爲是阻礙弱勢學生入學的最大因素，國內學者也就此議題進行正反論辯與深入剖析，包括蓋浙生（2010）和劉秀曦（2013）就臺灣大學校院學費政策進行討論。另亦有學者進一步提出完善現行學費配套措施的有效策略，例如蕭霖（2020）對學生貸款方案之困境提出解決方案。

不可諱言地，相較於歐美日先進國家，臺灣高等教育財政研究之投入者有限，雖有少數著作以議題分析的方式集結成冊；但內容仍缺少對於國內外高等教育財政理論基礎、知識內涵與架構，以及研究方法進行系統性的完整介紹。此外，就實務層次而言，部分教育類大學雖設有教育經營與管理系所，但在專業學術社群與專門期刊方面，仍有待更多人投入與建置。

研究方法與資料來源

本文除了透過文獻整理進行概括性的說明之外，爲能有效地掌握全球和臺灣高等教育財政的研究重點和發展趨勢，另下載線上資料庫所收錄的文獻進行整理分析。

一、研究方法

本文在全球相關文獻的整理上，採用文獻計量學中的知識圖譜（Mapping Knowledge Domains）分析功能，剖析全球歷年來高等教育財政研究成果的分布情形。知識圖譜是整合文獻計量學和資訊視覺化技術的一種科學研究方法，旨在將某研究領域中大量數據資料轉化爲視覺化的圖像，藉此更清楚呈現某領域相關研究從過去到現在的發展軌跡，並辨識其中最爲活躍的研究前沿和討論議題（Chen, 2001）。透過對某學科在特定時間內所發表的學術論文或專門著作的作者、服務機構、主題、關鍵詞等資訊進行視覺化分析，進而掌握該研究領域在某一段期間內的整體發展情況（劉則淵、陳悅、侯海燕，2008）。

二、研究工具

早期在了解某學科領域之發展趨勢時，學者多是透過計算文獻篇數的方法來進行，例如吳京玲（2009）即是以內容分析法來說明臺灣高等教育教學研究的現況與趨勢。但隨著電子資料庫的建置與數據資料的累積，各種可協助學者整理大量文獻資料，並迅速掌握核心資訊的文獻計量軟體也不斷推陳出新。目前坊間用來進行知識圖譜分析的軟體就有十數種之多，例如方瑀紳和李隆盛（2016）採用 BibExcel 來分析資訊教育系所學位論文的研究趨勢與課題，許健將（2019）採用 R 語言來說明文獻計量學在教育研究上之應用，李康莊和吳政達（2020）採用 CiteSpace 分析學校教育品質研究發展與現況，潘惠玲和陳文彥（2021）以及陳文彥（2021）都採用 VOSviewer 來分析臺灣學校領導研究和教師領導文獻與全球學術的連結。本文則選擇 CiteSpace 免費軟體來進行文獻計量分析，CiteSpace 為一種 Java 應用程式，其分析數據以 WOS 數據資料為最大宗，本文所下載的版本為 2021 年最新 5.8R1（32-bite）版本。

三、資料來源與篩選

本文採用美國科睿唯安（Clarivate）公司所經營之 Web of Science（WOS）核心合輯引用文獻索引資料庫系統，並選擇科學引文索引（SCIE）與社會科學引文索引（SSCI）等資料庫之文獻資料進行分析。下載資料時，首先以財政（finance）、經費（funding）、政府支出（government expenditure）、學費（tuition fee）、學生補助（student aid）、學生貸款（student loan），與財務管理（financial management）等關鍵詞在主題欄位中進行查詢，其次再聚焦於高等教育階段。為了使分析結果更加完整，本文運用 WOS 之引文資料功能來擴充施引文獻的數量，並將資料類型限定爲文章（article）與文獻回顧（review），資料搜尋年度爲 1991 年至 2020 年共計 30 年，檢索日期爲 2021 年 7 月 19 日，初步檢索出相關文獻共 1,746 筆，惟導入 CiteSpace 軟體刪除重複文獻後，最後確定爲 1,721 筆文獻，並以此爲基礎進行後續分析。

由於 WOS 收錄的文獻以英文爲主，無法較完整地體現臺灣學者的研究成果，因此本文在臺灣高等教育財政研究成果的整理方面，另採用國內線上資料庫進行分析。考量到國內常見的幾個大型中文線上資料庫收錄的文獻多包含大量中國學者的研究成果，最後決定以國家圖書館「期刊文獻資訊網」資料爲分析對象，其收錄文章之作者均爲臺灣學者。資料搜尋年度同樣界定在 1991 年至 2020 年之間，檢索日期爲 2021 年 7 月 25 日，初步檢索出相關文獻共 105 筆，剔除一筆重複文獻後確定爲 104 筆。

肆 研究結果與討論

一、全球高等教育財政研究的分析結果

(一)全球高等教育財政研究的時空分布情形

首先，由文獻發表的時間分布情形觀之，從 WOS 資料庫中擷取 1991 年至 2020 年間與高等教育財政議題有關的研究成果後整理結果如圖 1 所示。由該圖可知，在 1991 年到 2000 年的十年中，WOS 所收錄的資料中相關研究成果並不多，成長速度也相對緩慢；但進步二十一世紀後，高等教育財政研究成果開始出現加速成長趨勢。其中又以 2010 年以後的增幅最爲顯著，從 2011 年到 2015 年，論文數量將近 400 篇，從 2016 年到 2020 年，更突破了一千篇，達到 1,119 篇，研究熱度持續增加。

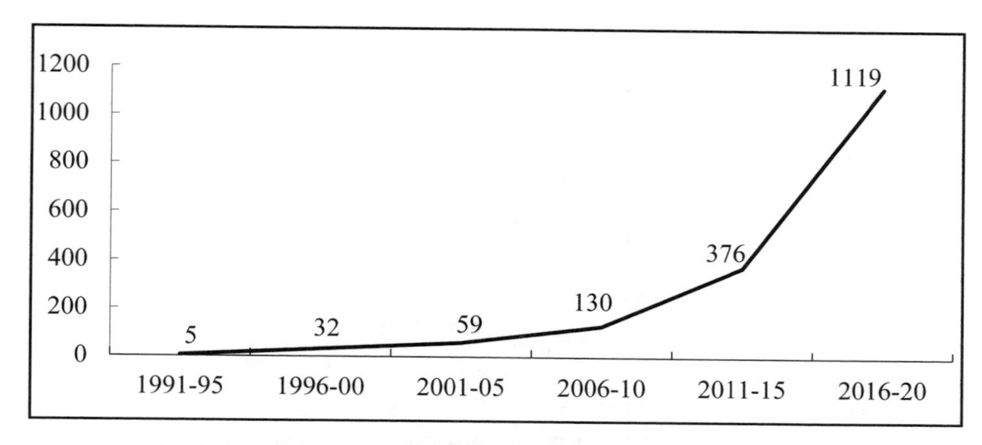

圖 1　全球高等教育財政研究論文篇數之成長情形

資料來源：整理自 WOS 檢索結果。

其次，爲了解不同國家／地區之學者在高等教育財政研究議題上的貢獻情形，本文透過 CiteSpace 的合作網絡分析功能，針對文獻作者服務單位所在之國家／地區進行分析，以掌握整體分布情形，結果呈現如圖 2 所示。圖 2 中，國家名稱字體愈大且居於中心位置者，表示該國作者在該領域中研究成果發表數量最多，且受到其他國家作者文章所引用。分析結果發現，本文所蒐集的一千多筆文獻分別來自於 68 個國家／地區，排名前十名的國家發文量就占了總文獻數的八成，其中以美國（577 篇）最多，英國（129 篇）次之，接著則是德國、澳洲、加拿大等國家。就臺灣學者以英文在國際期刊的發表情形觀之，與高等教育財政研究有關的論文計有 12 筆，在整體排名中位居第 12 名。

㈡全球高等教育財政研究之核心議題

關鍵詞可說是一篇學術論文中最重要觀點的菁華和縮影所在，在某一領域中反覆出現的關鍵詞，通常也代表該領域某一時期的研究焦點。因此，透過對關鍵詞出現次數的統計，以及對各個關鍵詞之間關聯性的分析，可迅速掌握各國高等教育財政研究的現況、重點、趨勢，以及缺口等問題。

圖 2　高等教育財政研究之國家／地區合作網絡分析結果

資料來源：作者運用 CiteSpace 軟體繪製。

本節運用 CiteSpace 的關鍵詞共現（Keyword co　occurrence）分析，來掌握 1991 年到 2020 年這段期間內全球高等教育財政研究最受到關注的重點，或研究人員較感興趣的話題。所謂共現，係指兩個或兩個以上的關鍵詞在同一篇文獻同時出現，透過統計兩兩一組關鍵詞在同一篇文獻中出現的次數，可獲得這些字詞之間的關係。亦即將關鍵詞視爲是研究主題的代理指標，再利用關鍵詞出現的次數多寡與該關鍵詞的中心度（即影響力）高低來判斷某一主題在該領域中的研究熱度。

分析結果共獲得 358 個關鍵詞，圖 3 僅呈現次數較高者。圖 3 各個關鍵詞所在的圓圈稱爲節點（node），關鍵詞使用次數愈多，節點就愈大，CiteSpace 同時也會計算出該關鍵詞的中心度，通常值大於 0.1 者就被認爲是關鍵節點，圖 3 顯示出來的關鍵詞中心度都高於 0.1。

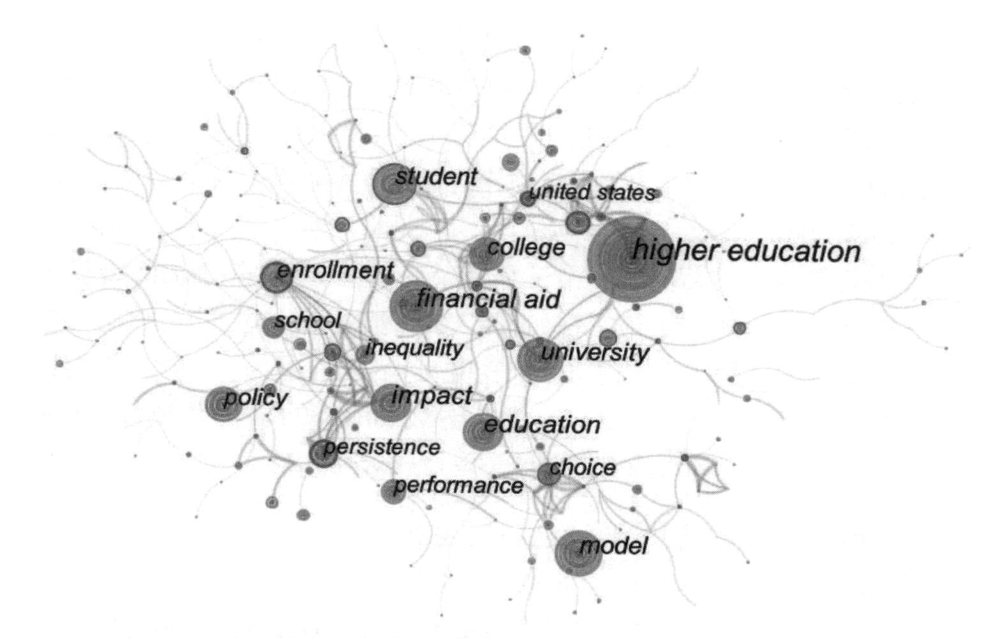

圖 3　高等教育財政研究之關鍵詞共現分析結果

資料來源：作者運用 CiteSpace 軟體繪製。

由圖 3 可知，次數最高的關鍵詞是「高等教育」（higher education），由於在下載 WOS 資料庫文獻時，係將範圍聚焦於高等教育階段，所以不意外地高等教育成爲使用次數最高的關鍵詞，但卻不能作爲一個研究熱點。因此，本文進一步觀察這些以高等教育爲關鍵詞之文獻，其研究主題爲何？結果發現，被引用次數最高的文獻爲 Paulsen 和 St. John（2002）的論文，旨在分析學費政策對於不同家庭社經背景學生高等教育入學機會和選擇的影響。另 Walpole（2003）也透過長期追蹤調查，研究不同家庭社經背景學生的大學學習歷程和學習結果有何差異。第三篇文章則是關注大學文憑對於代際社會流動的貢獻，結果發現父母擁有的資源才是關鍵因素（Torche, 2011）。

換言之，在 1991 年至 2020 年這三十年間，高等教育財政研究領域中最受到關注的主題仍是與教育機會均等和社會流動有關者。延續此論點，其他如「財務資助」（financial aid）、「不公平」（inequality）、「影響」（impact）、「入學機會」（enrollment），以及「繼續就學」（persistence）等次數較高的關鍵詞，也都是立基於高等教育公平的觀點。特別關注大學學費政策及其配套措施（包括獎助學金和貸款方案）對於不同家庭社經背景、性別、種族學生接受高等教育機會的影響（Heller, 1997; Van Der Klaauw, 2002）。

在高等教育財政相關研究中，學者除了關注學費政策對於教育機會均等的影響之外，針對政府高等教育投入進行成效評估也是另一個研究重點，因此圖 3 關鍵詞中也出現「績效表現」（performance）。被引用次數較高的文章包括 Rabovsky（2012），以及 Martinez 和 Nilson（2006），都是針對美國州政府的高等教育投入政策進行成效評估。

㈢全球高等教育財政研究之發展趨勢

所謂研究前沿（research fronts）或稱研究趨向、研究前緣（edge）、研究先鋒（pioneer），係指某特定研究領域最新、最先進、最富有發展潛力的研究主題。這些主題也被稱之為突現詞（burst terms），是指從施引文獻的標題、摘要或關鍵詞中提取的專業術語，透過分析詞彙出現頻率的時間分布，找出詞頻變化率高、在某段時間內被大量引用的詞彙，並運用相關軟體來計算這些詞彙的突現強度，以確定該領域研究前沿和發展趨勢（陳悅、陳超美、胡志剛、王賢文，2014）。對於學術研究者和政策制訂者而言，透過研究前沿或突現詞的分析，不但可了解某領域目前的研究焦點與未來發展趨勢，對於規劃高等教育發展藍圖與制訂前瞻性的教育政策而言，亦是相當重要的參考資訊（張嘉彬，2016）。

本文透過 CiteSpace 軟體之引用突現檢測（burst detection）功能，檢視某些關鍵詞在特定期間的分布情形，其作用在於協助研究者能從大量的文獻資料中清楚看出某段期間內被引次數突然增加、變動幅度較大的關鍵詞，讓讀者得以了解研究重點的變化，進而掌握該領域正在興起的新主題和發展趨勢（陳悅等人，2014）。分析結果如圖 4 所示，根據關鍵詞突現的持續時間（起迄年度），可以很直觀地窺知高等教育財政研究的關鍵詞發展脈絡。

圖 4 中，Year 爲 1991 年，係因本文分析年度從 1991 年開始，而非該關鍵詞出現的年度；強度（strength）爲突現強度，數值愈高表示該關鍵詞在該段期間被引用頻率突然增加；Begin 表示該關鍵詞成爲突現詞或被關

Top 30 Keywords with the Strongest Citation Bursts

Keywords	Year	Strength	Begin	End	1991 - 2020
high school	1991	7.2	**1996**	2010	
tuition	1991	5.2	**1996**	2010	
demand	1991	4.72	**1996**	2010	
cost	1991	5.18	**2001**	2010	
attendance	1991	3.9	**2001**	2010	
grant	1991	3.8	**2001**	2015	
student price response	1991	3.76	**2001**	2010	
politics	1991	6.16	**2006**	2015	
attainment	1991	4.85	**2006**	2015	
policy	1991	4.3	**2006**	2010	
united states	1991	3.73	**2006**	2010	
state	1991	3.56	**2006**	2010	
policy innovation	1991	3.44	**2006**	2010	
migration	1991	5.34	**2011**	2015	
economics	1991	5.08	**2011**	2015	
quality	1991	4.98	**2011**	2015	
alumni	1991	4.62	**2011**	2015	
mobility	1991	4.6	**2011**	2015	
college enrollment	1991	4.12	**2011**	2015	
behavior	1991	3.57	**2011**	2015	
debt	1991	6.68	**2016**	2020	
health	1991	5.4	**2016**	2020	
determinant	1991	4.43	**2016**	2020	
student loan	1991	4.43	**2016**	2020	
satisfaction	1991	4.43	**2016**	2020	
credit constraint	1991	4.12	**2016**	2020	
wealth	1991	4.11	**2016**	2020	
time	1991	4.11	**2016**	2020	
gender	1991	3.88	**2016**	2020	
information	1991	3.73	**2016**	2020	

圖 4　高等教育財政研究之關鍵詞突現分析結果

資料來源：作者運用 CiteSpace 軟體繪製。

注程度突增的年度；End 表示該關鍵詞被關注程度降低的年度。藍色（顏色較淺）線條代表該關鍵詞分布的起迄期間，紅色（顏色較深）線條則表示該關鍵詞在這段期間內引起學術社群的密切關注，故被引頻率激增，紅色線條愈粗，表示被關注程度愈高。

由於圖 4 關鍵詞的排序方式係按照關鍵詞突現開始期間早晚來排序，而非突現強度來排序，故可將圖 4 分為三組來說明不同年代中學術社群所關注主題之變化和差異。

第一組可以「大學學費政策轉型」為代表，關鍵詞突現的起迄時間約為 1996 年至 2010 年。此段期間內最常被引用的關鍵詞包括學費、學生對價格的反應、政府補助、教育成本，以及教育需求等。西方福利型國家過去多將高等教育視為社會福利之一，公立大學採取免學費或低學費政策；但受到全球經濟不景氣影響，福利型國家賴以維持的徵稅能力逐漸減弱。影響所及，西歐國家大學學費政策開始從免費朝收費的方向靠攏，其後續效應與學生的抗議自然引起學者關注，也促成相關研究的出現。

第二組可以「大學績效責任的強調」為代表，起迄時間約為 2006 年至 2015 年。此段期間內最常被引用的關鍵詞包括政治學、品質、學習成效、流動性，以及政策創新等。由於高等教育發展與國家競爭實力息息相關，各國政府多將高等教育品質的提升視為國家重要政策之一，並積極透過經費投資來厚植高等教育發展動力。此外，品質保證機制向來都被視為是政府大學治理的重要工具之一，各國政府積極透過教學與研究評鑑機制的建立，要求大學校院提出績效表現之具體證明。基於此，這段時間內許多學者的研究重點都著重於大學評鑑結果和政府經費補助的連結，以及教育投入和學生學習成效的關聯性等。

第三組可以「消費者意識的抬頭」為代表，起迄時間約為 2016 年到 2020 年。此段期間內最常被引用的關鍵詞包括學生貸款、滿意度，以及資訊公開等。與第一組關注的焦點為學費政策本身有所不同，這段期間學者的研究重點轉移到學費的配套措施，亦即學生貸款對於高等教育機會的影響。另在高等教育市場化影響下，學生被視為是消費者，因此將學生滿意度，以及將畢業生就業情形作為大學教學評鑑的判斷標準之一是否妥適，也成為這段期間內許多研究者關注的議題。

此外，從前三組紅色（顏色較深）線條之起迄期間可知，第一組關鍵詞持續期間最長，代表第一組關鍵詞受到學術社群關注的期間最久，所累積的研究成果也最多；其次則是第二組。第三組時間最短，也代表是晚近才受到關注的關鍵詞，但相關研究成果仍在持續累積中。

二、臺灣高等教育財政研究的分析結果

由文獻發表的時間分布情形觀之，以「財政」、「經費」、「學費」、「貸款」、「財務」等關鍵詞在國家圖書館「期刊文獻資訊網」中進行搜尋，並將教育階段聚焦於高等教育。資料類型則勾選「學術性」，藉此呈現國內高等教育財政學術研究之樣態，最後獲得 104 筆資料。茲分別就這些文章的發表時間與研究主題整理如下：

㈠臺灣高等教育財政研究之時間分布

圖 5 為從 1991 年至 2020 年臺灣學者在高等教育財政領域上所累積的研究成果。由該圖可知，在 1991 年到 2010 年的二十年中，整體而言呈現成長趨勢。然而 2011 年以後，此領域研究之成果累積不增反減，此種情形令人憂心。

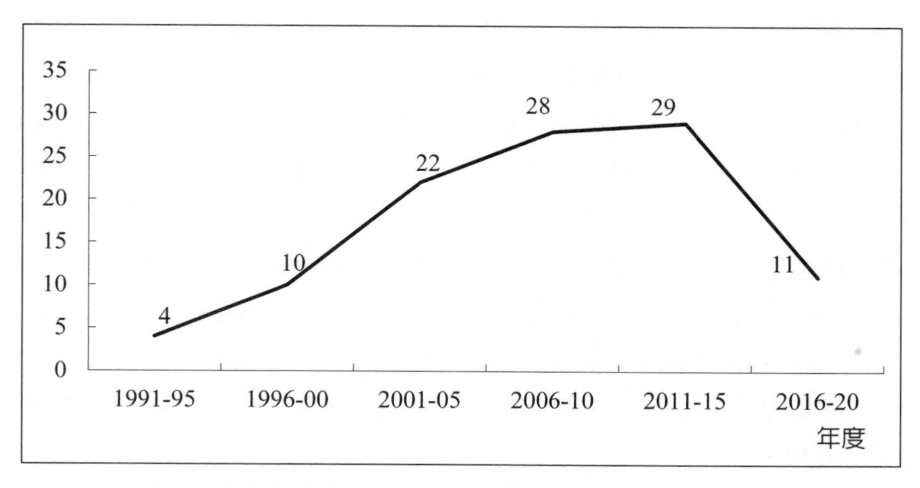

圖 5　臺灣高等教育財政研究論文篇數之成長情形

資料來源：整理自國家圖書館期刊文獻資訊網檢索結果。

㈡臺灣高等教育財政研究之核心議題

就臺灣近三十年來共 104 篇與高等教育財政有關的學術論文觀之，其研究主題主要聚焦於高等教育經費分配機制，以及大學學雜費政策及其配套措施兩個面向。

在高等教育經費分配機制方面，因臺灣在 1999 年起全面實施國立大學校務基金制度，加上 2000 年以後陸續推動幾個大型競爭性計畫，遂引起學者對於高等教育經費分配機制改革之緣起、過程與可能影響的關注，此類論文在 104 篇中就占了 63 篇（60.6%）。且因此種市場趨勢的變革方向與英美等主要國家高等教育財政改革的方向一致，故部分學者也開始進行比較教育研究，試圖藉由他國改革經驗來提出可供臺灣參考的政策建議。就內容觀之，由於英國高等教育經費補助委員會的設置具有獨特性，近二十年爲了提升大學競爭力，又不斷進行財政政策的改革，故國內學者以英國爲參照對象的學術論文最多（14 篇）。美國也有 6 篇，內容多是就各州政府對公立大學的經費補助機制引進績效因素進行介紹與檢討；澳洲則有 3 篇，居於第三。

在大學學雜費政策及其配套措施方面，肇因於經濟不景氣與社會氛圍，我國公私立大學收費標準十數年來都呈現凍漲現象，讓經營者苦不堪言。但仍有部分學者注意到低學費政策可能引發逆向所得重分配效應，也有違教育公平原則，因此主張應透過獎助學金和學生貸款等配套措施來改善現況。在此背景下，與學雜費議題有關論文數量迅速累積，在 104 篇中占了 42 篇（40.4%）（有幾篇文章內容同時涵蓋經費分配機制與學雜費政策）。此外，由於大學學費議題在國外也是個棘手問題，美國政府所提供的學生貸款方案讓許多大學畢業生背負龐大的債務壓力時有所聞，部分西歐和北歐國家也放棄免學費傳統，甚至基於選票考量在提高學費和降低學費兩個方向之間擺盪不休。因此，也有許多學者以不同國家大學學費政策及其配套措施爲主題進行研究。就參照國家觀之，同樣是以英國最多（6 篇），美國次之（4 篇），澳洲第三（3 篇），這可能是與撰文者的習慣或偏好有關。

 研究省思與未來展望

吾人皆知，財政爲庶政之母，高等教育財政政策的執行成效與高等教育能否卓越發展息息相關，其重要性不言可喻；但在臺灣，此領域確實仍有待更多人投入來深耕發展。本文透過文獻計量分析，對於全球和臺灣高等教育財政研究進行回顧，透過國際間研究規律之梳理，期能有助於國內學者掌握本研究領域之核心議題和發展趨勢，進而鞏固知識基礎並激盪出更新的研究課題。根據前述各節之討論，可以歸納出以下幾點結論與反思。

首先，就近三十年國內外文獻發表量觀之，國外研究數量整體而言呈現上升趨勢，且因美國在此領域中起步較早，加上 Web of Science 資料庫中收錄的文獻有一半以上來自於美國，因此從作者服務單位之國家／地區分布中即可看出美國仍是高等教育財政研究之重鎮。相較之下，臺灣在此領域之研究成果仍然有限，近十年發表量更出現下滑趨勢。教育財政學在臺灣各大學校院中原本就屬於比較冷門的選修科目，僅有的少數研究者又多以國民教育階段的議題爲研究重點，因此，高等教育財政研究在臺灣仍有很大的發展空間。

其次，從研究者關注的核心議題來看，本文運用關鍵詞共現分析，描繪出高等教育財政研究在全球範圍中最受到關注的焦點所在。再和臺灣現有研究成果進行比較後，發現臺灣高等教育財政研究成果雖然不多，但主題確實能夠與全球研究趨勢相互呼應。綜言之，無論在國內外，高等教育經費分配機制，以及大學學雜費政策及其配套措施仍是高等教育財政研究之兩大主軸。值得注意的是，國外相關研究成果已經慢慢跳脫傳統的經濟學和財政學角度，逐漸加入政治學和社會學等學門的特色，以不同的觀點來批判和反省各國高等教育財政政策改革及其後續影響，這部分是臺灣研究者可以借鑑與參考之處。

再次，由近三十年高等教育財政研究之發展歷程可知，該領域之研究內涵具有變與不變的特性。具體言之，即使時空環境發生變化，公平和效率仍是高等教育財政研究中最受到關切的兩個政策價值基準，各國學者在

分析各項議題時大致都不會偏離這兩個基準。例如在檢討高等教育經費分配機制時，部分學者會關注績效經費分配方式是否有助於提高政府經費的運用效率？但由於競爭性計畫之擇優獎助原則，已造成大學出現馬太效應和階層化現象，故也有部分學者著重此種經費分配方式對不同機構內的受教者是否公平？此外，大學學雜費政策係以受益者付費爲基本理念，避免受教者出現白吃午餐的心態；但也有研究證實收費政策對弱勢學生入學機會確實產生負面影響，故如何透過更完善的配套措施來降低此影響？如何平衡國家財政與弱勢家庭的負擔？無論國內外，這些迄今都仍是爭論不休的議題。

最後，分析主要國家高等教育財政改革經驗後，再據以提出對國內相關政策之啟示與建議的比較研究，在國內高等教育財政學術研究中仍屬主流。惟參考全球研究趨勢後發現，此類研究成果尚有兩個可持續發展之處，在此提出並嘗試作爲臺灣高等教育財政研究領域之未來展望。

第一，參照國家的選擇可以更爲多元。因爲高等教育財政體制與該國政治經濟發展關係密切，故參照國家的選擇是否適當將決定該篇文章結論的參考價值。目前國內學者選擇的對象仍以美國、英國和澳洲等國爲主。前述英語系國家的政策內容雖然在一定程度上代表著國際潮流；但卻可能因爲與臺灣高等教育發展背景存在差距，導致在財政政策借用上難免有南橘北枳之憾。因此，建議未來可將取經對象適度朝向與臺灣背景因素相似度較高的東亞國家轉移，對這些國家相關政策的掌握也是目前國內較欠缺的一塊。

第二，參照對象的範圍可以更加廣泛。目前國內高等教育財政研究比較性的文章仍是以分析單一國家爲主，例如以美國或英國爲研究對象。但這種方式較容易因爲兩國文化背景差異較大而導致政策借用價值不高。基於此，研究者未來可嘗試同時進行多國比較，以一些國際組織的相關研究發現爲基礎，再和臺灣的現況與問題進行比對。亦即擴大比較國家的涵蓋範圍後，再從各國做法中萃取其共通性，即可藉此降低文化差異的影響，同時提高研究發現對於高等教育發展宏觀規劃的裨益。

參考文獻

丁志權（1999）。**中美英三國教育經費財源與分配制度之比較研究**。臺北市：師大書苑。

方瑀紳、李隆盛（2016）。資訊教育系所學位論文研究趨勢與課題：2004～2013學年的文獻計量分析。**教育研究集刊，62**(1)，35-69。

吳京玲（2009）。臺灣高等教育教學研究的現況與趨勢：博碩士學位論文分析。**教育研究與發展，5**(2)，81-112。

李康莊、吳政達（2020）。學校教育品質研究發展與現況之文獻計量分析。**教育研究月刊，315**，24-40。

林文達（1986）。**教育財政學**。臺北市：三民。

范麗雪（2012）。檢視競爭性經費對大學發展的影響。**教育理論與實踐，26**，103-124。

秦夢群（2005）。我國獎補助私立大學政策之分析。**教育資料與研究，63**，37-52。

國家教育研究院（2000）。**雙語詞彙、學術名詞暨辭書資訊網：教育財政學**。https://terms.naer.edu.tw/detail/1310056/

張嘉彬（2016）。從研究方法角度探討研究前沿。**大學圖書館，20**(1)，88-112。

許健將（2019）。文獻計量學在教育研究上之應用。**教育科學期刊，18**(1)，51-70。

許添明（2009）。躋身國際一流大學之財務策略——以美國大學為例。**當代教育研究，17**(2)，103-148。

陳文彥（2021）。教師領導知識基礎的文獻記量分析。**教育研究與發展，17**(2)，1-35。

陳伯璋（2012）。追求卓越之後。**臺灣教育評論，1**(6)，26-27。

陳悅、陳超美、胡志剛、王賢文（2014）。**引文空間分析原理與應用：**

CiteSpace實用指南。北京市：科學。

陳麗珠（2001）。國立大學校務基金政策實施成效之檢討。**教育政策論壇，4**(1)，118-166。

湯堯（2005）。大學財務制度之變革與因應研究—以探究內部控制制度爲核心。**教育研究與發展，1**(2)，61-81。

黃政傑（2016）。評高教後頂大計畫的構想。**臺灣教育評論，5**(3)，70-74。

詹盛如、劉秀曦（2015）。臺灣高等教育財政：回顧與前瞻。**高等教育，10**(2)，1-29。

蓋浙生（1986）。**教育財政學**。臺北市：東華。

蓋浙生（2010）。高學費、高補助：大學教育消弭經濟隔離現象的作爲與省思。**教育與心理研究，33**(1)，119-139。

劉秀曦（2013）。論「學費／補助」模式對弱勢學生高等教育機會的影響。**高等教育，8**(1)，31-60。

劉秀曦、成群豪、高新建、黃政傑（2020）。大學競爭型計畫實施成效的問題與改進。**臺灣教育研究，1**(1)，9-34。

劉則淵、陳悅、侯海燕（2008）。**科學知識圖譜：方法與應用**。北京市：人民。

潘慧玲、陳文彥（2021）。臺灣學校領導研究與全球學術的連結：文獻計量分析。**教育科學研究期刊，66**(2)，175-206。

盧文民、何東興（2009）。國立大學校務基金績效評估之研究。**教育政策論壇，12**(3)，163-191。

蕭霖（2020）。就學貸款的困境與解決方案：以調整寬限期爲例。**教育研究月刊，317**，75-90。

鍾任琴、曾騰光（2003）。私立大學院校教育經費獎補助模式之研究。**朝陽學報，8**(1)，1-35。

Becher, T., & Trowler, P. (2001). *Academic tribes and territories: Intellectual enquiry and the cultures of disciplines (2nd edition)*. Buckingham: Open University Press/SRHE.

Chen, C. (2001). Visualizing a knowledge domain's intellectual structure. *Com-*

puter, *34*(3), 65-71.

Emanuela, R., & Marco, S. (2013). Instruments as empirical evidence for the analysis of higher education policies. *Higher Education*, *65*(1), 135-151.

Garritzmann, J. L. (2016). *The political economy of higher education finance: The Politics of tuition fees and subsidies in OECD countries, 1945-2015*. Cham, Switzerland: Palgrave Macmillan.

Heller, D. E. (1997). Student price response in higher education: An update to Leslie and Brinkman. *The Journal of Higher Education*, *68*(6), 624-659.

Hicks, D. (2012). Performance-based university research funding systems. *Research Policy*, *4*1(2), 251-261.

Holmes, C. (2013). Has the expansion of higher education led to greater economic growth? *National Institute Economic Review*, *224*(1), R29-R47.

Johnstone, D. B. (2003). Cost sharing in higher education: Tuition, financial assistance, and accessibility in a comparative perspective. *Czech Sociological Review*, *39*(3), 351-374.

Jongbloed, B. (2004). *Funding higher education: options, trade-offs and dilemmas.* https://www.pravo.unizg.hr/_download/repository/Funding_higher_education.pdf

Jonkers, K., & Zacharewicz, T. (2016). *Research performance based funding systems: a comparative assessment.* https://core.ac.uk/download/pdf/38632345.pdf

Martinez, M. C., & Nilson, M. (2006). Assessing the connection between higher education policy and performance. *Educational Policy*, *20*(2), 299-322.

Miao, K. (2012). *Performance-based funding of higher education: A detailed look at best practices in 6 states.* https://cdn.americanprogress.org/wp-content/uploads/issues/2012/08/pdf/performance_funding.pdf?_ga=2.256337357.716643284.1627979935-700030688.1627979935

Mincer, J. (1970). The distribution of labor incomes: A survey with special reference to the human capital approach. *Journal of Economic Literature*, *8*(1), 1-26.

Paulsen, M. B., & St. John, E. P. (2002). Social class and college costs: Examining the financial nexus between college choice and persistence. *The Journal of Higher Education*, *73*(2), 189-236.

Psacharopoulos, G. (1981). Returns to education: An updated international comparison. *Comparative Education*, *17*(3), 321-341.

Psacharopoulos, G., & Patrinos, H. A. (2018). *Returns to investment in Education: A decennial review of the global literature*. World Bank Group. https://documents1.worldbank.org/curated/en/442521523465644318/pdf/WPS8402.pdf

Rabovsky, T. M. (2012). Accountability in higher education: Exploring impacts on state budgets and institutional spending patterns. *Journal of Public Administration Research and Theory*, *22*(4), 675-700.

Salmi, J. (2009). Scenarios for financial sustainability of tertiary education. In OECD (Ed.), *Higher education to 2030* (pp. 285-322). http://cyber.law.harvard.edu/communia2010/sites/communia2010/images/OECD_2009_Higher_Education_to_2030_Volume_2_Globalisation.pdf

Salmi, J. (2016). Excellence strategies and world-class universities. In E. Hazelkorn (Ed.), *Global rankings and the geopolitics of higher education*. London: Routledge.

Torche, F. (2011). Is a college degree still the great equalizer？ Intergenerational mobility across levels of schooling in the United States. *American Journal of Sociology*, *117*(3), 763-807.

UNESCO (1998). *Higher education in the twenty-first century: Vision and action*. https://bice.org/app/uploads/2014/10/unesco_world_declaration_on_higher_education_for_the_twenty_first_century_vision_and_action.pdf

Van Der Klaauw, W. (2002). Estimating the effect of financial aid offers on college enrollment: A regression–discontinuity approach. *International Economic review*, *43*(4), 1249-1287.

Walpole, M. (2003). Socioeconomic status and college: How SES affects college experiences and outcomes. *The Review of Higher Education*, *27*(1), 45-73.

第五章

技職教育與訓練研究的趨勢與展望

方瑀紳、李隆盛

緣起與目的

問題是現實與理想的差距或缺口，問題的解決意味進步，而研究是透過科學方法仔細分析問題、尋求對策的程序，所以研究是追求進步的重要機制之一。技術及職業教育與訓練（technical and vocational education and training, TVET；以下簡稱「技職教育與訓練」或 TVET）也須借重研究，追求進步。

臺灣技職教育與訓練的數量規模龐大，例如：在技職教育方面，技術型高中與普通型高中學生比例為 5.5：4.5；技專校院與一般大學學生比例為 4.7：5.3，技職學校（含技術型高中和技專校院）學生占同級學生人數比率為 53%（教育部技術及職業教育司，2018）；在職業訓練方面，2019 年事業單位辦理職業訓練 3,042.7 萬人次，政府機關對民眾辦理職業訓練達 91.2 萬人次（勞動部，2019）。

臺灣設有技職教育與訓練研究所班制（program）之大學校院有六所，如表 1 所列，表列班制研究生被期望產出和技職教育與訓練高度相關的博碩士論文。另，臺灣科大技職教育所於 2010 學年度改名為「數位學習與教育研究所」，僅能在「臺灣博碩士論文知識加值系統」獲得 2002-2011 年 81 筆博碩士論文。表 1 之外，原名家政教育學系的臺灣師大人類發展與家庭學系碩、博士班均分為家庭生活教育和幼兒發展與教育二組，原名商業教育學系的彰化師大財務金融技術學系碩、博士班課程均分為商業教育及財務金融二大領域，高餐旅大在 2015 學年度之前有餐旅教育研究所……。此外，其他和教育、勞工關係、人力資源等有關的研究所班制，也會產出技職教育與訓練博碩士論文。

表 1　臺灣設有技職教育與訓練研究所班制之大學校系所

校、系、所	研究所班制		論文出版年
	碩士班	博士班	
臺灣師大工業教育學系	✓	✓	1978 年迄今
彰化師大工業教育與技術學系	✓	✓	1991 年迄今

（續前頁）

校、系、所	研究所班制		論文出版年
	碩士班	博士班	
臺灣科大技術及職業教育研究所	✓		2002-2011 年
臺北科大技術及職業教育研究所	✓	✓	2000 年迄今
雲林科大技術及職業教育研究所	✓	✓	2003 年迄今
屏東科大技術及職業教育研究所	✓		2004 年迄今

資料來源：「臺灣博碩士論文知識加值系統」學術電子資料庫。

馮靖惠和凌筠婷（2019）等多則媒體報導臺灣部分研究所班制博碩士學位論文疑似偏離系所專業領域，除了引發教育部關切（教育部高等教育司，2020）及各校系所檢視和改善博碩士學位論文與系所目標的契合程度之外，也引起許多專業領域人士關切其所在領域中研究所博碩士學位論文的研究主題與研究趨勢。某一研究領域發展到一定階段後，需針對該領域的研究進展進行回顧與展望，有系統地梳理出當前研究方向、研究進展和釐清發展脈絡，俾為後續研究和改善提供針對性的建議方向。

緣此，本研究目的在了解臺灣大學院校產出的技職教育與訓練博碩士論文之：(1) 數量分布、主題分布、研究對象與研究方法等；和 (2) 研究主題及其領域的發展趨勢。並以建議的方式指陳對未來應有作為的展望。

貳　文獻探討

一、技職教育與訓練研究主題趨勢

聯合國教科文組織（UNESCO, 2015）主張技職教育與訓練是終身學習的一部分，包含和廣泛職業領域、生產、服務及生計相關的教育、訓練與能力發展在內，可在中學和大專階段並包括職場本位學習和繼續訓練以及可能獲得憑證資歷的專業發展。並建議應透過科際整合研究的持續投資來深化技職教育與訓練的知識基礎，以便在廣泛的背景下發展技職教育與訓練的新方法和對技職教育與訓練的了解，並為技職教育與訓練的政策和決策提供資訊。Kämäräinen 和 Fischer（2008）彙整出技職教育與訓練研究的四大功能如下：(1) 獨特（idiographic）功能一在國家和文化特定背景下提供說明；(2) 常規（nomothetic）功能一協助找出技職教育與訓練中的一般規則；(3) 改善（melioristic）功能一在選定的前導個案中改善技職教育與訓練的實務；(4) 進化（evolutionistic）功能一協助認識發展方向和變化過程中的脈絡或普遍趨勢。本研究側向發揮進化功能。

國外探究技職教育與訓練研究主題方面：Yasin 等（2013）從 11 個與技職教育相關的國際期刊中，過濾出 43 篇文章發表於 2007-2011 年間的文章，以後設／統合分析（meta-analysis）探討三個主要領域在技職教育中的應用：學徒制（apprenticeship）、測量與評鑑（measurement and evaluation）以及資通科技（information and communications technology, ICT），研究結果指出三個領域中，學徒制是最常被討論的議題，研究主題中有 30.2% 的研究採量化方法，27.9% 採質量混合方法，18.6% 採質性方法和描述性方法，以調查設計最常用占整個樣本 52.2%，實驗設計僅占樣本 2.6%，有 44.7% 的研究採個案研究設計。方瑀紳（2018）以 Scopus 資料庫內八個有出版技職教育期刊爲例，分析 2007-2016 年的技職教育發展趨勢，指出過往十年研究主題，從傳統正規教育培養、到非正規教育訓練、轉向關注課程設計，而主要知識生產國家爲英國、美國、澳大利亞。惠轉轉（2019）曾運用文獻計量學的引文分析法，對 WoS 資料庫收錄的六個與技職教育相關領域的 SSCI 期刊，分析 2008-2018 年出版的文章發現：年度發文量呈緩慢增長趨勢，美國、英國和澳大利亞爲主要貢獻國家，研究主題趨勢聚焦在四個方面：(1) 以學生爲主體，關注多種群體的職業發展性需求；(2) 關注終身教育理念和職業幸福感；(3) 關注職業教育資訊化和職業學習的多元化；(4) 關注學習環境的情境化。

臺灣探究技職教育與訓練研究主題方面：在華藝資料庫及 Google 學術網不易搜索到此學科以主題領域回顧、或以主題領域研究趨勢、或以主題領域分析研究的相關文章，轉而針對博碩士論文，博碩士論文可說是學術期刊論文以外最重要的研究文獻之一。李蕙蘭（2005）曾以內容分析法針對臺灣八校 10 學系設有技職與相關研究系所，在 2005 年元月前已發表之博碩士論文進行分析，研究結果指出主要研究關注在高職階段；就研究主題趨勢，從早期以專業技術為重，轉移至課程與教學，近年研究關注在課程與教學、專業技術、教育政策與行政、學生、夥伴關係與研發、師資等六大領域；研究以量化為主，研究方法與研究工具主要是問卷調查研究和問卷。蕭如絢（2005）和李蕙蘭一樣針對臺灣大學校院設有技職及教育相關研究系所，但時間跨幅較小，以 1994-2003 年出版的學術論文進行分析，研究結果與李蕙蘭的研究結果類似。基於現有研究，2005 年後就難以見到有研究者係針對臺灣技職教育與訓練的主題領域回顧、或是探討研究趨勢、或是針對主題分析等的相關文章。本研究以 2001-2020 學年為時間軸，梳理臺灣技職教育與訓練研究主題的演進脈絡，研究結果也有利於進一步揭示該領域的基本概貌及其未來趨勢。

二、內容分析法

內容分析（content analysis）法是一種客觀、系統地透過量化技巧及質化分析，以文本內容量的變化來推論質的變化，從文字表象中探求資訊實質，是一種以量載質的研究方法（陳旭耀，1997；歐用生，1993）。內容分析法目的在於揭示文本內容所傳遞和塑造的環境背景，最大價值在於發現內容改變的傾向（Holsti, 1969）。藉由內容分析將文本資料逐漸由繁化簡的系統化分類過程，可了解學科領域研究問題、研究方法與技巧，追溯學術發展軌跡與內容趨勢。因此，國內外有眾多學門及研究是應用內容分析法分析其學科發展領域。如：音樂學門領域（黃翠瓊，2007）、土木工程或營建工程學門（楊金旺，2008）、資訊管理學門（周惠娟，2019）、臺灣觀光學門（張詩昀，2019）等。

此外，Roofe 和 Ferguson（2018）採內容分析法對牙買加（Jamaica）7-9 年級技職教育與訓練課程中的永續發展教育（Education for Sustainable Development, ESD）進行探討，試圖確定 ESD 的組成部分（目標、內容、學習經驗、評估、教學策略），將 ESD 納入正規和非正規教育。李懿芳等（2017）以內容分析法探究從課綱轉化為教科書過程中技能領域的挑戰與因應之道。王玫婷等（2017）應用於探究普通大學校訂基本素養與學生養成能力之契合度分析。鍾怡慧等（2014）以澳洲技術及繼續教育訓練套件發展歷程與架構爲基礎進行分析，期藉他山之石促使臺灣技職教育教材朝向務實致用，更貼近產業需求發展。王國欽等（2014）針對臺灣 23 所與觀光相關的學系所，學生進入職場前後學校課程設計的認知脈絡進行調查。因此，本研究透過內容分析法探討 2001-2020 年間臺灣技職教育博碩士論文的研究主題領域。

三、共詞分析法

單用傳統內容分析法有其侷限性，即難以具體明顯的圖譜方式呈現臺灣 2001-2020 學年技職教育與訓練博碩士論文研究主題演進與趨勢情形，但文獻計量學（bibliometrics）中的共詞分析（co-word analysis）則可更深入探討且繪製出演進與趨勢圖譜。共詞分析自 1970 年代問世以來，已經被廣泛應用到各學門（方瑀紳、李隆盛，2014）。然而，檢視國內外研究後，發現不少學門曾以此方式對本身學科領先研究發展有著整體性的深入分析，但臺灣的技職教育與訓練領域在此方向的研究卻付之闕如，爲能有更深入了解技職教育與訓練研究主題趨向，本研究除了應用內容分析了解文本內涵外，再以共詞分析博碩士論文的關鍵字列表，進而獲得學科研究主題發展趨勢知識圖譜。關鍵字列表是一篇文獻的內容濃縮與精髓，選擇關鍵字列表的共詞分析，能夠把握學科領域的研究主題演進與前沿趨勢。

共詞分析也是一種內容分析技術，主要是針對文本所包含的關鍵知識點進行挖掘，基本概念是透過計算與分析一個特定領域其文本資料中關鍵字詞的共同出現情況，來了解文本以及關鍵字詞間的相關性。基本原理是兩個能夠表達某一學科領域研究主題的專業詞彙（關鍵字）在同一篇文本中出現時，或指兩篇文章的內文裡，使用到相同的專業詞彙，某專業詞彙共同出現在此兩篇文本的情形越多，兩篇文本的主題相似度也越高，此則表明這兩個專業詞彙之間必然存在著一種內在關係，而且出現的頻次越高就越表明它們之間的關係越密切或越相似，彼此間的距離也相對較爲接近。也就是透過文本中成對之詞或詞組關係，將主題相關的文本群集（cluster）在一起，以分析某一主題之關聯性（李清福等，2013；Ding et al., 2001; He, 1999）。

綜上，本研究除以傳統內容分析探討及了解樣本文的研究主題內涵外，再應用共詞分析等文獻計量法，使能相當程度地揭示技職教育與訓練博碩士論文在各時段發展特徵及反映該學科現狀與演變趨勢。

方法與程序

為達成研究目的，本研究結合內容分析法與共詞分析法。此外，社會網絡分析法及相關軟體工具如 Bibexcel、SPSS、UCINET 和 NetDraw 等也被用於繪製 I-IV 各時段的知識圖譜。茲說明其程序如下：

一、決定資料來源搜索條件與資料篩選規準

本研究資料來源以「臺灣博碩士論文知識加值系統」學術電子資料庫作為取樣對象。以具代表性的 13 個關鍵詞彙，在系統頁面選擇「指令查詢」，搜索條件設定啟始時間為 2001-2020 學年共二十年間，其搜索指令如下：

（（" 技術及職業教育 ".ti,ab,kw）OR（" 技術教育 ".ti,ab,kw）OR（" 技術職業教育 ".ti,ab,kw）OR（" 技職訓練 ".ti,ab,kw）OR（" 技職教育 ".ti,ab,kw）OR（" 勞動力教育 ".ti,ab,kw）OR（" 學徒教育 ".ti,ab,kw）OR（" 學徒訓練 ".ti,ab,kw）OR（" 職場教育 ".ti,ab,kw）OR（" 職業技術教育 ".ti,ab,kw）OR（" 職業和技術教育 ".ti,ab,kw）OR（" 職業教育 ".ti,ab,kw）OR（" 職業訓練 ".ti,ab,kw））and yr="90-109"

步驟如下：(1) 搜尋其標題、或摘要或關鍵字詞中內含上述 13 個關鍵詞彙者，共獲得 1,493 篇（搜索截止日為 2021 年 3 月 30 日）；(2) 依據

Sandelowskic 和 Barroso（2007）提出的搜尋、檢索、與確認程序標準，進行標題檢查，排除未符合標準和重複的論文；(3) 檢查摘要內容，將不符合標準者排除；對於無法在摘要中具體取得該研究所使用的研究目的、研究樣本、研究方法、研究工具等訊息者，進行全文下載分析，若全文未開放者，則排除該篇論文；(4) 針對看法不一致本文進行協商決定納入研究樣本與否。經過濾後得 774 篇博碩士論文作爲本研究對象，共過濾掉 48.16% 的樣本論文。

過濾掉的論文主要問題依序爲：(1) 博碩士論文資料庫搜索引擎不夠精確，會將搜索的關鍵字詞拆開，（如「職業技術教育」或「職場教育」，會搜到「……的年齡、職業、教育程度、家庭組織型態…… 」，或「……依據性別、年齡、職業、教育程度、第幾次來參觀展覽…… 」等）而搜出與技職教育與訓練無關的論文；(2) 全文尚未開放或者永不開放；(3) 有部分研究者將就讀的學系名稱「技術及職業教育」寫進到摘要欄內，但該論文在標題、摘要、關鍵詞與搜索的 13 個關鍵字無關；(4) 論文重複上載者。

二、進行時段劃分

由於分析的時間較長及資料樣本較大，以一個時段分析恐怕會對研究主題的細微變化有所忽略，因此就二十年跨幅進行時段切割（time slices）。目前時段切割並沒有精確且公認最佳的範圍（Fang & Lee, 2021; van Leeuwen & Moed, 2002）。因此，爲適切反映出技職教育與訓練研究主題演進及發展趨勢，故本研究將時間適切切割爲四個階段，分別是：I—2001-2005 年、II—2006-2010 年、III—2011-2015 年、IV—2016-2020 年，以揭示個時段技職教育與訓練研究主題演進及活躍的研究前沿情形。

三、進行內容分析

㈠進行資料編碼與登錄

資料編碼與登錄以篇爲分析單位，使用 Excel 自編「技職教育與訓練博碩士論文登錄表」爲研究工具，將 774 篇博碩士論文進行編碼及計算 Kappa 值，分析類目有：(1) 學位別、(2) 學校別、(3) 學系所別、(4) 研究主題、(5) 研究典範（包含質性、量化、質量統合、其他）、(6) 研究方法、和 (7) 研究樣本等。其中，(4) 研究主題類目，係應用教育部出版的《技術及職業教育百科全書》主題分類（教育部，2003），其歸類架構如表 1 所示，(7) 研究樣本區分爲初中、高職（中學）、技專院校、和業界與訓練等四類，以此確立 774 篇樣本博碩士論文主題領域內容之類目。

表 1　技職教育與訓練歸類架構

類別	領域	
技職教育通論	1. 發展基礎（概念、理論與方法） 3. 技職學校系統（學校體系） 5. 師資與學生（教育主客體） 7. 各國技職教育	2. 政策、行政與學制（管理體系） 4. 課程、教學與評鑑（知識體系） 6. 夥伴關係與研發（合作與研究體系）
專業技職教育	8. 工業與工程類技職教育 10. 農業與海事水產業類技職教育 12. 餐旅與民生類技職教育	9. 商業與管理類技職教育 11. 設計、藝術與語文類技職教育 13. 醫藥與護理類技職教育

資料來源：教育部（2003）。中華民國技職教育百科全書，頁 II。

㈡進行Cohen's Kappa值檢定

Neuendorf（2002）認爲信度檢定適用樣本數不該少於 50 篇，也無須多於 300 篇。在編碼過程與登錄的一致性檢驗，本文第一作者進行編碼外再邀請同校一位技職教師，就 60 篇檢定樣本之博碩士論文（四個時段，每個時段各隨機抽 15 篇），在聽取歸類方式和原則後，按照編碼表進行資料登錄，計算兩名登錄者間在資料搜尋與資料登錄的一致性，結果 Cohen's Kappa 值爲 .846，$p < .001$，符合 Landis 與 Koch（1977）所主張 Kappa 值爲 .810-1.000 屬高度（almost perfect）一致性。

四、進行共詞分析

㈠進行資料處理

以 774 篇博碩士論文之關鍵字列表爲研究對象。李清福等（2013）表示，如果直接從全文提取，再進行識別，可能對同一關鍵字在本文中產生不同意涵卻被視爲同一意思，容易導致分析結果出現偏差。由於關鍵字列表都是一篇論文核心內容的濃縮和提煉，在很大程度上可以代表論文的研究主題，因此相較於全文識別上是較簡單又具有代表性的提取方法。共詞分析的一般流程大致可劃分爲四個基本步驟：(1) 關鍵字詞的提取及高頻字詞的選定；(2) 共詞矩陣結構的構建及其標準化；(3) 群集分析或因素分析；和 (4) 共詞群集分析圖譜的繪製（Lee & Jeong, 2008）。

群集分析（cluster analysis）可分爲階層群集分析或是非階層群集分析，依觀察值的相似矩陣（或是距離矩陣），將最相似的觀察值合併爲一群集，最後形成數個群集，群集內的觀察值擁有相似的特性。因素分析（factor analysis）則是一種互依的分析技術，目的在於減少變數和變數歸納，希望以較少的維度，來表示原有的資料結構（吳萬益，2005），在學術領域辨識相關研究中有很重要的地位，因素分析常被用來根據標的項目（關鍵詞或文章或作者）的相似矩陣來定義出不同的子領域所在（Chen, 2002; Subramani et al., 2003）。

進行因素分析主要就是希望能萃取出共同因素，本研究以主成份分析法及特徵值（eigenvalue）> 1 的原則萃取共同因素，因素群集結果和因素解釋變異量，目的在於以較少的變數去解釋大部分的變異，是一種資料簡化的方式，符合本研究目的——辨識出可以代表某一學術領域中不同研究方向的子領域。迄今，要如何確定出最佳分類數目是群集分析尚未完全解決的問題之一，由於共詞分析的目標不是檢驗矩陣中類別數目，而是爲進一步討論提供資訊。因此，大多數研究主要參考因素分析所萃取出的主成份因素量結果數目，配合 UCINET 和 NetDraw 等工具以程度居中性（degree centrality）得出的值，確定尋找分類點（方瑀紳、李隆盛，2014；劉林青，2005；Andrews, 2003）。

㈡選定關鍵字提取及高頻字詞

在高頻關鍵字詞的閾值選定方面，如果選擇範圍過小，則不能如實反映其所代表的學科群集；反之，則會帶來相當大的干擾，為簡化及降低低頻關鍵字詞對分析過程帶來的不必要干擾，在分析上通常是選擇某一高頻關鍵字詞作為對象，但是閾值迄今尚未有統一見解，目前在確定閾值主要有三種方法：(1) 根據研究者自身經驗或研究目的選擇閾值，但該方法具有一定的隨機性與主觀性；(2) 根據 Price 建議以 40-50 個經常被引用的字詞為基準（劉則淵等，2008；Price, 1965）；(3) 利用齊普夫定律（Zipf's law）來輔助確定高頻關鍵字詞的界限，其公式如下：

$$T = (-1 + \sqrt{1 + 8 \times I_1})/2$$

I_1 是關鍵字詞頻次為 1 的關鍵字詞個數，T 為高頻關鍵字詞中的最低頻次值，即高頻詞、低頻詞頻次的臨界值，並根據此界限值過濾低頻詞，以此來簡化結果（Donohue, 1974）。

本研究嘗試上述三種閾值方法後，考慮四個不同時段的相較，和關鍵字詞的詞頻、詞頻累計比重和實際研究情況，最終確定以 Price 建議以 40-50 個經常被引用的字詞為基準作為提取方法，也因技職教育與訓練領域具多層、多樣與廣泛特徵，如此更能呈現該研究主題取向。亦即，以文獻分析軟體 Bibexcel 分別進行 I-IV 四個不同時段分析與比較；其次，建立關鍵字統計和導出共詞矩陣；第三，將共詞矩陣導入 SPSS 分析，由於共詞並不符合常態分布，故採用與資料類型相適應的因素分析和群集分析；第四，對共詞矩陣繪製出群集知識圖譜，揭示各時段研究主題所處的狀態；最後，結合群集和各研究主題的知識圖譜進行解釋和分析。以反映出技職教育與訓練博碩士論文在研究主題的領域及學科當前的研究取向。

㈢繪製與分析共詞網絡圖譜

本研究使用 Bibexcel 配合 SPSS 及 UCINET 和 NetDraw 等工具繪製與分析共詞網絡圖譜。Bibexcel 用於檢查文件、計算共同出現次數和進行產生原始矩陣數值分析；SPSS 用於進行斯皮爾曼（Spearman）相關係數轉換、因素分析和群集分析；UCINET 用於將矩陣資料轉換爲可供 NetDraw 以圖形化顯示；NetDraw 在本研究主要是用來呈現 I-IV 時段的共詞網絡圖譜，其特色在於可以處理龐大的節點與邊的網絡圖，且可根據節點間的群集現象，給予不同的圖標與顏色表示，如此可以看到整個所繪製的研究主題群集之間遠近強弱關係的研究全貌。在圖譜中常以居中性測量節點在網絡中連結狀況的影響力，居中性是連結其他不同群集的關鍵節點（pivotal point，即樞軸節點）。居中性有三種主要量數：程度居中性、接近居中性（closeness centrality）和中介居中性（betweenness centrality）等（劉軍，2009；羅家德，2010）。本研究是以最常用的程度居中性作爲衡量節點影響範圍大小的指標。

其次，節點（node）及連結（link）是最常被使用的網絡視覺化（network visualization）方式，然而，一般網絡視覺化圖譜最常遇到的問題即是節點與連結過多、太過複雜，而把原有的本質及特性覆蓋掉，爲使 I-IV 各時段的圖譜增加可讀性，在圖譜中對於節點之間的網絡線，値若太低者，將被設置爲不可見，僅呈現相似高的關聯。圖譜是以節點及連結線來揭示彼此之間的關係，每一個節點代表一個關鍵字，線頻數據愈高，表明彼此間研究領域較爲密切、主題背景較爲相似，連線的線頻數據與其聯繫的緊密程度成正比；反之則較分散、較在外圍。節點的大小與其在共詞網絡中出現的頻次成正比；同一圖標與同一顏色代表同一群集，反之爲不同群集，以期能客觀、視覺化方式反映技職教育與訓練博碩士論文的研究主題和研究取向。

結果與討論

一、技職教育與訓練博碩士論文的重要分布與變化情形

(一)各年度篇數分布與變化──2012-2017年每年維持在36-52篇，隨即快速下滑

2001-2020 學年間共有技職教育與訓練博碩士論文 774 篇，第 I 時段（2001-2005 學年）、第 II 時段（2006-2010 學年）、第 III 時段（2010-2015 學年）和第 IV 時段（2015-2020 學年）分別為 208 篇、198 篇、217 篇和 151 篇，年度變化趨勢如圖 1 所示，博士論文占 81 篇（10.47%），碩士論文則 693 篇（89.53%）。可看出技職教育與訓練領域的研究已經具有一定的規模並取得了不少成果（詳如圖 1 所示）。總量之年度分布呈間歇性增長趨勢，自 2002 年開始由前一年的 24 篇數量上升一倍到達 48 篇後，一直穩定維持在 36 篇到 52 篇之間的研究數量。在 2013 年到達最高峰後就開始逐漸呈現略微下滑趨勢，2018 年降至 33 篇後，則如雪崩般地滑落至 2020 年的 8 篇。雖然 2020 學年論文需到 2021 年 8 月底才能確認實際數據（本研究搜索截止日為 2021 年 3 月 30 日），但從近幾年數據可見整體是在下滑的。

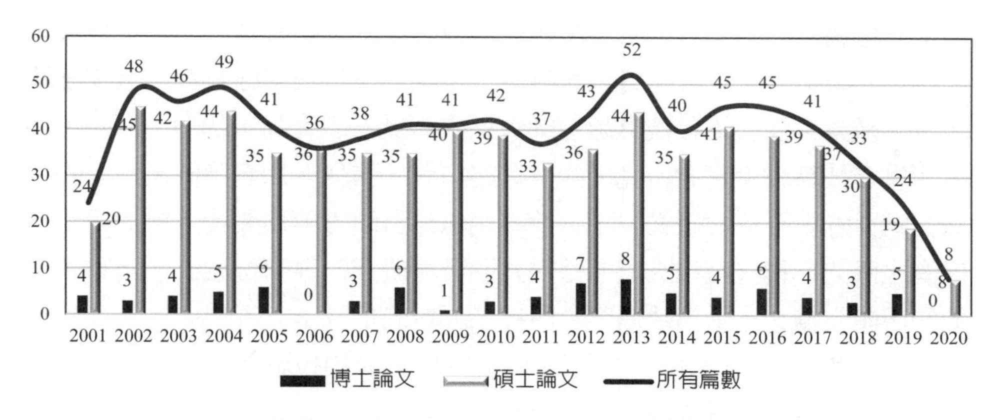

圖 1　2001-2020 學年度 TVET 博碩士論文產出篇數分布與變化

註：2020 學年篇數僅搜索至 2021 年 3 月 30 日

㈡學校與系所分布與變化——有技職教育或相關系所的校院產出之技職教育與訓練博碩士論文占比低於其他校院，技職教育系所博碩士論文已經擴散到有偏離系所專業領域疑慮的範圍，非技職系所的論文產出數量多於技職系所，私校產出相當突出，公立校院技職相關系所產出數量持續減少

臺灣的大學校院直接以技職教育爲系所名稱者目前還有四所，分別在臺北科大、臺灣科大、雲林科大和屏東科大，四校在 2001-2020 學年四個時段各累計產出博碩士論文有 840 篇、81 篇、521 篇、244 篇。另設有與技職教育相關系所的學校也爲數不少，如高雄師範大學工業科技教育學系，臺灣師大工業教育學系、工業科技教育學系、原家政教育學系，彰化師大工業教育與技術學系、原商業教育學系等，高雄師大、臺灣師大和彰化師大三校在同期間所累計產出博碩士論文分別有 1,012 篇、1,486 篇、1,720 篇，比前述四所科大數量多。上述有技職教育或相關系所（以下簡稱技職系所）的七校，近二十年累計產出博碩士論文共 5,904 篇。

理應可從 13 個技職教育與訓練常用的關鍵字，搜尋出眾多論文數，但事實並非如此，問題在於：(1) 眾多技職教育與訓練博碩士論文，在標題、或摘要、或關鍵字列表中，未能包含與學科領域屬性直接相關的關鍵字詞，而造成以關鍵字搜索之遺漏；(2) 部分技職教育研究班制的博碩士論文已經擴大到有偏離系所專業領域疑慮的範圍。如就技術及職業教育法（2019）規範技職教育範疇包含職業試探教育、職業準備教育、職業繼續教育、職業訓練機構和技職教育師資等次領域（教育部，2019）而言，20 年間曾在技職教育研究所完成的《網路口碑、信任、知覺價值與線上募資課程購買意願關係之研究》、《節慶場域品質改善與休閒涉入對節慶活動影響之研究》和《寵物犬機能性零食開發與研究》等學位論文側向管理行銷的博碩士論文，易招致偏離系所專業領域的批評。

表 2 和表 3 爲 2001-2020 學年四個時段，國內技職教育與訓練博碩士論文各校及各系所貢獻表。

表 2　各時段 TVET 博碩士論文產出篇數多於 5 篇的學校

序	I（2001-2005 學年）			II（2006-2010 學年）			III（2011-2015 學年）			IV（2016-2020 學年）		
	學校	篇數	占比	學校	篇數	占比	學校	篇數	占比	學校	篇數	占比
1	臺灣師大	28	13.46	臺北科大	18	9.09	臺灣師大	17	7.83	臺灣師大	9	5.96
2	臺北科大	18	8.65	彰化師大	17	8.59	彰化師大	15	6.91	高雄科大	7	4.64
3	彰化師大	17	8.17	臺灣師大	14	7.07	臺北科大	12	5.53	臺北科大	7	4.64
4	雲林科大	12	5.77	雲林科大	8	4.04	中正大學	10	4.61	正修科大	6	3.97
5	屏東科大	8	3.85	大同大學	7	3.54	屏東科大	8	3.69	彰化師大	6	3.97
6	朝陽科大	8	3.85	高雄師大	7	3.54	高餐旅大	8	3.69	高雄師大	5	3.31
7	樹德科大	8	3.85	朝陽科大	7	3.54	朝陽科大	8	3.69	雲林科大	5	3.31
8	高雄師大	7	3.37	南臺科大	6	3.03	高應科大	7	3.23	輔仁大學	5	3.31
9	淡江大學	7	3.37	屏東科大	5	2.53	高雄師大	6	2.76			
10	銘傳大學	6	2.88	政治大學	5	2.53	大同大學	5	2.30			
11	東海大學	5	2.40	淡江大學	5	2.53	台南科大	5	2.30			
12	南華大學	5	2.40				雲林科大	5	2.30			
13							銘傳大學	5	2.30			

表 3　各時段 TVET 博碩士論文產出多於 5 篇的系所

序	I（2001-2005 學年）			II（2006-2010 學年）			III（2011-2015 學年）			IV（2016-2020 學年）		
	系所	篇數	占比	系所	篇數	占比	系所	篇數	占比	系所	篇數	占比
1	技職教育研究所	31	14.90	技職教育研究所	23	11.62	企業管理系所	16	7.37	技職教育研究所	15	9.93
2	工業教育學系	22	10.58	工業教育學系	10	5.05	技職教育研究所	15	6.91	工業教育學系	5	3.31
3	商業教育學系	7	3.37	工業教育與技術學系	8	4.04	工業教育與技術學系	10	4.61	資訊管理系所	5	3.31
4	資訊管理系所	7	3.37	企業管理系所	7	3.54	工業教育學系	10	4.61			
5				經營管理研究所	7	3.54	餐旅教育研究所	10	4.61			
6				機械工程系所	7	3.54	資訊管理系所	7	3.23			
7				教育研究系所	6	3.03	教育系所	6	2.76			
8				資訊管理學系所	6	3.03	輪機工程研究所	6	2.76			
9				特殊教育學系所	5	2.53	生活應用科學系所	5	2.30			
10				商業教育學學系	5	2.53	會計系所	5	2.30			
11							經營管理研究所	5	2.30			

第I時段（2001-2005學年）：208篇博碩士論文，來自49所大學校院80個系所，該時段各學年度產出篇數分別爲24篇、48篇、46篇、49篇、41篇。有12所學校產出5篇以上，又以臺灣師大28篇（13.46%）、臺北科大18篇（8.65%）、彰化師大17篇（8.17%）、雲林科大12篇（5.77%）等四所學校貢獻度最高。值得關注的是有六所私立大學積極投入技職教育與訓練研究：朝陽科大、樹德科大、淡江大學、銘傳大學、東海大學和南華大學。在系所方面有4個系所產出5篇以上，又以技職教育研究所31篇（14.90%）、和工業教育學系22篇（10.58%）最多。

第II時段（2006-2010學年）：198篇博碩士論文，來自66所大學校院92個系所，該時段各學年度產出篇數分別爲36篇、38篇、41篇、41篇、42篇。有11所學校累計產出篇數大於5篇以上，又以臺北科大18篇（9.09%）、彰化師大17篇（8.59%）、臺灣師大14篇（7.07%）三所學校產出貢獻度較高。有四所私立大學（大同大學、朝陽科大、南臺科大、淡江大學）積極從事技職教育與訓練研究。在系所方面5篇以上者有10個系所，又以技職教育研究所23篇（11.62%）、和工業教育學系10篇（5.05%）最多。

第III時段（2011-2015學年）：217篇論文來自72所大學校院98個學系所，該時段各畢業學年度產出篇數分別爲37篇、43篇、52篇、40篇、45篇。產出篇數大於5篇以上者有13所學校，又以臺灣師大17篇（7.83%）、彰化師大15篇（6.91%）、臺北科大12篇（5.53%）、中正大學10篇（4.61%）四所學校產出篇數領先。值得關注的是，有四所私立大學校院（朝陽科大、大同大學、台南科大、銘傳大學）積極從事技職教育與訓練研究。在系所方面5篇以上者有11個系所，以企業管理系所16篇（7.37%）、技職教育研究所15篇（6.91%）、工業教育與技術學系、工業教育學系、餐旅教育研究所各10篇（4.61%）最多。

第IV時段（2016-2020學年）：151篇論文來自70所大學校院98個學系所，該時段各畢業學年度產出篇數分別爲45篇、41篇、33篇、24篇、8篇。產出篇數5篇以上者有8所學校，以臺灣師大產出9篇（5.96%）貢獻度最高。值得關注的是，原一直緊跟在後的私立大學校院換成正修科大和輔仁大學。在系所方面 5 篇以上者有 3 個系所，又以技職教育研究所 15 篇（9.93%）爲最多。

由上述可見，13 個具體代表技職教育與訓練的關鍵字，已經滲透到系所所在的各學科領域內，第 I 時段只有 49 校 80 系所，到第 II 時段增加到 66 校 92 系所，第 III 時段增加到 72 校 98 系所，第 IV 時段則爲 70 校 98 系所。有趣的是學校和系所增加了，整體技職教育與訓練領域的論文卻不增反減，產出篇數萎縮較明顯的是臺灣師大由 28 篇、14 篇、17 篇、降到 9 篇；臺北科大由 18 篇、18 篇、12 篇、降到 7 篇；雲林科大由 12 篇、8 篇、降到 5 篇、5 篇；彰化師大由 17 篇、17 篇、15 篇、降到 6 篇；屏東科大由 8 篇、5 篇、8 篇、降到 4 篇。

就博碩士論文產出篇數而言，非技職系所高於技職系所，私校產出相當突出，公立校院技職相關系所產出數量持續減少。本研究進一步分析，發現大多數公立校產出的論文研究主題仍聚焦在探討與解決技職教育的本質與核心問題，即較側重在中觀（meso）和微觀（micro）層次；私校非技職所則不斷擴大技職教育研究的範疇及影響力，如辦學理念、辦學特色、學校品牌形象、學校經營效率、轉型策略與發展、招生策略、產學合作、職業訓練或探討學用落差等等議題，擴大了此領域研究的多元化視野，此種較涵蓋宏觀（macro）、中觀及微觀的取向有助於技職教育研究主題多元化。

㈢研究主題分布與變化——研究主題逐漸由「技職教育通論」類向「專業技職教育」類移動，「課程、教學與評鑑」始終是技職教育通論研究最關注的領域，「專業技職教育」類研究主題則由第二產業向第三產業中的服務業、餐旅與民生類技職教育傾斜

研究主題分類係依據教育部出版的《技術及職業教育百科全書》，共分爲 13 個領域，前 7 個領域歸類在「技職教育通論」，後 6 個領域歸類在「專業技職教育」（如表 2 所示）。由表 4 可以看出兩個大類的研究主題逐漸由「技職教育通論」傾向「專業技職教育」方面，第 I 時段前者

124 篇（59.62%），後者 84 篇（40.38%）；第 II 時段為 108 篇（54.55%）和 90 篇（45.45%）；第 III 時段 99 篇（45.62%）和 118 篇（54.38%）；第 IV 時段 75 篇（49.67%）和 76 篇（50.33%），兩者只差一篇論文（0.66%）。

表 4　各時段 TVET 博碩士論文主題在各類別及領域之篇數與占比

時段	技職教育通論類		專業技職教育類	
	篇數	領域	篇數	領域
I（2001-2005 學年）	124（59.62%）	2. 政策、行政與學制（30 篇 24.19%） 4. 課程、教學與評鑑（30 篇 24.19%）	84（40.38%）	8. 工業與工程類技職教育（32 篇 38.10%） 12. 餐旅與民生類技職教育（17 篇 20.24%）
II（2006-2010 學年）	108（54.55%）	4. 課程、教學與評鑑（23 篇 21.30%） 2. 政策、行政與學制（22 篇 20.37%）	90（45.45%）	12. 餐旅與民生類技職教育（33 篇 36.67%） 8. 工業與工程類技職教育（25 篇 27.78%）
III（2011-2015 學年）	99（45.62%）	6. 夥伴關係與研發（22 篇 22.22%） 4. 課程、教學與評鑑（20 篇 20.20%）	118（54.38%）	12. 餐旅與民生類技職教育 41 篇 34.75%） 8. 工業與工程類技職教育（38 篇 32.20%）
IV（2016-2020 學年）	75（49.67%）	4. 課程、教學與評鑑（20 篇 26.67%） 3. 技職學校系統（12 篇 16.00%）	76（50.33%）	12. 餐旅與民生類技職教育（26 篇 34.21%） 8. 工業與工程類技職教育（21 篇 27.63%）

註：類和領域編碼及名稱係對應表 2 所列

就研究主題所在類別和領域而言，由第 I 時段著重的「技職教育通論」隨著時間推移逐漸傾向「專業技職教育」方面的研究，在第 IV 時段兩者只差一篇論文量。從時段看，「技職教育通論」最先著重在「4. 課程、教學與評鑑」、「2. 政策、行政與學制」主題，轉向關注「6. 夥伴關係與研發」、「3. 技職學校系統」領域。就在各時段的持續度而言，「4. 課程、教學與評鑑」始終是技職教育通論研究關注的領域；而「2. 政策、行政與學制」和「3. 技職學校系統」二領域為因應當時環境所需與具解決問題導向。「專業技職教育」第 I 時段著重在「8. 工業與工程類技職教育」領域，次為「12. 餐旅與民生類技職教育」領域，第 II 時段以後兩者順序互換，工業與工程類領域研究數量逐年下降，反映了近年來臺灣經濟、產業、社會、休閒及文化等環境的轉變，同時暗示著原傾向第二級產業中的製造業、工業與工程類技職教育研究隨著時代的演變已日漸喪失其特色，繼之而起的為偏向第三級產業中的服務業、餐旅與民生類技職教育。

㈣研究對象分布與變化——教育階段研究對象以高職占比最高，技專校院次之

研究主題針對的對象可歸納為國／初中（含國中技藝教育班）、高職（含完全中學）、技專院校（含專科學校、技術學院和科技大學）、業界訓練（含訓練中心、社區大學）四方面。然一篇論文的研究對象可能牽涉兩個以上，在各類目的歸類上，係採多元歸類方式，以能反映對象、呈現事實，意即凡研究涉及的研究對象皆採計一次。

就 I-IV 四個時段所涵蓋的研究對象而言，依序是：高職、技專校院、業界訓練、國／初中。就各時段而言，探討國／初中和業界訓練對象的主題逐漸增多，前者由第 I 時段 2 次數（0.84%）到第 IV 時段 12 次數（6.67%）；後者，由 14 次數（5.91%）到 29 次數（16.11%）。反之，高職和技專校院的研究對象則逐漸下滑。第 I 時段，前者由 124 次數（52.32%）下滑到第 IV 時段 77 次數（42.78%）；後者，則由 97 次數（40.93%）下滑到 62 次數（34.44%）（如表 5 所示）。

表 5　各時段 TVET 博碩士論文研究之學校對象

時段	國／初中		高職		技專校院		業界訓練	
	次數	百分比	次數	百分比	次數	百分比	次數	百分比
I（2001-2005 學年）	2	0.84%	124	52.32%	97	40.93%	14	5.91%
II（2006-2010 學年）	7	3.20%	100	45.66%	94	42.92%	18	8.22%
III（2011-2015 學年）	8	3.35%	102	42.68%	92	38.49%	37	15.48%
IV（2016-2020 學年）	12	6.67%	77	42.78%	62	34.44%	29	16.11%

綜言之，過往 20 年技職教育與訓練博碩士論文研究對象，以高職占比最高，次之為技專校院，此研究發現與李蕙蘭（2005）和蕭如絢（2005）的研究發現一致。然而，本研究進一步分析發現近年來以業界用人單位觀點，探討學用落差和實習機構夥伴關係的研究議題，不斷隨時段推移而增大占比，由第 I 時段 14 篇（5.91%）、第 II 時段 18 篇（7.59%）、第 III 時段 37 篇（15.61%）、第 IV 時段 29 篇（12.24%）雖有下滑，整體上仍呈現上升現象，傳達了技職教育領域從原僅針對教育體系的研究主題，逐漸擴大以業界用人單位觀點和教育訓練等探討、反思技職教育核心本質和學用落差問題。

㈤研究方法取向之分布與變化——以量化取向為主，質性取向次之

研究方法取向（approach）的類目分為：質性取向、量化取向、質量混合取向、其他取向等四項類目。在分類計次方式凡研究涉及的方法取向各計算一次。I-IV 四個不同時段在使用的研究方法取向上確有差異，但大多數以量化取向為主，次為質性取向，而以其他取向則凸顯技職研究部分特色（詳如表 6 所示）。此結果與李蕙蘭（2005）和蕭如絢（2005）的研究發現一致，與 Yasin 等（2013）的研究結果僅在應用順序上有所差異，Yasin 等是針對某些技職教育期刊文章過濾出三個議題進行研究，但沒有區分時段，由此可說過往二十年，臺灣技職教育領域的博碩士論文和期刊論文在研究方法取向上相似。

表 6　各時段 TVET 博碩士論文方法取向

時段	質性		量化		質量混合		其他	
	次數	百分比	次數	百分比	次數	百分比	次數	百分比
I（2001-2005 學年）	54	25.96%	94	45.19%	36	17.31%	24	11.54%
II（2016-2010 學年）	57	28.79%	85	42.93%	18	9.09%	38	19.19%
III（2011-2015 學年）	67	30.88%	91	41.94%	26	11.98%	33	15.21%
IV（2016-2020 學年）	48	31.79%	58	38.41%	14	9.27%	31	20.53%

就 I-IV 時段的研究取向情形與變化，表面應用量化取向者最高，但由表 6 揭露的數據中，可以發現使用質性取向的篇次數占比不斷增加中，由第 I 時段 25.96%、第 II 時段 28.79%、第 III 時段 30.88%、升至第 IV 時段 31.79%；反之，使用量化取向則隨不同時段下滑，由 45.19%、42.93%、41.94%、降至 38.41%。量化取向一直被認爲最具科學、客觀、最能說服他人的研究取向，然而任何一種取向都有其一定的功能、價值與局限性，質性取向可彌補量化取向不足之處，適法適用才是重點。

㈥研究方法之分布與變化—問卷調查和訪談調查最常被採用，整體在多元化中

在研究方法的分類，係根據 774 篇博碩士論文所使用的研究方法實際分類，在分類採計方式凡研究涉及的方法各計算一次，共分爲 16 項：(1) 問卷調查、(2) 訪談調查、(3) 觀察調查、(4) 文獻分析法、(5) 德懷術（Delphi technique）、(6) 個案研究、(7) 內容分析、(8) 歷史研究、(9) 比較教育、(10) 實驗研究、(11) 行動研究、(12) 紮根理論（grounded theory）、(13) 現象學（phenomenology）、(14) 事後回溯因果比較研究、(15) 民族誌、和 (16) 其他等類目（詳如表 7 所示）。

表 7　各時段 TVET 博碩士論文研究方法

研究方法		I（2001-2005 學年）		II（2006-2010 學年）		III（2011-2015 學年）		IV（2016-2020 學年）	
		次數	百分比	次數	百分比	次數	百分比	次數	百分比
1	問卷調查	112	43.08%	89	41.20%	97	41.81%	65	38.92%
2	訪談調查	49	18.85%	41	18.98%	53	22.84%	50	29.94%
3	觀察調查	11	4.23%	9	4.17%	1	0.43%	4	2.40%
4	文獻分析	36	13.85%	22	10.19%	12	5.17%	10	5.99%
5	德懷術	13	5.00%	9	4.17%	17	7.33%	3	1.80%
6	個案研究	8	3.08%	4	1.85%	8	3.45%	4	2.40%
7	內容分析	4	1.54%	5	2.31%	3	1.29%	5	2.99%
8	歷史研究	2	0.77%	5	2.31%	3	1.29%	1	0.60%

（續前頁）

研究方法		I（2001-2005學年）		II（2006-2010學年）		III（2011-2015學年）		IV（2016-2020學年）	
		次數	百分比	次數	百分比	次數	百分比	次數	百分比
9	比較教育	3	1.15%	4	1.85%	6	2.59%	4	2.40%
10	實驗研究	3	1.15%	3	1.39%	7	3.02%	3	1.80%
11	行動研究	1	0.38%	0	0.00%	2	0.86%	0	0.00%
12	紮根理論	0	0.00%	1	0.46%	2	0.86%	0	0.00%
13	現象學	1	0.38%	0	0.00%	2	0.86%	0	0.00%
14	事後回溯	0	0.00%	0	0.00%	1	0.43%	1	0.60%
15	民族誌	0	0.00%	0	0.00%	0	0.00%	1	0.60%
16	其他	17	6.54%	24	11.11%	18	7.76%	16	9.58%

I-IV 四個時段主要使用的研究方法，累計次數大於 10 次以上者（不含使用其他研究方法者），第 I 時段有 5 種，第 II 時段有 3 種，第 III 時段有 4 種，第 IV 時段有 3 種。可清楚看出歷年各時段最常被技職教育博碩士論文採用的研究方法，主要爲問卷調查法，次爲訪談調查法。就研究方法使用情形與演進趨勢，可以發現問卷調查法和文獻分析法被使用的占比隨著時段推移有明顯下降趨勢，即分別由 43.08%、41.20%、41.81%、降至 38.92% 和由 13.85%、10.19%、5.17%、降至 5.99%；而使用訪談調查法則明顯上升趨勢，由 18.85%、18.98%、22.84%、升至 29.94%。事後回溯因果比較研究和民族誌是在第 III 時段的 2011 年後才出現，其他項的研究方法在 I-IV 四個時段的博碩士論文中占有一定的比例，意味研究方法在多元化。

二、技職教育博碩士論文主題演進與發展趨勢

圖 2 到圖 5 爲 I-IV 四個時段的技職教育與訓練研究領域（或大主題／theme）的知識圖譜。每一個群集代表一研究方向，再依節點程度居中性較大者的集合特性爲其命名。I-IV 四個時段，每個時段共詞高頻關鍵字依節點座落位置分布，可區分成各五個研究主題的群集，則參考因素分析

所萃取出的主成份因素量結果，配合程度居中性確定分類點：群集 1 標圓形、群集 2 標四方形、群集 3 標上三角形、群集 4 標田四方形、群集 5 標下三角形。

㈠第I時段（2001-2005年）——「技職教育學校體系」是較具影響力的研究群集

在圖 2 近中心位置爲群集 1，右下方和左下方分別爲群集 2、群集 3 和群集 4，上方爲群集 5，落在圖譜左上角邊緣 K01、K02、K03、K18 的四個節點與原所在群集 3、群集 4、群集 5 的內在密度連結強度較爲薄弱，相對的程度居中性比較小，將它們排列在左上方以利辨識（詳如圖 2 所示）。

由圖 2 可看到群集 1 輻射出群集 2、群集 4 和群集 5，群集 3 連結著群集 2，或可說它們群集 2-5 都圍繞著群集 1。在群集與群集之間的互動，可看出群集彼此之間並非是靜態，而是動態的互動聯繫，群集或節點必須與其他群集或節點來分享相似的研究領域，每一條連結線代表兩個節點中

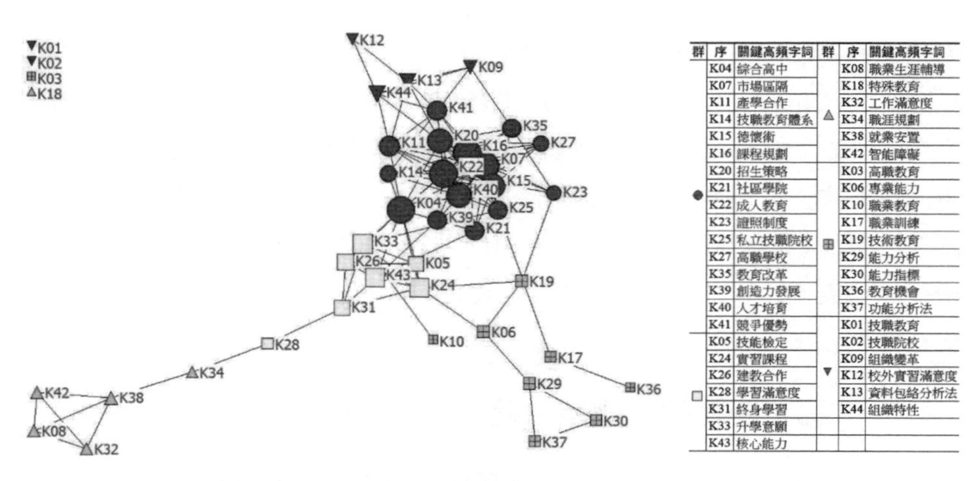

群	序	關鍵高頻字詞	群	序	關鍵高頻字詞
●	K04	綜合高中	▲	K08	職業生涯輔導
	K07	市場區隔		K18	特殊教育
	K11	產學合作		K32	工作滿意度
	K14	技職教育體系		K34	職涯規劃
	K15	德懷術		K38	就業安置
	K16	課程規劃		K42	智能障礙
	K20	招生策略	⊞	K03	高職教育
	K21	社區學院		K06	專業能力
	K22	成人教育		K10	職業教育
	K23	證照制度		K17	職業訓練
	K25	私立技職院校		K19	技術教育
	K27	高職學校		K29	能力分析
	K35	教育改革		K30	能力指標
	K39	創造力發展		K36	教育機會
	K40	人才培育		K37	功能分析法
	K41	競爭優勢	▼	K01	技職教育
□	K05	技能檢定		K02	技職院校
	K24	實習課程		K09	組織變革
	K26	建教合作		K12	校外實習滿意度
	K28	學習滿意度		K13	資料包絡分析法
	K31	終身學習		K44	組織特性
	K33	升學意願			
	K43	核心能力			

圖 2　第 I 時段（2001-2005 學年）TVET 博碩士論文研究主題知識圖譜結構（節點線頻強度 .35）

至少有一個以上的研究領域相似，每一條連結線代表至少有一篇以上的博碩士論文同時屬於這兩個研究領域。而在各群集的內部節點分析上，相對較大、較緊密節點之間有較強關係，大多屬於較重要且有指標性的核心關鍵詞。

群集 1「技職教育學校體系」是圖譜中較大的一個群集，群集內有 7 個相對較大、較緊密，具核心地位的節點，K04（綜合高中）、K07（市場區隔）、K16（課程規劃）、K22（成人教育）、K15（德懷術）、K20（招生策略）、K40（人才培育）。主要是探討技職教育與訓練中的課程規劃、人才培育、市場區隔、招生策略和成人教育方向，其目的在嘗試解決因少子化因素造成技職學校招生困難問題，藉以發展出學校核心能力，塑造差異化的經營模式，以營造學校永續經營之競爭優勢。

群集 2「課程學習滿意度」由 7 個節點組成，節點之間關係較爲緊密，以 K24（實習課程）、K33（升學意願）和 K43（核心能力）三個節點相對較大，關注在實習課程、建教合作、核心能力、技能檢定和升學意願。群集 2 連結著群集 3「特教生就業安置」，以節點 K28（學習滿意度）與群集 3 的 K34（職涯規劃）節點連結著，扮演著該群集對外連結的橋接節點，關注在身心障礙學生學習技能、應用技職的就業安置。群集 4「建構專業能力指標」程度居中性也比較小，群集內節點與節點之間關係較爲鬆散、多元，主要關注在職業教育、職業訓練的專業能力與能力指標建構面向。群集 5「技職學校組織特性」主要探討高職和技專校院因少子化、招生困難，學校以組織變革等面向的議題。

高頻關鍵字中出現了德懷術、資料包絡分析法（data envelopment analysis, DEA）等表徵研究方法的詞彙，反映了技職教育博碩士論文在研究方法上呈現出多樣化的態勢特徵。

㈡第II時段（2006-2010年）——「職校品質與招生策略」是較具影響力的研究群集

群集 5 近圖 3 中心位置，右下方和左下方分別爲群集 1 和群集 4，右上方爲群集 2 和群集 3，落在圖譜左上角邊緣 K04、K18、K22、K23、

K33 的五個節點與原群集 4 的內在密度連結強度較為薄弱，相對的程度居中性也比較小，群集座落位置也比較邊陲，將它們排列在左上方以利辨識（詳如圖 3 所示）。

位在圖 3 近中心位置為群集 5「職校品質與招生策略」，是由 12 個節點所組成，以 K25（數位學習）節點較大，位在該群集中間位置，關注在數位化（資訊融入）與虛擬實境教學的課程，如技能檢定、技術士證照等教學領域學習滿意度和增強就業率，成為學校善用此特色，用於招生時吸引學生選校就讀的訴求之一，進而改善及強化職校經營面。K21（學校行銷策略）、K13（高職教育）分別連結群集 1 的 K24（課程設計）和群集 2 的 K43（農業教育）。

群集 1「關注弱勢學生技職能力」是由 11 個高頻關鍵字節點所組成，節點與節點之間較為分散，沒有如同群集 5 般的節點，內在密度關係緊密現象，K17（人格特質）位於為該群集中心位置，向外輻射其他節點。群集主要關注在技職體系的教育品質，重視弱勢族群職業適應能力的課程規劃，融入專業技能與人格特質的培養，尤其是弱勢家庭學生的就業保障。

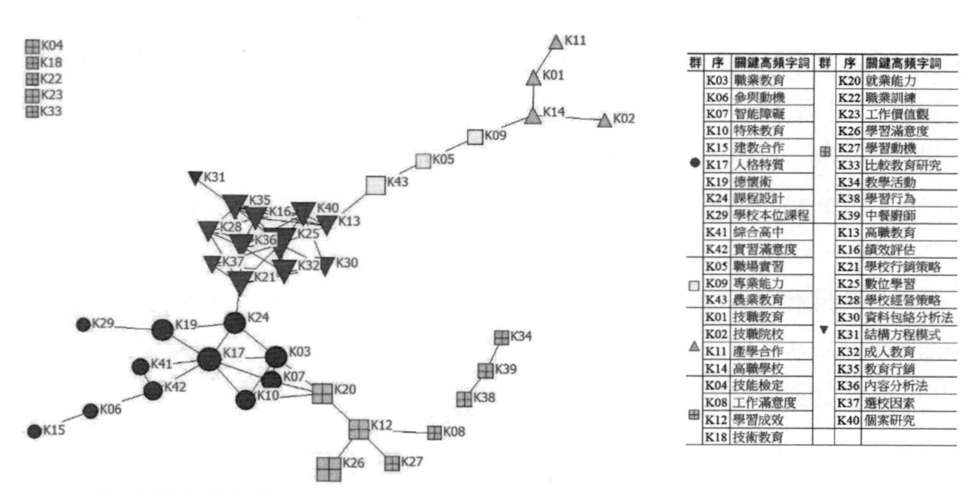

群	序	關鍵高頻字詞	群	序	關鍵高頻字詞
●	K03	職業教育	⊞	K20	就業能力
	K06	參與動機		K22	職業訓練
	K07	智能障礙		K23	工作價值觀
	K10	特殊教育		K26	學習滿意度
	K15	建教合作		K27	學習動機
	K17	人格特質		K33	比較教育研究
	K19	德懷術		K34	教學活動
	K24	課程設計		K38	學習行為
	K29	學校本位課程		K39	中餐廚師
	K41	綜合高中	▼	K13	高職教育
	K42	實習滿意度		K16	績效評估
□	K05	職場實習		K21	學校行銷策略
	K09	專業能力		K25	數位學習
	K43	農業教育		K28	學校經營策略
△	K01	技職教育		K30	資料包絡分析法
	K02	技職院校		K31	結構方程模式
	K11	產學合作		K32	成人教育
	K14	高職學校		K35	教育行銷
⊞	K04	技能檢定		K36	內容分析法
	K08	工作滿意度		K37	選校因素
	K12	學習成效		K40	個案研究
	K18	技術教育			

● (1)關注弱勢學生技職能力　□ (2)農校變遷與職場能力　▲ (3)學校特色與產學合作
⊞ (4)職場實習與學習滿意度　▼ (5)職校品質與招生策略

圖 3　第 II 時段（2006-2010 學年）TVET 博碩士論文研究主題知識圖譜結構（節點線頻強度 .35）

群集 2「農校變遷與職場能力」，是圖譜中最小的一個群集，關注在臺灣農業教育發展的傳承與變遷，以及學生應具備的職場專業能力，了解校外實習課程是如何協助學生克服階段性職涯轉換等議題。群集 3「學校特色與產學合作」關注在改善高職學校、技專院校，存在的僵固性、無效率之事宜和朝向差異、多元、適性揚才的產學合作發展特色方向。群集 4「職場實習與學習滿意度」關注在產學合作學生的職場實習，學習滿意度、學習動機、學習成效、學習行爲、學習態度等面向，進而改善專業課程以增強學生本職學能，厚植其學生個人專業基礎技能水準。

㈢第III時段（2011-2015年）——「關注學習縮短落差」是較具影響力的研究群集

群集 1 位在圖 4 近中心位置，左下方爲群集 2 和群集 3，右上方爲群集 4，群集 5 獨立於圖譜右下方，落在圖譜左上角邊緣節點 K44 與原群集 5 的內在密度連結強度薄弱（詳如圖 4 所示）。群集 1「關注學習縮短落差」，是由 16 個相對較高的高頻關鍵字節點所組成，從圖譜的程度

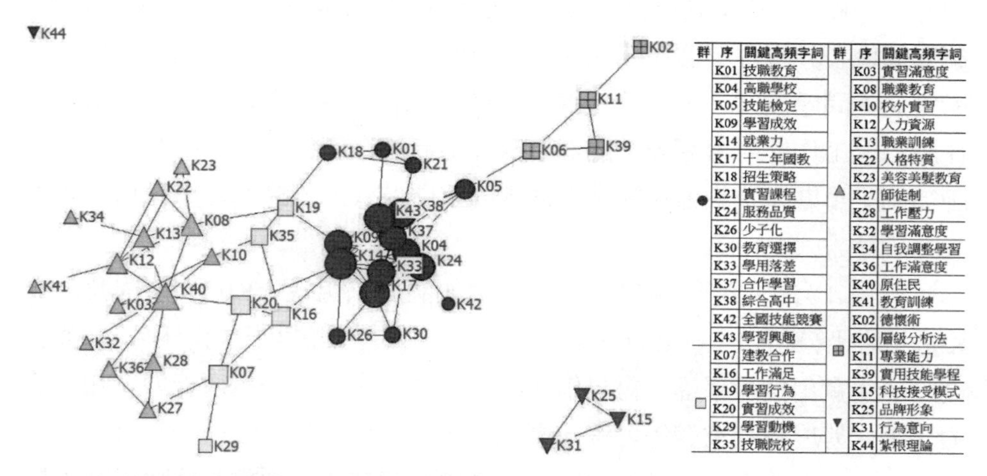

群	序	關鍵高頻字詞	群	序	關鍵高頻字詞
●	K01	技職教育	▲	K03	實習滿意度
	K04	高職學校		K08	職業教育
	K05	技能檢定		K10	校外實習
	K09	學習成效		K12	人力資源
	K14	就業力		K13	職業訓練
	K17	十二年國教		K22	人格特質
	K18	招生策略		K23	美容美髮教育
	K21	實習課程		K27	師徒制
	K24	服務品質		K28	工作壓力
	K26	少子化		K32	學習滿意度
	K30	教育選擇		K34	自我調整學習
	K33	學用落差		K36	工作滿意度
	K37	合作學習		K40	原住民
	K38	綜合高中		K41	教育訓練
	K42	全國技能競賽	⊞	K02	德懷術
	K43	學習興趣		K06	層級分析法
□	K07	建教合作		K11	專業能力
	K16	工作滿足		K39	實用技能學程
	K19	學習行為	▼	K15	科技接受模式
	K20	實習成效		K25	品牌形象
	K29	學習動機		K31	行為意向
	K35	技職院校		K44	紮根理論

● (1)關注學習縮短落差 □ (2)實習成效與滿意度 ▲ (3)現代師徒職業訓練
⊞ (4)實用學程專業能力 ▼ (5)餐旅專業與行為意向

圖 4　第 III 時段（2011-2015 學年）TVET 博碩士論文研究主題知識圖譜結構（節點線頻強度 .25）

居中性可見K14（就業力）、K17（十二年國教）、K38（綜合高中）、K43（學習興趣）、K04（高職學校）、K09（學習成效）、K24（服務品質）、K33（學用落差）、K37（合作學習）等9個節點內在密度具有最強的連結關係，主要關注在學生專業核心能力建構，教學環境規劃，學習興趣、學習成效，與企業建立產學合作訓練關係面向。由圖譜中可發現群集1外圍衍生出6個相對較小的節點，如在上方位置的K01（技職教育）、K18（招生策略）、K21（實習課程）三個節點是群集1內的領域，就其共詞分析的技職教育與訓練領域來看，未到足以分群現象，它們仍與群內其他領域有著交互關係。

群集2「實習成效與滿意度」，是由6個相對較高的高頻關鍵字節點所組成，又以K07（建教合作）、K16（工作滿足）、K20（實習成效）三個節點相對較大，節點之間內在密度關係較不密切，呈鬆散結構，關注在學生參與建教合作的實習滿意度，實習中的訓練課程、服務技能、職場倫理等面向。群集3「現代師徒職業訓練」，是由14個節點所組成，以K40（原住民）爲該群集較大節點，次爲K08（職業教育）、K12（人力資源）、K13（職業訓練），群集內節點密度不高，網絡鬆散，說明群集研究領域多元豐富，群集關注在三個方面，一是學生參與輪調式建教合作所遭遇的問題面向；二是校外實習的職業訓練、職業教育、就業意願、工作壓力、工作態度等面向；三則是探究師徒制在新世代工作者的適用性，師徒制是早期產業訓練人才技術傳承的重要方式，是許多企業應用已久的人力訓練方式。

群集4「實用學程專業能力」，由4個節點組成，K02（德懷術）、K06（層級分析法）、K11（專業能力）、K39（實用技能學程），關注高職學生實用技能學程，需具備哪些專業能力指標，如技術能力、知識能力、工作態度及就業競爭力等。高頻關鍵字中出現了德懷術、層級分析法（analytic hierarchy process, AHP）等表徵研究方法的詞彙，反映了實用技能學程和專業能力的建設下，在技職教育博碩士論文呈現出多樣化的研究方法特徵。群集5「餐旅專業與行爲意向」，由K15（科技接受模式）、K25（品牌形象）、K31（行爲意向）三個節點形成一個獨立群集，與另四個群集關係研究意涵不密切，關注在應用線上技能檢定系統的使用意向，及餐旅專業的國際觀光旅館之品牌形象對消費者行爲意向的探討，擴展了技職教育在餐旅職／專業上對教考用校準的重視。

㈣第IV時段（2016-2020年）——「業師協同產學雙贏」是較具影響力的研究群集

群集 1 位在圖 5 近中心位置，在左下方和右下方分別爲群集 2 和群集 5，右上方爲群集 3 和群集 4（詳如圖 5 所示）。群集 1「業師協同產學雙贏」，是由 17 個高頻關鍵字節點所組成，內在密度關係呈高緊密度，代表著群集 1 是目前時段最活躍、最重要的研究熱門主題及前沿趨勢，以 K02（學習成效）、K04（學習滿意度）、K19（證照制度）、K23（比較研究）、K31（業師協同教學）、K34（技能學習）、K36（行動研究）、K41（108 課綱）等 8 個節點爲圖譜內最大者。關注在業界專家協同教學與實務經驗分享，學生學習動機、學習態度、學習成效與學習滿意度，和校外實習的滿意度與學習成效，其目的是在於縮短技職教育與就業

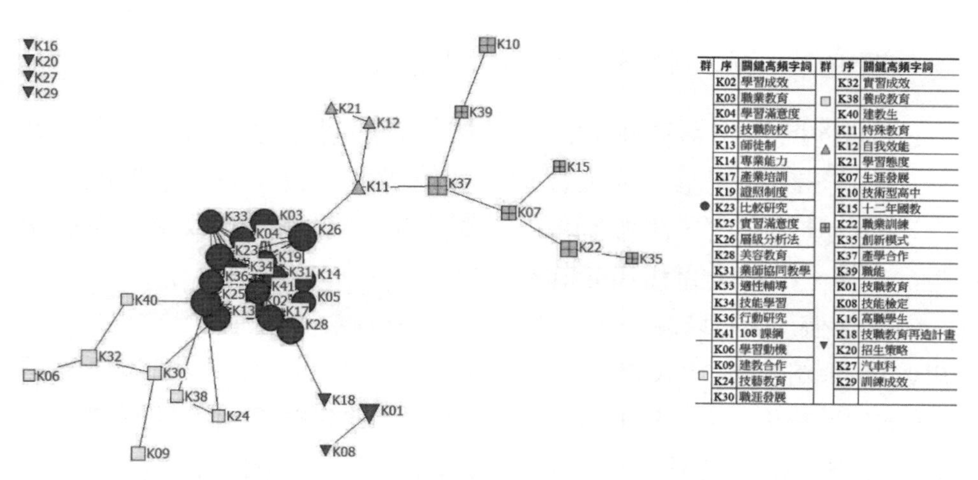

群	序	關鍵高頻字詞	群	序	關鍵高頻字詞
	K02	學習成效		K32	實習成效
	K03	職業教育	□	K38	養成教育
	K04	學習滿意度		K40	建教生
	K05	技職院校		K11	特殊教育
	K13	師徒制	▲	K12	自我效能
	K14	專業能力		K21	學習態度
	K17	產業培訓		K07	生涯發展
	K19	證照制度		K10	技術型高中
●	K23	比較研究		K15	十二年國教
	K25	實習滿意度	⊞	K22	職業訓練
	K26	層級分析法		K35	創新模式
	K28	美容教育		K37	產學合作
	K31	業師協同教學		K39	職能
	K33	適性輔導		K01	技職教育
	K34	技能學習		K08	技能檢定
	K36	行動研究		K16	高職學生
	K41	108 課綱		K18	技職教育再造計畫
	K06	學習動機	▼	K20	招生策略
	K09	建教合作		K27	汽車科
□	K24	技藝教育		K29	訓練成效
	K30	職涯發展			

● (1)業師協同產學雙贏　□ (2)職涯發展生涯試探　▲ (3)特教學生學習與就業
⊞ (4)職能發展與專業課程　▼ (5)技職教育競爭力導向

圖 5　第 IV 時段（2016-2020 學年）TVET 博碩士論文研究主題知識圖譜結構（節點線頻強度 .30）

市場需求之間的落差，培育具有實作力及就業力之優質專業人才，達到產學雙贏的良好循環。

群集 2「職涯發展生涯試探」，是由 7 個節點所組成，以 K30（職涯發展）、K32（實習成效）為該群集較大節點，關注在技能競賽、校內實習訓練課程及初中生技藝教育，引導學生對於未來自我職涯選擇和職涯發展之間的關係或因果。群集 3「特教學生學習與就業」由 3 個節點組成，以 K11（特殊教育）為群集較大節點，關注身心障礙學生的學習動機、學習投入、自我導向等的學習表現，及發展日後就業基礎。群集 4「職能發展與專業課程」由 7 個節點組成，以 K07（生涯發展）、K37（產學合作）、K22（職業訓練）、K39（職能）為該群集較大節點，關注與業界共同規劃的專業技術職能及課程發展導向，了解訓練的學員自我效能、學習動機和學習滿意度。群集 5「技職教育競爭力導向」，以 K01（技職教育）為該群集相對較大節點，內在密度關係薄弱與各群集間的連結鬆散，關注在技職教育整體競爭力中，技職教育政策導向、學用落差、職業知能、能力指標等的技職教育再造計畫。

綜上所述，圖 2 到圖 5 的圖譜所呈現的兩項主要結果如下：

㈠I-IV時段中最活躍的研究領域依時序排是綜合高中、市場區隔、課程規劃、成人教育、數位學習、就業力、學習成效、學習滿意度、證照制度、比較研究、業師協同教學、技能學習、行動研究和108課綱，共14個

由 13 個代表技職教育與訓練領域的關鍵詞彙，所建構出的 I-IV 四個時段共詞網絡圖譜，都具體呈現共詞關鍵字在共被引中的聚集狀態。透過程度居中性分析可進一步獲知節點與節點之間連結程度，與其擁有的非正式權力與影響力，是最常用來衡量節點在網絡中活動程度的指標。

第 I 時段有 4 個節點均位居第一，分別為 K04（綜合高中）、K07（市場區隔）、K16（課程規劃）、K22（成人教育），可說是技職教育與訓練領域中較早的核心關鍵字。第 II 時段為 K25（數位學習），第 III 時

段為K14（就業力），第IV時段有8個節點皆位居第一，K02（學習成效）、K04（學習滿意度）、K19（證照制度）、K23（比較研究）、K31（業師協同教學）、K34（技能學習）、K36（行動研究）、K41（108課綱），與較多的節點有所緊密關聯，內在密度及節點之間的連結更加緊密，保持在該時段知識圖譜中重要角色。

㈡ I-IV時段二十年間，前十年研究較關注教育體系本身面向，後十年較關注技職教育與產業用人單位對應屆畢業生基本能力要求面向

就I-IV時段網絡圖譜皆形成5個群集，各時段中最主要的核心群集代表，第I時段為群集1「技職教育學校體系」，第II時段是群集5「職校品質與招生策略」，第III時段是群集1「關注學習縮短落差」，第IV時段為群集1「業師協同產學雙贏」。前二時段（I-II）為關注技職教育體系本身面向，後二時段（III-IV）關注技職教育與產業用人單位對應屆畢業生基本能力要求面向的論述，此與前述用內容分析法獲知的研究對象方向一致。

在群集節點形成的態勢中，第III時段的群集1圖譜呈現內部節點大關係緊密，外圍節點較小關係較為鬆散現象，即衍生出子群落在外圍現象，不過並不歧異到足以分群，就其技職教育與訓練領域來看仍緊密連結的群集1。第IV時段的群集1是I-IV四個時段圖譜中，最多關鍵字節點所組成的，同時也是內在密度關係最高強度關聯在一起的群集，顯現從I-IV四個時段各自的整個網絡圖譜中最強勢的一群，亦是當前技職教育與訓練熱門的研究主題及前沿趨勢，比起前三個時段的核心群集之研究前沿，第IV時段的群集1更受到高度的重視。而I-IV各時段的另四個群集，因群集座落位置及節點相對較小，群集內在密度關係較為鬆散，和有部分節點落在圖譜邊緣，表示該群集的共詞節點在該時段領域中較不具影響力。

結論與建議

根據兩項研究目的與前述研究結果，本研究結論與建議如下：

一、結論

㈠論文產出數量快速下滑但部分論文又溢出專業領域等現象宜加以檢討和改善

本研究發現 2012-2017 年間技職教育與訓練博碩士論文每年維持在 36-52 篇，隨即快速下滑，有技職系所的校院產出之技職教育與訓練博碩士論文占比低於其他校院，技職教育系所博碩士論文已經擴散到有偏離系所專業領域疑慮的範圍，非技職系所的論文產出數量多於技職系所，私校產出相當突出，公立校院技職相關系所產出數量持續減少，這些現象都有待及早審慎檢討。例如：論文產出數量減少是否因招生率和畢業率下滑所致，如是則加上部分論文溢出專業領域現象是否意味相關系所已陷入組織生命週期中衰退的危機；而私校產出的許多技職技育與訓練學位論文又有多少是溢出其系所專業領域。

㈡研究主題的轉移趨勢意味工業職業教育有式微傾向，但對學用校準或落差問題的加強關注則顯示更加重視專／職業準備教育與訓練的使命

本研究發現研究主題逐漸由「技職教育通論」傾向「專業技職教育」方面，「課程、教學與評鑑」仍維持是技職教育通論研究最關注的主題，但「專業技職教育」研究主題則由第二級產業向第三級產業中的服務業、餐旅與民生類技職教育傾斜。固然工業與工程類技職教育與訓練論文數量逐年下降，反映了近年來臺灣經濟、產業、社會、休閒及文化等環境的轉變，但也意味原來（及應該）受到重視的第二級產業中工業與工程類技職教育與訓練已日漸喪失其被重視程度。特色，繼之而起的爲偏向第三級產業中的服務業，餐旅與民生類技職教育。

在研究對象方面最受關注的雖是高職階段，但探討國／初中和業界訓

練的課題逐漸升溫，其中又以業界用人單位和實習機構夥伴關係的研究課題，隨著時段推移而增加占比，顯示技職教育與訓練學位論文研究逐漸擴大到透過業界用人單位觀點及其內部訓練等探究學用校準或落差問題，顯示更加重視專／職業準備教育與訓練的使命。

㈢研究方法取向朝質性研究增多，方法正多元化，其適法適用程度有待進一步探究

就研究方法取向而言，本研究發現大多數博碩士論文是以量化研究爲主，次爲質性研究，但使用質性研究篇數正隨時段推移而增大占比；反之，量化研究占比則逐漸下滑。就研究方法而言，最被採用以問卷調查研究爲主，次爲訪談調查研究；就使用情形可以發現問卷調查研究和文獻分析研究的使用次數會隨著 I-IV 時段推移有明顯下降，而屬質性的訪談調查研究數量則明顯上升。方法取向和方法貴在能經濟有效解決研究問題（problems）。因此，其適法適用程度有待進一步探究。

㈣研究主題相當發散，但大體愈來愈重視學校和產／企業共同育才的夥伴關係，後續究會如何演進尙待持續觀察

本研究發現過往二十年，最活躍的研究領域依時序排是綜合高中、市場區隔、課程規劃、成人教育、數位學習、就業力、學習成效、學習滿意度、證照制度、比較研究、業師協同教學、技能學習、行動研究和 108 課綱，共有 14 個，相當發散。前十年研究較關注教育體系本身面向，後十年較關注技職教育與產業用人單位對應屆畢業生基本能力要求面向。由於領域發散、面向轉移中，後續究會如何演進尙待持續觀察。

二、建議

趨勢即發展方向，所以本文第肆節所呈現的趨勢即技職教育與訓練研究的實然發展方向，但此等趨勢至少有本節前述結論所呈現應加以關注和介入的重點。因此，根據前述結論，本研究對技職教育與訓練後續研究的四項建議如下，可視爲未來應有作爲的展望：

（一）技職教育和技職教育相關系所以及產出技職教育與訓練博碩士論文的系所都該檢討產出數量快速下滑原因，以及導正部分論文溢出技職教育與訓練系所專業領域等現象。

（二）著眼於我國對工業和工程（或工程技術）人才仍相當倚重，工業職業教育研究宜加快振衰起疲，重返榮耀。

（三）針對在技職教育與訓練專業範疇內研究主題發散、面向也在變遷的趨勢，固然無需施以不必要的人爲干預，但須持續進行定期的回顧與統整，以利知往鑑來乃至了解有待加強研究的領域、主題與方法之需求。

（四）本研究已達成預定研究目的，但就臺灣技職教育與訓練研究文獻而言，除國內完成的碩博士論文之外，尙有在國外完成的碩博士論文以及在國內外完成的研究報告和發表的 TVET 期刊論文，未來可擴大範圍作一研究趨勢與展望的探究。

（五）本研究使用內容分析法和共詞分析法，其過程與結果雖甚具客觀性，然而任何一種方法皆有其優缺。爲克服相關限制，未來研究亦可整合其他方法（如後設／統合分析法、策略座標圖分析法、共被引分析法、書目耦合分析法等），使更發揮綜效。

參考文獻

王玫婷、葛惠敏、李隆盛（2017）。普通大學校訂基本素養與學生養成能力之契合度分析。**課程與教學，20**(1)，73-104。doi:10.6384/CIQ.201701_20(1).0004

王國欽、許瑞嫚、楊倩姿、巫玫慧（2014）。就學到就業：三年縱斷面調查看餐旅觀光碩士班課程設計之脈絡。**觀光休閒學報，20**(1)，21-50。doi:10.6267/JTLS.2014.20(1)2

方瑀紳（2018）。境外高等職業技術教育發展趨勢：以Scopus數據庫爲例。**圖書館建設**，145-149。

方瑀紳、李隆盛（2014）。臺灣科技教育學系變革下學位論文研究趨勢：以共詞分析。**教育研究集刊，60**(4)，99-136。doi:10.3966/102887082014126004004

劉林青（2005）。范式可視化與共被引分析：以戰略管理研究領域爲例。**情報學報，24**(1)，20-25。

劉則淵、陳悅、侯海燕（2008）。**科學知識圖譜：方法與應用**（頁31-39）。人民出版社。

劉軍（2009）。**整體网分析講義：UCINET軟件使用指南**（頁68-83）。格致出版社。

李清福、陳志銘、曾元顯（2013）。數位學習領域主題分析之研究。**教育資料與圖書館學，50**(3)，319-354。

李蕙蘭（2005）。**臺灣地區技職教育相關研究所學位論文內容分析之研究**（未出版碩士論文摘要）。國立臺北科技大學技術及職業教育研究所。

李懿芳、胡茹萍、田振榮（2017）。技術型高級中等學校技能領域課綱理念、發展方式及其轉換爲教科書之挑戰。**教科書研究，10**(3)，69-99。doi:10.6481/JTR.201712_10(3).03

羅家德（2010）。**社會网分析講義**（第2版）。社會科學文獻出版社。

技術及職業教育法（2019，12月31日）。https://edu.law.moe.gov.tw/LawContent.aspx？id=GL001405&KeyWord=%e6%8a%80%e8%81%b7%e6%95%99%e8%82%b2

吳萬益（2005）。**企業研究方法（第二版）**。華泰文化。

周惠娟（2019）。**2012-2017學年資訊管理學位論文採用研究方法之分析**（未出版碩士論文摘要）。中華大學資訊管理學系。

張詩昀（2019）。**臺灣觀光相關研究所學位論文之內容分析**（未出版碩士論文摘要）。國立高餐旅大餐旅研究所。

教育部（2003）。**技術及職業教育百科全書**。

教育部技術及職業教育司（2018）。**中華民國技術及職業教育簡介**。https://ws.moe.edu.tw/001/Upload/5/relfile/7801/63238/4bea115e-a795-4406-8fed-c0500912dc58.pdf

教育部高等教育司（2020，7月27日）。**教育部將推動八項措施督導各大學積極強化學位論文品保機制**。https://www.edu.tw/News_Content.aspx？n=9E7AC85F1954DDA8&s=BA14A874384E8BEB

陳旭耀（1997）。**臺灣地區圖書資訊學碩士論文及其引用文獻之研究**（未出版碩士論文摘要）。輔仁大學圖書資訊學研究所。

勞動部（2019）。**108年職業訓練概況調查**。https://statdb.mol.gov.tw/html/svy09/0941menu.htm

惠轉轉（2019）。國際職業技術教育研究：進展與趨勢——基於6種SSCI期刊的知識圖譜分析。**現代教育管理**，(2)，113-118。doi:10.16697/j.cnki.xdjygl.2019.02.021

馮靖惠、凌筠婷（2019，12月2日）。首例！論文不符專業　研究所遭勒令停招。**聯合報**。https://udn.com/news/story/6928/4201343

黃翠瓊（2007）。**1994-2007臺灣地區音樂評量相關學位論文之內容分析研究**（未出版碩士論文摘要）。臺北市立教育大學音樂學系。

楊金旺（2008）。**臺灣大地工程碩士學位論文之研究**（未出版碩士論文摘要）。淡江大學土木工程學系。

歐用生（1993）。內容分析法。載於黃光雄、簡茂發主編，**教育研究法**，頁

229-254。師大書苑。

蕭如絢（2005）。**技職教育相關研究所學位論文之內容分析研究**（未出版碩士論文摘要）。國立臺灣師範大學工業教育學系。

鍾怡慧、徐昊杲、曾絲宜（2014）。澳洲技術及繼續教育專業教材之發展與內涵分析。**教科書研究，7**(3)，1-32。doi:10.6481/JTR.201412_7(3).01

Andrews, J. E. (2003). An author co-citation analysis of medical informatics. *Journal of Medical Library Association*, *91*(1), 47-56.

Chen, C. (2002). Visualization of knowledge structures. In S. K. Chang (Ed.) *Handbook of Software Engineering and Knowledge Engineering.* Volume II: *Multimedia and Visual Software Engineering*. World Scientific.

Ding, Y., Chowdhury, G. G., & Foo, S. (2001). Bibliometric cartography of information retrieval research by using co-word analysis. *Information Processing and Management*, *37*(6), 817-842.

Donohue, J. C. (1974). *Understanding scientific literature: A bibliometric approach.* The MIT Press.

Fang, Y. S., & Lee, L. S. (2021). Research front and evolution of technology education in Taiwan and abroad: Bibliometric co-citation analysis and maps. *International Journal of Technology and Design Education.* doi:10.1007/s10798-020-09649-z

He, Q. (1999). Knowledge discovery through co-word analysis. *Library Trends*, *48*(1), 133-159.

Holsti, O. R. (1969). *Content analysis for social science and humanities*. Addison-Wesley.

Kämäräinen, P., & Fischer, M. (2008). Research on technical and vocational education and training (TVET) in the context of European cooperation. In F. Rauner & R. MacLean (Eds.), *Handbook of Technical and Vocational Education and Training* (pp. 135-143). Springer Science+Business Media B.V.

Landis, J. R., & Koch, G. G. (1977). The measurement of observer agreement for categorical data. *Biometrics*, *33*(1), 159-174.

Lee, B., & Jeong, Y. I. (2008). Mapping Korea's national R&D domain of robot technology by using the co-word analysis. *Scientometrics*, *77*(1), 3-19.

Neuendorf, K. A. (2002). *The content analysis guidebook*. Sage.

Price, D. J. (1965). Networks of scientific papers. *Science, 149*(3683), 510-515. doi:10.1126/science.149.3683.510

Roofe, C., & Ferguson, T. (2018). Technical and vocational education and training curricula at the lower secondary level in Jamaica: A preliminary exploration of education for sustainable development content. *Discourse and Communication for Sustainable Education*, *9*(2), 93-110. doi:10.2478/dcse-2018-0017

Sandelowski M., & Barroso J. (2007). *Handbook for synthesizing qualitative research* (p.51). Springer.

Subramani, M., Nerur, S. P., & Mahapatra, R. (2003). Examining the intellectual structure of knowledge management 1990-2002 - An author co-citation analysis. *MISRC Working Papers No. 03-23*, Management Information Systems Research Center, Carlson School Management, University of Minnesota.

UNESCO. (2015). *Recommendation concerning technical and vocational education and training (TVET)*. https://unesdoc.unesco.org/ark:/48223/pf0000234137_eng

van Leeuwen, T. N., & Moed. H. F. (2002). Development and application of journal impact factor measures in the Dutch science systems. *Scientometrics*, *53*(2), 249-266.

Yasin, R. M., Nur, Y. F. A., Ridzwan, C. R., Ashikin, H. T., & Bekri, R. M. (2013). Current trends in technical and vocational education research: A meta-analysis. *Asian Social Science*, *9*(13), 243-251. doi:10.5539/ass.v9n13p243

第六章

特殊教育研究的趨勢與展望

林坤燦、鄭浩宇、林育辰

 教育與特殊教育

教育活動應該是從有人類以來就一直存在的，人類文化都是透過系統性、計畫性教育活動來發展與傳承（林秀珍，1997）。「教育學」在柏拉圖的《理想國》或是《論語》和《孟子》中，這些古老先哲或思想家皆有重要思辨且系統條理的闡述。從歷史發展來看，人類針對教育之研究，也是從哲學思辨、主觀詮釋到實證研究，一路演變至今。

「教育」雖說是從人類存在就開始有的活動，但是從歷史演變對於身心障礙者的對待，從最早希臘羅馬時期的摒棄、排斥（exclusion），到中世紀宗教興盛發展提供隔離（segregation）的養護措施，到近代民族主義興起提倡義務教育給予統合（integration）教育機會。

二十世紀 60 年代前，身心障礙教育仍維持安置普通學校自足式特教班或特教學校。70 年代開始推動「回歸主流運動」，讓身心障礙兒童回歸至普通班生活與學習，並設立有資源教室協助學生適應。80 年代推展普通教育改革，普通學校應建置特殊教育支持系統，支援輔助身心障礙兒童就讀普通班。90 年代聯合國提出兒童權利公約（1989）重視身心障礙兒童之就學權益與表意權，再逐步發展到 1994 年薩拉曼卡宣言、2006 年身心障礙者權利公約，宣示各國應推動融合教育（inclusive education）至今，唯有融合教育才能讓身心障礙學生獲得優質教育和社會發展，並保證受教權益的普遍性和不受歧視。

臺灣特殊教育前後 130 年的發展歷程，可分爲：啟蒙植基期（1891 年以前）、實驗推廣期（1962-1983 年）、法制建置期（1984-1996 年）、蓬勃發展期（1997-2008 年）、精緻服務期（2009 年至今）等五個階段（吳武典，2013；鄭浩宇，2019；Winzer, 1993）。其中，1984 年制定公布特殊教育法，並持續依據發展趨勢及教育現場需求，歷經兩次重大修正（1997、2009）；直至 2014 年，爲強化身心障礙者權益保障與國際接軌，臺灣公布身心障礙者權利公約施行法，符應國際發展趨勢全力推展融合教育。

臺灣特殊教育的發展脈絡，主要參考歐美國家融合教育趨向，八成

五的特殊需求學生就讀普通教育學校普通班級，經評估鑑定程序後，確認學生需要特殊教育介入，依據特殊教育法規定研訂個別化教育計畫（individualized education plan; IEP），其內涵及支持方法包括：學生能力及家庭現況評估、普通教育課程調整、增置特殊需求課程、透過相關專業人員提供支持服務、擬定學年學期教育目標、給於行為功能介入方案及轉銜服務等。現今臺灣特殊教育實況走向以落實融合教育為主，明白顯示普通教育學校需擔負起特殊教育重責，特殊教育已然為普通教育的重要一環。

 特殊教育研究的獨特性——特殊教育「學」

從學術研究發展過程來看，研究方法從最早的主觀論述、思辨等探究問題。十九世紀以後，多採用自然科學客觀且系統化研究方法，加速人類知識與經驗的大量累積；另在社會科學研究上，雖有不少研究採用可以預測和控制變項的「實證性研究」，惟在研究取向上推陳出新，有強調沒有絕對答案的「詮釋性研究」，亦有強調打破迷思的「批判性研究」，其影響皆相當深遠（胡幼慧，1996；潘慧玲，1996；羅德興、王明雯，2012）。

在過去的一世紀中，隨著社會各界的重視，特殊教育逐漸在一般教育中占有重要地位，也逐漸發展出獨具特色的融合景象。針對特殊教育研究的逐步遞增，採用的研究取向或方法，也隨著年代演變有所不同及改變。惟無論特殊教育研究採用何種研究取向或方法，所有研究必定符應「探索」、「描述」及「解釋」三大研究目的（周海濤、李永賢、張蘅（譯），2009）。

特殊教育研究雖不斷精進發展，但仍存在許多特殊教育用詞的質疑，如：治療、訓練與教育之別、完全融合、零拒絕、無障礙等，特殊教育現場充斥著看似周全知識（Knowledge），而現場事實卻是理想信念（Believe），有時相互衝突、矛盾，令人無所適從？從學術研究思辯分析而言，信念與知識不同，關鍵差異在於有無實證或論證（楊金穆，2011），特殊教育研究要務須實證或論證釐清特殊教育現場的專業詞彙，何者為主觀信念？ 何者為客觀知識？方能完善特殊教育實務推展與創新研發。英國觀念分析學派也提及，教育觀念須釐清思想上的是非濃霧，訓練教育研究者做精密思考，精確判斷何者為定義、何者為隱喻或口號。

特殊教育發展至今，與幼兒教育相似，學術上甚少稱「特殊教育學」或「幼兒教育學」，顯示特殊教育學術勢必欠缺某些重要條件？一門獨立學科應具備的基本條件，包含：明確的研究對象、健全有效的研究方法、系統化的內容及自身的學術造型等（伍振鷟、高強華，2008），因此通常要被認可成為一門「學」，從學術發展視角來看必須滿足三項重要條件：1.「獨特對象」；2.「獨特內涵」；3.「獨特研究法」。

百餘年來特殊教育的學術發展，有以各類身心障礙為主的獨特對象，也有依照各類身心障礙特質與需求給於獨特支持的內涵，惟有欠缺的重要條件是未能完備有特殊教育獨特的研究法，目前特殊教育研究仍大多借用社會及教育科學相關研究法進行研究，如：觀察法、訪談、調查法、實驗法等，雖能獲致可供參酌研究結果，卻未能精確顧及特殊教育現場獨特性與各類障礙對象的個體間差異和個體內在差異，影響特殊教育研究的可信程度與正確有效性。致力探求特殊教育獨特的研究方法，終有一日讓特殊教育領域成就出「特殊教育學」，應是特殊教育研究者的終生職志。茲將成就「特殊教育學」三項重要條件，以下先分別論述「獨特對象」與「獨特內涵」，再於下一節專論「獨特研究方法」。

一、特殊教育獨特對象

從教育學術發展及國際現狀來看，特殊教育獨特對象應為具有特殊需求且須給予教育支持與相關服務的學生，多半指的是各類身心障礙學生，不過依臺灣特殊教育法（2019）規定尚包括各類資賦優異學生。目前臺灣有 13 類身心障礙學生，包括：智能障礙、視覺障礙、聽覺障礙、語言障礙、肢體障礙、腦性麻痺、身體病弱、情緒行為障礙、學習障礙、多重障礙、自閉症、發展遲緩、其他障礙等。另有 6 類資賦優異學生，包括：一般智能資賦優異、學術性向資賦優異、藝術才能資賦優異、創造能力資賦優異、領導能力資賦優異、其他特殊才能資賦優異等。

依據臺灣《特殊教育法》第 3 條及第 4 條規定：身心障礙係指因生理或心理之障礙，經專業評估及鑑定具學習特殊需求，須特殊教育及相關服務措施之協助者；資賦優異則指有卓越潛能或傑出表現，經專業評估及鑑定具學習特殊需求，須特殊教育及相關服務措施之協助者。身心障礙及資賦優異不僅「界定」完全符合特殊教育學術發展及國際現狀，兩大類獨特對象之身心特質探究、專業評估及鑑定、學習特殊需求探討、教育及相關服務彙整等研究，也顯見出臺灣特殊教育對象的獨特性。

二、特殊教育獨特內涵

教育活動的三要件，除了「學生對象」之外，即是「教育環境」與「內容方法」建構而成。由於特殊教育獨特對象使然，所導引出的特殊教育現場與教育內容方法，確有其獨特內涵，如：實施融合教育爲主的普通學校現場差異性、普通教育融合教材內容與教學方法的多元複雜性等。現今臺灣特殊教育發展趨勢，即是如何在普通學校「融合」教育環境下，做到所有學生（包含特殊需求學生）的「適性揚才」，是社會及教育各界持續關注的重要課題。茲就「融合」及「適性揚才」兩項課題的特殊教育獨特內涵，敘述如下：

㈠融合：有教無類

受到國際教育發展與改革影響，臺灣特殊教育約自 1980 年代興起「回歸主流」的教育思潮及推動，1990 年代開始推展「融合教育」。融合教育是特殊教育理念，也是普通教育調適，期待在普通學校一種體制下，經過通用設計及適當調整，能建立支持並滿足特殊學生需求的支援系統，讓一般及特殊需求學生皆能適應學校且有良好的生活與學習表現。具體做法則是將身心障礙障與普通學生融合安置在普通班接受教育，讓身心障礙學生有機會和普通學生一起學習、一起生活，協助及支持身心障礙學生接觸各種教育資源及發展潛能，目的即是希望在每天的學習、生活與工作中，協助他們發展成爲社會群體的獨立個人。融合教育包含所有具有特殊學習需求的身心障礙學生及普通學生，也就是古語的「有教無類」，因為具有特殊學習需求者不一定具有身心障礙，相對來說，身心障礙學生也不一定有特殊學習需求，所以融合教育通常稱他們「特殊需求學生」。

融合教育強調讓特殊學生與普通學生融合一起學習，讓所有學生能互動參與主流社會的各項學習，並針對特殊需求者提供課程與教學調整，予以適應及良好發展。根據國內外文獻探究，融合教育的獨特內涵應是尊重學生個體的差異性與多元性，透過普通及特殊教育合作、建置普通學校特殊教育支持系統、落實個別化教育計畫、實施課程與教學調整、學校設施通用設計及無障礙、提供相關專業支持服務、落實生涯轉銜輔導與服務等。期待讓所有學生獲得相同的教育機會，並在普通教育學校裡學生們有共同相處、學習及互動，獲得最佳的生活照顧及學習啟發（王振德，2000；林寶貴，2000；吳武典，1994；郭又方、林坤燦、曾米嵐，2016；蔡明富，1998；蔡昆瀛，2000；鈕文英，2008；Mitchell, 2001）。

㈡適性揚才：因材施教、精緻卓越

「一種米，養百樣人！」學生的多樣性，每個學生都有個別差異，特殊需求學生的個別差異更大，如何顧及身心障礙學生與別人不同的個體間差異，以及自我各項優弱能力的個體內在差異；針對此等個別差異，提供適切教育與服務，滿足個別學生需求，企求學生最佳的生活成長與學習成效，即為「適性揚才」，也是古語的「因材施教」與現代教育追求的「精緻卓越」。臺灣《特殊教育法》開宗明義第 1 條即可明證，條文指出：「為使身心障礙及資賦優異之國民，均有接受適性教育之權利，充分發展身心潛能，培養健全人格，增進服務社會能力，特制定本法。」

融合教育的具體實施，將特殊需求學生和普通學生安排在相同且最少限制的普通教育環境中，透過轉介篩檢評估明瞭個別學生各項能力差異、適度調整領域課程教材內容、採用差異化教學或個別化教學方法進行補救支持、結合學科及特教教師相互合作諮詢、同儕指導、教導因障礙引發的特殊需求領域課程、情緒行為問題評估與處理、擬定個別化教育計畫、生涯轉銜與輔導等，使特殊學生和普通學生能有合作及互動學習，促進師生彼此關懷接納與適性發展，達成現今各界要求精緻、卓越的優質教育。

融合教育不單是將特殊學生放進普通班內而已，普通學校各行政單位及教職員皆應在行政、教學與資源上互相合作，建立特殊教育支持系統，提供任教教師充分支援，也提供學生專業支持與相關服務，所以融合教育是需要全校師生一起動起來的重要實務推動。如此全校動員，融合教育下實施的合作學習、個別化教學方法、相關課程調整及研訂個別化教育計畫等，才能落實並達成融合目標（高宜芝、王欣宜，2005；蔣明珊，2004）；臺灣更是直接在新的《十二年國民基本教育課程綱要》中，明訂特殊教育課程實施規範，作爲學校課程與教學調整之參酌依據。

美國在 1975 年頒布了《全體障礙兒童教育法案》（The Education for All Handicapped Children Act of 1975），這個法案最受關注的是「爲每一位障礙兒童持續給予個別化教育方案」。臺灣在 1997 年修訂特殊教育法明訂各級學校應對每位身心障礙學生擬定個別化教育計畫，並邀請身心障礙學生家長參與擬定。2012 年修訂《特殊教育法施行細則》，訂定個別化教育計畫包含：學生能力及家庭現況評估、特殊教育（課程調整）及相關服務、學年學期教育目標、行爲功能介入方案及轉銜輔導與服務等 5 大項內涵，皆是因材施教、適性揚才之特殊教育研究要務。

上述各項特殊教育現場獨特性與普通教育融合內容方法的多元複雜性，在實踐時更需考量不同特有對象在不同獨特情境的多元複雜狀況。因而發掘融合教育現場重要關鍵問題，返回普通及特殊教育理論進行探索研究，尋求出具體可行方法或策略，再回到融合教育現場針對關鍵問題，不斷「評量—處理」並反饋修正過程，直至獲得有效策略與具體成效。此一解決融合教育現場關鍵問題程序，相似於行動研究過程，或可稱爲「融合教育現場行動方案」，也是現今特殊教育研究的獨特內涵。

參　特殊教育獨特研究方法發展趨勢

「理論」可以解釋爲理論性探究的結果，亦可解釋爲思想體系（Carr, 1995）。教育理論即是探討教育問題之理論結果或思想體系，而教育研究則是探究教育現象並解決教育現場問題的過程。數十年來教育研究大多建基在實徵主義的研究方法，較少關注研究背後方法論問題，也甚少提出批判或反省，其實已涉及不同哲學立場及研究取向，對教育研究本身產生莫大影響（吳明清，1991；施宜煌，2011；張慶勳，2005；楊深坑，1988）。相同的，特殊教育研究也大多是重視數據、量化的實證性研究，甚少關注研究背後方法論問題，以及提出現象詮釋、社會批判等不同取向研究，實有必要省思改進。

社會及教育科學的研究取向，如同其他領域推陳出新，有實證、詮釋及批判等不同研究取向，至今已成多元並存、百花齊放的現象。Kuhn（1970）指出自然科學研究取向也非一成不變，仍有數量及理論不同研究取向的轉移。教育研究在研究取向轉移變遷期間受到波動影響，從教育量化與質化研究取向產生爭論，教育研究從早期借用「哲學」的「思辨」，到近代借用「自然科學」的「實驗」，發展至今因各自有優弱勢，發覺「質化」與「量化」研究需加以反省檢討，形成教育的研究取向論戰（張慶勳，2005；楊深坑，1999；賈馥茗、楊深坑，1993；潘慧玲，2003）。

在特殊教育研究發展與經驗累積下，特殊教育對象及其內涵的獨特複雜性，如：輕中重度智能障礙學生個別差異極大、自閉症光譜高低功能學生差異也多、學習障礙學生語文數學及書寫有不同程度的困難等，導致運用觀察、調查、實驗等實證方法進行研究時，經常遇到特殊教育問題的「探索」、「描述」及「解釋」困境，無法獲得特殊教育獨特、適切的研究取向及實質成效，致使難以統合並精準累積研究結果，形塑一門獨立學科「特殊教育學」。

一、特殊教育研究的理論與實務

教育研究所依據的教育理論繁多，教育實務現場人員的教育實踐，究竟是「理論」指導著「實務」？抑或是無需「理論」，依據個人經驗判斷即可實踐？現場「實務」實踐會影響「理論」的反省與修正？此爲教育研究的理論與實務問題，經常在眾多教育研究中探討與爭論。會產生此一探究，是因爲教育理論與教育實踐之間，確實存在著理論與實踐落差問題（余豪傑，2016）。

特殊教育研究原屬於教育研究的一環，自然也存在有理論與實踐的落差爭論。特殊教育理論通常具有縱貫歷史性、整全性及普遍性，但特殊教育現場實務也充滿情境獨特性、對象多元差異性及活動內涵複雜性等，因而理論與實務經常產生衝突矛盾而有所爭論。

從教育現場的獨特及多元複雜實務來看，李文富（2003）指出教育現場的複雜關聯，人與教育活動之間有多重關係，如：學生（受教者）、老師（教導者）、教育媒材（顯性／潛在）、家長（聲名／願望／關愛／價值）等；另會影響教育活動的多層次時空，如：教育現場、社會情境（文化／政治／經濟）、國家、歷史、時間等，凡此點出教育現場的高度複雜性。其中，受教者若是爲特殊學生，由於不同障礙的特殊學習需求差異繁多，則教育現場的實務關聯將會更增複雜度。

因爲教育現場的獨特複雜性，教育研究取向朝向多元發展，從思辨到實驗、從詮釋到實證，仍難免遇到理論與實務驗證未能周全的困境。此時經由更精確的實務現象描述來重新修正理論，再藉由現場實踐研究驗證修正後的新理論，如此滾動相互爲用，解決理論與實務落差問題。此等論述可知，「理論與實務應存乎一種間接關係」，理論並非能全然指導實務，同時實務也非能全然影響理論，兩者之間存乎一種間接、部分指導與影響之關聯。亦即，理論與實務常維持在「中度相關」的程度（林坤燦，2012）。由於教育及特殊教育皆是實踐科學，其研究理論與現場實務的相互關係，是否存在並接受彼此有中度關聯與間接影響，確實是能否促成教育及特殊教育健全發展的核心關鍵。

二、特殊教育研究趨勢：從個案研究、行動研究到個案實驗研究

近代社會科學研究受到自然科學實證主義之影響，也著重量化實證研究，教育科學研究即是其中之一，特殊教育研究又爲教育研究的一環，不免同樣重視數據量化與實證性研究。單就特殊教育研究發展來看，其實各

種研究取向與研究法皆有使用，惟實證取向研究占大多數，較常見的研究法有調查法、實驗法、觀察法等。

由於特殊教育研究對象的個別差異、研究內涵的多元複雜性與研究情境的獨特性，採用數據量化的實證研究經常遭遇限制與困境，例如：問卷調查及實驗取樣至少需有 30 人以上，所得統計數據才能有效驗證及分析，惟如何取得智障或自閉症兒童同質性高的 30 個以上樣本，即常是特殊教育研究的困難與限制；同時在使用小樣本統計推論時，容易出現偏態及離散程度太大，也容易影響統計推論結果的準確性；觀察法的長期及多次觀察雖能克服調查及實驗的限制，惟因觀察者不同可能就有不同的觀察結果，且觀察只能看到現象，無法推論研究的因果關係或推論到他人身上應用，另觀察法也較容易產生月暈效應；實驗法爲因果法則，即找出自變項與依變項的因果關係，遵守 $f(x) = y$ 函數定律，當操縱自變項 (x) 改變時，視依變項 (y) 是否跟著改變，然而實驗法除上述取樣限制外，最困難是實驗的控制變項難於掌控（蔡美華等譯，1999；杜正治，2006；許天威，2003；鈕文英、吳裕益，2015；Cakiroglu, 2012）。

綜上，實證性研究的正確性與有效性常受到質疑，大致來自三方面：其一、由於特殊教育研究對象個別差異過大、介入不適當的自變項、未控制好研究過程變因、研究結果推論與解釋失當等，來自研究本身的內在效度未能完善；其二、由於研究外圍的人、事、物及環境等因素，造成特殊教育研究失眞及不當影響，即研究的外在效度變異大而影響研究的正確性與有效性；其三、特殊教育研究主題、內涵、方法及結果，是否對社會是有意義的、是否符合社會的正確性、是否對社會是有價值的，許多研究是爲研究而研究、爲實驗而實驗、爲調查而調查，導致未具社會效度，亦即研究未有當前社會的意義價值與正當性。

特殊教育尚未能成爲一門「特殊教育學」，主要關鍵爲尚未有適切自身研究的特有研究方法。由於特殊教育研究對象的個別差異與研究情境的獨特性，探究屬於特殊教育的特有研究法：首先要面對解決個別差異極大的問題，不外乎就須採用「個案研究」；其次能針對每一個不同情境，有效解決特殊教育現場問題，當然就須採用「行動研究」；最後個案研究能結合實驗過程，具體探討自、依變項的因果關聯並驗證特殊教育成效，即須採用「個案實驗研究」。綜合來說，期待終有一天能實現成立「特殊教育學」，其關鍵爲特殊教育須具有獨特的研究方法，即是個案研究、行動研究與個案實驗研究，茲分別論述如下：

㈠個案研究

個案研究主要是針對一個人特有問題，有時也針對一個族群特殊問題，或是一個特定事件等，能確實深入的認識並確定問題所在，評估診斷問題關鍵，進而找出問題解決方法的滾動過程。具體而言，個案研究會針對個案的特有問題，透過蒐集各項主觀及客觀資料、診斷與分析資料，經研判提出有效介入策略，實施後評估成效，再反覆實施直到問題解決。個案研究過程，也相似於醫療的「診斷—治療」做法，不斷滾動直至完成。

傳統的個案研究應用在特殊教育研究有兩項限制，其一是費時費力，需要耗費相當多的時間與精力收集與分析資料；其二是不易實施，許多特殊學生的學習或情緒行爲問題與其自小成長過程有密切關聯，僅透過訪談重要他人仍未能獲致確實資料，其正確性與可靠性堪慮，因而找不出眞實原因就去斷定結果，無法獲得具體成效。

個案研究可以解決個別差異問題，但仍有其費時費力且不易實施的限制，相較於個案實驗研究而言，透過基線期、介入期及倒返期的實驗設計與觀察數據變化，能確保有較好的內在效度（鈕文英、吳裕益，2019；Gast & Baekey, 2014; Shareia, 2016）。不過傳統個案研究與個案實驗研究之選擇使用，仍需依據研究主題及目的而定。

㈡行動研究

行動研究是一種自我批判與反省的活動，實務工作者在實際工作情境中，解決情境中所遭遇之問題的一種研究歷程（吳明隆，2001）。行動研究主要是以實務問題爲導向，以問題現場爲研究情境，強調實務工作者自身或團隊的自主參與過程，透過發現所關注的現場問題，透過行動者或團隊討論並研訂可能的具體解決方案，再經由與團隊夥伴合作及採取行動，實施後針對行動結果與成效進行評估檢討與反饋，作為研訂新改進行動方案之依據，如此循環並滾動修正之，直至現場問題解決。如同美國管理學家戴明（Deming）提出的 PDSA（Plan-Do-Study-Act）模式循環，即是針對問題提出解決計畫、實作、研究改進、再行動，透過如此循環來精進（Deming, 1993）。聖嚴法師也說過：「面對它、接受它、處理它、放下它」（聖嚴法師，2009），重新面對問題再循環之，可說是行動研究落實的最高境界。

行動研究在找出現場問題後，透過研擬可行方案並行動，再經由檢討修正等滾動循環方式，可謂是「不知而行、行而後知」的研究過程；並且現場人員就是研究人員，在行動過程累積問題解決的經驗與形塑專業，行動研究確實是學術與實務合一的具體呈現。

雖然從行動研究模式上來看，情境獨特與個案多元差異之特殊教育研究，相當適合採用行動研究解決特殊教育現場問題，惟行動研究仍耗時較長，且需現場實務者的自我行動與反省，所以仍有不易實施的問題存在。

㈢個案實驗研究

個案實驗設計（single-case experimental design）或稱為單一受試研究，1960 至 1980 年代 Skinner 已經廣泛運用個案實驗研究在應用行為分析領域，對人類具有深遠影響（鈕文英、吳裕益，2019）。

特殊教育研究對象多為獨特的身心障礙者，具有較大的個別差異，特別來自個案個體間及個體內在的差異。特殊教育研究主題及內涵，大多為特殊需求學生的個別學習或情緒行為問題，所呈現的獨特情形，常是用一般學生教導或輔導方法，仍無法有效處理。或是採用傳統的個案研究進行介入，則又費時費力、不易實施且不易有具體成效。

茲為因應特殊教育研究的獨特需要，多數研究者建議採用個案實驗研究，在明確的控制變因下，介入自變項一段時間，視依變項的改變情形；再從基線期、介入期及倒返期的數據分析，驗證特殊教育研究的具體成效。近年來，國內外有越來越多特殊教育相關研究，採用個案實驗設計進行研究（蕭莉雯，2019；Cook, Tankersley, Cook, & Landrum, 2008; Horner et al., 2005; Weisz & Hawley, 2002）。

另透過搜尋華藝線上圖書館資料發現，臺灣許多領域研究都有使用個案實驗研究，包括：普通教育、特殊教育、心理輔導及醫學等；有關特殊教育研究的使用情形：在 1980 年至 1990 年間僅有不到 100 篇是應用在特殊教育研究上；2000 年至 2009 年間使用在特殊教育研究上有 238 篇；2010 年迄今則有超過 400 篇，顯見特殊教育研究使用個案實驗研究的數量快速成長。

前述個案研究與行動研究雖適切特殊教育研究，但仍較費時、費力，也較缺少實驗研究的實證數據，因而發展出結合個案研究與實驗研究的個案實驗研究，可以適應特殊教育獨特對象的個別差異研究，也具有實驗研究能探究自、依變項的因果關聯。是故，特殊教育研究發展，才會出現大量使用個案實驗研究，實符合特殊教育的特質呈現與實際需要。

三、特殊教育研究展望

在實證研究趨勢下，自然科學實驗研究是最爲人信服的研究方法，社會科學領域也隨之重視運用實驗研究探究因果關係主題及內涵。二十世紀以來，醫學及科學儀器急速進步，也讓人類大腦神經及人體生理研究更爲精緻卓越。

二十世紀後半葉，認知神經科學的興起，從多元學術角度影響教育科學及特殊教育研究，如何整合不同學術領域的專業研究，讓大腦、教育科學與特殊教育研究蓬勃發展，實爲現今學術研究發展的重要課題。

教育神經科學（Educational Neuroscience）即是整合認知科學、神經科學、心理學、教育學和特殊教育等多元學門，透過大腦神經生理機制的實證研究，針對差異群體（如：特殊兒童、嬰幼兒、老人、原住民族等）發展出精準化學習與教學方案。國內外學術界頗爲重視教育神經科學研究，如：法國教育部門設立「國立教育科學委員會」，聘任大腦神經科學專家經研究開發新的學習教材與改進方法。臺灣也有多所大學陸續成立大腦神經科學中心，進行相關研究並取得進展（林宜親等人，2011；徐慈妤、洪蘭、曾志朗、阮啟弘，2013；教育部，2019；楊俊鴻，2012）。

特殊教育研究對象及內涵的獨特性，非常重視特殊學生的各類學習與情緒行爲問題，且似乎與其大腦神經生理現象有密切關聯性，如：應用眼動儀或腦波儀等精密設備測量特殊學生大腦神經反應與現象，探討注意力與學習關聯問題、或是情緒行爲與眼動關聯問題等，藉以了解特殊學生的語言、認知學習及情緒行爲在眼動或腦神經的運作機制，再透過整合認知科學、神經科學、教育學及特殊教育研究，更加精準洞悉特殊學生學習與情緒行爲歷程，促使學習達到最佳化，提升特殊教育成效。

 結語

臺灣教育及特殊教育研究的發展趨勢，從數十年來累積的研究數量即可獲知，雖然實證、詮釋及社會批判等各種教育研究取向皆有擁護者，但仍然強調每一個研究均需從不同研究取向思維進行省思及檢討，避免過度偏執某一研究取向產生失誤及落差，相似於研究的「三角檢測」，提升研究的正確性及有效性。

臺灣特殊教育研究因應獨特對象及複雜內涵，逐漸從傳統的個案研究、適切現場的行動研究、探究因果的個案實驗研究、到著重精密儀器的腦神經科學研究，在不斷強化實證數據、專業詮釋與社會批評下，不偏頗任何一方，反求研究應多元的探索、描述及解釋。

不論是何種研究取向及方法，理論常由實踐發展而來，又常視理論爲實踐的重要依據；所以經由實證或論證的理論知識影響深遠，避免經由設證或假說的主觀信念引發失當。所以「知而後行」、「知必能行」或「不知而行，行而後知」採任一途徑完成皆可，惟須關注理論與實務存在部分相關，並非理論完全指導著實務，實務也不可能引發理論的完全修正，主要透過理論與實務某種程度的相互合作與摩擦檢討，才能眞正激發教育及特殊教育研究的精緻發展與進步。

後記：綜上論述出自個人研究所得，陸象山先生言：「吾心即是理，是理放諸四海皆準。」究竟是眞實知識，抑或是信念假說，仍有待研究賢達驗證。

參考文獻

王振德（2000）。資優教育課程發展及其相關問題。載於中華資優教育學會（主編），**資優教育的全方位發展**，357-393。臺北：心理。

伍振鷟、高強華（2008）。**新教育概論**。臺北：五南。

余豪傑（2016）。由批判理論觀點論教育理論與實踐之關係。**臺灣教育評論月刊**，**5**(6)，245-261。

吳明清（1991）。**教育研究**。臺北：五南。

吳明隆（2001）。**教育行動研究導論**。臺北：五南。

吳武典（1994）。**特殊教育的理念與作法（3版）**。臺北：心理。

吳武典（2013）。臺灣特殊教育綜論（一）：發展脈絡與特色。**特殊教育季刊**，**129**，11-18。

李文富（2003）。海得格的詮釋現象學及其在教育學方法論的意涵。**花蓮師院學報**，**16**，89-108。

杜正治（2006）。**單一受試研究法**。臺北：心理。

周海濤、李永賢、張蘅（譯）（2009）。**個案研究：設計與方法**。臺北：五南。

林秀珍（1997）。心靈饗宴——西洋思想家的教育智慧。**教育研究集刊**，**39**，113-135。

林坤燦（2012）。**融合教育現場教師行動方案**。臺北：教育部。

林宜親、李冠慧、宋玟欣、柯華葳、曾志朗、洪蘭、阮啟弘（2011）。以認知神經科學取向探討兒童注意力的發展和學習之關聯。**教育心理學報**，**42**(3)，517-541。

林寶貴（2000）。**特殊教育理論與實務**。臺北：心理。

施宜煌（2011）。教育哲學：起源、重要性與建議。**東海教育評論**，**6**，47-61。

胡幼慧（1996）。轉型中的質性研究。載於胡幼慧（主編），**質性研究：理**

論、方法及本土女性研究實例，7-26。臺北：巨流。

徐慈妤、洪蘭、曾志朗、阮啟弘（2013）。臺灣認知神經科學研究的崛起：以注意力相關研究為例。**中華心理學刊，55**(3)，343-357。

特殊教育法（2019年4月24日）。

高宜芝、王欣宜（2005）。當前我國融合教育實施成敗相關因素之探討，載於**特殊教育叢書**，55-68。臺中：國立臺中教育大學特教中心。

張慶勳（2005）。教育研究方法：理論、研究與實際的融合。**屏東教育大學學報，23**，1-29。

教育部（2019）。結合神經科學與教育學——法國中小學邁向新時代。教育部電子報（第898期）。取自https://epaper.edu.tw/windows.aspx?windows_sn=22889

許天威（譯）（2003）。**個案實驗研究法**。臺北：五南。

郭又方、林坤燦、曾米嵐（2016）。臺灣融合教育的實施與展望。**東華特教，56**，1-9。

鈕文英（2008）。建構生態的融合教育支持模式。**中華民國特殊教育學會年刊：邁向成功的融合，97**，31-56。

鈕文英、吳裕益（2015）。**單一個案研究法——研究設計與後設分析**。臺北：心理。

鈕文英、吳裕益（2019）。**單一個案研究法：設計與實施**。臺北：心理。

楊金穆（2011）。知識、信念與眞：從Davidson 到Williamson。**人文與社會科學簡訊，12**(4)，25-34。

楊俊鴻（2012）。從教育神經科學觀看課程的連貫與統整。國家教育研究院電子報（第40期）。取自https://epaper.naer.edu.tw/edm.php?grp_no=2&edm_no=40&content_no=1104

楊深坑（1988）。**理論、詮釋與實踐**。臺北：師大書苑。

楊深坑（1999）。世紀之交教育研究的回顧與前瞻。載於國立中正大學教育學研究所（主編），**教育學研究方法論文集**，1-14。高雄：麗文。

聖嚴法師（2009）。**放下的幸福：聖嚴法師的47則情緒管理智慧**。臺北：法鼓文化。

賈馥茗、楊深坑（1993）。**教育學方法論**。臺北：五南。

潘慧玲（1996）。教育研究。載於黃光雄（主編），**教育導論**，341-368。臺北：師大書苑。

潘慧玲（2003）。社會科學研究典範的流變。**教育研究資訊**，**11**(1)，115-143。

蔡昆瀛（2000）。融合教育理念的剖析與省思。**國教新知**，**47**(1)，50-57。

蔡明富（1998）。融合教育及其對班級經營的啟示。**特殊教育與復健學報**，**6**，349-380。

蔡美華、李偉俊、王碧霞、莊勝發、劉斐文、許家吉、林巾凱、蔡文標（譯）（1999）。王文科校閱。**單一受試者設計與分析**。臺北：五南。

蔣明珊（2004）。普通班教師參與身心障礙學生課程調整之研究。**特殊教育研究學刊**，**27**，39-58。

鄭浩宇（2019）。**大專校院資源教室輔導人員對大學特殊教育中心支持服務需求與滿意度之調查研究**（未出版之碩士論文）。臺北：國立臺北教育大學。

蕭莉雯（2019）。單一受試研究：特殊教育的實證本位實踐。**特殊教育季刊**，**152**，41-50。

羅德興、王明雯（2012）。從社會科學研究典範看質性研究的效度。**中華科技大學學報**，**53**，105-122。

Carr, W. (1995). *For education: Towards Critical educational inquiry*. Buckingham: Open University Press.

Cakiroglu O. (2012). Single Subject Research: Applications to Special Education. *British Journal of Special Education*, *39* (1), 21-29.

Cook, B. G., Tankersley, M., Cook, L., & Landrum, T. J. (2008). Evidence-based practices in special education: some practical considerations. *Intervention in School and Clinic*, *44*, 69-75.

Deming, W. E. (1993). *The new economics: for industry, government, education*. Cambridge, MA: The MIT Press.

Gast, D. L., & Baekey, D. H. (2014). Withdrawal and reversal designs. In D. L.

Gast & J. R. Ledford (Eds.), *Single case research methodology: Applications in special education and behavioral sciences*, 211-250. Routledge/Taylor & Francis Group.

Horner, R. H., Carr, E. G., Halle, J., McGee, G., Odom, S., & Wolery, M. (2005). The Use of Single-Subject Research to Identify Evidence-based practice in special education. *Exceptional Children*, *71*(2), 165-179.

Kuhn, T. S. (1970). *The structure of scientific revolutions* (2nd ed.). Chicago: University of Chicago Press.

Mitchell, D. (2001). Paradigm shifts in and around special education in New Zealand. *Cambridge Journal of Education*, *31*(3), 319-335.

Shareia, B. F. (2016). Qualitative and quantitative case study research method on social science: Accounting perspective. *Dimension*, *2*(5), 23-28.

Weisz, J. R., & Hawley, K. M. (2002). Developmental factors in the treatment on adolescents. *Journal of Consulting and Clinical Psychology*, *70*(1), 21-43.

Winzer, M. A. (1993). *The History of Special Education: From Isolation to Integration*. Washington DC: Gallaudet University Press.

終身學習研究的趨勢與展望

張德永

本文分成六大部分，首先釐清終身學習的意義與本質、內涵等，其次探討終身學習在臺灣的發展情形與相關歷史脈絡。在上述背景之下，接著分成三部分探討臺灣終身學習的現況與趨勢，包括終身學習的重要政策計畫與方案、終身學習的學術研究思潮，以及終身學習的重要發展議題，最後乃就上述三大議題進行綜合檢討與反思，並針對臺灣終身學習的專業化發展議題，提出探討與建議。

 終身學習的意義與內涵

談到臺灣的終身學習發展，首要釐清的重點有二，其一是終身學的意義爲何？其二是終身學習的內涵和表現形式爲何？首先，「終身學習」顧名思義乃是相對於「正規教育」的「非正規教育」面向，由於其內對象包含各年齡層的民眾，因此，乃以「終身的」爲名稱；而由於其與一般教育機構的一致性與齊一性課程機制，以及大部分強調由上而下且以教師爲主體的教學訴求不同，故以「學習」稱之。其次，就廣義而言，正如學者R. H. Dave（1976）所指出的，終身學習事實上包含正規（formal）、非正規（non-formal）和非正式（in-formal）三部分的教育型態，而本文所指稱的終身學習內涵，偏重於「非正規學習」和「非正式學習」的面向。此外，終身學習由於在臺灣社會中歷經「社會教育」與「成人教育」的發展過程（此容文後再詳述），因此，在本質上具有教育改革的傳統，強調全民的、各年齡層的、社區的特性等，也具有多元和彈性的課程及教學取向。其次，談到終身學習的內涵與形式表現，終身學習在內涵上不僅僅代表某種教育的理論和策略，甚至也包含了政策與方案的表現型態，正如楊國賜（1987）的「社會教育理念」中提到的觀點，因此，研究者認爲終身學習具有以下四項特質：一、終身學習是一種學習過程；二、終身學習是一連串的學習活動；三、終身學習是一門專業理論；四、終身學習是一項社會運動。綜合上述，本文對終身學習的分析與論述乃包含了終身學習的學術理論、政策計畫與方案活動等各部分，因此，文中所指涉的終身學習，可能是上述三者之一、之二或者全部。

臺灣終身學習發展的歷史脈絡

在臺灣社會的發展過程中，我們不可以忽視到一個非常重要的演變歷程，那就是終身學習在臺灣社會的發展乃是從傳統的「社會教育」，發展到以成人學習爲主的「成人教育」，演變爲至今日的「終身學習」。1960、1970年代的臺灣，社會教育主要是用以指稱和學校教育、家庭教育相對等的概念，社會教育以全民的藝文、生活、休閒和社區教育等內涵爲主，甚至某種程度上也符應了主政者政策發展之社會教化的教育過程。1980年代以後，成人教育蓄勢待發，企圖彰顯的是有別於傳統學校教育的主張，甚至可以說是一種「教育改革」，此後的成人教育也讓社會教育的學術研究開展出各類成人教育相關的研究視野，除了成人識字教育、成人教育需求之外，老人教育、婦女教育，以及其他各類成人教育機構的學習，乃成爲此一階段的重要特色之一。1990年以後，終身學習也成爲國際重要思潮，國際組織與學者並陸續推出相關重要方案（吳明烈，2011；王佑菁，2015；楊國賜，2015）。臺灣的終身學習大約在此時也展現了多元豐富的樣貌，政策計畫、相關方案，以及政府經費挹注等等，有很大的成長。此後的終身學習，也讓臺灣的社會教育展現了不一樣的風貌，可以說在政策、法規與研究，甚至實務等多面向產生轉變，且這些影響與發展，迄今對臺灣的終身學習的發展可謂影響深遠。爲了對臺灣終身學習有更清晰的回顧、反思和檢視，研究者參考楊國賜（2015）、張德永（2011）的觀點加以修正，將臺灣終身學習的發展以十年爲一個階段，共分成七大時期，茲分述如下：

一、萌芽開展期（1951-1960年）

此時期的終身學習是以「社會教育」爲使命，繼承了國民黨大陸時期自1912年以來的發展脈絡，因此，此階段的重點在於教化人心，以及爲「反共復國」做準備。1953年，《社會教育法》首先頒布實施，是臺灣終身學習的重要開端。該法第1條即開宗明義指出，社會教育係依據《憲法》第158條及163條之規定，以實施全民及終身教育爲宗旨。此外，該法亦訂定社會教育之對象、任務、機構，以及行政和經費等事項。在社會教育機構方面，有國立中央圖書館（今稱爲國家圖書館）於 1954 年復館、國立歷史博物館於 1955 年設立，以及國立教育廣播電臺成立於 1960 年。而在此時期，國立臺灣師範大學也成立了社會教育系（1955 年），以培養圖書館、社會工作，以及新聞等專業人員爲主，爲終身學習在學術專業領域的發展奠定了重要的根基。

二、逐漸成長期（1961-1970年）

此時期的終身學習乃透過各種機構與管道，在臺灣各地逐漸成長與發展，著重的是成人基本教育的強化，如持續推動《補習學校法》（後改爲補習及進修教育法），落實國中小補習進修教育，以彌補失學民眾的學習機會，強化國民之成人識字教育知能。此外，國立教育電視廣播電臺與國立臺灣科學教育館成立於 1962 年，乃使得更多社會教育機構以更多元的方式推動社會教育。而由教育部發布的《各級學校辦理社會教育辦法》（1970 年）也著重在擴充與強化學校的社會教育功能。此外，值得一提的是，此階段中期的 1966 年，乃是政府推動中華文化復興運動如火如荼展開的一年，其主要目的乃是回應與對抗中國大陸於1965年所發動的「文化大革命」運動，極具政治上的象徵意義。

三、基礎奠基期（1971-1980年）

1971 年，教育部成立「空中教學委員會」，是臺灣遠距和數位學習的開端，也是開啟多元終身學習管道非常重要的里程碑。此外，此時期由於經濟發展、社會繁榮，以及民生富裕等因素的影響，社會教育的重點逐漸增加文化建設的層面（陳仲彥，2011）。1979 年，行政院乃頒布《加強文化及育樂活動方案》，此時的社會教育已經非常明顯的擴充與強調國民文化素養的提升。

四、轉型關鍵期（1981-1990年）

1981 年，「行政院文化建設委員會」（現稱為「文化部」）成立，成為管理文化事務的專責機關。1982 年，第二次修訂《補習及進修教育法》。1983 年，再次修訂《各級學校辦理社會教育辦法》，另也重新修訂發布《加強文化及育樂活動方案》。1985 年和 1986 年間，學術上的發展是國立臺灣師範大學社會教育研究所碩士班成立，社教機構中的國立中央圖書館臺灣分館、國立中正紀念堂管理處，以及國立國父紀念館等社教機構的組織條例陸續頒布；此外，也陸續籌建完成各縣市文化中心。1988 年，政府成立文化建設基金。同年，第六次全國教育會議結論之一：建立成人教育體系，以達全民教育及終身教育目標。1990 年，教育部訂頒《社會教育工作綱要》，將社會教育的內容涵蓋：成人教育、家庭教育、文化教育、藝術教育、大眾科技教育、交通安全教育、圖書館教育、博物館教育，以及視聽教育等九大類。此階段的終身學習已經明顯的做了一些內涵調整，主要在三方面：其一，延續傳統的社會教育取向，各社教機構的組織更加穩固；其二，強調成人教育建立專業化的重要性，相關法規和經費持續增加；其三，因應文化專業領域的重視，甚至強化圖書館、博物館、大眾科技等諸多領域，終身學習在內涵上被重新定義，其特色和重點也逐漸醞釀成形。同時，教育部也發布《成人教育實施計畫》，為終身學習的推動建立更穩健的發展步驟。

五、蓬勃發展期（1991-2000年）

此階段看來已經逐漸將終身學習開枝散葉出去了。1991 年，教育部提出《發展與改進成人教育五年計畫綱要》就是一個非常典型的起步。學術上也有國立中正大學成人及繼續教育研究所於 1993 年成立，此後幾年，高雄師大和國立暨南國際大學等也有相關成人教育系所的成立。1994 年的第七次全國教育會議進一步討論落實終身教育體制的作法，而 1995 年更將社會教育的工作項目納入《中華民國教育報告書》中。1996 年的行政院教育改革諮詢委員會所撰擬的《教育改革總諮議報告書》更提出建立終身學習社會的建議；同年，《國家圖書館組織條例》通過。1997 年，《藝術教育法》通過，藝術教育在此領域又更加專業化和凸顯其重要性了。1998 年，教育部首先發布了《邁向學習社會白皮書》，其中提出了十四項終身學習社會的推動方案，為終身學習建立了新的里程碑。同年，民間社團所發起的支持和推動社區大學運動也促成了全國第一所社大——文山社區大學的成立。此階段的終身學習，好像百花齊放，政府與民間的力量出現多元抗衡的局面，而社會教育與文化領域的分野似乎更加顯著。

六、重新整理期（2001-2010年）

2001 年，含納全國數量最多社教機構的《圖書館法》有了專法，次年，也頒布了《公共圖書館設立及營運基準》，圖書館作為社教機構的管理基礎，可說更加健全。2002 年，醞釀十幾年的《終身學習法》終於頒布實施，自此，終身學習似乎取代了之前的社會教育，更進而跨越了成人教育的領域，成為多元發展的新階段。2003 年，《家庭教育法》頒布實施。2005 年，教育部頒布《發展新移民文化計畫》，以及《建立社區教育體系》等多項計畫。2006 年，教育部為因應高齡化社會的來臨，更以前瞻視野頒布了《邁向學習社會老人教育白皮書》，2007 年以後，樂齡大學、樂齡學習中心以及樂齡自主學習團體等組織和相關專案計畫紛紛出籠。此時期的終身學習，好像是前一階段蓬勃發展之後的專業化與分歧化的開端。換言之，「社會教育」好像因為時代的因素而面臨專業化與分化的情況，一方面圖書館有了專法、家庭教育也另立專法，而新住民、高齡者受到重視的程度，似乎在政策立法等層面得到了明顯的關注，因此，「終身學習」頗有取代「社會教育」的趨勢，出現嶄新的樣貌。

七、多元挑戰期（2011-2020年）

《終身學習法》等相關法規和社教機構陸續出現專法之後，2014 年廢止《社會教育法》的條件也成熟了。自此，社會教育從 1911 年發展迄今，大約歷經了 101 年的歷史，可以說是在正式法規中「壽終正寢」了，自此，「終身學習」幾乎完全取代了「社會教育」的角色。而終身學習在此後，一方面開始要展現其重要性，一方面更要思考自己的未來發展呢！2015 年，僅次於圖書館數量的社教機構—博物館，自此也有了專法——《博物館法》。2018 年，《社區大學發展條例》通過，社區大學也從另類終身學習組織變成了正式的準「終身學習機構」。未來的終身學習，在理論學術發展和專業實踐，以及法制化、專業化等方面該如何走下去？似乎是此階段需要深入探究並且集思廣益的問題了。

參　終身學習的重要計畫與方案分析

上述的發展脈絡是從鉅觀的角度出發，試著從政策、法規、學術發展與重要事件中先鋪陳終身學習的發展特性。接著，我們若要進一步了解終身學習的發展，則可從實務面的重要計畫和特色方案進行深度的分析。

大體而言，我國終身學習的政策實務發展可以從以下四大主軸發展面向進行分析與探討，分別是：終身學習、樂齡（或高齡）學習、社區大學與社區教育、其他社教機構與活動方案等四大面向。以下將分別加以分析與探討：

一、終身學習整體面向

有關本文上述終身學習發展脈絡的檢視，主要是從政策法規上探尋一些發展的軌跡，也企圖從一些專業的發展、機構的消長，以及政策計畫的重點來觀察終身學習的取向與演變趨勢。大體而言，教育部的主要終身學習政策計畫方案，幾乎是每隔五年左右會有一項整體的計畫架構，或中程發展等相關計畫方案頒布實施。

自 1990 年的《社會教育綱要》發布之後，終身學習可有了很大的轉變與進展，主要是將傳統的社會教育含納成人教育等九項新趨勢，以重新界定社會教育的目標、範圍、內容、實施要領，綱要的訂定原則有五（教育部，社會教育工作綱要）：（一）現有法令、工作措施之融通與調適原則；（二）教育導向功能（傳統、現在及未來導向）之掌握運作原則；（三）目標管理與彈性制宜均衡兼顧原則；（四）學術理論與行政實務協同配合原則；（五）學校教育、家庭教育及社會教育合流並進原則。1995 年出版的《中華民國教育報告書—邁向廿一世紀的教育願景》亦將「規劃生涯學習（終身學習）體系、建立終身學習社會」列爲我國教育發展的重要方向，「終身學習」自此在教育部門的主要政策計畫中經常被提及。

1996 年，教育部發布《以終身學習爲導向的成人教育中程發展計畫》，1998 年，教育部林清江部長上任後發布了《邁向學習社會白皮書》，同時也頒布了《推展終身教育、建立學習社會中程計畫》，以進一步落實終身學習相關政策。《邁向學習社會白皮書》的發布是終身學習非常重要的里程碑，此終身學習白皮書影響臺灣終身學習的發展迄今，可謂相當深遠。白皮書中揭櫫終身學習社會有八大目標發展，分別是：（一）鼓勵追求新知；（二）促成學校轉型；（三）鼓勵民間參與；（四）整合學校內外的教育體制；（五）培養國際觀及地球村知能；（六）激發學習型組織的潛能；（七）保障全民學習權；（八）認可全民學習成就。依此，乃提出了建立學習社會的具體途徑有十四項：（一）建立回流教育制度；（二）開闢彈性多元入學管道；（三）推動學校教育改革；（四）發展多元型態的高等教育機構；（五）推動補習學校轉型；（六）鼓勵民間企業提供學習機會；（七）發展各類型的學習型組織；（八）開拓弱勢族群終身學習機會；（九）整合終身學習資訊網路；（十）加強民眾外語學習；（十一）成立各級終身教育委員會；（十二）完成終身學習法制；（十三）建立認可全民學習成就制度；（十四）加強培育教師終身學習素養。接著，白皮書中也針對上述十四項途徑擬訂出十四項行動方案，並在後續的中程計畫中提出九大工作項目，分別爲：（一）健全終身教育法制；（二）培養國人終身學習理念；（三）統整終身教育體系；（四）各級各類學校配合從事終身教育的改革；（五）建立回流教育制度；（六）增加終身學習機會；（七）健全終身教育師資，改進課程、教材及教法；（八）強化社會教育機構功能；（九）加強資訊與網路教育。綜合言之，《邁向學習社會白皮書》對我國終身學習的重要影響有四：

（一）**終身學習理念的前瞻引導：**此白皮書的發布與歐美終身學習的趨勢相連結，首先提出終身學習的四大支柱爲：1. 學會認知（learning to know）；2. 學會做事（learning to do）；3. 學會共同生活（learning to live together）；4. 學會發展（learning to be）。此外白皮書也提出高等教育的改革，各級學校的終身學習，以及各類回流教育等理念，一方面回應當時社會對教育改革的呼聲，一方面也展現前瞻的終身學習未來視野。

（二）**終身學習法規制度的規劃：**白皮書中針對終身學習法制化的發展進行檢討，認為法規的健全乃是發展的基礎，可說直接催生了此後的《終身學習法》。並且，此法也未忽略其他社會教育機構的相關終身學習功能，因此，包含《圖書館法》、《家庭教育法》，甚至《博物館法》的陸續實施，都是終身學習政策的重要的法制化過程。

（三）**終身學習體系制度的建立：**白皮書中除推出系列方案之外，針對終身學習的鼓勵和創新方案也陸續推展出來，特別是「終身學習推展會」的設置，在教育部和縣市政府扮演了非常重要的政策諮詢與引導角色；而「學習成就認證制度」的設計，企圖將正規、非正規，甚至非正式的學習成果整合為一，可以說是相當重要的起步，相關規定也在此後的《終身學習法》中有具體的條文規範。

（四）**終身學習網絡資源的統整：**白皮書也強調終身學習相關資源與系統的縱橫連貫，因此，除上述學習成就認證之外，終身學習規劃重視的乃是藉由「學習護照」或資訊整合平臺，以便將終身學習的各類機會與成果連結，使其更貼近民眾的多元需求。

2004 年，教育部發布《建立終身學習社會五年計畫》，並提出六項策略，分別是：（一）強化如何學習的教育，提昇國人終身學習素養；（二）持續開發終身教育資源，增進終身學習機會均等化；（三）實施配套法規，落實終身學習法施行成效；（四）加強外籍配偶等弱勢族群終身教育，建立多元文化社會；（五）致力終身教育師資培訓，促進課程、教材及教法專業化；（六）發展社區本位學習網絡，統整終身教育體系。2010 年，教育部發布《終身學習行動年 331 推廣計畫》，再次點燃「終身學習的理念與願景」，提醒終身學習相關單位和機構繼續推動終身學習活動與方案，提倡每天學習 30 分鐘、運動 30 分鐘，以及日行一善的終身學習運動，一方面簡易可行、易學易記，一方面也讓終身學習眞正走入民眾的日常生活之中。

2021 年 3 月，教育部頒布《學習社會白皮書》，並提出了八大挑戰、一個願景、六個理念、四大目標、六項途徑，以及十七項方案（教育部，2021a）。該白皮書可說是邁向學習社會白皮書 20 年後，新的終身學習白皮書，因此亦可以稱之為「學習社會白皮書 2.0」，此白皮書重新檢視並提出臺灣社會今後繼續需要發展的終身學習重點和目標。白皮書點出臺灣當前社會有八大挑戰，分別為：（一）人口高齡化與少子女化；（二）家庭型態的解組與重組；（三）族群的移動、對立與融合；（四）社會的排除與包容議題；（五）財富的累積與貧富差距；（六）都會的發展與城鄉差距；（七）全球化、國際化與數位科技；（八）環境的開發與生態惡化。在上述環境背景之下，臺灣的終身學習政策乃提出「學習型臺灣—我愛學習（I（love）-learning）」作為願景，而其六大理念分別為：（一）重視跨學科（interdiscipline）的學習；（二）強調創新（innovation）發展的學習；（三）回應網際網路（internet）時代的學習；（四）接軌國際化（international）的學習；（五）發展不同世代（interganeration）的學習；（六）關注跨文化（interculture）的學習。據此乃系統性的發展出終身學習的四大目標，分別是：（一）個人層面的目標：培養終身學習者；（二）家庭層面的目標：發展學習型家庭；（三）組織層面的目標：推動學習型組織；（四）城市層面的目標：建構學習型城市。而要進一步落實終身學習的六大途徑（策略）則分別為：（一）健全法制基礎；（二）培養專業人才；（三）擴充學習資源；（四）提供多元管道；（五）推動跨域合作；（六）加強國際接軌。根據上述規劃構思與脈絡，白皮書乃提出強化終身學習法規等十七項行動方案。此外，教育部同時頒布《終身學習中程發展計畫》，以溝通與整合相關部會及縣市政府之觀念、作法與資源，期能共同推動及落實終身學習相關方案。

其次，特別要談到的是，《終身學習法》於 2002 年首先發布實施，並於 2014 年及 2018 年兩度修正。此法在終身學習的理念與制度方面具有以下八項特色與重點：

（一）**延續社會教育法的理念與精神**：該法開宗明義即指出是以鼓勵終身學習，推動終身教育和強化社會教育爲宗旨。此外，在該法的第 4、第 8 及第 9 條均有針對社會教育機構相關範圍、人員條件等訂定過渡或銜接之條款。

（二）**界定專業人員的條件**：該法第 3 條和第 15 條均明訂終身學習專業人員分爲課程規劃、教學及輔導等三類別，並規定終身學習機構得優先遴聘專業人員。不過，由於此法以「得」爲標準，且目前此專業人員的條件限於諸多因素，教育部迄今尚未完成終身學習專業人員之認證、培訓與遴聘等辦法。

（三）**規定樂齡學習的重點**：本法第 3 條首先明確訂定五十五歲以上國民之終身學習爲「樂齡學習」，算是相當具有前瞻突破性的主張，同法第 14 條中針對樂齡學習相關機構、計畫和組織活動，均訂有各種考核、補助和獎勵等規定。

（四）**擬訂終身學習推展會議**：該法第 7 條明訂各級政府應該召開終身學習推展會議，並指出該會議具有終身學習政策審議、重大計畫審查，以及政策諮詢等功能。

（五）**重視回流教育**：該法第 11 條除敘明各級學校應培養學生終身學習之理念、態度、能力、方法和習慣之外，亦強調需要針對離校後的學生提供繼續教育之機會，此乃回流教育之精神。

（六）**確立學習成就認證制度**：該法第 12 及第 13 條指明個人參與非正規課程的學習得由終身學習機構給予「學習成就」之認證。並指出教育部應建立此學習成就認證制度，作爲入學採認、學分抵免或升遷考核之參考。

（七）**鼓勵公部門或民間企業員工終身學習**：該法第 18 條明訂政府應鼓勵公部門、民間社團和私人機構等員工透過帶薪、補助和公假等方式參與終身學習。

（八）**偏遠地區與弱勢者的終身學習**：該法第 19 和 20 條乃針對偏遠與離島的終身學習，以及不同文化、族群和經濟條件之終身學習對象等，均應給予適當之補助。

二、樂齡學習面向

2006 年，教育部頒布《邁向學習社會老人教育白皮書》（因為現在用語大多以「高齡」取代「老人」，故此後用語均稍做修改）。提出高齡教育政策的四大願景為：（一）終身學習；（二）健康快樂；（三）自主與尊嚴；（四）社會參與。高齡教育政策的目標有七項：（一）倡導高齡者終身學習的權益；（二）促進高齡者的身心健康；（三）維護高齡者的自主與尊嚴；（四）鼓勵高齡者社會參與；（五）強化高齡者的家庭人際關係；（六）營造世代間相融合的社會；（七）提升高齡教育人員之專業素養。

2017 年，教育部頒布《高齡教育中程發展計畫（第一期）》提出高齡教育策略規劃的四大主軸為：（一）深耕：建立體系、普及機會；（二）創新：發展教育、前瞻因應；（三）專業：專業人力、提升品質；（四）跨域：資源整合、友善環境。四大主軸策略為：（一）強化高齡教育運作機制，完善高齡教育體系；（二）創新高齡教育課程，發展多元實施模式；（三）開發高齡教育人才，提升專業人力素質；（四）整合高齡教育資源，營造世代融合環境。有了上述中程計畫，高齡學習在經費、組織、人力等方面均有成長，而高齡者的學習參與和生活品質等各方面，也都有明顯的提升。2021 年，教育部繼續頒布《高齡教育中程發展計畫（第二期）》，並提出六大目標：（一）普及學習機會；（二）提升學習品質；（三）創新學習模式；（四）整合跨域資源；（五）促進代間學習；（六）增進貢獻服務。以及落實計畫的六大策略主軸為：（一）擴展多元參與的學習機會；（二）提升高齡學習的實施成效；（三）開發多元創新的學習模式；（四）加強跨域合作的資源連結；（五）擴展世代交流的代間共學；（六）加強高齡人力的開發運用。面對高齡化的社會，以及即將邁入超高齡的趨勢，我國樂齡學習可說扮演了非常重要的支持與引導角色。

三、社區教育與社區大學面向

自 1998 年《邁向學習社會白皮書》公布之後，教育部將推展各類學習型組織和學習型社區方案列爲其重要的政策之一，而「建立社區學習體系」亦成爲教育部非常重要的政策目標與推動方案（蔣玉嬋、林振春，2006）。於是在 1999 年以後，教育部陸續於全國推動《學習型社區計畫》，此後數年，又陸續推出《社區教育學習體系》（2004）、《試辦學習型社區發展計畫》（2010）、《學習型城鄉——社區永續發展實驗站》（2011-2014），以及《學習型城市計畫》（2015- 迄今）等各類計畫。關於《社區教育學習體系》，主要是配合「挑戰 2008：國家發展重點計畫—新故鄉社區營造計畫滾動式檢討報告會議」所擬定的，其目標有四，分別是：（一）社區或鄉鎮學習需求調查；（二）建構社區教育學習網路平臺；（三）提供多元學習機會；（四）透過示範、輔導、獎勵與整合，完成社區教育學習體系之資源統整。至於《學習型城市計畫》，首先於 2015 年徵選臺北市等七個縣市參與，到了 2018 年，則有十五個縣市參與。至此，學習型城市可以說是蓬勃發展，總共有六大模式（臺灣學習型城市網，2021）：（一）多元發展模式；（二）產業創新模式；（三）社區發展模式；（四）文創發展模式；（五）生活美學模式；（六）根經濟模式。從「社區」到「城鄉」，從「城鄉」到「城市」，中間有一些探索的過程，其目的乃在尋找社區的定位，也在確立城市與國家的定位，企圖在終身學習的脈絡中找到社區的多元樣貌與轉變、成長。「學習型城市」迄今之發展，除能展現臺灣社區之特色之外，對國家之整體發展和競爭力，以及與世界各國的城市發展進行連結與交流等，都是一個契機。

1998 年，社區大學在臺灣社會追求民主自由與公民參與的過程中誕生了，官方主導的社區學院企圖將高教部分轉型爲高等技職的社區學院，惜未成功，而民間社會運動的社區大學強調「知識解放」與「公民社會」，透過學術、社團和生活藝能課程，使高等教育的理論知識與民間生活經驗產生融合，更讓公民素養和社區永續發展成爲終身學習重要的目標。十幾年來，社區大學從數所發展到目前約 89 所，開設無數融入社區與常民生活的課程，也帶動臺灣社會多元活潑的社區活動及文化培力課程。2018 年，政府頒布實施《社區大學發展條例》，努力近二十年的社區大學，終於有了獨立的專法，社區大學長期以來以公辦民營的模式，開展了終身學習的創新組織型態，更將公私協力與伙伴關係當成終身學習與社區公共事務推動的重要理念。

2009 年，教育部補助國立政治大學成立「社區學習研究發展中心」計畫，其主要目的乃以「研究社區大學」爲其宗旨，帶動社區大學相關研究，以及課程教學研發，社區大學專業人員培訓等等，只可惜，本計畫至 2012 年結束。社區大學之相關研究與發展，是否由政府主導？或者保持由民間社團組織（如社區大學全國促進會），以及其他學術領域自由研發？目前沒有定論。

四、其他社教機構與活動方案

《藝術教育法》在 1997 年首先從社會教育領域和機構中分化出去，接著《圖書館法》（2001）、《終身學習法》（2002）、《家庭教育法》（2003）、《博物館法》（2015）、《社區大學發展條例》（2018）陸續通過實施，自此，教育部所管轄之圖書館（主要有國家圖書館、國立臺灣圖書館，以及國立公共資訊圖書館）以外的國立社會教育機構包括有：國立海洋科學博物館、國立科學教育館、國立藝術教育館、國立自然科學博物館、國立海洋生物博物館，以及國立教育廣播電臺等。自 2004 年至 2009 年，教育部推出「國立社教機構服務升級第一期及第二期計畫」，以協助相關館所達到社會創新、生態教育、數位研發、夥伴聯盟等成效（教育部，2010）。

近年來，教育部持續強化社教機構之定位、特色與功能，包括軟、硬體設施挹注、推動諮詢輔導機制、實施作業基金等，以改變社教機構傳統思維與作法，提升人力素質，塑造具創造力的組織文化，進而展現各社教機構獨特魅力，達到創意加值、文化觀光及在地行銷之效益，以進一步活化社教機構的經營管理與績效。此外，爲提升國立社教機構服務品質並強化經營成效，一方面推出系列學習活動，另一方面賡續辦理閱讀植根與空間改造計畫，期使社教機構扎根基層及社區，拓展終身學習網絡。另外，也推出社教館所各類活動聯合行銷宣傳等活動，以帶動民眾參與終身學習各類活動。以 2019 年爲例，教育部鼓勵社教館所推動《智慧服務、全民樂學－國立社教機構科技創新服務計畫》，共補助 10 個館所共 14 個細部計畫，包括：跨館所學習履歷與推薦平臺、運用資通訊科技整合展示互動學習服務與國際交流、建構「智慧製造」暨「智慧防救災新科技」展示教育平臺、智慧化海洋探索數位媒體暨學習中心建置、廣播新媒體整合、智慧圖書館到你家、「臺灣學」加值扎根計畫、中山樓科技創新展示暨宣導推廣計畫、公共圖書館雲端資源暨智慧體驗服務計畫、全民線上辦證服務、雲端資源閱讀體驗服務等（教育部，2019）。

至此，終身學習領域內的社教機構越來越多元化，其服務項目更因應時代所需，一方面跨領域創新發展，一方面也與新興科技智慧結合，使得全民終身學習有了更多元的內涵與樣貌。

肆　終身學習的學術研究發展趨勢

了解了終身學習在政策與實務面向的特色之後，我們可以從中外學術專業化的發展進程，進一步來檢視我國終身學習的學術研究發展趨勢。

誠如本文前述，探討終身學習的學術研究脈絡，一樣需要從社會教育和成人教育相關學術領域或議題的研究切入。而歐美成人教育的專業化演進，大約在 1930 年至 1950 年間爲「萌芽期」，以美國爲例，大學系所逐漸成立，研究漸多且越來越科學化；1950 年至 1963 年間，成人教育進入快速「發展期」，一些成人教育的大師，如 C. O. Houle、M. S. Knowles、H. Y. McClusky、J. R. Kidd 等人，其學術成果與影響力迄今未減。而在 1964 至 1990 年間，可以說是成人教育的「形成系統化時期」，首先是 G. Jensen 等人（1964）出版《成人教育：一個大學新興研究領域的概覽》（*Adult Education: Outlines of an emerging field of university study*），而 R. M. Smith 等人（1970）所主編的《成人教育手冊》（*Handbook of adult educa-*

tion）更是系統性的分析了成人教育的諸多研究與發展面向。上述兩本書甚至被譽爲美國成人教育的「黑皮書」（black book）和「黃皮書」（yellow book），其影響力可見一斑。事實上，美國成人教育的專業化發展，從M. S. Knowles（1970）所倡導的「成人教育學」（Andragogy）開始，可以說是非常重要的開端，因爲此理論確立了成人教育與正規教育相對應的學術地位，也影響了此後相關成人學習理論的各種研究。而1990年以後，美國大學的成人教育系多達120幾所，博士課程甚至亦達60所以上。此後美國的成人教育更多元的發展，相關研究更豐富，結合高等教育和社區成人學習的一千多所社區學院已經是美國高等教育重要的一環；而《成人及繼續教育手冊》大約每十年會出版，迄今的最新版爲2020年出版的手冊，其主題除一般成人教育之外，亦包含多元族群的議題，以及軍隊的成人教育、監獄的成人教育、社會運動的成人教育、民主的教育、和平的教育等等。

黃富順（1995）在《成人教育專業化》一書中提及「成人教育」一詞在臺灣被普遍的熟知和推展大約是在1980年以後。王文瑛（1998）指出，我國社會教育的歷史很長，但大約1990以後才有系統、有組織的進行實務應用探討和理論的研究，其研究趨勢及特性大致如下：（一）研究方法多採實證性方法；（二）研究單位多採國家委託，由大學或附屬研究中心進行；（三）研究主題多屬實用性目的，且隨時代改變。

胡夢鯨（2004）指出：成人與繼續教育研究的方向存在以下幾種現象：（一）明顯偏向成人學習領域的開拓；（二）十分忽略歷史的探索與哲學的思維；（三）忽略成人教育活動或學術研究根植於社會文化及全球化脈絡的危機；（四）學科基礎脆弱，研究偏向於專精實用，有關基礎性、本質性和理論性的探究較少；（五）缺乏西方以外成人及繼續教育的觀點。

黃月純（2005）指出在1984-2004近二十年間，臺灣成人教育學位論文約有六百篇，其學術研究趨向有以下幾項特點：（一）成人教育學術社群人口逐漸增加；（二）研究主題以成人參與及成人教育議題、機構提供成人教育情形爲主；（三）研究方法以問卷調查之實證占二分之一，其他則爲訪談等質性研究方法；研究目的以現況描述和變項關係探討爲主；

（四）研究樣本以學校教師和行政人員占三成，較少觸及「特殊弱勢對象」。

蔡秀美、曹建文（2008）在分析臺灣成人教育學術現況之後，指出臺灣整體成人教育學術領域存在六項值得關注的議題：（一）加強理解成人教育的社會脈絡；（二）兼顧質與量的研究；（三）兼顧理論與實用研究；（四）加強基礎性研究；（五）要擴大研究樣本，加強對特殊對象之研究；（六）加強研究社群的科學哲學涵養與研究能力。

張惠珍（2019）針對臺灣與美國成人教育研究之趨勢進行比較分析，結果如下：（一）在研究主題上，「人類發展與成人學習」及「成人教育」均為兩國最為關注的主題；（二）在研究典範上，兩國均偏向質性研究，並以訪談為主要研究方法，至於量化研究方面，則以問卷調查法最多；（三）在研究取樣上，臺灣以「老年」、「實務工作者」、「文本」最多；美國則以「成人學習者」、「實務工作者」與「文本」最多；（四）在理論引用上，臺灣以「心理學理論」引用次數最多；美國則以「成人教育學理論」引用最多；（五）著墨較少之議題，兩國對全球化、國際比較、原住民、新住民、線上教育、性別與族群等議題均較少探討。

此外，在我國的終身學習研究中，官方近年關注支持的是在普遍需求調查部分，諸如《2008臺閩地區成人教育調查報告》（吳明烈、李藹慈、賴弘基，2009）、《100年度成人教育調查統計》（吳明烈、李藹慈，2013）《103年度成人教育調查報告》（吳明烈、李藹慈，2015）、《105年度成人教育調查報告》（吳明烈、李藹慈，2017）《106年度成人教育調查報告》（吳明烈、李藹慈，2018），以及《107年度成人教育調查報告》（吳明烈、李藹慈，2019）等。從以上的系列調查研究，可以了解臺灣各重要年齡層和終身學習機構的學習參與概況，目前十八歲至八十歲的成人終身學習參與率為33.63%（吳明烈、李藹慈，2019），只可惜，很多資料限於調查條件，只能有抽樣推估的，對臺灣終身學習的整體現況還尚待更多其他的調查分析。而從教育部的「樂齡學習網」（2021）中也可以發現，教育部在近十年以來，支持部分大專院校成人教育相關系所進行各種樂齡學習需求方面的調查與分析研究，相關研究內容亦值得參考。

根據研究者近年在此領域的觀察、研究與了解，發現終身學習領域的相關研究非常廣泛，包括一般成人教育和終身教育，社區及高齡學習，以及針對不同學習對象之教育規劃和學習過程或成效之研究等。若從相關研究的資料庫進行檢視，大約可以從「終身教育或終身學習」、「成人教育」、「社區教育」以及「高齡教育（學習）」等幾個名詞進行檢索和分析。又若從整體終身學習的領域而言，分析的部分至少可以包括「終身學習政策與行政」、「終身學習需求調查與分析」、「終身學習課程規劃與學習」、「終身學習對象與學習特性」、「終身學習方案與成效」、「終身學習理論與策略」、「相關終身學習系統與資源」、「終身學習國際趨勢與特色」等等。然而，終身學習要發展成爲成熟的學術研究領域，誠如上述，仍需要持續的努力。

綜合上述，研究者認爲美國學者 D. Deshler 和 N. Hagan（1989）認爲成人教育應該建立自有的理論頗值得參考，因此，可以歸納未來終身學習的研究策略有五：（一）建立終身學習與成人發展的理論；（二）由批判理論出發進行多元理論研究；（三）可從其他學科借用理論並修正之；（四）可經由國際的比較研究進行理論的驗證；（五）可藉由後設分析合成相關終身學習理論。此外，參考上述兩位學者的意見後，臺灣未來終身學習研究可朝以下重點發展：（一）終身學習的歷史研究；（二）終身發展與學習的研究；（三）終身學習與兩性議題的研究；（四）與經濟社會發展有關的教育研究；（五）公共決策教育或社會運動的研究；（六）工作場所學習的研究；（七）知識體系的研究。

伍 終身學習的研究展望

了解我國終身學習的歷史脈絡演變、政策與實務方案特色，以及相關學術專業化發展的趨勢之後，以下重要議題所牽動的終身學習理論與實務都是我們值得持續關切的主題，若欲對終身學習的現況和研究有充分的理解與掌握，以下相關議題的探討頗值得我們深思。

《108 中華民國教育年報》第八章爲終身學習，從其所呈現的主題及內容來加以檢視，可以發現目前臺灣終身學習的重點議題可以包括以下十一項：一、社區教育；二、家庭教育；三、高齡教育；四、社會教育機構的社會教育；五、圖書館教育；六、媒體識讀；七、非正規教育課程認證（學習成就認證）；八、多元文化教育；九、基金會的相關文教活動；十、本土語文教育；十一、補習進修教育。根據上述相關議題，終身學習的問題亦包括有八項：一、成人基本教育與社區教育尚待持續推動；二、補習班的經營管理尚待加強督導；三、社區大學的組織能量與課程教學品質需要持續提升；四、家庭教育專業與跨網絡資源整合尚待提升；五、高齡教育之發展體系、資源整合與經費尚待強化；六、社教機構服務品質尚待持續提升；七、民間非營利組織之能量與活力尚待持續開發；八、本國語文教育尚待持續評估與推廣（國家教育研究院，2021）。

綜觀臺灣終身學習發展之脈絡，研究者認為當前與未來臺灣終身學習的重要議題包括有九項，以下提出該議題之展望，以供關心此議題者參考：

一、正視社會教育形式與內涵的演變

從終身學習的發展過程中，經過臺灣社會的歷史變遷與社會、政治、經濟和文化等因素的影響，其使命、目標、對象、內涵、策略，甚至方案內容已經有很多的調整，「社會教育」一詞已經轉化成「終身學習」，甚至分化為各類的文化領域或其他如博物館等範疇的學習，然而，社會教育所關注的「整體社會文化」的範疇，在終身學習中仍然是不宜忽略的，因此，當探討終身學習議題的時候，可從社會整體的歷史時空進行系統性的檢視和理解，方能掌握終身學習的本土社會文化脈絡，並滿足在地終身學習對象之多元需求。

二、面對終身學習專業化與實務分化現象

在終身學習的發展過程中，從實務上而言，可以發現專業化乃是不可避免的事實，因此，如前所述，範圍廣袤的《社會教育法》已經無法囊括和應變，因此，社會教育就隨著各專業的分化發展，而將藝術教育、圖書

館、家庭教育、博物館、社區大學等「獨立」出去了。然而，重整之後的「終身學習」領域，仍有其專業化的使命，正如《終身學習法》中所提及的機構類別和專業人員之要求，終身學習專業人員包括課程規劃、教學及輔導相關人員，未來針對此類人力資源之專業化培訓、認證等機制，應該積極建立相關平臺與系統。終身學習專業化的同時，亦可使其可以在其他相關機構中發揮其重要功能和影響力，此更不必贅言。

三、掌握國民識讀與成人識字教育的基礎工作

國民基本識讀能力乃是一個國家國民之核心能力與素養，影響到國家的競爭力與整體發展，目前的終身學習系統從國小成教班、國中小補校、新住民識字班，到自學進修國民教育學力鑑定考試機制，甚至樂齡學習中心和社區大學等等，似乎呈現多元型態的成人基本教育課程設計與教學方式，然而，卻可能缺乏一致的指標與評估機制。正如《學習社會白皮書》中方案 6-1 所規劃的，未來可以研議「推動國民識讀標準」（教育部，2021a），在多元彈性的國民識字指標引導之下，成人識字教育乃可成爲銜接正規、非正規與非正式學習體制過程中的重要平臺，國家並能依據此來培育國民的基本學習力，並提升國民素質和國家人力資源，進一步促進國家之經濟與文化等發展，強化國際競爭力。

四、重視族群與多元文化教育之探究

在本土住民和國際移民等多元移民文化交錯流動過程中，針對新住民、原住民等多元族群與文化的交流、互動、理解、尊重及學習，乃是現代公民不可或缺的終身學習素養之一。未來的終身學習不是獨尊霸權文化的學習，也不是複製統治者與資本主義教育的過程。在重視終身學習理念、尊重成人學習者人權、強調成人個體的本位，以及引導終身學習者個人自主學習的課程規劃與教學設計中，我們將會爲終身學習建構一套彈性多元的終身學習課程與多元文化教材，此在終身學習的跨文化素養中，也是不可或缺的，而在《學習社會白皮書》方案的 5-3 亦有提及。

五、開展社區教育與建立學習型城市

終身學習必須在實體的社區環境中逐漸成長，因此，社區參與的終身學習是必要的，學習型社區的發展更是基礎，社區大學則是非常重要的社區終身學習實踐及行動的機構。未來在多元社區教育，以及建構學習型城市的政策理念中，將會使公私協力、公部門與私部門的對話等成爲常態，藉此策略與平臺，可以引導社區居民與城市公民在參與、行動、實踐、對話、學習中得到成長與發展，進一步促成人與社區「共學、共好、共善」的生活與生命境界。

六、關注高齡教育與代間學習

面對高齡化的社會，建立高齡友善、重視代間正義、實踐世代融合，乃是不可忽視的理念與政策。政府應該將「高齡化教育」列爲全民通識教育的一部分，讓認識「老化」、了解「老化」、尊重「老化」，甚至融入「老化」成爲每一階段的國民在成長與發展過程中必須學習的知識和行動。換言之，可將「代間學習課程」融入各類教育系統的課程及教學設計中。若果能如此，則終身學習不再是口號，而是每個人在年齡成長過程中的自我學習與團體學習、甚至是組織學習之必經的歷程。

七、拓展成人數位增能與線上學習素養

數位科技、虛擬實境、智慧設計，以及遠距數位學習等名詞，近年來成爲資訊科技時代的新名詞，儼然成爲影響我們全民生活與終身學習不可缺少的一部分。終身學習的知識建構無法遠離實體，更不能忽略資訊網路的強大連結與匯流力量。這些資訊與數位機制所建構的大數據、虛擬實境、影音串流等等，似乎顛覆了人與人的對話、溝通與思考模式，甚至是學習內涵與型態。我們在終身學習的過程中，必須善用科技數位媒體的資源與條件，以開發我們的數位科技學習潛力與終身學習知識內涵。

八、培養成人批判思考與媒體識讀能力

終身學習不僅僅是要成為一個完整發展的個人，也在於透過批判思考成為獨立思考與判斷的「終身學習者」。換言之，現代公民必須學會在公民參與、媒體判讀的過程中，成為適應社會資訊發達與習得終身學習知識體系的新公民。終身學習使我們在建構知識、管理知識和運用知識的過程中具有更敏銳的蒐集力、判斷力，以及精準的行動力。因此，終身學習和批判思考、媒體識讀之間的關係是非常密切的，唯有透過前述兩者作為重要的媒介或手段，終身學習才能與全民日常生活充分結合，並使健全的終身學習者既是一個現代社會的適應者，也是現代社會的創發者。

九、認可終身學習多元成就

發展「國家資歷架構」（National Qualification Framework, NQF）基本上就是一個整合終身學習非常重要的機制，也是國家人力資源與國際社會接軌的重要策略之一。此外，《學習社會白皮書》方案的 1-2 中亦有提及其重要性。終身學習成就認證機制就是要整合正規、非正規與非正式終身學習平臺，它可將目前我國高等教育、技職教育和終身教育整合為一個學習與成就轉換與認可的機制。目前高等教育的僵化與技職教育的本位，讓終身學習顯得有些難以施展，未來在多元學習成就認可機制建立之後，學習的知識架構、學習成就的認證與品質，以及各類學習的成果檢核等等，都將有一套可資參考的基本架構可以依循。換言之，若有此學習成就認證平臺，將可擴充全民終身學習機會與管道，提升終身學習的能量與品質，並促進國家整體人力品質之發展。

陸 結語——檢討與反思

無論從理論到實務，或從專業領域到社會運動來進行分析與探討，終身學習始終是一個範圍廣泛的教育性議題，在學術的發展中，它算是後起之秀（大約不到一甲子）；在政策實務領域中，它也像是被「邊緣化」一

般，然而其在教育政策中的重要性卻始終未曾降低。經過本文的縱向時間軸耙梳，和橫向的實務機構重點方案分析，再經過學術研究脈絡與研究重點探究之後，終身學習所具有的鉅觀視野與微觀能量乃可得到重視。正如本文主題所期待的，終身學習的未來會走向何種專業化的可能？這是值得探究的，本文最後乃就此議題，也從「專業化」的角度，提出終身學習的反思與建議。

蔡培村（1995）參考教育專業化的七大內涵：（一）專業的教育知能；（二）長期的教育訓練；（三）規範的教育組織；（四）崇高的專業道德；（五）高度的專業自主；（六）自發的專業成長；（七）不斷地在職進修。提出我國成人教育專業化之指標並檢視發展概況，另也提及我國成人教育專業化的發展策略包括有七項：（一）以立法爲成教專業化的基礎；（二）建立專業化的成教行政體系；（三）強化成人教育專業組織功能；（四）加強成人教育學術及相關理論研究；（五）健全成教專業人才培訓制度；（六）落實成教的專業證照制度；（七）擴大國際成教學術交流合作。上述觀點雖然已經是二十多年前的主張，迄今我們用來檢視臺灣終身學習的發展，仍具有相當程度的啟發性。

研究者認爲臺灣終身學習的未來發展，除要掌握前一段之九大議題的思考，以及上述專業化七大策略之外，未來可朝以下五個方向繼續努力：

（一）持續強化歷次終身學習白皮書的理念與相關政策、計畫等的連結。

（二）重視終身學習專業角色與法令之配套。

（三）鼓勵終身學習基礎及跨專業的對話與研究。

（四）繼續致力終身學習專業化發展與跨領域之整合。

（五）實踐終身學習之專業化、精緻化與創新精神。

參考文獻

王文瑛（1998）。近二十年來臺灣的社會教育學研究。**教育研究資訊**，**6**(1)，124-133。

王佑菁（2015）。聯合國教科文組織（UNESCO）終身教育政策評析。輯於楊國賜（主編），**各國終身教育政策評析**（頁21-32）。臺北市：師大書苑。

吳明烈（2011）。終身學習關鍵能力的架構與發展策略之探究。**教育政策論壇**，**14**(3)，67-96。

吳明烈、李藹慈、賴弘基（2009）。**2008臺閩地區成人教育調查報告**。臺北市：五南。

吳明烈、李藹慈（2013）。**100年度成人教育調查統計**。臺北市：五南。

吳明烈、李藹慈（2015）。**103年度成人教育調查報告**。臺北市：五南。

吳明烈、李藹慈（2017）。**105年度成人教育調查報告**。臺北市：五南。

吳明烈、李藹慈（2018）。**106年度成人教育調查報告**。臺北市：五南。

吳明烈、李藹慈（2019）。**107年度成人教育調查報告**。臺北市：五南。

社區大學發展條例（2021）。**全國法規彙編**。取自https://law.moj.gov.tw/。

胡夢鯨（2004）。全球化變遷下成人教育學術研究的方向與省思。輯於中華民國成人教育學會（主編），**社會變遷與成人教育**（頁315-341）。臺北市：師大書苑。

家庭教育法（2021）。**全國法規彙編**。取自https://law.moj.gov.tw/。

張惠珍（2019）。**臺灣與美國成人教育研究走向之比較研究：2003-2018成人及終身教育學刊與Adult Education Quarterly之內容分析**。國立暨南國際大學終身學習與人力發展碩士學位學程碩士在職專班碩士論文（未出版）。

張德永（2011）。社會教育的政策法規。輯於國立臺灣師範大學社會教育系、中華民國社區教育學會（主編），**社會教育概論**（頁131-146）。臺北市：師大書苑。
教育部（1990）。**社會教育工作綱要**。臺北市：教育部編印（未出版）。
教育部（1991）。**發展與改進成人教育五年計畫綱要**。臺北市：教育部編印（未出版）。
教育部（1995）。**中華民國教育報告書——邁向廿一世紀的教育願景**。臺北市：教育部編印（未出版）。
教育部（1996）。**以終身學習爲導向的成人教育中程發展計畫**。臺北市：教育部編印（未出版）。
教育部（1998）。**邁向學習社會白皮書**。臺北市：教育部編印（未出版）。
教育部（2004）。**建立終身學習社會五年計畫**。臺北市：教育部編印（未出版）。
教育部（2010）。**教育部99社會教育履痕**。臺北市：教育部編印（未出版）。
教育部（2019）。教育年報。**第八章：終身教育**。臺北市：國立教育研究院主編、教育部出版。
教育部（2021a）。**學習社會白皮書**。臺北市：教育部編印（未出版）。
教育部（2021b）。**樂齡學習網**。搜尋自https://moe.senioredu.moe.gov.tw/。
終身學習法（2021）。**全國法規彙編**。取自https://law.moj.gov.tw/。
陳仲彥（2011）。社會教育的源起發展。輯於國立臺灣師範大學社會教育系、中華民國社區教育學會（主編），**社會教育概論**（頁1-34）。臺北市：師大書苑。
博物館法（2021）。**全國法規彙編**。取自https://law.moj.gov.tw/。
黃月純（2005）。臺灣成人教育學位論文研究趨向～1984-2004。**成人及終身教育學刊，5**，114-138。
黃富順（1995）。成人教育學術領域的發展。輯於中華民國成人教育學會（主編），**成人教育專業化**（頁1-44）。臺北市：正中書局。
楊國賜（1987）。**社會教育的理念**。臺北市：師大書苑。
楊國賜（2015）。終身教育理念的產生及其發展。輯於楊國賜（主編），**各國終身教育政策評析**（頁1-20）。臺北市：師大書苑。

蔡秀美、曹建文（2008）。成人教育學術研究典範觀點的分析—兼論臺灣成人教育學術研究的展望。**國立新竹教育大學人文社會學報，1**(2)，159-177。

蔡培村（1995）。論析我國成人教育專業化及其發展趨勢。輯於中華民國成人教育學會（主編），**成人教育專業化**（頁201-234）。臺北市：正中書局。

蔣玉嬋、林振春（2006）。社區學習體系的內涵與推動策略。輯於中華民國社區教育學會（主編），**社區學習新思維**（頁19-44）。臺北市：師大書苑。

藝術教育法（2021）。**全國法規彙編**（2021）。取自https://law.moj.gov.tw/。

Dave, R. H. (Ed.) (1976). *Foundations of lifelong education*. Oxford: Pergamon Press.

Deshler, D. Hagan, N. (1989). Adult education research: Issues and direction. In S. B. Merriam, & P. M. Cunningham (Eds.), *Handbook of adult and continuing education*. (pp147-167). San Francisco: Jossey Bass.

Knowles, M. S. (1970). *The modern practice of adult education: Andragogy versus Pedagogy*. Chicago: Association Press.

第八章

國際教育研究的趨勢與展望

洪雯柔

第一節　前言

全球化是此一世代的重要動力與主要特徵之一，其促動了跨越國界的活動與交流，也因此敦促著新世代的公民必須發展跨界的種種能力，無論是對全球與他國局勢與議題的了解，抑或跨國與跨文化理解、溝通、互動、合作、同理與欣賞的知識、技能、態度與觀點。

經濟合作暨發展組織（The Organization for Economic Co-operation and Development, OECD，以下簡稱 OECD）於 2016 年提出的《教育與技能的未來：面向 2030 年的教育》（Future of Education and Skills：Education2030），從人力資本與人力競爭觀點強調全球素養（Global Competence）的養成，以使青年具備面對文化多樣性、透過數位而連結之社區所需之全球與跨文化議題的深度知識與技能，以及與多元背景人們互動與共同生存所需的態度與價值觀。聯合國教育科學文化組織（The United Nations Educational, Scientific and Cultural Organization, UNESCO，以下簡稱 UNESCO）同年提出的「仁川宣言—面向 2030 年的教育：具全納性與公平性之全民優質教育與終生學習」（Incheon Declaration – Education 2030：Towards inclusive and equitable quality education and lifelong learning for all）則強調全球永續發展的教育（洪雯柔，2017a）。

C. Fadel、M. Bialik 與 B. Trilling（2015）在綜合世界 32 國家的能力架構、彙整數個國際組織的調查、蒐集世界各國 600 個教師的回饋與國際會議針對相關議題討論的資料之後指出，這個益加互相依存的世界，愈益需要能夠將他者納入生命的合作者（collaborator）與和諧運作者（orchestrator），其需思考更廣的世界，建構與發展在此一更廣大之世界所需的能力、專業與智慧，也必須學習考量其行動的更廣意涵、小心地在世界中行動，且在世界變遷時能夠反思與適應。因為這個世界必須與來自不同文化背景的人合作，欣賞不同想法、觀點與價值觀，需要能夠跨越各種差異而決定如何信任對方且與彼此合作，亦能夠生活在受到跨越國界議題影響的世界裡。

國際教育遂因著此全球局勢與政策推動而成為熱門議題，亦成為諸多國際組織與各國政府的重要政策。2020年迄今流行全球的COVID-19疫情，表面上看來似乎迫使全球進入鎖國狀態而打破全球連結，其實這更提醒我們跨國共同合作的重要，一方面藉此而讓各國流行狀況得以全球周知而能加以預防與防堵（無論是武漢肺炎、英國變種病毒株、印度變種病毒株的流行[1]），二方面跨國防疫物資的相互支援以減少各國物資無法齊備的問題，三方面則是各國有效防疫策略的相互學習，以更周延地因應肺炎的擴大。在此趨勢下，具備全球素養與國際移動力的人才養成至爲關鍵，國際教育將來的重要性不減反增。

因此本研究以國際教育之相關研究爲範圍，意欲探究與分析我國專家學者與研究者對國際教育的研究現況。國際教育的概念紛陳，加以我國的政策實施涵蓋了狹義的國際教育、全球教育與教育國際化，本研究遂將之都納入國際教育研究範圍。以下定義本研究之範圍。

筆者奠基於諸多學者的論點而歸納出：狹義的國際教育是對具體國家、區域的描述與研究，提供有關各國文化與現況的了解，抑或兩國之智識或文化關係之了解。對課程設計與教學而言，國際教育教授的是有關他國、其他人民與議題的內容，有關各國之間的國際關係，而且通常是在傳統的歷史與地理、政治科學或經濟學等學科中進行。其與教育國際化實有不同。「全球教育」強調養成一種尊重多元文化的世界觀，尊重與承認世界上族群所具有不同的世界觀，並且關懷全球共同議題且爲共同利益而努力；就課程設計與教學而言，全球教育則強調跨學科的課程與教學方法，以幫助學生將世界視爲一個全球社會，並且了解人類之間的互賴性。此外，全球教育希望透過課程與教學來建構更好的世界，如保障人權與強化民主等（洪雯柔，2015）。

W. D. Halls（1990）將「國際教育」歸屬於「比較教育」此學科領域之下，包含兩類主題，其一爲「國際教學論」（international pedagogy），

1　世界衛生組織（World Health Organization, WHO）爲避免標籤化地區之善意，建議採用Covid-19原始株、α變種或δ變種。本文爲突顯病毒的跨國性傳播，因此以地區之名稱之。

另一爲對國際教育機構之工作的探討。前者涵蓋的範圍較廣，包括研究教導跨國、跨文化、跨種族團體的教學法，研究促進國際了解、和平教育、國際人口與生態的教育，跨文化差異及其解決之道、教科書發展、課程與國際教學規範的協調。後者則研究國際教育機構的工作。以本研究定義而言，「國際教學論」亦屬狹義的國際教育範圍，而關於教導跨國、文化、種族團體的教學法，較少受到注意，本文也將納入。對國際教育機構之工作的探討則納入教育國際化中。

此外，本研究亦將教育國際化納入廣義的國際教育範圍，採用下述學者們的綜合觀點。H. de Wit、F. Hunter、L. Howard與E. Egron-Polak（2015）對教育國際化的定義爲：有意識地融入國際、跨文化或全球面向於教育目的、運作與傳授中的歷程，目的在爲所有師生提升教育與研究品質，且對社會帶來有意義的貢獻。他們沿用了 Knight 的經典定義，但是增加了規範性面向。也如 de Wit 與 L. Deca（2020）所主張的，不將國際化視爲目標，而將對社會的貢獻、所有社群成員的參與、品質的改善視爲目標。K. Garson（2016）肯定 de Wit 等人將 Knight 國際化的定義加以擴展而奠基於公眾利益。他也建議採用 J. K. Hudzik 的「綜合性國際化」（comprehensive internationalization）定義，其將國際化視爲一種透過行動來落實的承諾，且在高等教育的教學、研究與服務中納入國際與比較觀點，在整體機構中形塑出氛圍與價值觀，並涵蓋機構之領導、治理、教職員生、學術服務與支援單位。此種整體機構的籲求不僅會影響內部校園，也影響機構對外的夥伴建構、關係以及外部參照架構。上述定義的關鍵要素在於：採取行動、強調比較觀點以帶來批判與全納（inclusive）取向[2]、整體學校取向（whole-campus approach），以及兼顧全球與本土。

上述定義的具體面向與內涵，則如戴曉霞（2004）所指出的，主要可以分爲學生、教師、課程及研究等四個方向。學生國際化指的是學生的流動，包含招收外國學生與本國學生出國就讀。教師國際化包括外籍教師

2 此處的「全納」概念乃爲 UNESCO 所倡議，強調對各種不同族群、性別、階級等的納入與保障（洪雯柔，2011）。

聘任、教師赴國外研究或訪問等。課程國際化含括課程內容國際化，如加入國際相關議題於課程中，開設其他語言與文化課程，以及授課方式國際化，如遠距教學、網路學習。研究國際化是透過研討會、書籍、期刊的方式，將研究成果拓展至國外。

本研究在上述的國際教育範圍中，檢視我國自 2006 年迄今的相關研究，以了解國際教育研究發展的進程與現況，希冀檢視現有之趨向與現況、構思臺灣脈絡中可精進之處、國外經驗之參酌，進而建議未來可開展的研究方向。

就研究資料探討時間而言：（一）在年限方面，檢索起始爲 2006 年，檢索截止日期爲 2021 年 6 月 20 日，檢索期限爲 2006 年迄今約十五年（2021 年釋出的資料尚少、且僅有半年）。以 2006 年起始而涵蓋十五年，而非以 2001 年起始而涵蓋二十年，或以其他關鍵事件爲起始，乃爲綜合關鍵事件與研究趨向之考量。一方面，2000 年前後、尤其 2000 年之後的確有較多國際教育相關政策釋出，如 1999 年《高級中等以下學校聘僱外國教師許可及管理辦法》、2001 年《大學教育政策白皮書》與《留、遊學服務業分工管理機制處理原則》、2002 年「教育南向政策」、同年行政院的「高等教育宏觀規劃委員會」推動「強化大學國際化教育競爭力、2004 年「擴大招收國際學生」等（教育部，無日期；陳繼成、蘇盟惠，2021），但影響層面較廣者乃爲 2001 年有關大學教育者以及 2002 年的南向政策，以此時期之後開始探討較爲適切。另一方面，觀諸期刊文章、專書與碩博士論文的發表數量，2006 年以前都較爲零星。因之，本研究遂以 2006 年作爲切點。（二）在分期方面，一般研究多以五年爲期來分析，但觀諸各年度的資料分布與幾個關鍵事件的節點，三年爲期可較爲清楚地呈現關鍵事件的影響以及較爲細部的分配狀況。

就研究資料來源及研究方法而言，蒐羅之資料爲本領域主要的研究主題及其成果，類別上涵蓋專著、學術期刊論文、碩士及博士論文。爲顧慮品質，期刊論文以經雙盲審之內容爲主。此外，因受資料可取得性之限，以能透過付費或資料庫可取得全文者爲分析對象，因此納入專書 10 本、期刊 192 篇、博士論文 24 筆、碩士論文 238 筆。搜尋策略爲與關鍵字涵蓋關鍵概念者爲主，採用之關鍵字爲國際教育、全球教育、教育國際化。研究方法運用內容分析法，分別從量化統計與質化分析觀點，針對各論文對國際教育主題、教育階段、研究方法等加以分析，以了解國際教育研究的趨勢與現況，並在此基礎上提出我國未來研究的建議。

第二節　研究背景概述

國際教育並非新概念。在兩次世界大戰後，UNESCO 促請各國重視國際理解的教育。在此之前，歐洲國家早已將促國際理解的比較教育學科納入師資培育中。而在世界體系日益龐大且關係益加緊密的全球局勢推波助瀾下，在經濟全球化挾交通運輸革命、資本主義擴張、資訊科技協助之力而全球擴展，進而影響政治與文化全球化之下，國際觀與全球視野的培養，從菁英份子的優勢逐漸演變成所有人的必備條件。

觀諸我國國際教育論文，可發現幾個比較關鍵的背景脈絡：其一爲國際趨勢，其二爲我國政策脈絡，其三則出自實務端的需求，多爲中小學或高等教育推動國際教育之需求；最後則是其他非屬前述項目的背景。此外，各項背景脈絡的介紹，分別就中小學與高等教育來論述，一方面因爲不同教育階段的國際教育發展重點乃因應其不同的背景脈絡，另一方面則在回應編碼這些論文後的發現。

國際趨勢的影響

影響研究的國際趨勢主要可分爲四大類，其一爲全球化下對培養國際人才所需素養之教育目標的訴求，其二爲國際組織與各國政府對國際教育的重視或政策制訂的趨勢，其三爲全球的國際教育市場競爭，其四爲全球範疇下國際教育研究趨勢的影響。前二者的影響可見於中小學的國際教育與高等教育的國際化相關研究；後二者主要爲針對高等教育階段的國際化相關研究。

一、中小學教育階段

張明文、陳盛賢（2006）以面對全球化的挑戰與國際競爭力的考量，以及美國 911 攻擊事件的借鑑，記取美國輕忽對阿拉伯世界或伊斯蘭文化之理解所帶來的影響，爲建構桃園作爲國際航空城，提出對初等教育階段之國際教育的規劃，強調文化學習與國際交流。而其概念奠基於 UNESCO 的《學會生存》與《爲國際理解、合作與和平的教育及人權與基本自由的教育之建議》，以及美國、英國、澳洲、日本等國的國際教育政策以爲參酌。

陳麗華與彭增龍（2007）立基於全球化與反全球化的背景，提出全球觀教育、積極能動的全球公民資質（active global citizenship）的重要，且倡議中小學階段公民行動取向的課程發展與設計新模式。

此外則有學者或研究者對國外政策或推動趨勢的介紹，如顏佩如（2007）《全球教育課程發展》、黃乃熒（2011）的專書《全球領導與國際教育》、甄曉蘭主編（2013）《和平教育理念與實踐》。比較近期則有一些不同於以往的國際實務趨勢帶來的影響，如鍾鎮城（2015）論述 IB（International Baccalaureate）國際文憑認證學校的國際趨勢，進而分析臺灣經驗。如洪雯柔、文義豪（2000）從制度論跟國際教育元素檢視 IB 國際文憑認證的國際教育內涵。葉怡芬與劉美慧（2020）雖從臺灣的師資國際化政策切入，但是著眼於我國開始推動的 IB 國際文憑認證學校制度，因此也介紹了國際發展趨勢與相關研究趨勢，以作爲該研究的基礎。

其他立基於全球化下國際視野的必備與倡議全球公民素養者，如許芳懿與許家驊（2009）、章五奇（2010）、陳麗華（2011）、吳時省與蔡清華（2017）；以 UNESCO 等國際組織、他國國際教育政策爲背景而訴求全球素養者，如高振擇、林素卿、龔心怡（2007）、林永豐（2011）、陳怡如（2011）、陳貞君（2013）、葉珍玲與甄曉蘭（2019）；強調國際理解與文化學習以面對全球化挑戰者，如張善禮（2013）者；著重於面對全球化之競爭人才培育者，如黃乃熒（2009）、莊楹蕿（2017）等。

碩博士論文多參照學者們的論文，因此亦多以此爲背景；復因碩博士生對於國外相關論述的接觸較少，因此較多依循學者們的論述，碩士論文尤其明顯，而博士論文往往還能參酌國外論述而有深度探討，但深度與廣度一般而言尚不及學者們的專書或期刊論文。

二、高等教育階段

戴曉霞與潘琇櫻（2006）以全球化與區域化帶動的經濟發展為背景，著眼於高等教育面對此局勢所推動的國際化發展，並以高等教育階段的國際學生招收與市場作為焦點。K. J. Laws 與江愛華（2006）一樣從全球化與國際化背景下的高等教育國際化出發，分析澳洲發展的優勢與策略。趙子嘉（2009）從全球化下英語作為國際語言、國際人才之必備要件切入，強調跨文化溝通能力與對應之課程的建構。顏國樑與卓玟琪（2010）一樣從全球化脈絡切入，也因為臺灣加入世界貿易組織（World Trade Organization, WTO）而將 WTO 的教育市場化趨勢帶入，此外更帶入近十年受到矚目的全球性大學排名對高等教育國際化的影響，進而檢視高等教育國際化指標。湯堯、王嘉穗、歐宏國、趙學維（2014）也是以全球化為背景，從臺灣加入 WTO 進而論述到 OECD 等國際組織對跨國教育服務的定義，並分析美國、英國、澳洲等國家的發展趨勢，進一步檢視我國現況並建構相關指標。

徐明珠與王揚智（2006）從經濟全球化背景，論述 OECD、英國、加拿大、紐西蘭、澳洲等國的經驗，論述技職教育國際化的重要。林俊彥、黃培眞（2014）從全球環境、WTO、國際競爭人才與臺灣加入 WTO 之因應的背景，探究技職教育國際化的現況。

陳麗華、葉韋伶、吳雯婷、蔡駿奕、彭增龍（2013）等人雖一樣從全球化切入，但強調培育具備全球觀與國際移動能力的新世代公民，並非基於競爭人才培養的概念。薛雅慈（2014）立基於全球化下的競爭人才訴求與全球關懷，復以國際趨勢為例，訴求對多元文化素養的提升，以促進文化理解，進而倡議高等教育課程國際化的推展。

顏佩如（2011）從全球教育研究的背景出發，以其他國家高等教育對全球教育與素養的重視、檢視我國高等教育階段對全球教育的不足，進而倡議大學推動全球教育以及全球教育研究。李隆盛、賴春金、潘瑛如、梁雨樺、王玫婷（2017）著眼於全球化下競爭人才的重要，以及美國、加拿大、澳洲、韓國等國際發展趨勢，以及國際非政府組織等發展的全球素養，訴求建構我國大學的全球素養指標。王湘月（2019）論述國際競爭力人才的培育，但著眼於高等教育國際化之發展與在地國際化的崛起趨勢，乃從國際研究趨勢之背景出發。此外，亦有頗多直接探究國外國際教育政策的研究，如陳佩英與陳舜芬（2006）探究美國高等教育國際化、姜麗娟（2011）《大學國際化評鑑》借鑑各國經驗、戴曉霞與楊岱穎編著（2012）的《高等教育國際學生市場新趨勢》探討多國趨勢，以及洪雯柔（2015）的臺灣與紐西蘭國際教育政策之趨勢。

碩博士論文因爲多引用學者們的著述，在國際趨勢之影響的論述上也呈現類似趨勢。但不同於針對中小學階段之國際教育的碩博士論文，以高等教育爲題的碩博士論文，尤其是博士論文，可能因爲高等教育國際化的發展與國際的連結本就強勢，不若中小學國際教育發展較爲著重國內的推展，且國際期刊有頗多論述且易於流通，因此碩博士論文所論述的國際趨勢影響，雖然呈現與學者論述的類似趨勢，在論述之廣度、深度、引用資料之來源等頗爲多元。

綜上所述，檢視歷年的相關研究可以發現，越早期的論文，以全球化爲起心動念之背景脈絡的比例越高，而且對於全球化有更多討論跟分析；繼之則是國際組織相關評量、研究或政策的提出，抑或其他國家國際教育政策的推動，以之爲我國反思或建議的促發；更晚期一點，尤其是 2011 年中小學國際教育白皮書公告之後，則較爲著重在我國政策發展的背景

若將歷年論文加以比較，早期一點的高等教育國際化研究可能受到國際局勢或政策的影響，比較偏重於國際學生招生與適應事宜，近期則開始注意國際化的實質內容與研究發展趨勢，尤其是課程國際化與在地國際化，主要著眼於國際素養成爲人才養成的必要項目，國際化如何普及成爲核心關懷；晚近也開始出現新南向政策的影響。此外，高等教育的國際教育研究比較會注意國際發展趨勢且受到其影響。而高等教育也有更多對國際研究趨勢的探討跟借鑑，中小學國際教育研究相對較少有這類關懷。

相較於高等教育，中小學教育階段雖也重視全球化下國際人才養成與競爭，但是更多文章將重點置諸全球公民素養、國際觀與全球視野的養成。但是也因爲國際教育政策的推動，國際發展趨勢的影響也在近期開始在中小學階段出現。

 我國政策脈絡的影響

國際教育研究中更大量的是受到政策的影響。在行政院或教育部推動各項政策或施政要點，影響較大的不外乎《九年一貫課程綱要》中將「文化學習與國際理解」列爲基本能力之一，2011 年公布的《中小學國際教育白皮書一扎根培育 21 世紀國際化人才》爲中小學國際教育奠基，2014 年公布的《十二年國民基本教育課程綱要》列入「多元文化與國際理解」此核心素養，2020 年進一步推展《國際教育白皮書 2.0》（教育部，2020），強化「培育全球公民」、「促進教育國際化」及「拓展全球交流」三個目標，特別強調「彰顯國家價値、尊重多元文化與國際理解、強化國際移動力，及善盡全球公民責任」，「促進教育國際化」中擴增「雙語課程」、「國際課程」、「出國遊學、交換生」及「出國留學」等（洪雯柔，2020a）。其他如人才培育白皮書、「提升青年學生全球移動力計畫」等，雖然亦被提及，但是明顯少於國際教育白皮書。以下分別就中小學教育階段與高等教育階段來分析。

一、中小學教育階段

陳怡如（2011）主要針對我國中等教育階段之國際教育相關政策進行介紹、分析實施成效與未來挑戰；陳美如與郭昭佑（2011）針對國際教育政策未有指標以供成效檢視之用，因此爲文提出相關指標；朱啟華（2013）針對白皮書提出臺灣國際教育的反思；林明地（2016）也提出對政策的建議；劉華宗與林美玲（2016）提出對國際教育政策的評估與檢討；洪雯柔（2017b）也從英國經驗進行對我國國際教育政策的反思與展望。

陳意尹與蔡清華（2013）分析美國國際教育政策與策略之後提出給臺

灣的啟示；鍾宜興與黃碧智（2013）針對國際教育白皮書的「國際教育」概念予以釐清與耙梳；周珮儀、王雅婷、吳舒婷（2019）從 2018 年國際學力評量 PISA（Programme for International Student Assessment）的全球素養評量認知測驗來檢視我國的教科書；侯雅雯與詹盛如（2020）則呼應我國國際教育政策白皮書而探究美國與英國國際教育策略，以供我國參酌。

洪雯柔與郭喬雯（2012）針對偏鄉小學落實國際教育計畫之經驗予以分析及模組化，以提供偏鄉學校所需；林永豐（2012）則提出全球教育的重要主題與課程設計，以供中小學教育工作者落實國際教育政策之參考；黃瀞瑩、湯維玲（2018）分享國際教育政策的落實案例；劉美慧（2020）說明從國際教育白皮書 1.0 到 2.0 的異同；劉美慧、洪麗卿、張國恩（2020）該文則說明國際教育白皮書 2.0 的指標建構與應用，以作爲未來檢視推動成效之依據。此類的期刊論文與碩士論文數量頗多，多數論文皆會論及國際教育白皮書的影響。

二、高等教育階段

高等教育階段的國際化研究，錢奕華（2008）以海外華語教學爲主題，針對的是政府在高等教育階段所推動之海外華語實習政策的落實。溫連雄（2009）針對頂尖大學政策所促動的研究國際化加以反思；顏國樑與卓玟琪（2010）旨在針對我國政府對高等教育國際化政策提出建議，因之針對全球大學排名的評估指標加以檢視以提供我國之參考；湯堯等人（2014）也是爲政策提供高等教育服務指標。

自國際教育白皮書公告後，以此爲背景的國際教育乃爲主流，而且皆以中小學教育階段爲探究焦點。或以此爲背景，強調國際教育推動的重要性；抑或著重於其現況之不足或挑戰，提出政策與實務的建言，或援引國外經驗以爲國內參酌。此外，近期政府對國際組織所提出之國際政策或評量的參與及重視，無論是聯合國的永續發展指標（Sustainable Development Goals, SDGs）、我國政府與英國文化協會（British Council）的合作、我國與美國 Fullbright 計畫（the Fulbright Program）的合作、國際學力評量 PISA、教學與學習成效調查 TALIS（Teaching and Learning International Survey）等，也會影響中小學教育階段對國際組織與國際趨勢的注意。

高等教育也會受到政策影響，多半是跟招收國際學生、選送學生出國有關的學海系列政策，抑或新南向政策。此外，政府對於跟全球競爭有關的大學排名也頗為關注，這也會影響高等教育階段的國際教育研究。

實務端的需求

其他不屬於上述兩類背景影響者，則多半出自實務端的需求；但是亦有基於前述兩類背景而開展出實務推動之需求者。以中小學教育階段相關論文觀之，多半來自對學校現場實務問題的研究、國內外相關經驗的探究與分享。如莊榲薐（2017）針對偏鄉國中之國際教育課程的行動研究。高等教育階段的論文跟中小學階段一樣有針對現場實務問題的探究、國內外相關經驗的探究與分享。如趙子嘉（2009）以大專生英語學習為案例探究跨文化溝通能力以及課程規劃建議，或陳嬿嬿、鍾招正（2015）探討企業訓練課程對海外實習成功的影響。而且有更多源於高等教育本身的需求所進行的探究，而非針對政策的回應。而且碩博士論文亦是如此，且其兼有中小學教育階段與高等教育階段的特色，此或許跟書寫者的背景有關，有不少碩博士生本身也是教育工作者。

其他類型之需求

除了前述背景外，高等教育也有比較多出於學術研究的好奇而進行的探究，抑或針對國際教育理念或意涵進行的釐清、針對學術發展進行的反思。如楊深坑（2013）該文聚焦在國際教育理念與實務的歷史回顧，雖然論及國際組織對國際教育的影響，並非立基於其脈絡而為文或著眼於政策的參酌目的；張善禮（2013）亦是針對國際教育的意涵來加以釐清；邱玉蟾（2012）則探究國際教育中的意識形態；宋佩芬與陳麗華（2008）是針對全球教育研究進行評論與脈絡分析；吳佳芬（2017）針對高等教育國際化中之核心能力「跨文化敏感度」之相關研究進行後設分析，以了解各國相關研究的論文發表狀況與趨勢。

本小節可以看出，國際教育的研究，不管出自何種背景，研究目的主要爲政策或實務推動的改善，少有基於研究而探究此主題者，此或許跟本主題的應用性有關。

第三節　研究結果與討論

以下先探究學者們對國際教育範疇的論述來分析，且進一步分析其背後的觀點，繼之針對國際教育主題、文獻之分布（包含年度、文獻類型、作者身分）來進行分析。

國際教育的範疇及其觀點

國內學者或研究者對國際教育範疇的定義頗爲多元。諸如早期黃乃熒（2009）〈臺灣推動中小學國際教育之行動建構〉所採用的概念，其指出國際教育乃是強調未來導向、多面向科際整合、驅動全球化願景、回應全球環境改變的教育，且需透過全球議題的學習來培養世界公民。此外，國際視野的意識必須包括經濟發展、科技創新、文化理解、寰宇倫理等。他也將學校國際化納入。綜合觀之，其國際教育以全球公民養成爲主，涵蓋國際的文化理解以及國際化。

宋佩芬與陳麗華（2008）〈全球教育之脈絡分析兼評臺灣的全球教育研究〉則指出，與全球教育（global education）相似的內容有世界研究（world studies）、跨文化教育（intercultural education）、全球觀教育（global perspectives in education）、發展教育（development education）、和平教育（peace education）、人權教育、環境教育（environmental education）跟國際教育。但 1990 年代之後，因國際互動與依存關係在全球化下日益明顯，這些議題有著共同急迫性，因此學者們呼籲共同解決問題的世界公民教育。從上述論點，輔以其所分析的文獻主題，可以看出他們以全球教育涵蓋國際教育、跨文化教育、和平教育、發展教育等多元概念。

周珮儀與鄭明長（2011）〈我們培育孩子成爲全球公民嗎？—從全球教育觀對國小社會教科書的論述分析〉則認爲，全球教育在培養全球議題的知能，以及透過相互關聯的系統理解世界和多元文化觀點。他們的觀點跟宋佩芬與陳麗華（2008）一樣，認爲和平教育、未來教育、發展教育、多元文化教育、人權教育、全球環境教育等原本涉及全球教育某些層面的議題，逐漸殊途同歸於集大成的「全球教育」。

林永豐（2012）〈全球教育的重要主題及其課程設計〉將國際教育與全球教育混用，將各國的全球教育與我國的國際教育政策合併討論，意欲從全球教育主題的探討中提供我國國際教育發展與課程規劃之參考。其不僅採取學者們強調全球性觀點（含全球意識、察覺全球狀態、察覺跨文化的能力、全球動態知識及察覺人類的抉擇）及全球議題與系統之研究，也納入跨文化學習的概念。此觀點同樣是將國際教育的內涵納入全球教育。

劉美慧（2017）似乎也將國際教育與全球教育視爲認爲同一概念，在〈多元文化教育與國際教育的連結〉一文中多半以全球教育指稱國際教育，且援引 G. Pike 的觀點，認爲國際教育的目的在於消除國家的疆界，培養具有全球意識的世界公民（cosmopolitan citizens）。此外，她更引 Cole 所提出的全球教育多元化（multiculturalize global education）與多元文化教育全球化（globalize multicultural education）的途徑，協助學生從理解所處的團體對個人價值觀與態度的影響，進而了解全球現象。從此可看出，她所主張的國際教育涵蓋了世界主義的全球教育觀點，也含納了原本以國家社會爲範圍的多元文化教育觀點，將之擴展範圍到全球。

葉珍玲、甄曉蘭（2019）的〈國際教育的核心：提昇全球素養的教學〉一文，從標題便可看出作者認爲國際教育與全球教育是等同的，認爲國際教育演變爲更廣泛的「全球公民」教育。而且文中或以「國際教育」論述，或以「國際化教育」論述，亦可見其也將國際教育等同於國際化。

前述幾位學者對於國際教育與全球教育的區分並不明顯。接下來則是學者們將國際教育與全球教育予以區分的各種論點。

顏佩如（2007）將主張國家主權、研究各國與國際組織的教育視爲國際教育，將國際社會轉變及提升全球問題解決、重視全球系統相互依賴關係的教育視為全球教育。因之其倡議全球教育。

洪雯柔與郭喬雯（2012）對國際教育、全球教育與教育國際化則予以區分。他們綜整學者們的論述，主張狹義的「全球教育」、「國際教育」與「教育國際化」各有其不同意涵：「全球教育」強調未來導向，關注於永續發展，強調養成一種尊重多元文化的世界觀，尊重與承認世界上族群所具有不同的世界觀，並且關懷全球共同議題且為共同利益而努力；國際教育較注重現狀，是對具體國家、區域的描述與研究，僅提供有關各國文化與現況的了解，關注於各國間的相互了解。傳統上對教育國際化的界定乃包含下述的傳統國際教育活動，如國際連結、留學、國際學生入學、外語訓練、課程方案等。進一步採用 G. Knight 的教育國際化觀點而指出，其為一種歷程，乃將國際、跨文化與全球面向融入教育目的、功能與傳授中，而強調跨文化技能的發展、了解社會正義議題、檢視地方與全球公民之價值態度與責任，且讓學生準備好面對多元文化的全球職場。

楊深坑（2013）〈國際教育理念與實務之歷史回顧與前瞻〉也試著加以耙梳，論述了學者對國際教育的幾類理念：（一）十七世紀 Commenius 提出的普遍主義（universalism）泛智觀點，基於天下一家概念，建議不分種族、階級、宗教、國家的教育，一種教育的國際化概念。（二）十八世紀 Kant 超越民族國家界線的世界主義（cosmopolitanism）觀點，強調個人心靈的共同理性與「以天下為已任」的理想目標。（三）I. L. Kandel 對國際理解之教育的國際主義（internationalism）論點，強調族群、國家在人類文明各有其地位，不應強調特定文化的優越性或獨占性，學校教育應教導國際理解與國際關係，摒除對其他國家與民族的仇視敘述，但也必須從民族主義教學開始，了解本身民族在人類文明的適當地位。（四）J. Cambridge 與 J. Thompson 的國際教育意涵：「促進國際理解之哲學思辯與學術研究、培養國際眼光與國際心靈的教育，以及國際學校所提供的教育」，其中的國際眼光與心靈的教育更涵蓋了國際理解、國際合作、和平與去衝突教育等內涵。上述四類理念可看出涵蓋了全球教育、國際教育、教育國際化。

鍾宜興與黃碧智（2013）的〈流動的文化疆界與跨界的心靈—國際教

育相關概念的釐清〉，將國際教育、全球教育、多元文化教育等常混用的概念更明確地加以釐清。他們採取多位學者的觀點而指出，國際教育從原本強調奠基於國家意識而致力於增加跨國理解與認識、進而消弭戰爭獲致和平，擴展到 S. A. Schulz 等人主張的回應全球環境變遷的國際教育，強調全球議題的學習、培養世界公民、促進永續發展。如此，國際教育與全球教育之別則在於，前者致力於厚實本國公民的國際競爭與合作能力，進而獲致世界和平；後者則強調全球公民意識，強化全球責任感，是一種道德訴求。此外，他們釐清了「多元文化」乃指稱多元性的文化現象，而「跨文化」（intercultural）乃是在多元文化環境下與其他文化團體互動。因之他們採取 I. Hill 的觀點，以跨文化教育作爲國際教育與多元文化教育的連結。他們的觀點乃將國際教育擴大以涵蓋全球教育的內涵，但區隔兩者的不同訴求，一以國家意識爲核心，一爲全球公民的責任感。

王俊斌（2020）跟鍾宜興與黃碧智（2013）有某些觀點類似，建議從文化際（即「文化之間」的意涵，鍾宜興與黃碧所論之「跨文化」）素養來達成國際教育。其觀點較爲偏向國際理解，且以世界主義觀點爲基礎。

筆者的觀點也類似之處，認爲多元文化與跨文化其實有著差異。多元文化教育是一個由個人、教師、學校、社會整體共同建構的歷程，希冀建構出具有文化包容性、欣賞文化多樣性、具備文化調和與融合能力的公民。期待透過社會成員點點滴滴的共同努力，一如漣漪，逐漸形構出整體社會的變革（洪雯柔，2020b）。但在國際教育中，跨文化理解乃是關鍵，是對其他國家與文化的理解。筆者主張國際教育、全球教育、教育國際化、多元文化教育有其重點與目的的差異，但是彼此之間的確呈現越來越融通的趨勢。

至此可發現，前述幾位學者的論述階段聚焦在中小學，因此多半以國際教育與全球教育爲範圍。以高等教育階段爲焦點的學者，則多半論述教育國際化。如戴曉霞（2004）從對象觀點而將高等教育國際化加以分類，她指出高等教育的國際化主要可以分由學生、教師、課程及研究等四個方向來進行。因之戴曉霞與楊岱穎編著（2012）的《高等教育國際學生市場新趨勢》便聚焦在國際學生招生與國際教育市場。

姜麗娟（2011）以 Knight 的觀點爲基礎，其國際化更直接以大學爲範圍，將其定義爲：國際化活動、計畫、策略組合後的綜效與品質，以及其與大學使命達成、機構變革或教育品質提升間的關聯性程度。此一定義綜整了其在文中所引之諸多學者的論述，包括學生、教學、課程、教師與職員、活動、合作、組織、品質等的國際化，以及在地國際化。

此外，則是國內學者較少討論的國際組織與教育。沈姍姍（2010）主編的《國際組織與教育》邀請多位學者介紹與分析國際組織在世界教育發展的作用與影響，諸如 OECD、世界銀行（WB）、UNESCO、國際教育局（IBE）等。

綜整國內的論文，可以發現研究者們認爲的國際教育範疇涵蓋下述幾類：（一）多元文化與國際理解：涵蓋多元文化（指稱面對國際的對象）、跨文化理解與溝通，是一般的國際教育概念；（二）全球教育：提升全球素養、全球公民素養；（三）教育國際化：與國際接軌、含納全球或國際元素；（四）國際人才培養與外語學習。多數研究其實會混用多種概念，採取單一概念者並不多。

上述的範疇不同，通常反應的是觀點與目的的不同。論文中所呈現的觀點大致可以分爲幾類：（一）強調全球化世代中的國際競爭局勢與國際人才的培養，以培養人力資本、提升臺灣競爭力爲目標：此類又以高等教育的相關研究居多。（二）強調全球化下國際頻繁互動所需的國際理解，偏向國際主義觀點。（三）強調全球議題與全球公民責任，偏向世界主義觀點。

由此範疇及其背後觀點的分析，與筆者之前對國際教育研究背景的分析相呼應，可看出因應國際趨勢與我國政策的國際人才養成目標。此一分析或可提供我們未來實施國際教育或進行國際教育研究時之後設思考，反思特定觀點的適切性、參酌其他觀點的意義與價值；據此，更進一步思考與調整國際教育的推行範疇。

 研究文獻之分布

以下以三年爲一期來分析：（一）若就各年度的文獻總數而言，呈現逐年成長的趨勢。成長幅度最大的是 2009-2011 年這一期，碩士論文數甚至達前一期的四倍，這時期正好是中小學國際教育白皮書 1.0 版公告之際，在高等教育階段則是教育部在討論國際化指標與評鑑、以及教育部推動學海築夢、學海飛颺、青年署國際志工之際，也許當時國際教育如火如荼推動，有其影響力。2012-2014 年的成長幅度也很大，之後就維持穩定。（二）就各年度的文獻類別來論，2006-2008 年度文獻量最高的是高等教育爲題的碩士論文，之後各階段都以中小學教育主題的碩士論文居冠，雖然 2018-2021 居冠的是中小學教育主題的期刊，但是與碩士論文的數量差距不大。原因也許跟前述幾項一致，白皮書的公布、國際教育政策的釋出、研究生的來源。而期刊數的增加則可能也是前面所提，修業條件逐漸增加期刊出版，加上近年有較多新期刊、審查標準不若 TSSCI 嚴格，而能給予更多實務工作者分享的空間。就專書而論，無論在高等教育大致持平，但中小學教育階段則呈現下降趨勢，但其數量不多，所以較難評估。（三）就各年度與教育階段論文數而論，高等教育階段的論文呈現一個起伏的狀態，但是規模差異不大，較大的降幅出現在 2015-2017 年。小學教育階段則一致地呈現成長趨勢，最大的漲幅出現在 2009-2011 年，成長三倍。（四）無區分的這一類，原本數量就極少，其年度的變化也不大。

表 1　國際教育相關研究之出版年度、文獻類型與教育階段分析表

文獻／教育階段／年度	2006-2008	2009-2011	2012-2014	2015-2017	2018-2021
專書／高等教育	0	1	1	0	1
期刊／高等教育	9	17	19	13	23
博論／高等教育	1	0	0	0	2
碩論／高等教育	12	11	14	9	8
小計／高等教育	22	29	34	22	34

（續前頁）

文獻／教育階段／年度	2006-2008	2009-2011	2012-2014	2015-2017	2018-2021
專書／中小學教育	2	2	1	1	0
期刊／中小學教育	5	10	17	30	42
博論／中小學教育	0	0	5	5	11
碩論／中小學教育	7	32	45	57	38
小計／中小學教育	14	44	68	93	91
專書／無區分	0	1	0	0	0
期刊／無區分	2	0	2	1	0
博論／無區分	0	0	0	0	1
碩論／無區分	1	0	3	0	1
總計／年度	39	74	107	116	127

國際教育主題

在主題方面，分別就教育階段與主題等來分析。

一、教育階段與論文類別

從表一可以看出，就教育階段而言，國際教育的研究以中小學教育階段者居多，爲高等教育的兩倍強。這部分跟人口結構與專長也許有關，碩博士生有不少來自在職專班、也不少在職老師在全時制研究所進修，以自己所關心的領域爲題，乃屬常態；此外則可能是教育領域相關學者通常也會以中小學作爲學術服務或研究對象，這也可能增加中小學教育階段的研究量。

就論文類別而言，1. 以碩博士論文居多，而且以碩士論文居多，此或與廣設研究所有關；以班別跟人口結構觀之，碩士論文居多自屬合理；但另一個原因可能是國際教育研究偏向實務，而博士論文的學術性通常較高，因此在整體碩博士論文中博士論文於此主題的探究相對較少。2. 期刊居次：廣設研究所、研究所畢業條件通常涵蓋期刊論文的發表或許是近十年期刊與期刊論文大幅增加的原因。而且有越來越多以實務論文爲主的期刊出現，或許也是這些論文數量大幅增加的原因。3. 在國際教育研究中，書籍的部分則是鳳毛麟角，且單一作者的書籍極爲罕見。專書的撰寫不易且耗費時日甚長，數量上較其他類型爲少乃屬正常；但這或許也反應當代學術研究的結構，大部頭的長篇論述比較少學者投入了，通常轉而投入短篇、撰寫時間短、容易流通跟受讀者青睞的期刊論文。

表 2　國際教育論文之教育階段與論文類別對照表

文獻／教育階段	專書	期刊	博士論文	碩士論文	總計
高等教育	3	83	3	54	143
中小學教育	6	104	20	178	308
無區分	1	5	1	5	12
總計	10	192	24	237	463

二、主題

依據本研究的範圍，以下的主題分析分爲全球教育、狹義的國際教育以及教育國際化，另設其他類。此外，文獻屬於多種類別者，可複選，因此主題總數會多餘文獻筆數。

（一）依據各主題在教育階段的分布觀之，高等教育階段的主題聚焦在國際化，中小學階段則主要在國際教育；而且，早期以全球教育爲主，之後則以國際教育爲主，時間點約在國際教育白皮書公告之際。

（二）依據主題在各時期的分布觀之，國際化主題高等教育呈現比較平均分配且持平的趨勢，國際教育與全球教育則一直沒有受到重視；國際教育在中小學教育階段受到的矚目乃有巨幅成長，尤其在 2009-2011 年與 2012-2014 年這兩個時段；國際化有日益受到重視的趨勢，這也許跟國際教育發展已經到一定程度，已可向更全面性國際化邁進；全球教育則似乎逐漸受到忽略，但也可能因為其被納入國際教育範圍之故。

（三）不屬於高等教育階段與中小學教育階段者，多半是針對國際組織或非政府組織所進行的研究，可以發現這類的相關研究極為少見。

表 3　國際教育於各教育階段之主題分布表

文獻／教育階段／年度	2006-2008	2009-2011	2012-2014	2015-2017	2018-2021	總計
全球教育／高等教育	1	1	0	1	0	3
狹義國際教育／高等教育	5	4	5	3	6	23
教育國際化／高等教育	24	29	32	22	32	139
其他／高等教育	0	0	0	0	0	0
小計／高等教育	30	34	37	26	38	165
全球教育／中小學教育	11	23	13	12	3	62
狹義國際教育／中小學教育	2	16	49	78	78	223
教育國際化／中小學教育	2	9	13	21	20	65
其他／中小學教育	0	0	0	0	0	0
小計／中小學教育	21	48	75	111	101	356
全球教育／無區分	1	0	0	2	1	4
狹義國際教育／無區分	1	0	7	3	11	22
教育國際化／無區分	0	1	1	1	2	5
其他／無區分	0	0	0	0	1	1
小計／無區分	2	1	8	6	15	32
總計／年度	53	83	120	143	154	553

除上述的數據分析外，質性分析發現幾個主題特色：

（一）國別：中小學教育階段，以臺灣國際教育爲主，其他國家之介紹較少；外國之探究偏重英語系國家，以及日韓等鄰近國家。高等教育階段，比較多以外國經驗爲探究對象，一樣偏重英語系國家，其次爲歐洲與日韓等鄰近國家，東南亞國家則近年有逐漸成長的趨勢。

（二）教育階段與類型：1. 早期以高等教育的研究居多，近十年則中小學逐漸後來居上。2. 整體而言高級中等教育階段偏少。3. 相較於普通學校，技職類學校更爲少見。而且技職教育類的國際教育探究，比較偏向整體性的、概念性的闡述，具體做法偏少。4. 幼兒教育階段罕見，可能因爲國際觀的養成多半被認爲至少要國小階段認識自己的學校、社區、社會、國家之後，才適合進行教學。5. 雖然教師乃是國際教育推展的重要推手，但是以往師資培育階段或教師專業成長，較少觸及國際教育，近期可能因爲政府政策推動師資生的海外教育實習，國際教育在師資培育、教師專業成長上的角色日益受到重視。

（三）主題內容隨教育階段之不同而有不同的重點：高等教育著重於招生國際學生與國際學生相關議題、本國學生海外留學或交換、課程國際化等高等教育國際化的主題；中小學的重點比較置諸國際交流、國際教育課程等主題；技職教育偏重海外實習等主題。

（四）主題內容之隨時間而有不同發展趨勢：各教育階段重點項目隨著時代或發展進程而轉變。如高等教育相關研究從招收國際學生、海外交換、整體高等教育國際化發展等主題，逐漸觸及課程國際化、在地國際化、系所層級的國際化等主題。中小學階段以往以國際教育課程或國際交流等爲主，近年開始有 IB 國際文憑課程或學校、雙聯學制等類型出現。

（五）實務研究的問題解決偏向：一般實務性研究多半緣起於問題的提出，繼之爲作法介紹、案例分享，頗多是外國概念跟作法的引入。但是對於執行歷程的檢視、成效的追蹤、對目標的達成、反思的進行等，相對地較少研究國際教育研究方法與類型。

（六）多數研究乃是透過文獻探討來進行探討。而以研究方法觀之，多半爲文件分析法、訪談法，少數採用問卷調查與量化研究法。更爲少見的是觀察法、移地研究或混合方法。

第四節　研究結論與建議

研究結論與趨勢

以下從研究背景、國際教育範疇、研究主題與趨勢、研究方法等項目分述本研究結論，由此亦可看出我國國際教育研究之趨勢。

一、就研究背景而論，全球化、國際組織與其他國家政策等國際趨勢、我國政策脈絡、實務端之需求可謂國際教育研究的三大類趨勢。而不同教育階段的國際教育研究受不同背景脈絡的影響。高等教育階段的國際教育研究比較以全球化跟國際競爭合作人才培育的脈絡爲主，且受到各國政策與研究趨勢的影響較大；中小學階段的國際教育研究則比較受到我國政策與實務需求的影響，尤其是國際教育白皮書。

二、就國際教育範疇而論，學者們認爲的國際教育可分爲國際理解、全球教育、教育國際化，以及跟國際人才培養有關的外語學習。而多數學者混用多種概念。而不同的界定，隱含著背後的不同觀點，如國際主義、世界主義、資本主義競爭合作等。

三、就研究主題與趨勢而論，本研究有以下發現：1. 文獻數量呈現成長趨勢，而從以高等教育階段的探究逐漸轉爲以中小學國際教育爲主軸。2. 主題分布方面，高等教育階段很一致第聚焦在國際化的主題上，中小學階段則早期以全球教育爲主題，國際教育白皮書公告後的時間點開始出現以國際教育爲大宗的大幅成長趨勢。3. 主題內容的偏重點不同，高等教育偏重國際學生招收或我國學生出國，中小學的重點比較偏向課程規劃的融入與介紹。4. 研究對象有集中於國中小的趨向。5. 整體而言呈現實務問題的探究。

四、研究方法部分，偏向採用文件分析法與訪談法。

 建議與展望

以下分別就未來實務與研究方向提出拙見，就教方家。

一、實務方面

㈠國際教育範疇與觀點的釐清與反思

國際教育研究反映出的國際教育範疇涵蓋多元文化與國際理解、全球教育與教育國際化，而其背後的觀點有人力資本觀、國際主義與世界主義觀點。若能反思未來實施國際教育或進行國際教育研究之觀點，反思特定觀點的適切性、參酌其他觀點的意義與價值，或能深化與開拓未來國際教育的範疇。

㈡未來的國際教育發展取向

新冠肺炎疫情或資訊科技下的國際教育，已呈現不同的面貌，其運作方式、實施歷程、成效與影響等，都可有新的思考與創意，開展出多元且有意義的國際教育。

㈢技職教育國際化建議強化

技職教育長期以來爲我國優勢，而在國際合作與國際招生中，更是重要項目；而技職人才的國際觀與全球視野，更有助於提昇我國在經濟全球化中的競爭力。技職教育國際教育的探討偏向整體性跟概念性的介紹，以國際化爲訴求，但若思考技職體系的多元學科與屬性，各種學科或活動類型之需求爲何、對應的適切策略爲何、課程或活動如何規劃、實施歷程與成效爲何等，都建議可以精緻且深入地探究。

㈣偏鄉國際教育發展的推動與支持

觀諸近十五年的研究，以偏鄉爲對象者極微少見，復以筆者近十年來帶偏鄉國際教育，建議能對之有更多長期陪伴與推動的協同機制與資源，以協助其累積與發展

㈤「最佳實務」（best practice）的搜尋與建構

目前已有課程、學校推動模組等的模組分享，針對其他項目（如學校國際化、國際交流、教師專業成長等）或縣市本位國際教育，則有待累積或開發。雖然各校有其脈絡，仍應基於其資源與能量來規劃適切的國際教育，但最佳實務的範例，仍有助於實務工作者在其經驗上思考可行策略與因應調整。

（六）可參酌比較教育學者的養成方式，以提供國際教育培養全球移動力人才之需。而其培養重點在於全球系統思考觀點的形塑、跨文化理解與溝通能力的養成、跨國移動力的培養等。

二、研究方面

㈠國際教育研究主題的擴展與深化

從本研究的討論可發現，高中階段、技職教育體系、師資培育等的國際教育或國際化發展較少有相關研究，而偏鄉國際教育的相關研究亦頗爲欠缺，此爲尙待開展之處。此外，國際組織及其教育任務的相關探究長期以來極爲少見，也是未來可以強化之處。

㈡深度與長期研究的進行尚須強化

目前較多的研究較爲著重在國際教育的推動與實施策略、短期認知成果，在歷程探究、成效檢視、影響、或長期影響的追蹤研究，相對較爲不足，因此建議深化國際教育推動之影響與成效的探究，且進行長期追蹤。

㈢國際教育評鑑、評鑑規準與工具尚待精緻化

目前國際教育的政策與實務推展較爲欠缺用以檢視成效與目標達成度的規準。雖有多位學者嘗試建立指標，但是尙待精緻化與共識的凝聚；此

外，操作策略與歷程，以及後續的回饋與追蹤機制，尚待規劃。

㈣批判性研究納入的重要性

頗多現有研究比較從實務推動出發，著眼於一些國際教育的趨勢，而非從其意義與影響來論述；亦較少納入我國與外國脈絡的思考與檢視。此部分建議未來可以提升。

㈤國際教育理論有待建構

目前國際教育研究，多半從實務觀點切入，較為欠缺理論觀點。有學者指出「國際教育社會學」（sociology of international education）正在崛起（Resnik, 2012）。筆者思考的是比較教育的理論與方法，應可以有貢獻之處，畢竟比較教育學者長期以來進行的是跨國的研究與比較、國際關係的探究、置諸脈絡的教育研究，此與國際教育的核心概念一致。且長期以來，比較教育學者乃立基於比較研究而進行國際教育的推展。

參考文獻

王俊斌（2020）。文化際素養導向的國際教育及其教師專業發展。**教育研究月刊，312**，79-097

王湘月（2019）。臺灣高等教育國際化與在地國際化之初探。**南臺人文社會學報，20**，31-68。

朱啟華（2013）。臺灣國際教育的反思——以《中小學國際教育白皮書》爲例。**嘉大教育研究學刊，30**，1-20。

吳佳芬（2017）。跨文化敏感度研究書目計量學分析：以1992 至2016 WOS資料庫爲基礎。**國際文化研究，13**(1)，27-66。

吳時省、蔡清華。（2017）。亞洲小學生全球公民素養量表發展：以臺灣小學生爲探索個案。**教育學報，45**(1)，99-129。

宋佩芬、陳麗華（2008）。全球教育之脈絡分析兼評臺灣的全球教育研究。**課程與教學季刊，11**(2)，1-26。

李隆盛、賴春金、潘瑛如、梁雨樺、王玫婷（2017）。大學生全球素養指標之建構。**教育實踐與研究，30**(1)，1-32。

沈姍姍主編（2010）。**國際組織與教育**。臺北市：高等教育出版社。

周珮儀、王雅婷、吳舒婷（2019）。國民中學英語教科書全球素養概念內容分析——以PISA 2018 全球素養評量認知測驗內容領域爲參照架構。**教科書研究，12**(1)，1-38。

林永豐（2012）。全球教育的重要主題及其課程設計。**課程研究，7**(2)，31-54。

林明地（2016）。國際移動力的光譜：務實而明智的國際移動。**教育研究月刊，271**，4-16。

林俊彥、黃培眞（2014）。臺灣高等技職教育國際化現況發展探究。**致理學報，34**，377-412。

邱玉蟾（2012）。全球化時代國際教育中的意識型態。**課程研究，7**(2)，

1-30。

侯雅雯、詹盛如（2020）。英國與美國國際教育策略之探究。**教育研究月刊**，**312**，34-48。

姜麗娟（2011）。**大學國際化評鑑**。臺北市：財團法人高等教育評鑑中心基金會出版、高等教育出版社發行。

洪雯柔（2011）。全球化下的教學與課程議題：聯合國推動之全納教育。**教育研究月刊**，**206**，35-48。

洪雯柔（2015）。**邁向國際的旅程──國際教育政策與實務的探析**。臺北市：高等教育出版社。

洪雯柔（2017a）。教育2030：未來教育想像之國際趨勢。**教育研究月刊**，**281**，99-109。

洪雯柔（2017b）。VUCA世代國際教育政策的反思與展望—英國的經驗，我國的反思。**中等教育**，**68**(1)，6-21。

洪雯柔、文義豪（2000）。國際學校的「國際」元素爲何？一所學校「國際文憑課程」的國際化分析。**教育研究月刊**。**312**，49-63。

洪雯柔（2020a）。高中校訂必修中的國際教育樣貌—以不同取向的兩門課程爲例。**中等教育**，**71**(3)，30-47。

洪雯柔（2020b）。面對文化多樣性：多元文化教育的挑戰與契機。**臺中市教育電子報**，**114**，https://epaper.tc.edu.tw/application/cate-page/2？id=1

洪雯柔、郭喬雯（2012）。建構國際教育融入課程的教師專業成長團體規劃模式：三所偏鄉學校策略聯盟的經驗。**課程研究**，**7**(2)，55-83。

高振擇、林素卿、龔心怡（2007）。國中學生全球知識與全球態度關係之研究：以結構方程模式分析。**彰化師大教育學報**，**11**，75-103。

張明文、陳盛賢（2006）。桃園縣初等教育國際化及其政策。**教育資料與研究**，**71**，63-78。

張善禮（2013）。文化本質與文化類型對跨文化國際教育的意涵。**輔仁外語學報**，**10**，1-16。

教育部（2011）。**中小學國際教育白皮書**。臺北市：教育部。

教育部（2014）。**十二年國民基本教育課程綱要──總綱**。臺北市：教育部。

教育部（2020）。**中小學國際教育白皮書2.0**。臺北市：教育部。

教育部（無日期）。**教育部部史**。臺北市：教育部。

章五奇（2010）。從後殖民觀點分析國小社會領域教科書中「全球關聯」內容。**新竹教育大學教育學報，27**(2)，103-134。

許芳懿、許家驊（2009）。人文主義取向的全球公民課程——兼對九年一貫課程的檢視。**公民訓育學報，20**，121-153。

陳佩英、陳舜芬（2006）。美國高等教育的國際化。**教育資料與研究，71**，109-131。

陳怡如（2011）。我國中等學校國際教育實施現況與未來發展。**教育資料集刊，50**，1-26。

陳美如、郭昭佑（2011）。中小學國際教育指標建構之研究：科學與文化取向。**教育研究月刊，207**，94-100。

陳貞君（2013）。來聽一首跨國交響曲：一位國中英語教師在國際專案教學的實踐與轉化歷程。**教育實踐與研究，26**(2)，67-102。

陳意尹、蔡清華（2013）。美國國際教育政策與做法現況之分析兼論其對臺灣國際教育之啟示。**國民教育學報，10**，153-176。

陳儒晰（2008）。幼兒職前教師實踐全球議題融入幼兒教學活動設計之探究。**育達學院學報，17**，71-96。

陳麗華（2011）。公民行動取向全球議題課程設計模式與實踐案例。**臺灣民主季刊，8**(1)，47-82。

陳麗華、葉韋伶、吳雯婷、蔡駿奕、彭增龍（2013）。師培地球村——以國際教育志工服務方案培養教師的國際化意識。**課程與教學，16**(4)，149-182。

陳麗華、彭增龍（2007）。全球觀課程設計的新視野：公民行動取向。**教育研究與發展期刊，3**(2)，1-18。

陳嫵嫵、鍾招正（2015）。企業訓練課程對海外實習成功之影響——以大仁科技大學新加坡海外實習爲例。**大仁學報，47**，69-98。

陳繼成、蘇盟惠（2021）。以跨平臺資料庫整合探究國內高等教育機構國際化現況：支持校務研究爲導向。**測驗學刊，68**(1)，25-51。

湯堯、王嘉穗、歐宏國、趙學維（2014）。我國跨國高等教育服務指標之建構。**教育研究集刊，60**(4)，63-97。

黃乃熒（2009）。臺灣推動中小學國際教育之行動建構。**教育資料集刊，42**，1-23。

黃乃熒（2011）。**全球領導與國際教育**。臺北市：學富。

黃湃瑩、湯維玲（2018）。國際教育議題融入國中跨領域課程之個案研究——以屏東縣南榮國中爲例。**臺灣教育評論月刊，7**(10)，105-113。

莊樞蕿（2017）。偏鄉國中實施國際教育課程之行動研究。**新竹縣教育研究集刊，17**，179-202。

楊深坑（2013）。國際教育理念與實務之歷史回顧與前瞻。**比較教育，74**，1-32。

溫連雄（2009）。以英文期刊爲學術目的研究國際化的得與失。**學校行政，66**，51-60。

葉怡芬、劉美慧（2020）。師資培育國際化——國際文憑教師（IBEC）學程中的師資生特質與想法。**教育科學研究期刊，65**(2)，105-133。

葉珍玲、甄曉蘭（2019）。國際教育的核心：提昇全球素養的教學。**教育研究月刊，305**，4-18。

甄曉蘭主編（2013）。**和平教育理念與實踐**。臺北市：國家教育研究院。

趙子嘉（2009）。大專英語學習者跨國文化溝通能力初探與課程建議。**國際文化研究，5**(2)，49-86。

劉美慧（2017）。多元文化教育與國際教育的連結。**教育脈動，12**，國家教育研究院。

劉美慧（2020）。從國際教育1.0到2.0——學校本位國際教育課程與教學的發展與變革。**中等教育，71**(2)，6-16。

劉美慧、洪麗卿、張國恩（2020）。中小學國際教育能力指標之建構與運用。**中等教育，71**(2)，17-39。

劉華宗、林美玲（2016）。中小學國際教育政策之回應性評估。**國際與公共事務，3**，21-48。

錢奕華（2008）。海外華語教學實習跨文化交際理論行動研究──以臺北市立教育大學於泰國教學實習爲例。**中原華語文學報**，**2**，243-269。

戴曉霞（2004）。高等教育的國際化：亞太國家外國學生政策之比較分析。**教育研究集刊**，**50**(2)，53-84。

戴曉霞、楊岱穎編著（2012）。**高等教育國際學生市場新趨勢**。臺北市：高等教育。

戴曉霞、潘琇櫻（2006）。全球化或區域化？主要地區及國家之外國學生來源分析。**教育政策論壇**，**9**(4)，21-47。

薛雅慈（2014）。提升多元文化素養與增進文化理解：論高等教育課程國際化之理念與實施內涵。**臺灣教育評論月刊**，**3**(11)，20-24。

鍾鎭城（2015）。國際學校裡的IBDP與AP華語習得規劃之比較。**高雄師大學報（人文與藝術類）**，**39**，43-56。

顏佩如（2007）。**全球教育課程發展**。新北市：冠學文化。

顏佩如（2011）。大學全球教育教學計畫之研究。**臺中教育大學學報（教育類）**，**25**(2)，63-84。

顏國樑、卓玟琪（2010）。由全球性大學排名系統看高等教育國際化指標。**學校行政**，**68**，127-151。

Laws, K. J.,、江愛華（2006）。澳洲高等教育國際化之經驗。**教育資料與研究雙月刊**，**71**，133-148。

de Wit, H. & Deca, L. (2020). Internationalization of higher education, challenges and opportunities for the next decade. In A. Curaj, L. Deca, and R. Pricopie (eds.), *European Higher Education Area: Challenges for a new decade* (pp. 3-12). Switzerland: Springer.

de Wit, H., Hunter, F., Howard, L., & Egron-Polak, E. (Eds.). (2015). *Internationalisation of higher education*. Brussels, Belgium: European Parliament, Directorate-General for Internal Policies.

Fadel, C., Bialik, M., & Trilling, B. (2015). *Four-dimensional education*. M. A., U. S.: Center for Curriculum Redesign.

Garson, K. (2016). Reframing internationalization. *Canadian journal of higher education*, *46*(2), 19-39.

Halls (1990). *Comparative education: Contemporary issues and trends*. London: Jessica Kingsley Publisher.

Organisation for Economic Co-operation and Development. (2016). *Global competency for an inclusive world*. Paris, France: Author.

Resnik, J. (2012). Sociology of international education–an emerging field of research. *International studies in Sociology of Education*, *22*(4), 291-310, DOI: 10.1080/09620214.2012.751203

United Nations Educational, Scientific and Cultural Organization (2016). *Incheon Declaration-Education 2030: Towards inclusive and equitable quality education and lifelong learning for all*. Paris, France: Author.

第九章

實驗教育研究的趨勢與展望

鄭同僚、徐永康

一、前言

從 2014 年底開始，我國推動《高級中等以下學校教育階段非學校型態實驗教育實施條例》、《學校型態實驗教育實施條例》、《公立國民小學及國民中學委託私人辦理條例》（以下簡稱實驗教育三法）也邁入近七年時間，在這七年時間，實驗教育成爲教育領域中討論最爲熱烈的主題之一。在搜尋學術資料庫來說，Google 學術網頁上約有 50,000 筆以上的資料，「高等教育資料庫」約有 607 篇學術論文，「華藝學術資料庫」內也有 3,144 筆的資料。學術期刊也將實驗教育當作專題探究來編輯，如在《教育研究月刊》、《課程與教學》等、民間雜誌亦有多篇幅專題報導以及數本專書出版、碩博士論文；此外，監察院也在 2020 年提出實驗教育的研究報告書，可見實驗教育的探究，不僅在學術領域受到高度關注，這也成爲國人關心的議題。

研究者在 2015 年接受教育部國教署委託，於國立政治大學教育學系成立「臺灣實驗教育推動中心」，工作項目除了拜訪全臺實驗學校、機構，也連結國外另類教育單位、發展實驗教育師資培育計畫、調查實驗計畫學生升學路徑，也看到許多主流教師的轉變。過程中，更加確認實驗教育的發展符合臺灣社會發展所需要的教育改革道路，國外的另類教育也提供我們寶貴意見（馮朝霖，2001）。由於許多教育先進多年努力，奠定實驗教育的基礎，特別從 1987 年臺灣政府解除戒嚴後，人民有高度自主組織、言論自由權利，對於辦理國民教育權也從中央集權轉變地方分權，並在 1999 年制定教育基本法，賦予人民辦理教育的機會，讓原先被認定違法的教育工作者，有了合法地位[1]（林彩釉、李彥儀、林妤蓁，2018；張純淑，2020）。

---

[1] 1990 年 3 月人本教育基金會正式創辦「森林小學」，當時被認定違法，直到臺北市率 1997 年起試辦「在家自行教育」，提供家長教育選擇的另一種管道，另宜蘭縣 2001 年通過「宜蘭縣屬國民中小學委託私人辦理自治條例」，均爲國內實驗教育實務上無可忽視之重要創舉。臺北市政府教育局 1997 年執行「臺北市國民小學學童申請在家自行教育試辦要點」，據吳清山 2016 年指出，1997 年有 5 位提出申請。

本文聚焦在實驗教育研究文獻調查，探究的框架區分成實驗教育研究趨勢與實驗教育展望兩部分。在實驗研究趨勢上分別以下三點說明：

1. 實驗教育三法之意義與影響；

2. 學校型態實驗教育發展的意義與問題（含公辦公營、公辦民營、私立學校、原住民學校）；

3. 非學校型態實驗教育發展的意義與問題（機構、團體、個人）。

在實驗教育未來展望上，將從文獻調查後，針對學校型態與非學校型態兩類實驗教育的議題，提出研究者之意見。

二、研究方法

本研究使用文獻調查法，分析國內人文學各學科爲科技部建構之「臺灣人文學引文索引核心」（Taiwan Humanity Citation Index，簡稱 THCI Core）資料庫收錄以「實驗教育」、「實驗學校」爲主題之期刊文章，外加這些期刊文章引用的文獻，以及監察院對於實驗教育的研究案報告與近五年之公開碩博士論文，討論並統整各方學者對於實驗教育的觀點，並針對研究結果進行綜合歸納，作爲了解實驗教育發展狀況與日後推動之參考。

三、研究限制

㈠研究內容

本研究採文獻調查法，主要資料以 2014 年實驗三法立法之後的文獻爲主，然臺灣實驗教育自 1990 年森林小學創校以來已歷三十年，2014 年之前，不乏探討實驗教育現象之文獻，卻非本文主要研究涵蓋範圍。

本研究主要是針對實驗教育的整體觀，並不進入到個別不同型態的實驗教育內容。另外，在挑選文獻時，以科技部所歸納之期刊文章與其所提及之參考文獻，加上監察院之報告和近五年公開之碩博士論文，因此，並未涵蓋所有 2014 年以後實驗教育之媒體報導或其他文獻。

㈡研究方法

本研究採用文獻調查進行探究，所以對於文獻的理解帶有研究者主觀看法，作者儘量以文獻之邏輯與實證為依憑進行分析，但仍可能會有所誤解。因此本研究，僅代表研究者的觀點。

四、實驗教育的研究趨勢一：實驗教育三法之意義與影響

㈠實驗教育三法立法意旨

實驗教育（experimental education）係指政府或民間為促進教育革新，在教育理念的指引下，以完整的教育單位為範圍，在教育實務工作中採用實驗的方法與步驟，探究與發現改進教育實務的原理、原則與做法（吳清山、林天祐，2007）。在立法目的上，三法分別為：

1.《高級中等以下教育階段非學校型態實驗教育實施條例》之立法目的為保障學生學習權及家長教育選擇權，提供學校型態以外之其他教育方式及內容，落實教育基本法第八條第三項及第十三條規定。

2.《學校型態實驗教育實施條例》之立法目的為鼓勵教育實驗與創新，實施學校型態實驗教育，以保障人民學習及受教育權利，增加人民選擇教育方式與內容之機會，促進教育多元化發展，落實教育基本法第十三條規定。

3.《公立國民小學及國民中學委託私人辦理條例》之立法目的為鼓勵私人參與辦理公立國民小學及國民中學，促進教育實驗及教育多元化，發展教育特色。

綜上所述，實驗教育三法之立法目的在於鼓勵教育創新與實驗，增加人民教育選擇機會，並促進教育多元發展（吳清山，2015）。

㈡立法評價與期待

法案提出後，對比「十二年國民基本教育」（以下簡稱十二年國教），兩者在學校型態的理念上有許多相似之處，如詹志禹（2017）指出，「十二年國教」就是個國家型的教育實驗，在理念先行下，還有許多未知的事情，如在「素養」導向下，如何落實在師資培育制度？在課程設

計上，保有分科學習但又要如何進行跨領域的整合課程？在教育行政上，如何整合行政資源，確認新課綱理念的落實？等等。

研究者認為「實驗教育」比起「十二年國民基本教育」更早起步，可提供主流學校參考，參考的內容包含有在地課程的設計，例如說宜蘭岳明國小的帆船課程、探索課程如雲林樟湖國中小的登山課程、創客教育中臺東三和國小的機器人課程、民主教育中重視人權等價值觀的新北市種籽親子學苑、全人教育中提到的華德福教育如宜蘭慈心華德福學校、特色教學法可參考苗栗南河國小的混齡教學等等。在國際教育上，可參考臺東富山國際實驗學校。但彼此也有競爭關係，例如說多數實驗學校採用大學區招生辦法，對於主流教育學校在招生上也會有一定的壓力。

然而，「實驗教育」和「十二年國民基本教育」學校還是有差異，研究者認為實驗教育學校有以下兩項特性：

1. 在法規上，實驗學校在特定教育理念引導下，必須突破課綱限制，鬆綁課程規範、學習順序、專業教師聘任辦法、行政組織和校長遴選辦法。

2. 在實踐上，實驗教育學校必須以整體學校為範圍，實施總體創新而非只是部分課程，另外在整體課程設計也必須依據該校的特定教育理念進行。

學者認為「實驗教育」和「十二年國教」共有之處包含有實踐《教育基本法》之精神（吳清山，2015；楊振昇，2015）、促進教育創新動力（詹志禹、吳璧純，2015）、保障學生受教權益（吳清山，2015）；實驗教育更能實踐教育多元發展（吳清山，2015）、提供家長教育選擇（秦夢群，201）、發展適性學習機會（吳清山，2015）、賦予學校型態實驗教育學校及受託學校人事聘任彈性（黃彥超，2016）。

監察院（2020）亦認為實驗教育三法的公布施行，開啟亞洲實驗教育發展先河，也開創我國實驗教育發展新境界，體現我國多元、創新和活力的教育新價值。

㈢立法影響：參與實驗教育學校、機構與人數成長

在影響的層面上，其中之一是實驗學校數與學生數都有明顯增加。從教育部（2021a）的統計資料指出，實驗教育三法於 2015 年 1 月施行，當年即有 5,331 位學生參與實驗教育，之後逐年成長至 2020 年之 19,654 人，累計 5 年間參與學生數增加 14,323 人，相對於少子女化所造成入學學生減少，實驗教育反而逆勢成長。參與實驗教育學生數占學生總數比率亦由 1.9% 逐年增至 7.3%。就 2019 年實驗教育學生數之各階段分布，以國小 1.2 萬人（占 67.9%）爲主，國中則爲 3,669 人（占 20.7%），高級中等學校計 2,022 人（占 11.4%）。

由於主管機關的支持，學校型態實驗教育從 2015 年以來快速增加，實驗教育學校由 11 所增加至 2020 年 103 所。另外，在學生人數上，臺北市最多，共有 1,659 人。另外，在 2016 年首度出現私立學校型態實驗教育，至 2021 年增至 13 所，參與學生計有 745 人（教育部，2021a）。

在非學校型態上，包含有機構、團體與個人自學，在 2015 年有 3,697 人，到 2020 年有 8,744 人（教育部，2021a）。

㈣成長因素的解釋

對於實驗教育校數與學生數的成長現象有其系統上的因素。陳榮政（2016）指出，有以下的幾項因素解釋實驗學校與人數成長現象：部分主流學校辦學成效不佳、家長自主意識提升，有能力選擇子女的受教權、實驗學校的辦學中，也受到家長青睞，如秦夢群、溫子欣（2017）指出吸引家長願意讓子女選擇實驗教育，通常有清晰的教育理念，如華德福、蒙特梭利等，詳細說明人類的發展圖像，並能搭配相對應的課程結構，讓家長明白實驗教育整個教育目標與期望不同於主流教育，同時也能貼近時代需求，實驗教育通常強調在地關懷與自主學習的能力，如強調動手操作、自我管理的能力，符合家長期望。2018 年招生的臺北市和平實驗小學，其辦學精神及強調培養學生自主學習精神，透過適性的規劃，老師負責的是從旁協助與提供資源（黃志順，2017）都是吸引這個世代家長喜愛的因素。

家長可以選擇學校型態實驗教育，也有非學校型態上的選項，如

2012 年主張「自己學」的赤皮仔自學團體（鄭婉琪，2015）。標榜孕育設計人才的學學文創教育實驗機構，專注培養學生的八項能力與自主學習（學學教育實驗機構，2017）。唐光華（2016）更提出非學校型態實驗在課程與教學有下列優點：擴大課程教學創新的可能性、依孩子志趣，適性量身打造學習計畫、課程規劃與教學在計畫進行中隨時可修正、依需要及資源兼採各種教學與學習模式。

陳美如、郭昭佑（2019）也指出實驗教育的發展符合國際教育的趨勢，讓辦學更有彈性，例如芬蘭自 1991 年即給予教師更多信任，老師有高度自主性，可規劃想要的教學課程與內容，重點放在讓學生會學習，成為自己的主人，養成終身學習的習慣；英國於 2009 年到 2011 年，啟動「明日的學習」計畫，教學的設計鼓勵學生深入參與自身的學習；新加坡自 1997 年啟動減少要教的內容，但要讓學生多多學會使用學習工具；研究者也在探究實驗教育過程中，參與了蒙特梭利教育活動，經由國外多年研究，古典蒙特梭利教育的學生，在認知與非認知的檢測中，明顯地優於主流學校學生（Lillard, 2016）。

以下進一步依據學校型態實驗教育與非學校型態實驗教育兩類，分別討論這幾年實際運作下，發現的些許利弊得失。

五、實驗教育的研究趨勢二：學校型態實驗教育發展的意義與問題

學校型態的實驗學校，依據辦學法規，區分成公立實驗學校、公辦民營學校、私立實驗學校與原住民實驗學校四種。

㈠公立實驗學校

1. 公立實驗學校特質

先從實驗教育三法之《學校型態實驗教育實施條例》來看，對「學校型態實驗教育」做出了定義（教育部，2018a）：

「指依據特定教育理念，以學校為範圍，從事教育理念之實

踐，並就學校制度、行政運作、組織型態、設備設施、校長資格與產生方式、教職員工之資格與進用方式、課程教學、學生入學、學習成就評量、學生事務及輔導、社區及家長參與等事項，進行整合性實驗之教育。」（第 3 條）

以內容看，條文並未描述實驗性質與內容，若公立學校轉型實驗教育，辦學模式從中央轉移到學校本身，校長發動轉型，學校需要清楚知道辦學理念。公立實驗學校的辦學特質包含有問題意識、理念基礎、非主流、不確定性、合理冒險的勇氣、有規劃的行動、以多元證據爲本的評估和合於專業的倫理（詹志禹，2017）的需要下，進行轉型程序。

此外，校長還需要知道在公立實驗學校得不受課綱限制，校方提出取代方案，讓學校依據特定理念辦學。換言之，原學校在辦學時所遭遇到的問題，難以用現有教育框架加以解決，勢必在去除原有框架，才能運作。這也區隔了實驗學校和傳統教育學校的差別。

楊振聲（2015）認爲公立實驗學校有助於我國中小學教育之發展，包含有落實《教育基本法》的精神，有助於中小學教育的創新、賦予受託學校人事聘任彈性，且強調與公立學校的競合關係。

而臺灣部分的實驗教育，引用國外發展出來的另類學校，如蒙特梭利、華德福、民主、耶拿學校等等，而且這些學校也有百年歷史，放在臺灣脈絡下也有創新意涵（詹志禹，2017）。

2. 探究公立實驗教育學校議題

關於公立實驗教育學校的相關研究顯示，學者關切的議題，大體有四類問題：

(1) 如何確保辦學品質

公立實驗教育學校辦學品質，有以下幾點可能問題：

首先，依據教育部 2017 年制訂的《學校型態實驗教育評鑑辦法》，公立實驗教育學校的評鑑方式與內容，並非由主管機構單方決議，乃依據學校申請辦學計畫書，且評鑑內容可由學校端和主管單位「協調溝通」後辦理（教育部，2017），理論上，如此評鑑之進行，應是政府與學校皆可接受之狀態。即便如此，監察院（2020）指出對於學校辦學品質確保及後設評估機制等，均無著墨，後續應由教育部審慎研議並加強宣導，避免教育目的及理念不明確衍生之疑義，評鑑結果並提供學生、家長進行教育選擇之明確參據。監察院報告顯示，社會對於現階段評鑑方式如何確保實驗教育品質問題，仍有一定程度疑慮。

其次，讓辦學品質堪慮的還有在實務上，學校型態實驗教育之鄉村小學行政業務量整體而言不減反增，鄉村小學部分行政業務並沒有因爲辦理實驗教育而得到彈性發展的空間（謝秉蓉，2017）。

在專業師資上，公立實驗教育學校教師資格與進用方式，倘仍依目前教師甄選或介聘辦法辦理，進入學校的教師恐較難具備相關特定實驗教育理念與基礎，導致學校在後續的教師專業發展輔導方面勢必要更費苦心（詹志禹，2017）。另外，實驗學校自己還要想辦法培訓增能自己學校的老師，相當困難，一般地方政府對於公立實驗教育學校教師專業發展支持系統並無妥善規劃，導致絕大多數的實驗學校必須陷入「穿著衣服改衣服」的窘境，通常是個別自己想辦法解決教師專業的問題（鄭同僚，2017）。

(2) 如何銜接學習階段

參與實驗教育的學生如何有系統性的銜接，而不至於只能完成某些階段就被迫中斷，這也是多數人關心的事情（秦夢群、莊清寶，2019）。目前有系統銜接的學校，如華德福體系有國小、國中到高中階段，符合華德福體系十二年的人類發展圖像。有些體系出現斷層，如發展體驗實驗教育學生，畢業後之升學銜接問題已陸續浮現。監察院（2020）即提出教育部及各地方政府應注意實驗教育宗旨、需求、申請旨意、學生學涯進展及轉銜，以及實驗教育延伸目的與謹慎評估整體國民教育政策發展趨勢及資源總量，確保實驗教育之擴充或延伸妥適合理，協助學生升學轉銜適應，且應強化溝通使社會大眾了解實驗教育擴充與延伸之妥適性。

(3) 如何維護學生權益

實驗教育對大多數人是一種選擇，但對於某些鄉村地區，卻是唯一的路。由於公立實驗教育學校多爲小校，部分學者質疑，對於鄉村小校轉型實驗學校時，若該校爲區域中唯一國民教育學校，當學校轉型時，有可能迫使或引誘原學校之學生接受實驗教育，當地家庭可能會失去原先立法訴求的擴大家長教育選擇權的實踐機會（曾大千、宋峻杰，2020）。

(4)鄉村小校如何進行實驗教育

公立實驗學校多數集中在鄉村區域，學校以實驗教育法之創新理念，主要還是想要解決學生生員數少的問題，經過這些年，確實吸引部分家長帶著孩子到鄉村實驗學校就讀。部分鄉村學校轉型成爲公立實驗學校，其起心動念來自於學校經營問題，非出於創新教育理念（秦夢群、莊清寶，2019；監察院，2020），因此在推動學校轉型中，如何能落實實驗教育理念，本身有目的與方法上的適切性問題。

3. 研究者觀點

2014 年底的實驗教育三法，可說是確立了過去非主流教育的合法性，也凸顯出去中心化與差異化教育的需求。參與實驗教育學校數和人數增加，甚至某些都市區域實驗教育學校學生滿額狀態，顯示家長對於標準化主流教育的不滿意，根據《親子天下》2015 年（親子天下，2015），以及黃昆輝教育基金會 2017 年（黃昆輝教育基金會，2017）兩個全臺民調，不滿意國民中小學教育的比例，都超過百分之五十。這樣的困局，存在幾十年，體制教育解決不了，家長才會被迫要出走，尋找實驗教育的桃花源。親子天下的調查中，有 38% 的家長願意送自己的孩子去就讀「公立轉型爲實驗，課程與老師不受教育部規定」的學校。即使在 108 課綱實施後，提供各校自訂校本課程，發展各校特色，在教材教法、評量學生沒有改變下，家長看不到自己孩子的未來，即使學校開始轉型實驗學校，還是吸引家長參與，對於上述問題，研究者的觀點如下：

第一，各方學者的擔心也是相當合理，在品質確保的需求上，研究者認爲公立實驗學校屬於地方政府執行業務，地方政府須強化學校轉型計畫書審議，其關鍵事項包含：邀請有相關專業能力之審議委員、計畫書內應有清楚之特定教育理念、提供教師專業培力機會、課程與理念連結之設計、建立明確學生學習圖像對應到學習指標與內容、辦學預期成效等，以上諸項需經嚴格審視才給予通過。實驗計畫通過之後，學校須建立跨校聯盟，相互支持，並參與教師專業培力課程，時時與地方連結，說明學校發展方向，獲得地方支持，並進行自我評鑑，了解學生在認知與非認知學習成果，進行滾動修正。

第二，在學生銜接上，公立實驗教育學校的課程設計，除按教育理念發展，也應明確對應到學生該有的學習能力指標，如在設計主題課程時，內容需要對應到該年段之學習內容與學習表現，以確保學生未來社會適應。通常實驗教育學校學生會學到比主流校內學生更多，銜接到主流學校並不會有太大問題。另外若屬於特殊專業課程，在升國中時，也可找有特定相關學校入學，延續學生的學習興趣。

第三，偏遠區域的唯一一所學校轉型實驗教育，是否剝奪喜歡主流教育學生權益，值得留意；不過，根據目前少數研究顯示，鄉村地區實驗學校學生人數少，較能爲學生量身訂做合適的教學方式，轉型後的學生在學習滿意度，反而比起以前高（蔡安茹，2019；顏妙如，2020）。

第四，理想上，實驗學校和主流學校彼此有競合關係，彼此參考，相互學習，讓在地學生有所選擇，也是促進教育演化的好事，這也是未來需要繼續探究的問題。

第五，即便鄉村小校因少子化與人口外移問題，產生經營困難，申請實驗教育轉型，若能確實產生效果，也是一舉數得，根據研究者實際經驗，一些實施混齡教學的鄉村小校轉型後確實也增加了學生數。

㈡公辦民營實驗學校

1. 公辦民營實驗學校特質

先從實驗教育三法之來看，《公立國民小學及國民中學委託私人辦理條例》對於公辦民營實驗學校做出了定義：

> 委託私人辦理實驗教育（下稱公辦民營實驗教育）直轄市、縣（市）主管機關基於發展地方教育特色、實踐教育理念與鼓勵教育實驗，依學校辦學特性，針對各教育相關事項，與受託人簽訂行政契約，將公立國民小學、國民中學委託私人辦理。（教育部，2018b）

1999 年後依據《教育基本法》實施，地方政府可依法辦理公辦民營實驗學校。2002 年宜蘭慈心小學依據地方政府首先成爲臺灣第一所新設公辦民營學校，至 2016 年宜蘭縣岳明國小成爲「實驗教育三法」通過以來，全國第一所公立學校轉型之案例，至今全臺已有 13 所公辦民營學校。公辦民營實驗學校以既有之公立學校爲基礎，透過私人機構經營學校，其優點包含有改善行政效率、降低政府教育支出、善用民間資源、強化學校效能、增加教育選擇權、落實民主制度（秦夢群，2015）。

賴志峰（2008）指出公辦民營學校不同於私立學校，必須要顧慮到學校公共性精神，包含有公共教育是對所有人開放的，不受性別、宗教、文化或社會階層的限制。由於學校接受政府資助，政府有管理和評估的責任並確認教育不是一種商品，不應私有化，學校能提供每個人學習機會、實踐個人潛能，降低創新教育所需要的個人支出，作爲改進一般學校標準化與平庸化的問題。運作原則包含有，擴大選擇學校的權利、學校引入在地化文化、主管管理權下放給機構、政府監控學校責任和預算、學校放寬入學規定、激勵公辦公營學校創新改革。整體來看，公辦民營的策略用以削弱政府控制以求提升學校效能、快速回應社會需求、改善原有問題。許多國家以類似形式出現的改革手段，例如英國超過七成公辦民營的義務教育學校。

賴志峰（2008）進一步指出，政府公辦民營好處：

(1) 增加學校選擇和多樣性，亦可能導致所有學校之間的競爭，鼓勵雙方進行針對性的變革。

(2) 維持或增加自己學校內的學生人數。

(3) 更好的問責措施：這可能導致更強的全系統問責制度。

(4) 增加自主權：學校經營者自主權的提高可能導致，提高教師教學效率。

2. 探究公辦民營實驗學校議題

賴志峰（2008）亦指出公辦民營學校可能遭遇到的問題有：

(1)教育競爭的現象

在公辦民營中，學校屬於公立學校，具有「公共性」，在轉型中，接受私人機構協助，可左右逢源和高度彈性辦學，但容易在成名之後，產生和其他學校之間有競爭效應，某些學校形成教育品牌，辦學者需要小心爲之，走向教育市場化的問題。

(2)忽略社區經營

目前我國公辦民營學校多在鄉村區域，學生與社區家長皆處於社會當中的相對弱勢，學校轉型亦有社會服務義務，需要經營社區，不能只是專注辦學績效而已。

(3)經費使用爭議與額外經費收支問題

公辦民營學校運作需要額外支出，即使公家支持辦學經費，而使用方式，卻也是個問題，是否必須符合主管機關稽核或是由學校自由使用，這是個爭議問題；另外，配合實驗教育所需要的經費，向家長收取的額度也必須考量弱勢家庭學生的經濟負擔。

3. 研究者觀點

公辦民營學校成長相對緩慢，卻是能解決學校轉型資源不足的方式。辦學者借用有經驗的經營團隊，加上外在資源與課程鬆綁，再慎選教師後，能有一致共識爲學校努力，其中諸如宜蘭岳明國小、慈心華德福、臺東桃源國小、雲林樟湖國中小等，都是相當受稱許的公辦民營學校。

在學校經費使用上，公辦民營學校需和地方政府簽訂合約，並接受會計師認證，以符合法律規範，獲得社會信任。另外，他們也需要注意社區經營，非只專心辦學成效。目前若公立學校轉型成公辦民營學校時，需轉型爲實驗教育學校的規定，但是項規定還有調整的空間，因爲研究者認爲學校委託民間機構經營，重點在於改變經營者，調整學校經營團隊後，依然可以進行主流學校的作法，而不必然要從事實驗教育，但這樣的主張目前無法做到，還需修法後才能改變。

㈢私立實驗教育學校

1. 私立實驗學校特質

學校型態實驗教育有兩大主體，除了公辦學校之外，一種是民辦實驗學校，由學校財團法人或非營利之私法人申請設立，或由學校法人將現有私立學校改制而成，實驗三法立法以來，迄今有 8 所私立實驗學校（教育部，2021a）。

爲了不讓私立實驗學校成爲教育商品，私立實驗學校的申辦，在《學校型態實驗教育實施條例》有諸多限制，如私立實驗學校明定招生對象與規模必須在招生對象爲六歲至十八歲之學生；每年級學生人數不得超過 50 人，自國民教育階段至高級中等教育階段學生總人數，不得超過 600 人。但僅單獨辦理高級中等教育階段或國民中學教育階段者，其學生總人數，分別不得超過 240 人，每年級學生不受 50 人之限制；專任教師對學生人數之比例不低於一比十；其應有專任教師人數之一半，得以兼任教師折抵，兼任教師三人以專任教師一人計算。學生學習活動室內場地使用面積，每人不得少於一點五平方公尺，其面積不包括室內走廊及樓梯；學生學習活動室外面積，每人不得少於三平方公尺。但每人之樓地板總面積高於四平方公尺者，不在此限。申請者侷限在學校財團法人或其他非營利之私法人申請設立，或由學校法人將現有私立學校改制（教育部，2021a）。

私立實驗學校和公辦公營實驗學校之差異在於，私立實驗學校之學校制度、校長資格與產生方式、教職員之資格與進用方式及社區家長參與方式，不在公立實驗教育學校的準用範圍。

此外，公、私立學校轉型動機並不太相同，私立實驗教育學校成立的主要因素有（林致憲，2018）：

(1) 學生權益的保障，以機構辦學的方式成立的私人教育機構，經由實驗教育法後，學生的學籍不需要掛在其他學校，如畢業證書的發放，不需要再繼續寄人籬下的感覺，有自己的主體性。

(2) 辦學經費更加充足，轉型成爲學校後，有自己的法人主體，符合政府對於學校的任何補助申請。

(3) 內在凝聚力增強，校內師生有更高的歸屬感。

2. 探究私立實驗學校議題

林致憲（2018）指出私立實驗教育學校主要面臨以下兩問題：

(1) 辦學場域問題：在 2018 年前，私立實驗學校的設立必須符合辦學場地需求，但是私立實驗學校多數是由私立實驗機構轉型而來，原有場地不符合法規要求，然而，經由修法[2]後，這問題已經解決。

(2) 校方與主管機關彼此的適應問題：由於過去屬於機構，在法規上沒有如學校規模之行政要求，在轉型成為學校時，與主管機關的溝通協調，還需要彼此適應。

秦夢群、莊清寶（2019）指出第三個問題是實驗教育學生人數規模普遍較低，以致私立實驗教育學校收費過高或申辦意願低落。

3. 研究者觀點

私立實驗學校是目前各類實驗學校中數量最少的一類，並且這 8 所都是從實驗教育機構轉型成實驗學校，目前並未有成立全新的私立實驗教育學校；另外，政府亦放寬私立實驗教育學校辦學場地的限制，這也表現出政府對於實驗教育的支持，而私立實驗學校收費過高的問題，這也和實驗教育機構辦學的收費過高有同樣問題，這問題留在「非學校型態實驗教育」時一起說明。

㈣原住民族實驗教育學校

1. 原住民族實驗教育學校特質

原住民族實驗學校辦理是條件的，如公立學校在原住民族地區，該校原住民學生人數達學生總數三分之一以上者或者在非原住民族地區，該校原住民學生人數達一百人以上或達學生總數三分之一以上者屬於原住民族學校。

在現實上，原住民族學校多數位於鄉村區域，人數較少，在實驗教育法通過前，學校屬於優先補助的區域，實施原住民族課程，但卻都只是在國家課程體制之下附加點綴型式而已（陳枝烈，2017）。

2　在 2018 年 1 月 31 日針對實驗教育三法修訂條文中第 16 條指出學校法人申請設立或改制私立實驗教育學校，或其他非營利之私法人申請設立私立實驗教育學校者，其校地、校舍及教學設備，應符合足夠進行實驗教育之基本教學及行政需求，不受高級中等以下學校及其分校分部設立變更停辦辦法及專科以上學校及其分校分部專科部技術型高級中等學校部設立變更停辦辦法之限制；私立專科以上實驗教育學校設校標準，由中央主管機關定之。

過去的原住民族學校，在發展上受到阻礙。陳宜莉（2017）認爲有幾項因素：如「十二年國教」實施之後，學校之教學要能強調自主，建立本位，融入在地、發展特色。然而在現實上，原住民學生還是要進入主流社會，和其他人競爭，目前並沒有「民族教育課程綱要」。若原民學校要發展民族課程，只能申請特定計畫補助，加上原民靠口傳文化，文化知識需要整理，還未能提出有系統的課程與教學指導，並且計畫每年還要審核，使得學校興趣缺缺。

原住民族學校借用《學校型態實驗教育實施條例》，來發展屬於自己原住民族學校，是相當重要的事情，用以恢復過去的民族文化教育，用以改善上述問題（郭珍懿，2020）。

爲此，原住民族委員會在105年公布《辦理學校型態原住民族實驗教育補助要點》，旨在鼓勵高級中等以下學校「深化原住民族教育內涵，建立符合原住民族需求之教育模式」，補助學校最高每年150萬元，最多補助12年。

臺中市博烏瑪國小率先於2015年上半年提出申請，並獲臺中市政府教育局審議通過核定辦理。2016年又有七所小學跟進，依據原住民族教育統計分析（教育部，2021b），109年底，已有35所高級中等以下學校經地方政府審議通過，辦理原住民族實驗教育，開辦校數由105學年7所逐年增加至109學年32所，另有3校籌備中，包含國小26所、國中3所、國中小2所及1所完全中學，區域分布遍及10縣市，計2,213位學生參與原住民族實驗教育。

王前龍（2017）指出民族實驗學校應以未來族群自治區中心學校之定位，依據課程綱要較大幅度融入族群文化，以滿足重視文化傳承家長之擇校需求；同時，必須兼顧學生基本學力，使能升上大學，成爲民族自治的儲備人才。另外，陳枝烈（2017）提出實驗教育預期達到的三項目標爲：學習己族文化；恢復學生的自信心；培養未來世界公民的素養。

2. 探究原住民實驗學校議題

在實施原民實驗教育後，王前龍（2017）指出原民實驗教育之困境：

(1) 師資人力不足：教師須兼顧教學與教材編制，比一般學校多了文化教育的教學課程，師資明顯不足。

(2) 課程與教材規劃缺乏統整：原住民族目前有 16 個族別 42 種方言別，課程與教材不易統整。

(3) 計畫與補助項目可彈性調整：經費撥款速度與期程，經常造成學校困擾，經費未到位則會造成進度的落後，變成執行上的困擾。

3. 研究者觀點

原民學校需要發展出屬於自己民族的知識圖像與人類圖像，甚至依據不同族群有各自的體系，以此發展民族主體性的學校，是很重要的社會轉型正義議題。然而，這並非靠單一學校能做到的，還需要有地方大學與學者協助，此外，各民族之間需要合作，是否日後有原民大學可以協助培育原民學校之師資與教材，也是可期待之事。

六、實驗教育的研究趨勢三：非學校型態實驗教育

1. 非學校型態實驗教育特質

非學校型態實驗教育指學校教育以外，非以營利爲目的，採用實驗課程，以培養五育均衡發展之健全國民爲目的所辦理之教育，具有國民小學、國民中學或高級中等學校入學資格者，得向主管機關申請辦理後參與各該教育階段實驗教育，並區分爲個人、團體及機構分類。（教育部，2018c）

實驗教育三法確認教育工作也可由民間機構或家長執行，提供家長選擇權，不再只是由主管機關決定。由《非學校型態實驗教育實施條例》內容來看，以教育理念爲中心，尊重學生的發展特性，規劃合適的課程內容、教學方式與評量多元以引導學生適性學習，經主管機關許可計畫，內容得不受課程綱要限制，讓教育型態與實踐有更多種形態的表現。

非學校型態的實驗教育，高中以下學生可在家自學，或自行形成團體（3 人以上，30 人以下），機構則爲每班學生不超過 25 人，國民教育階段學生總人數不得超過 250 人，高級中等教育階段學生總人數不得超過 125 人，且生師比不得高於十比一。團體或自學家長可進行自行教育的工

作，課程依據學生需要設計。但須要提供每年成果報告，並接受主管機關不定期訪視，只要實施自學超過一年半，便可獲得主管機關核發之實驗教育階段證明，高中階段學生在自學中，還可收到主管機關核退之學費。在高中階段學生，只要獲得證書，可依此報名參加大學入學測驗（教育部，2018b）。

研究者參與和收集各地方之非學校型態計畫書，進行內容分析時，看出全部都提到如何協助學生自主學習，這和總綱的基本理念是一致的，也符合國際教育趨勢。然而，在機構、團體實驗教育的田野調查看出，機構與團體的運作，相對在主流教育中，學生有更多的時間使用數位科技收集資料、在課程中有很多和同學互助的機會，養成聆聽與表達能力；對社會議題有更多的關心與學習主題圍繞在眞實問題上（陳美如、郭昭佑，2019）。

在運作上，吳清山（2016）指出非學校實驗教育計畫執行者必須要有三項意涵：

(1) 不能以營利爲目的，確保非學校型態實驗教育的公益性目的。

(2) 採用較爲彈性的實驗課程，以適應學生個別學習需求。

(3) 非學校型態實驗教育的目的，以培養德、智、體、群、美五育均衡發展之健全國民爲目的，與目前公立和私立學校的教育目的並無差異。因此，學生五育均衡發展仍是國民教育共通的目的。

吳清山（2016）認爲，非學校型態對於教育預期正面效果包含有：

(1) 激勵教育創新發展：非學校型態實驗教育和主流教育不同，開創屬於自己風格的教育系統，辦學現象讓人感到新鮮。

(2) 促進學生適性發展：因人數少，更重視個人化學習。

(3) 翻轉教育發展契機：非學校型態實驗教育規模小，彈性大，引介許多新的理念，有更多有趣的試探機會。

2. 探究非學校型態實驗教育議題

吳清山（2016）同樣也指出非學實驗教育中可能有的問題：

(1) 假藉實驗之名行補習之實：研究者在審查計畫中，有看到這類現象，需要嚴格把關。

(2) 偏鄉孩子教育權受到衝擊：若在弱勢區域的家庭需要額外的協助，如設立獎學金來協助。

以下再細分成機構、團體與個人自學。

(1) 機構與團體

在機構與團體辦學上，相對於學校型態有比較寬鬆的限制，主要在落實國民教育權的行使，同時也表現出教育多元化的結果。機構與團體辦學之差異，如前所述，關鍵在於團體辦學之教師多數必須是該團體之家長。

從 2014 年至今，在臺灣實驗教育推動中心調查，在 2021 年有超過 40 間，且多數集中在北市、臺中等都會型態區域。但在實際運作上還是有要改善之處。

① 不穩定性

初次申請非學實驗教育機構與團體的運作尚短，常需要有修正的機會，有時和家長的期望不同，因此會有爭議出現。

② 學生需要有保障

當機構與團體不願意繼續辦理下去，學生學習權益受到傷害，即使訴訟也無法獲得保障，主管機關要有完善且清楚的配套，保障學生權益。

③ 審議品質需要確保

如在審議過程中，專業審議委員常常都是同一批人，卻同樣審議學校與非學校型態之計畫，其審議品質有待考驗。

(2) 個人

在家教育就是一種有別於傳統的教育方式，是由父母作爲教育者，依據孩子的需求教學，給予他們不同於學校的時間、課程或學習場地的安排，不同於過去的在家自學是受到學生個別的特殊因素，如發展遲緩、體能障礙的狀態下不得不的結果。

由於申請案件很多，數量大增，承辦人力單薄；以及，審查委員審查費時耗力，但通過率很高。教育期望異質性高，多以個人主觀想法撰寫計畫，對計畫書寫有認知差異；其次，由於對計畫目標、教材、進度等塡寫困難，難以呈現具體的實施內容，因此，容易流於形式上的模仿。

目前來看，選擇在家自學的家長也有各種不同的理由，大致上可以分爲宗教信念型以及教育理念型兩種類型（張碧如，2006）。

林純眞（2018）指出，申請自學的家長，多數基於不滿意主流學校教育、擔心自己小孩受到傷害、想要培育自己小孩的特殊才能、延續生活即是教育的理念。

研究者參與自學生非學實驗教育計畫審議過程中，發現在家自學的發展有以下幾項問題：

(1) 部分學生因有身心問題，不適應學校，也不願意進入輔導系統，因此申請在家自學，但這不見得有益於學生發展。

(2) 申請自學者容易忽略學生要有的社交活動，發展學生社會能力。

(3) 自學家庭需要建立個別支持系統，相互支援。

3. 研究者觀點

非學校型態申請案件愈來愈多，導致承辦人員壓力過重，甚至縣市眾多的自學學生輔導都在個別承辦人員上，這不合理也無法做到。研究者認爲可將個別申請者，集中掛籍在某學校內，由學校統一承辦業務與輔導工作。

在品質把關上，還是需要依靠主管機關的審議品質。

另外，很多一般家庭進不了實驗教育，也反映實驗教育收費高的問題，但實驗教育使得家庭負擔高的原因，在於政府沒有補助，成本轉嫁到家庭。在此情況下，一般家長即使不滿意公立學校的普通教育，還是只能繼續將孩子送到一般學校。因此，在未修法補助非學實驗教育學生前，可想辦法協助辦學者減輕營運經費壓力，如使用公家閒置空間、將學生掛籍同一學校，在增加員額下的教師經費，提供給實驗機構，因此可在未修法前，降低高學費的問題。

七、實驗教育的未來展望

㈠確立未來目標

從 2014 年到現在的實驗教育發展，確實引起社會大眾關注，研究者觀察到每兩年在文獻上探究，有些不同，如在 2016 年前，關心實驗教育的法規意義和各種理念的引介，之後到 2018 年，則關心課程的設計、實踐方式以及教師專業養成的方法，在 2018 年後，則開始試著理解實驗教育的實施成效。對於實驗教育成效檢驗的期待，是未來要努力的工作，包含有對於實驗教育學生的追蹤調查、實驗教育師資培育制度的建立、主流學校和實驗學校之間的共變效應等等都是未要進行的工作。

實驗教育的開展，反而比起 108 課綱還早，但兩者都在嘗試找出培育未來公民的不同取向，尤其是面對未來的不確定性，反而更需要反思教育本質之議題，如尋求可讓學生實現天賦、促進共善的各種教育方式。實驗教育提供了我們這樣的機會，需要珍惜，即使目前還有許多要改進之處。

㈡實踐多元價值

研究者認爲，即使實驗教育有各種理論或派典，只要能落實在這塊土地上的養分，都是好的。在未來中，我們需要培育出有能獨立思考、與人爲善的社會公民，那麼，在教育系統上，需要轉化成爲如何幫助學生學習，而不是提供學生等著被推翻的知識。

我們可借用國外經驗，如蒙特梭利、華德福、耶拿等等非主流教育的成功經驗，對比於我國的環境需要，實驗教育要走的穩，而不求快，特別是實驗教育的師資培育系統，必定要建立起來。

地方師培大學要能提供在地實驗學校之專業需求，彼此合作與建構學習資料庫，進行實驗教育學生追蹤輔導工作，因應監察院（2020）提出需要有整體的執行效益評估。

其次，國民教育工作屬於地方政府權限，發展實驗教育功能，地方政府有責進行地方實驗教育發展特性，展現在地文化特性，同時也要促進各種學校之交流，並扮演評估與監督之角色。地方政府若能在教育局處籌設實驗教育協助中心或是和地方師培大學合作，培育專業師資，進行多方資源整合與規劃，如此較能發揮協助功效。

八、結論

臺灣是華人社會中最為民主的國家，人民可以選擇自己的總統、參與各種公民活動、具有高度言論自由，英國《經濟學人》稱臺灣為「亞州的民主燈塔」，在東亞區域國家的民主指數排名第二（中央社，2021）小輸日本，和其他歐美國家相比，還超越了美國、英國、德國和法國。而這樣的成果，同樣的表現在尊重兒童人權、設計出多元教育系統、維護家長選擇權等等的民主教育制度。在亞洲其他國家相比，我國的多元教育模式，也是相當進步的（監察院，2020）。

這樣的民主思維也表現在我國推動實驗教育的多樣性，這樣的努力，可追溯到在 1994 年的 4 月 1 日，由黃武雄等人帶領 95 個關心教育的民間團體，以及 57 個民意代表，走上街頭，提出主要教育改革的四大訴求，包含有「落實小班小校」、「廣設高中、大學」、「推動教育現代化」、「制定教育基本法」之後孕育出森林小學、毛毛蟲親子學苑、宜蘭的森林學苑、新竹縣的雅哥實驗小學、苗栗縣全人教育學校、臺南縣沙卡小學、高雄縣錫安伊甸學園之實驗教育先行者。

由於這些實驗學校的先行開創，逐漸從地方合法走到中央立法，實驗教育三法制訂，協助鄉村學校與原民學校認真思考小校主體性，並進而自我改造，不再套用都市學校觀點來辦學。從學校型態、非學校型態的實驗教育個別展現教育的多元化與教育動能，將國家教育權轉化成國民教育權，這是民主社會的發展趨勢，當然，目前還有許多需要改進之處，基本上研究者樂觀地看待實驗教育的發展是符合民主自由社會的價值。

最後，實驗教育還需要大家的珍惜與維護，建立更好體系，用以造福我們的學生。

參考文獻

中央社（2021）。**自由之家2021全球報告 臺灣自由度94分排亞洲第2**。取自 https://www.cna.com.tw/news/firstnews/202103030332.aspx。

王如哲（2017）從國際觀點剖析實驗教育的發展趨勢。**臺灣教育，704**，12-18。

王前龍（2017）。從原住民族自決與民族學校之法律定位展望原住民族實驗教育的方向。**臺灣原住民族研究學報，7**(2)，39-58。

吳清山（2015a）。「實驗教育三法」的重要內涵與策進作為。**教育研究月刊，258**，42-58。

吳清山（2016）。非學校型態實驗教育發展、影響及因應作為。**師友月刊，593**，9-13。

吳清山、林天祐（2007）。實驗教育。**教育研究月刊，155**，168。

林致憲（2018）。**我國學校型態實驗教育之研究—以臺中市實驗教育學校為例**。國立中興大學碩士學位論文。

林純貞（2018）。實驗教育三法鬆綁教育體制後，在家自學的趨勢。**臺灣教育評論月刊，7**(1)，96-102。

林彩岫、李彥儀、林妤蓁（2017）。實驗教育文獻反映的歷史脈絡。**臺灣教育評論月刊，7**(1)，37-52。

唐光華（2016）。多元化的臺灣在家自學教育模式——實驗教育個案週課表比較分析。**國家教育研究院教育 脈動電子期刊，5**。取自http://pulse.naer.edu.tw/Home/Content/2 1dac20e-3d7c-4a6c-b0e9-fbe6279d5fd7?paged=2&insId=73152776-7fd5-440f-a 457-e0975ca1382e

秦夢群（2015）。**教育選擇權研究**。臺北市：五南。

秦夢群、莊清寶（2019）。臺灣中小學實驗教育政策之推動與現況分析。**教育研究月刊，299**，55-74。

張純淑（2020）。**辦學作為一種文化社會運動：慈心華德福社群建構與新公

民意識的崛起。東吳大學碩士論文。
張碧如（2006）。**教與學的另類可能—在家教育自主學習之個案研究**。臺北：五南。
教育部（2017）**學校型態實驗教育評鑑辦法**。取自https://law.moj.gov.tw/LawClass/LawAll.aspx?pcode=H0070065
教育部（2018a）。**學校型態實驗教育實施條例**。取自http://edu.law.moe.gov.tw/LawContent.aspx?id=GL001381
教育部（2018b）。**高級中等以下教育階段非學校型態實驗教育實施條例**。取自http://edu.law.moe.gov.tw/LawContent.aspx?id=GL001382
教育部（2018c）。**公立高級中等以下學校委託私人辦理實驗教育條例**。取自http://edu.law.moe.gov.tw/LawContent.aspx?id=GL001719
教育部（2021a）。**109學年各級教育統計概況分析**。取自https://stats.moe.gov.tw/files/analysis/108_all_level.pdf。
教育部（2021b）。**原住民族教育概況統計結果提要分析**。取自https://stats.moe.gov.tw/files/analysis/109native_ana.pdf。
郭珍懿（2020）**原住民實驗教育政策執行之研究——以新竹縣尖石鄉三所原住民實驗小學爲例**。中華大學碩士論文。
陳宜莉（2017）。當前原住民民族教育困境與轉機。**臺灣教育評論月刊，6**(8)，105-111。
陳枝烈（2017）。原住民族教育實驗學校發展現況。**2017 第十屆臺日原住民族研究論壇發表之論文**，國立政治大學。
陳美如、郭昭佑（2019）。非學校型態實驗教育之活化教學個案研究：學會學習的系統觀點。**課程與教學季刊，22**(1)，39-70。
陳榮政（2016）。學校型態實驗教育之探悉與學校行政變革。**教育與多元文化研究，14**，157-181。
曾大千、宋峻杰（2020）。從公立學校實驗教育論公平正義之實踐。**教育研究月刊，318**，84-97。
馮朝霖（2001）。另類教育與全球思考。**教育研究月刊，92**，33-42。
馮朝霖（2012）。另類、教育與美學三重奏。**載於中華民國教育學會主編：**

2020 教育願景，83-116。

黃志順（2017）。應許孩子自主學習的公立小學。**「2017實驗教育在臺北」發表之論文**，臺北市教師研習中心。

黃昆輝教育基金會（2017）。**國民中小學教育品質民意調查**。取自http://www.hkh-edu.com/news2017/08/news08_detail01.html

黃彥超（2016）。實驗教育三法分析與影響之研究。**臺灣教育評論月刊，5**(4)，44-49。

楊振昇（2015）。從實驗教育三法析論我國中小學教育之發展。**教育研究月刊，258**，15 25。

詹志禹（2017）。實驗創新與十二年國民基本教育。**課程與教學，20**(4)，1-23。

詹志禹（2019）。臺灣實驗教育師資培育的困境與希望。**中等教育，70**(1)，8-16。

詹志禹、吳璧純（2015）。偏鄉教育創新與發展。**教育研究月刊，258**，28-39。

監察院（2020）。**我國實驗教育的實施現況與未來發展通案性案件調查研究報告**。臺北市：監察院。

蔡安茹（2019）。**國小國語科混齡教學之教與學研究：以某國小爲個案**。國立政治大學碩士論文。

鄭同僚（2017）。**臺灣實驗教育師資培育研究計畫成果報告**。教育部委託研究計畫。臺北市：教育部。

鄭婉琪（2015）。**國教院研究合作學校實踐經驗與反思：赤皮仔自學團**（新北市非學校型態團體實驗教育）。取自https://www.naer.edu.tw/ez-files/0/1000/img/89/247096414.pdf

學學教育實驗機構（2017）。辦學理念。取自http://www.xuexuefoundation.org.tw/ccschool/inception.html

賴志峰（2008）。臺灣地區中小學公辦民營政策實施之研究。**東海大學教育評論，1**，35-53。

親子天下（2015）。**2015大調查：全國超過五成家長評國民教育不及格**。取

自https://www.parenting.com.tw/article/5068354

謝秉蓉（2017）。**臺灣偏鄉小學辦理學校型態實驗教育校務行政變革之個案研究**。國立政治大學教育行政與政策研究所碩士論文。

顏妙如（2020）。**實驗教育學校學生創新教學知覺、學校生活適應、 幸福感與創造力關係之研究**。國立臺南大學博士論文。

Lillard, A. (2016). *Montessori: The science behind the genius*. London: Oxford University.

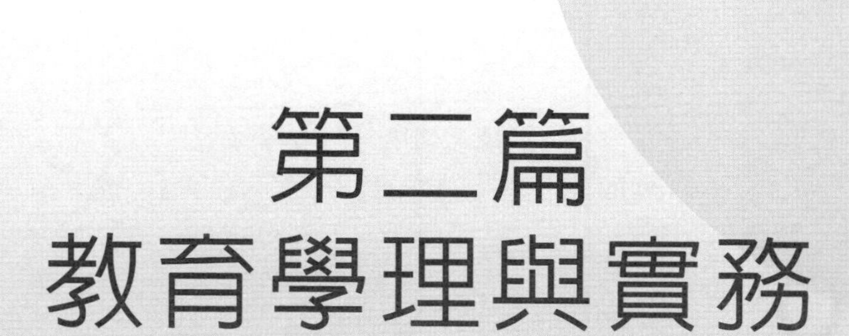

第二篇
教育學理與實務

教育心理學研究的趨勢與展望

陳學志、蔡孟樺、蔡孟寧、黃詩媛

第一節　緒論

研究背景

教育心理學是結合教育學與心理學之學科知識，探討師生間互動的教學歷程與學習行為，以建立系統化的教學與學習理論，以及應用於解決教育實務問題（吳俊憲、吳錦惠，2017）。為了解國內外教育心理領域之學術期刊、博碩士學位論文與專書手冊的相關學術研究狀況，透過系統性的分析教育心理領域範圍之學術文獻，可回溯過去發展軌跡與現況，亦可預測其發展趨勢，闡明未來可能的學術方向，有效反映教育心理領域之發展歷程。

在國外已有相關研究針對教育研究期刊、當代教育心理領域研究、學位論文研究趨勢，進行一系列的內容分析與文獻回顧。例如：在教育心理領域中，Jones 等人（2010）探討 2003 年至 2008 年教育心理學期刊之最具生產力的作者、機構，以及分析每篇文章的平均作者數量，包括 *Cognition and Instruction*、*Contemporary Educational Psychology*、the *Educational Psychologist*、*Educational Psychology Review*、與 the *Journal of Educational Psychology* 等五篇期刊。研究發現，在每篇文章的平均作者數呈現逐年增加的狀態，顯示自 1991 年的 1.8 位作者增加到 2008 年每篇文章有 2.6 位作者，顯示教育心理學領域具有作者協同著作的趨勢。

接著，Yalçın、Yavuz 與 Dibek（2015）探討 2009 年至 2014 年發表在高影響力教育期刊上的論文進行內容分析，針對 *Journal of Educational Psychology*、*Educational Psychologist*、*Educational Researcher* 與 *American Education Research Journal* 等四本教育領域期刊，評選出 789 篇論文進行內容分析之研究回顧。分析結果發現，在這四本教育領域期刊中，以教育心理學、語言特性與數學為主要探究領域，大多針對國中小學生為研究對象，在研究方法中，傾向使用問卷調查法蒐集資料。

在學校心理領域中，McClain 等人（2021）分析 1980 年到 2019 年最著名的十本學校心理學期刊，結果發現有 88 篇文章以後設分析（Meta-Analysis）作為出版文章的歷史回顧方法。在教學與學習領域中，Eğmir、Erdem 與 Koçyiğit（2017）分析 2008 年至 2017 年在國際教學雜誌（International Journal of Instruction）上發表的期刊研究。結果顯示，教育領域的研究大多採用量化研究，以目標性的隨機抽樣進行研究，研究樣本數大約在 500 位以下，研究工具主要以量表的形式進行施測，多以採用描述性統計進行分析。

雖然，國外已有不少針對教育心理學領域之學術期刊之回顧及分析，然針對學位論文之內容分析成果較為少見，僅有零星針對少數博士論文的研究（Hanafi et al., 2020; Nurie, 2019）。未來仍值得對碩博士論文進行較大規模的分析，俾能作為教育心理領域提供相關指引。

近十年來，國內多位學者針對國內專業教育期刊進行內容分析，探究臺灣教育領域的發展趨勢與回顧的研究，例如：在教育心理領域，由葉寶玲等人（2010）針對《教育心理學報》1967 年至 2007 年，四十年的文章與研究進行內容分析，發現早期以教學、測驗統計、家庭議題、特殊教育、性別議題為主，創刊二十年後諮商輔導逐漸受到關注，直到創刊三十年後不再出現特殊教育相關議題之研究，並以國小、國中為研究對象居多；楊諮燕、巫博瀚與陳學志（2013）以內容分析的方式，探究《測驗年刊》與《測驗學刊》在 1953 年至 2011 年間之六十年心理與測驗領域回顧，發現研究篇數增加以外，文章被引用率及五年影響係數有所成長，研究群體也朝多樣性、特殊性發展。以上研究分析結果對於當代教育領域極具重要性，係作為未來教育領域研究發展之重要依據與指標。

然而，上述的研究發展趨勢與回顧的研究範圍距今已近十年，近十年來在教育改革及社會發展變化不少，可能會對教育心理學的研究產生不少的衝擊。例如：近年來在追求教育品質與社會正義的目標下，國內教育改革與法案變革不斷地在進行，除了民間學術研究者及教改團體的積極倡議之外，政府相關部門亦持續與領域人員進行對話，使得種種改革方案不斷推陳出新。而教育心理學領域的研究議題與學制變革、課綱發展通常是密不可分，各項法案的施行也勢必對整體教育環境產生影響，因此本研究首先回顧近年來教育相關的重要條文立法及演變，以利檢視其對於教育環境及研究趨勢的影響。

在教育制度方面，爲符合世界教育發展潮流，教育部於 2011 年積極啟動十二年國民基本教育，並於 2014 年開始試行十二年國民基本教育實施計畫，力求達成品質精緻化的課程與教學目標，落實以學習者爲導向的教育範式轉變（教育部，2014）。之後在 2019 年正式施行《十二年國民基本教育課程綱要》（後續簡稱爲新課綱），不同於過往以教師爲對象，新課綱擴大實施要點的範圍，以學生的學習權益爲核心，將學校、家長、民間組織，乃至各級政府等教育機關納入其中。其中最大的不同是新課綱將「核心素養」作爲各領域課程發展之主軸，分爲「自主行動」、「溝通互動」、「社會參與」三大面向九大項目核心素養，並明確界定「核心素養」是指一個人爲適應現在生活及面對未來挑戰，所應具備的知識、能力與態度，相較於九年一貫以能力爲指標，新課綱則更加重視素養內涵的發展，強調培養以人爲本的「終身學習者」。

隨著課綱的改革，學生的升學方式也有很大的變革，自 2014 年起，基測改以國中教育會考（簡稱會考）取代，與基測最大的不同之處在於會考的計分方式改採「標準參照」的形式，考生在每個測驗學科的答對題數與其對應的等第是在考前便已經設定。舉例來說，國文、數學、社會及自然科的評量結果分爲精熟、基礎及待加強 3 個等級；英語科包含聽力及閱讀兩項語言技能，成績通知單除了分別呈現此 2 項技能的能力表現等級，其中聽力分爲「基礎」及「待加強」2 個能力等級，而閱讀分爲「精熟」、「基礎」及「待加強」3 個能力等級，另外也會呈現英語科整體（閱讀加聽力）的能力等級（宋曜廷等人，2014）。透過此種標準本位評量的形式，除了可以應用在外部考試以監控學力，另一方面也可以應用在班級評量，透過促進課程標準、教學與評量三者的對應，有助於提升教師評量專業與了解學生學習成效（宋曜廷，2012）。

雖然上述的改革初衷是爲了幫助學生能夠適性發展，但也無可避免地的會讓學生因爲制度改革及社會發展而產生新的壓力及挑戰，爲了協助國內學生發展健全的身心，政府亦持續推動學生輔導的相關立法作業，以期主管機關及教育人員能落實學生輔導工作，最終於 2014 年公布施行《學生輔導法》。綜觀《學生輔導法》約略可分爲輔導措施與行政作爲兩個方面，首先輔導措施的相關條文可以歸納出三個重點：1. 建立學生輔導三級制度，依據學生身心狀況及需求，劃分「發展性輔導」、「介入性輔導」及「處遇性輔導」。2. 明定各教育階段學生之轉銜服務，釐清學生轉換學校後之輔導責任。3. 落實輔導課程活動，並由該科專任教師或輔導教師授課。行政作爲方面則著重明定各級主官機關及學校輔導工作的編制與職責，包含：設立學生輔導諮商中心及專業輔導人員、辦理在職教育及專業人員的培訓與進修、落實輔導工作的考核與評鑑。《學生輔導法》爲國內學生的輔導工作奠定良好的基礎，並使輔導人員的專業發展獲得支持，對於學生的適性發展、身心培養，以及學校輔導人力之擴增都具有重大的幫助（李佩珊，2020；楊昌裕，2015）。

除了一般教育之外，近期國內在特殊教育領域亦有相當多的變革，包含 2009 年修訂頒布的《特殊教育法》以及自 2011 年教育部公布「特殊教育新修訂課程大綱」試行計畫，將臺灣身心障礙學生的教育歷程從特殊教育與普通教育之分流，發展到現今的融合教育（inclusive education），讓在普通班的特殊學生也能獲得適性、個別化的特殊教育（洪儷瑜，2014）。至今，融合教育的發展從法規的研訂、適切模式之探究，以及課程與教學不斷修正和改革，再加上積極的推展與落實，已有良好成效。

隨著上述教育相關制度的改變，以及新課綱強調以學生爲中心學習的重要性，教師被期待不僅扮演知識提供者的角色，同時也扮演學習促進者的角色，因此近年來也有許多新的教育理念及教學方法開始大量的發展。以教育理念的變革來說，過去雖然已有適性教育的概念（黃政傑、張嘉育，2010），但過去適性教育針對低學習成就學生的介入措施大多是以補救教學爲主，以「扶弱」爲目標；但隨著正向心理學的觀點開始受到重視，新的適性教育觀點是以「揚長」爲目標，聚焦在讓學生發揮他的優勢，並將優勢擴散到其他的向度之上（王玉珍等人，2011），形成「優勢中心適性教學」。

而在教學方法方面，由於科技及網路技術的發展蓬勃，許多教師開始大量將科技與各項學科做結合，開創出許多創新的教學方法，舉例來說包括結合網路平臺的「翻轉教室」（flipped classroom）（Bergmann & Sams, 2012; Tsai et al., 2020）、結合遊戲性質（例如：密室逃脫）的遊戲學習課程（Huang et al., 2020）、結合創造力技法的創意思考課程（Liao et al., 2019），都強調課堂中除了學習基礎知識之外，要能透過實作活動讓學生實際應用知識來解決問題，並藉由教師的引導做更多適性化的教學及深度討論，顯示教學模式的多元化已是教育領域的重要趨勢。

最後，針對師資專業人員的培養培育制度與評鑑方式也從原來較爲封閉的體系轉向多元開放，從 2002 年制定的第二版《師資培育法》後，至 2017 年又再次針對條文的不足以及政策執行上所遭遇的問題，立案第三版的《師資培育法》。期間政府亦訂定如《師資培育素質提升方案》、《中小學教師素質提升方案》、《精緻師資培育素質方案》等改革師資培育制度的方案。師資職前教育課程亦配合新課綱的核心素養教育方針，除了原本的普通課程之外也更加強調教師的專業素養，以讓教師專業素養與課程基準的發展符應國際發展的趨勢（黃嘉莉等人，2020；邱志鵬、劉佳潔，2020）。

研究目的

本研究根據上述的論文回顧研究，可發現大多以學報期刊進行多年的文章與研究之內容分析（林燕青、林靜雯，2010；葉寶玲等人，2010；楊諮燕、巫博瀚、陳學志，2013；黃詩媛等人，2018），亦有根據期刊與學位論文進行整合性探討（黃建翔、吳清山，2012），不過其主題僅偏重在特性研究主題上，可能無法全面性看出教育及心理之發展趨勢。此外，在近十年的教育演進中，國內雖已有研究期刊針對教育心理領域進行內容分析（葉寶玲等人，2010），惟近年來教育制度及相關法案有很大的變革，預期會影響教育心理研究的主題變化，且文章分析年份僅至 2007 年，對於近十五年的教育心理領域之期刊、學位論文進行內容分析之相關研究尚付之闕如。另外，較少研究同時探討教育心理相關之期刊、學位論文，因此，本研究希冀透過教育心理領域之《教育心理學報》、《教育與心理研究》期刊之內容分析；《國立臺灣師範大學教育心理與輔導學系》、《國立屏東大學教育心理與輔導學系》、《國立清華大學教育心理與諮商學系》、及《淡江大學教育心理與諮商研究所》等四個系所學位論文之分析，探究過去十五年來教育與心理研究之歷程變化與議題演進，以提供未來學術研究及實務層面之發展參考。

參　研究問題

根據上述研究目的，本研究的研究問題如下：

（一）臺灣教育心理領域期刊及博碩士論文歷年之出版篇數為何？
（二）臺灣教育心理領域期刊及博碩士論文歷年之研究類型變化趨勢為何？
（三）臺灣教育心理領域期刊歷年之的作者數量變化趨勢為何？
（四）臺灣教育心理領域期刊及博碩士論文歷年之篇名詞彙變化趨勢為何？
（五）臺灣教育心理領域期刊及博碩士論文歷年之研究群體變化趨勢為何？
（六）臺灣教育心理領域期刊及博碩士論文歷年之研究主題變化趨勢為何？
（七）臺灣教育心理領域期刊及博碩士論文歷年之研究方法變化趨勢為何？
（八）臺灣教育心理領域期刊及博碩士論文歷年之關鍵字變化趨勢為何？

第二節 研究方法

研究對象

本研究資料搜尋範圍設定爲 2005 年至 2021 年，共挑選出 2 本期刊、4 所教育心理相關研究所博碩士論文爲研究對象。

在期刊方面，選擇《教育與心理研究》與《教育心理學報》兩本 TSSCI 期刊。《教育與心理研究》創刊於 1978 年，自 2003 年改爲季刊，每年出版一卷（共四期），期刊收錄論文主要爲教育學及教育心理學主題有關之學術研究論文；《教育心理學報》創刊於 1967 年，自 2003 年改爲季刊，每年出版四期，期刊收錄論文主要爲教育心理與諮商輔導領域之學術研究論文。2005 年至 2021 年 7 月止，《教育與心理研究》與《教育心理學報》兩本期刊收錄共 844 篇論文。

大學系所方面，分別爲《國立臺灣師範大學教育心理與輔導學系》、《國立屏東大學教育心理與輔導學系》、《國立清華大學教育心理與諮商學系》、及《淡江大學教育心理與諮商研究所》，四所大學 2005 年至 2021 年 7 月止，出版共 1,843 篇博碩士論文。

資料分析

本研究的資料分析方法參考過去對於特定學科領域期刊及論文之相關分析研究（例如：林雯瑤、邱炯友，2012；黃詩媛等人，2018），結合書目計量法（bibliometrics）及內容分析法（content analysis）分別對期刊與博碩士論文資料進行分析。

本研究針對文章的書目資料，先採用書目計量法將論文出版篇數、作者數、及關鍵字進行歸類及統計，探討各項目數量變化及其分布以檢驗近十五年教育心理領域的研究趨勢。此外，本研究採取內容分析法，由其中三位作者（一位教育心理學領域博士、兩位教育心理學領域博士候選人）

參考過去期刊及論文回顧之文獻，針對文章篇名、研究群體、研究主題、研究性質及研究方法重新發展編碼進行分類與統計，最後統整歸納研究結果與結論，並提出具體建議。

而在內容分析的分類一致性信度檢定部分，本研究參考 Neuendorf（2002）、楊國樞等人（2001）以及黃建翔、吳清山（2012）的內容分析模式來計算三位評分者的內容一致性信度。本研究依照公式計算三位評分者針對各向度分類後的一致性，研究群體的分類一致性係數約爲 .93；研究主題的分類一致性係數約爲 .90；研究性質的分類一致性係數爲 .99；研究方法的分類一致性係數爲 .91，表示各向度的內容分類皆具有良好之信度。

在文章篇名方面，本研究利用中央研究院所開發的中文斷詞系統（Chinese Knowledge and Information Processing, CKIP）（Ma & Chen, 2003），先將近十五年的文章篇名輸入斷詞系統進行斷詞，之後針對斷詞結果進行雜訊清除作業，包含刪除介係詞（例如：之、與）、通用字詞（例如：研究、影響）等，最後依據不同年代的文章篇名中所用的詞彙進行頻次計算。

而文章中所採用的研究群體方面，本研究依據研究群體的性質區分爲三大類，第一大類爲「人類樣本」：指研究群體爲一般參與者，再依據年齡與職業細分爲學齡前兒童、國小、國中、高中／職、大學、成年人、綜合樣本、大型資料庫、教師與諮商臨床工作者；第二大類爲「資料樣本」：指研究群體並非爲實質的人類群體，依據資料類型細分爲語文樣本（書籍、詩詞、歷史人物等）、測驗統計（數學公式、統計方法、電腦模擬數據等）、學校機構；第三大類爲「其他樣本」：包括生物樣本、生態環境樣本、藝術樣本等少數類別，以及無法歸類於上述項目之類別。

研究主題方面，本研究參考過去教育心理相關期刊回顧研究的主題分類方式（黃詩媛等人，2018；葉寶玲等人，2010），先分類出主要的研究主題包含學習、教學、諮商等，再由三位編碼者在檢閱本研究蒐集的文獻資料後，討論並確認適用於本研究之編碼類別，最後進一步形成 13 類主題，並完成所有文章之編碼：

1. 學習：包含與學生學習有關的議題，可再細分爲三個向度：(1) 學習發展：學生透過認知過程、社會脈絡等多方因素之學習發展歷程；(2) 概念學習：探究學生受教學影響之概念內化的學習經驗；(3) 脈絡學習：藉由學習環境、師生互動、同儕合作學習、親子關係等因素對學生學習之影響。

2. 教學：包含在特定課程中教師行爲及其教學方法、教學內容與引導策略之應用。

3. 課程：包含課程內容實施方式與創新課程發展。

4. 特殊教育：包含探討特殊兒童有關之教育研究、學習探測，以及學習輔導等議題。

5. 師資培育：包含教師專業訓練、師資培育課程、教師信念與教學概念調查。

6. 教育行政：包含對教育領域相關人員之領導行爲、制度管理、校園環境以及教育工作的組織經營。

7. 學習科技：包含探討課程設計結合電腦多媒體、數位裝置或網路進行學習與評量之效果。

8. 諮商與輔導：包含諮商與心理治療技術、輔導工作實施狀況、生涯輔導與團體輔導方案。

9. 心理發展與適應：包含與身心發展、心理特質有關的議題，可再細分爲三個向度：(1) 情意特質：探討個體對外界刺激的心理反應，有關態度、興趣、理想、欣賞和適應方式等，例如人格特質、自我概念、傾向等；(2) 認知特質：探討個體對知識、概念、原理、及其應用，例如，智力、創造力、問題解決能力等；(3) 社會發展：探討個人受到環境影響或與社會互動有關之特質的發展及特質之間的關聯，例如依附行爲、人際關係、社會態度等。

10. 評量與評鑑：包含學校、教師、課程評量與評鑑，以及評量工具的發展與效果檢驗。

11. 研究方法：探討教育領域中各項研究方法之修正及應用效果。

12. 社會與文化：包含有關不同文化、國家之社會脈絡比較與差異探討之議題。

13. 其他：以歷史人物、歷史文本、哲學議題、語文樣本、或經典文學著作進行內容探討。

研究性質方面，依據文章所採用的研究程序及資料來源是否以對研究群體的觀察調查為基礎，透過統計歸納等方法驗證研究假設等指標，分為實徵性研究與論述性研究兩種性質分類。

研究方法方面，依據文章所採用的資料分析方法，區分為三大類，第一大類為「量化研究」：指透過實驗設計或問卷調查以蒐集數值或統計測量分析的方式探究研究結果，並依據研究設計細分為：實驗研究法、調查研究法、數值模擬研究、測驗統計、生理測量及整合分析；第二大類為「質化研究」：指透過自我省思或深度訪談以多元化資料交叉分析、強調研究者與受訪者的想法、感受的方式探究研究結果，並依據研究設計細分為：訪談研究法、觀察研究法及文獻研究法；第三類為「混合研究」：指在研究中組合量化和質化的方法，同時進行資料蒐集、統計分析及意義詮釋來探究研究結果。

最後在關鍵字的部分，本研究先蒐集近十五年期刊與博碩士論文中所主動提供的關鍵字，再以其所占的百分比來歸類、排序與比較。

第三節　研究結果與討論

教育心理研究領域期刊及博碩士論文出版篇數統計

兩本教育心理領域學術期刊 2005-2010 年間共有 328 篇文章，平均每年約 54.67 篇文章；2011-2015 年間共 262 篇文章，平均每年約 52.40 篇文章；而 2016 年至今則共有 254 篇文章，平均每年約 50.80 篇文章。由此看來，在期刊研究文章的部分，近十五年來的每年平均文章數如圖 1，雖然略有下降的趨勢，但大約皆在 50 篇左右，算是穩定且豐富的產出。

而在博碩士論文的出版篇數方面，2005-2010 年間共有 571 篇文章，平均每年約 95.17 篇文章；2011-2015 年間共有 566 篇文章，平均每年約 113.20 篇文章；而 2016 年至今則共有 706 篇文章，平均每年約 141.2 篇文章。在博碩士的論文篇數每年平均數量如圖 1，近十五年來有逐漸增多的現象，在每五年的區間中，以平均每年 20 至 30 篇的趨勢穩定增加。

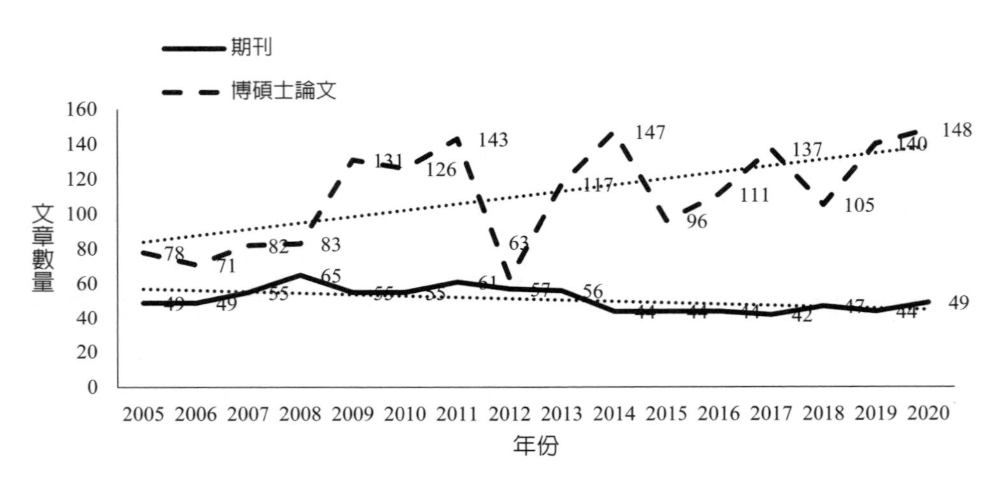

圖 1　2005-2021 年期刊與博碩士論文之年平均數量分布

貳　教育心理研究領域之研究類型統計

兩本教育心理領域學術期刊在研究類型方面，整體而言學術期刊的研究類型多為實徵性的研究，在每隔五年的年區間中，實徵性的研究皆占了至少 97.70 % 以上的比例。而在教育心理領域的博碩士論文研究類型同樣發現多為實徵性研究比例的現象，其比例至少為 99.43 %，顯示不論是學術期刊還是博碩士論文，在研究類型上，幾乎皆為實徵性研究的產出，極少數是論述性的研究。

作者數量統計

在 2005 年到 2021 年《教育心理學報》與《教育與心理研究》兩本期刊的作者數統計結果如表 1，整理後發現，兩位作者的文章數不論是哪一個年區間，皆是期刊寫作的主流，顯示合作研究寫作是最常見的寫作產出方式，而隨著時間演進，三位作者一起發表文章，也有逐漸增加的趨勢；而在 2005-2010 年間，僅有 6.1% 的文章會有四位作者以上，但在 2011-2015 年，則暴增至 16.4%，但到了 2016-2021 年，四位作者以上的文章數又逐漸變少；而單一作者的文章則是在 2005-2010 年區間有著 37.2% 的高比例，但近年來也有稍微下降的趨勢。透過卡方檢定後發現，協同合作的趨勢達到統計上的顯著（$\chi^2 = 19.63$，$p < .01$）。

表 1　《教育心理學報》與《教育與心理研究》近十五年作者數量統計次數

作者數量	2005 年至 2010 年	2011 年至 2015 年	2016 年至 2021 年
	篇數（%）	篇數（%）	篇數（%）
一位	122（37.2）	74（28.2）	73（28.7）
兩位	131（39.9）	96（36.3）	99（39.0）
三位	55（16.8）	50（19.1）	51（20.1）
四位以上	20（ 6.1）	42（16.4）	31（12.2）

綜合研究出版篇數、研究類型、與作者數量等指標可以發現，教心領域整體的研究產出能量非常穩定，甚至在博碩士論文的研究產出還有逐漸成長的趨勢。在研究產出的作者數量上，則呈現了合作研究爲主的趨勢，比如在期刊論文發表的作者數上，單一作者的比例近年來下降至三成以下。在教育心理的研究類型上，幾乎多爲實徵性的研究，論述性的研究占比皆在 3% 以下，顯示在教育心理領域的研究，多半都會以實徵性的方式來進行研究。

篇名詞彙統計

一、教育心理領域期刊的篇名詞彙統計

由表 2 可見在近十五年來，《教育心理學報》與《教育與心理研究》在篇名中最常出現的詞彙分別爲「學生」與「學習」，總計約占所有篇數的 34%，顯示教育心理領域不論在哪個年代，仍以學生的學習爲主要研究對象；同樣在各個年代出現頻率都很高的還有「大學」、「自我」。

而進一步以各年代區段進行比較，可以發現「國小」在前十五年的篇名較常出現（12.2%），近十年出現的次數則越來越少；相反的，「心理」與「情緒」在前十五年的篇名中出現的頻率較低（約在 6%），近十年則都略有提升，顯示除了學業成就之外，個體心理與情緒狀態的研究也受到更多研究者的關注。

而從科目的相關詞彙來看，前十五年似乎並沒有特別突出的學科，而在前十年中「數學」（8.0%）與「閱讀」（5.7%）出現在題目中的頻率即有大幅增加的現象，主要的原因可能是當時臺灣開始重視學生在大型跨國學生學習評量的表現，例如：PISA、TIMSS，而數學及閱讀皆是主要的評比指標之一，因此這方面的研究也有所增加。但近五年只有「閱讀」仍維持之前的出現頻率，「數學」則又明顯的下降，顯示閱讀似乎是目前教育心理領域較多人投入的研究科目。最後比較特別的是「中介」是在近五年在題目中出現頻率很高的詞彙，可能突顯在教育心理領域中資料分析方法的轉變。

表 2　《教育心理學報》與《教育與心理研究》近十五年篇名詞彙次數之排序

排序	2005 年至 2010 年		2011 年至 2015 年		2016 年至 2021 年	
	篇名詞彙	次數（%）	篇名詞彙	次數（%）	篇名詞彙	次數（%）
1	學生	59（18.0）	學生	42（16.0）	學習	51（20.1）
2	學習	54（16.5）	學習	33（12.6）	學生	50（19.7）
3	國小	40（12.2）	心理	26（ 9.9）	心理	32（12.6）

（續前頁）

排序	2005 年至 2010 年		2011 年至 2015 年		2016 年至 2021 年	
	篇名詞彙	次數（%）	篇名詞彙	次數（%）	篇名詞彙	次數（%）
4	教師	36（11.0）	大學	24（9.2）	教師	27（10.6）
5	大學	33（10.1）	情緒	23（8.8）	大學	22（8.7）
6	教學	31（9.5）	諮商	23（8.8）	情緒	21（8.3）
7	自我	29（8.8）	數學	21（8.0）	青少年	21（8.3）
8	諮商	27（8.2）	成就	20（7.6）	中介	19（7.5）
9	教育	26（7.9）	自我	20（7.6）	大學生	19（7.5）
10	大學生	24（7.3）	兒童	19（7.3）	自我	19（7.5）
11	成就	23（7.0）	國中	19（7.3）	教學	18（7.1）
12	心理	22（6.7）	大學生	19（7.3）	目標	18（7.1）
13	策略	22（6.7）	教師	19（7.3）	成效	17（6.7）
14	能力	22（6.7）	教學	16（6.1）	兒童	15（5.9）
15	工作	20（6.1）	國小	15（5.7）	教育	15（5.9）
16	情緒	19（5.8）	理解	15（5.7）	能力	15（5.9）
17	學童	18（5.5）	策略	15（5.7）	閱讀	15（5.9）
18	目標	18（5.5）	閱讀	15（5.7）	領導	15（5.9）
19	知覺	17（5.2）	經驗	14（5.3）	諮商	14（5.5）
20	表現	17（5.2）	能力	14（5.3）		
21	量表	17（5.2）	量表	14（5.3）		

二、教育心理博碩士論文的篇名詞彙統計

參照期刊文章的篇名方式，進行近十五年教育心理領域四所大專院校博碩士論文篇名斷詞及詞彙頻次計算，結果如表 3。由表 3 可見在近十五年來，教育心理領域四所大專院校博碩士論文在篇名中最常出現的詞彙分別爲「自我」、「學生」與「諮商」，在前十年幾乎都占所有篇數的 15% 以上，在近五年雖然略有下降，但也皆在所有篇數的 10% 以上。這樣的統計結果可能反映了目前國內教育心理的系所通常同時具有「教育心理」

與「諮商輔導」兩個類組，因此論文也包含學生及諮商兩個大類的主題。而進一步以各年代區段進行比較，可以發現「國小」在前十五年的篇名較常出現（18.7%），之後就逐漸下降；相反的，「大學」（大學生）的頻率及排名則是有逐漸上升的現象，顯示現在以大學（生）爲對象的研究比例有所提高。

另外値得注意的是，近期「學習」出現的頻率相較於前十五年略有下降，而「心理」則逐年增加，甚至是近五年的榜首。除此之外「生涯」、「情緒」、「工作」也皆有逐年上升的趨勢，顯示教育心理領域的論文有從教學、學習的主題，逐漸轉移到心理層面及未來發展的現象。最後，近五年「中介」及「調節」大量的出現，突顯在教育心理領域中資料分析方法已跟過去有很大的不同。

表 3　教育心理領域四所大專院校博碩士論文近十五年篇名詞彙次數之排序

排序	2005 年至 2010 年		2011 年至 2015 年		2016 年至 2021 年	
	篇名詞彙	次數（%）	篇名詞彙	次數（%）	篇名詞彙	次數（%）
1	自我	117（20.5）	自我	96（17.0）	心理	121（17.1）
2	國小	107（18.7）	學生	87（15.4）	自我	120（17.0）
3	學生	89（15.6）	諮商	85（15.0）	學生	96（13.6）
4	諮商	84（14.7）	國中	78（13.8）	生涯	79（11.2）
5	國中	65（11.4）	心理	78（13.8）	情緒	78（11.0）
6	年級	56（9.8）	國小	70（12.4）	諮商	77（10.9）
7	團體	54（9.5）	國中生	54（9.5）	大學	66（9.3）
8	學習	54（9.5）	敘說	53（9.4）	工作	66（9.3）
9	輔導	50（8.8）	學童	51（9.0）	國中	64（9.1）
10	學童	49（8.6）	生涯	51（9.0）	中介	59（8.4）
11	兒童	47（8.2）	大學	50（8.8）	國小	58（8.2）
12	心理	43（7.5）	年級	46（8.1）	調節	56（7.9）
13	生涯	43（7.5）	態度	45（8.0）	大學生	55（7.8）
14	情緒	42（7.4）	工作	44（7.8）	敘說	55（7.8）
15	教師	41（7.2）	適應	44（7.8）	教師	53（7.5）

（續前頁）

排序	2005 年至 2010 年		2011 年至 2015 年		2016 年至 2021 年	
	篇名詞彙	次數（%）	篇名詞彙	次數（%）	篇名詞彙	次數（%）
16	社會	41（7.2）	閱讀	42（7.4）	輔導	52（7.4）
17	大學	40（7.0）	生活	41（7.2）	學習	47（6.7）
18	敘說	39（6.8）	社會	41（7.2）	健康	44（6.2）
19	策略	39（6.8）	大學生	39（6.9）	團體	39（5.5）
20	教學	38（6.7）	輔導	39（6.9）	國中生	38（5.4）
21	人際	37（6.5）	學習	37（6.5）	少年	36（5.1）
22	大學生	37（6.5）	少年	37（6.5）		

綜合而言，從篇名詞彙的分析結果看來，不論是期刊研究或是學位論文，「學生」相關研究一直是教育心理領域研究的重點，而在「學習」的相關研究上，則僅在期刊研究上呈現穩定的占比，在學位論文的研究上，則呈現下降的趨勢，取而代之的是「心理」相關研究的比例崛起，此上昇的趨勢也與期刊的篇名詞彙變化趨勢相符。由此看來，從篇名詞彙的變化趨勢，可以看出學生的學習研究雖然一直是教心領域研究關注的焦點，但研究的焦點似乎逐漸轉移到學生的心理特質研究上，這也可以說明在篇名詞彙的分析中，「中介」與「調節」兩個詞彙大量增加的原因。

伍　研究群體統計

一、教育心理相關期刊之研究群體統計

《教育心理學報》與《教育與心理研究》兩本期刊近十五年來的研究群體統計結果，發現研究群體多為「大學生」，且有逐漸增加的趨勢；其次則為「國小生」與「教師」為研究群體，此外，「成年人」與「綜合樣本」也是過去研究的重要研究群體。若從研究群體改變的趨勢來看，除了「大學生」之外，以「成年人」為研究群體也有越來越多的趨勢，而以「高中生」與「國中生」為研究群體的研究則有逐漸下降的趨勢，以「教師」

為研究群體的研究，則在 2011-2015 年突然減少，但近五年又變多。

二、教育心理博碩士論文之研究群體統計

在四所教育心理相關科系近十五年的大專院校博碩士論文的研究群體統計結果發現，博碩士論文研究群體多為「成年人」，且有逐漸增加的趨勢；其次則為「國中生」、「國小生」與「大學生」、「高中生」、「教師」、與「諮商臨床工作者」亦是博碩士論文常見的研究群體。

若從研究群體改變的趨勢來看，以「高中生」與「國小生」為研究群體的博碩士論文越來越少，而以「教師」為研究群體的論文，則在近五年逐漸變多，「諮商臨床工作者」的論文也在近五年有將近兩倍的提升。

無論是期刊或是博碩士論文，在研究群體的選擇上可以發現一致的變遷現象，相較於十五年前，近年來以大學生為主體的研究數量增加，而以國小生為主體的研究數量則有減少的趨勢。一方面可能是由於自民間教改團體提出廣設高中、大學的訴求後，2000 年起國內大專校院學校數即產生明顯的增長，尤其是 20 年來大學數量持續上升，自 89 學年度 53 所成長至 109 學年度之 126 所，增加了 73 所（國家發展委員會，2021），因此對於高等教育之學生及相關學校機構的評鑑與探討成為令研究者重視的議題。另一方面，自 2010 年科技部推動《人類研究倫理審查》到 2014 年教育部立訂《人體研究倫理審查委員會查核作業要點》後，行為科學研究亦屬於人類研究的範疇，因此凡是以人類為對象的研究均需由審查會審定通過後才可以執行，其中相較於一般成年人，審查會對於未成年參與者的研究規範更加嚴謹（例如除了參與者本身同意之外，還需家長或監護人之同意等），因此可能會減少研究者選擇以中小學生作為參與者的意願。

陸 研究主題統計

一、教育心理相關期刊之研究主題統計

《教育心理學報》與《教育與心理研究》兩本期刊近十五年來的研

究主題統計結果如表 4，結果發現，在研究主題方面，最多的研究主題為「心理發展與適應」，其中又以「社會發展」為最多的研究主題，其次則為「學習發展」，以及「評量與評鑑」。

若從研究主題改變的趨勢來看，「社會發展」一直是占比最高的研究主題，且有愈來愈增加的趨勢，「情意特質」也有逐漸增加的趨勢。而近年來對於「研究方法」的研究有下降的趨勢，「諮商與輔導」、「學習發展」、與「概念學習」的研究也有逐年下降的趨勢，「認知特質」則是近五年來減少的現象。

二、教育心理博碩士論文之研究主題統計

在四所教育心理相關研究所近十五年的大專院校博碩士論文的研究主題方面，統計結果如表 4，最多的研究主題同樣是「社會發展」，其次則為「諮商與輔導」，第三多的則為「情意特質」的研究主題。

若從研究主題改變的趨勢來看，「社會發展」與「情意特質」兩個研究主題皆有逐年上升的趨勢，且「情意特質」增加的幅度更為明顯，而在「脈絡學習」的研究有則下降的趨勢，但「學習發展」的研究則確有微幅上升的趨勢。

表 4　教育心理領域期刊與博碩士論文近十五年研究主題統計次數

類型	2005 年至 2010 年 期刊篇數（%）	2011 年至 2015 年 期刊篇數（%）	2016 年至 2021 年 期刊篇數（%）	2005 年至 2010 年 博碩士論文篇數（%）	2011 年至 2015 年 博碩士論文篇數（%）	2016 年至 2021 年 博碩士論文篇數（%）
社會發展	65（19.8）	56（21.4）	63（24.8）	152（26.6）	220（38.9）	235（33.3）
情意特質	15（4.6）	15（5.7）	18（7.1）	59（10.3）	76（13.4）	131（18.6）
認知特質	13（4.0）	19（7.3）	15（5.9）	31（5.4）	34（6.0）	36（5.1）
學習發展	39（11.9）	41（15.6）	23（9.1）	24（4.2）	19（3.4）	31（4.4）
評量與評鑑	39（11.9）	29（11.1）	31（12.2）	25（4.4）	15（2.7）	28（4.0）
諮商與輔導	30（9.1）	28（10.7）	17（6.7）	112（19.6）	102（18.0）	110（15.6）
研究方法	23（7.0）	17（6.5）	12（4.7）	2（0.4）	6（1.1）	7（1.0）
脈絡學習	26（7.9）	8（3.1）	15（5.9）	60（10.5）	14（2.5）	27（3.8）

（續前頁）

	2005 年至 2010 年	2011 年至 2015 年	2016 年至 2021 年	2005 年至 2010 年	2011 年至 2015 年	2016 年至 2021 年
類型	期刊篇數（%）			博碩士論文篇數（%）		
教學	19（5.8）	8（3.1）	12（4.7）	38（6.7）	21（3.7）	15（2.1）
教育行政	18（5.5）	9（3.4）	8（3.1）	4（0.7）	2（0.4）	6（0.8）
課程	10（3.0）	8（3.1）	14（5.5）	28（4.9）	19（3.4）	20（2.8）
師資培育	10（3.0）	7（2.7）	13（5.1）	7（1.2）	11（1.9）	20（2.8）
概念學習	12（3.7）	12（4.6）	4（1.6）	16（2.8）	13（2.3）	11（1.6）
學習科技	6（1.8）	4（1.5）	6（2.4）	0（0.0）	1（0.2）	1（0.1）
社會與文化	3（0.9）	1（0.4）	1（0.4）	2（0.4）	6（1.1）	20（2.8）
特殊教育	0（0.0）	0（0.0）	2（0.8）	11（1.9）	6（1.1）	6（0.8）
其他	0（0.0）	0（0.0）	0（0.0）	0（0.0）	1（0.2）	2（0.3）

在研究主題方面，不論是期刊或博碩士研究，其研究主題同樣都著重在心理特質的三個主題之上，其次爲學習發展與諮商輔導。結合上述研究群體與方法的差異，的確吻合研究主題的排序，例如，博碩士研究相較期刊研究有較多以諮商工作者爲樣本的研究，所以在研究主題上其諮商輔導的比例就會相對較高；而期刊研究相較於博碩士研究有較多的測驗發展，所以在評量與評鑑的研究主題上比例也會相對比較高。而在篇名詞彙與關鍵字的整理分析結果也發現類似的趨勢，從篇名詞彙排序來看，期刊多爲學生學習與心理特質的研究，而博碩士論文則多爲諮商輔導的研究，比如說期刊的篇名詞彙排序前三名爲學生、學習、與心理，而博碩士論文的篇名詞彙排序前三名爲自我、諮商、與學生。期刊的關鍵字可以發現期刊研究多爲大學生的研究，而博碩士論文則多爲諮商輔導相關的研究。

從博碩士論文中很大一部分爲諮商輔導相關研究的現象來看，或許反應了從國內 2001 年通過心理師法後，讓諮商心理學與臨床心理學區隔開來，使得心理領域的職業角色與研究定位更加明確（林家興、許皓宜，2008）。促使學校、醫院與社區機構逐漸釋放實習心理師的名額，讓研究場域及個案類型漸趨多元化，以致國內教育心理與輔導相關系所的研究生更願意投入在諮商輔導的研究領域，使得有關諮商輔導的研究蓬勃發展。

柒　研究方法統計

一、教育心理相關期刊之研究方法統計

《教育心理學報》與《教育與心理研究》兩本期刊近十五年來的研究方法統計結果發現，最常被使用的研究方法爲量化的「調查研究法」，其次則爲量化的「測驗統計」與「實驗研究法」，而在質化方面，最常被使用的則爲「訪談研究法」。

若從研究方法改變的趨勢來看，「實驗研究法」有逐漸下降的趨勢，而「調查研究法」則有逐漸上昇的趨勢，此外，在質性的幾個研究方法中，皆逐年越來越少被採用。

二、教育心理博碩士論文之研究方法統計

在四所教育心理相關科系近十五年的大專院校博碩士論文的研究方法方面，統計結果發現，最常被採用的研究方法同樣是量化「調查研究法」，其次則是質性的「訪談研究法」，而量化的「實驗研究法」與質性的「觀察研究法」兩個方法也是常被使用的研究方法。在研究方法的趨勢上，如同期刊研究方法趨勢一樣，「實驗研究法」有逐漸下降的趨勢，而「調查研究法」則有逐漸上昇的趨勢，此外，「混合研究」亦有逐漸下降的趨勢，而「觀察研究法」則有逐年上昇的趨勢。

在研究方法部分，調查研究法爲教育心理研究最主流的研究方法，實驗研究法爲期刊研究次要的研究方法，訪談研究法則爲博碩士研究次要的研究方法，測驗統計爲期刊第三多的研究方法，但在博碩士研究則排第六。這樣的差異或許是因爲博碩士論文的產出爲博碩士研究訓練的成果，故實驗研究法的比例偏少，而教育心理領域的博碩士研究所多包含諮商輔導領域，所以會有較多的諮商臨床工作者的研究，所以訪談研究法的採用頻率會變高；而期刊論文相較於博碩士研究會有較多的測驗發展的研究，所以相對會較常採測驗統計的研究方法。

關鍵字統計

一、教育心理相關期刊之關鍵字統計

在期刊文章之關鍵字使用方面，統計結果如表 5。首先，在第一個年份區間中，2005 年至 2010 年間，較為重視結構方程模式之測驗統計，以大學生為探討研究對象，並針對學習者的成就目標、創造力、自我效能進行探討。接著，在第二個年份區間中，2011 年至 2015 年間，大多探討大學生與青少年為主要研究對象，多以閱讀理解、創造力為研究主題，較多使用後設分析、驗證性因素分析等測驗統計進行資料分析。最後，在近五年，2016 年至 2021 年間，以正向心理學中的幸福感為主要探討主題，研究對象也以青少年、大學生為主，在研究議題層面上多探究學習者的生涯發展與心理層面之議題。

表 5　《教育心理學報》與《教育與心理研究》近十五年關鍵字使用次數之排序

排序	2005 年至 2010 年		2011 年至 2015 年		2016 年至 2021 年	
	關鍵字	次數（%）	關鍵字	次數（%）	關鍵字	次數（%）
1	結構方程模式	14（4.3）	大學生	9（3.4）	幸福感	7（2.8）
2	大學生	8（2.4）	閱讀理解	9（3.4）	青少年	7（2.8）
3	成就目標	6（1.8）	青少年	6（2.3）	大學生	6（2.4）
4	高等教育	6（1.8）	後設分析	5（1.9）	驗證性因素分析	6（2.4）
5	創造力	6（1.8）	創造力	5（1.9）	感恩	5（2.0）
6	自我效能	5（1.5）	驗證性因素分析	5（1.9）	生涯發展	4（1.6）
7	依附關係	5（1.5）	生涯諮商	4（1.5）	心理健康	4（1.6）
8	後設認知	5（1.5）	兒童	4（1.5）	身體意象	4（1.6）
9	動態評量	5（1.5）	性別	4（1.5）	性別差異	4（1.6）
10	網路諮商	5（1.5）	性別差異	4（1.5）	憂鬱	4（1.6）
11	驗證性因素分析	5（1.5）	結構方程模式	4（1.5）	閱讀理解	4（1.6）
12	主觀幸福感	4（1.2）	憂鬱	4（1.5）	後設分析	3（1.2）
13	可能發展區間	4（1.2）	諮商心理師	4（1.5）	校務研究	3（1.2）

（續前頁）

排序	2005 年至 2010 年		2011 年至 2015 年		2016 年至 2021 年	
	關鍵字	次數（%）	關鍵字	次數（%）	關鍵字	次數（%）
14	考試焦慮	4（1.2）	文獻回顧	3（1.1）	推論	3（1.2）
15	青少年	4（1.2）	主觀幸福感	3（1.1）	復原力	3（1.2）
16	階層線性模式	4（1.2）	正向心理學	3（1.1）	臺灣教育長期追蹤資料庫	3（1.2）
17	試題反應理論	4（1.2）	因應策略	3（1.1）	憂鬱情緒	3（1.2）
18	憂鬱	4（1.2）	成語理解	3（1.1）	課室目標結構	3（1.2）
19	學習動機	4（1.2）	自我決定動機	3（1.1）	學習投入	3（1.2）
20	鷹架教學中介	4（1.2）	社會支持	3（1.1）	親職壓力	3（1.2）
21			計畫行為理論	3（1.1）	自尊	3（1.2）
22			問題解決	3（1.1）	校長空間領導	3（1.2）
23			探索性因素分析	3（1.1）	結構方程模式	3（1.2）
24			教師專業發展	3（1.1）		
25			焦慮	3（1.1）		
26			認字	3（1.1）		
27			認知負荷	3（1.1）		
28			認知負荷理論	3（1.1）		
29			認知神經科學	3（1.1）		
30			標準設定	3（1.1）		
31			課室目標結構	3（1.1）		
32			質性研究	3（1.1）		
33			學校效能	3（1.1）		
34			學習成就	3（1.1）		

二、教育心理博碩士論文之關鍵字統計

在博碩士論文之關鍵字使用部分，由表 6 顯示，在近十五年間，以自我敘說的研究方法為大宗，顯示敘說研究為目前多數研究生實踐教育與心理學之主要研究方法。以十年為年份區間之分析發展狀況，幸福感、閱讀

理解、生活適應在2005年至2015年間的關鍵字次數占多數；在2016年至2021年間，以心理健康、工作壓力爲近五年來興起之研究議題。普遍而言，在三個年份區間中，大多以幸福感、閱讀理解、生活適應與心理健康爲主要探討之議題。而在研究對象部分，涵蓋國小、國中、青少年、大學生等對象。大抵而言，正向心理學之幸福感、希望感等議題，爲近十五年來博碩士論文所偏好之發展主題。

表6　教育心理領域四所大專院校碩博論文十五年關鍵字使用次數之排序

排序	2005年至2010年		2011年至2015年		2016年至2021年	
	關鍵字	次數（%）	關鍵字	次數（%）	關鍵字	次數（%）
1	自我敘說	23（4.0）	自我敘說	30（5.3）	自我敘說	40（5.7）
2	自尊	18（1.2）	生活適應	23（4.1）	心理健康	28（4.0）
3	幸福感	17（3.0）	閱讀理解	21（3.7）	大學生	25（3.5）
4	閱讀理解	16（2.8）	幸福感	19（3.4）	國中生	23（3.3）
5	敘說研究	14（2.5）	國中生	17（3.0）	敘說研究	18（2.5）
6	親子關係	13（2.3）	青少年	16（2.8）	工作壓力	17（2.4）
7	生活適應	12（2.1）	大學生	15（2.7）	幸福感	17（2.4）
8	大學生	11（1.9）	心理健康	14（2.5）	中介效果	15（2.1）
9	國小學童	11（1.9）	社會支持	13（2.3）	敘事研究	15（2.1）
10	團體諮商	11（1.9）	復原力	13（2.3）	希望感	12（1.7）
11	人格特質	10（1.8）	自我概念	12（2.1）	社會支持	12（1.7）
12	自我概念	10（1.8）	自尊	11（1.9）	幽默風格	12（1.7）
13	青少年	10（1.8）	憂鬱	11（1.9）	復原力	12（1.7）
14	復原力	10（1.8）	工作壓力	9（1.6）	人格特質	11（1.6）
15	因應策略	9（1.6）	正向心理學	9（1.6）	正念	11（1.6）
16	社會支持	9（1.6）	因應策略	9（1.6）	國中生	11（1.6）
17	利社會行為	8（1.4）	行動研究	9（1.6）	憂鬱	10（1.4）
18	依附關係	8（1.4）	敘說	9（1.6）	諮商心理師	10（1.4）
19	性別	8（1.4）	敘說研究	9（1.6）	人際關係	9（1.3）
20	情緒智力	8（1.4）	人際關係	8（1.4）	自我分化	9（1.3）

（續前頁）

排序	2005 年至 2010 年		2011 年至 2015 年		2016 年至 2021 年	
	關鍵字	次數（%）	關鍵字	次數（%）	關鍵字	次數（%）
21			情緒調節	8（1.4）	自我認同	9（1.3）
22			寬恕態度	8（1.4）	自尊	9（1.3）
23					情緒勞務	9（1.3）
24					情緒調節	9（1.3）

綜合以上，期刊文章與博碩士論文之關鍵字使用方面，可發現在近十五年間中，皆以大學生作爲研究對象最多，其次則爲青少年，且在前十年間大多探討閱讀理解之研究議題。不過以各個年份區間使用的關鍵字中顯示，在研究方法、研究主題則略有差異。首先，在研究方法部分，期刊文章較爲著重測驗統計，特別以結構方程模式、驗證性因素分析、後設分析的研究方法使用之比例較高；博碩士論文則是以諮商輔導中的自我敘說、敘說研究的方法爲主。其次，研究主題層面，期刊文章以學習層面的學習與發展爲主要探究；博碩士論文則是側重在自我層次的心理健康與生活適應。

玖　近十五年來的研究內容改變趨勢

統整過去十五年教育心理領域的兩本期刊在篇名詞彙、研究群體、研究主題、研究方法、及關鍵字的變化趨勢發現以大學生爲研究群體、以及心理方面的研究主題有愈來愈多的趨勢，而青少年的相關研究也有上昇的趨勢，在研究主題上，心理的社會發展與個人的情意特質研究以及學習與課程研究主題也有逐漸變多的趨勢，而個體認知特質的研究主題則有倒 V 的趨勢，近年來有下降的趨勢。而以教師爲主題與對象的研究，則有反彈的趨勢，近年來逐漸增加。

而以國中生與國小生爲對象及篇名的研究，則有愈來愈少的趨勢；以諮商研究者爲研究群體及諮商議題爲篇名的研究，也同樣愈來愈少。在研究方法上，質性訪談與觀察研究法，則有逐漸下降的趨勢，量化的實驗研究法，也同樣有愈來愈少的下降趨勢。

而過去十五年教育心理領域的博碩士論文在篇名、研究群體、研究主題、研究方法、及關鍵字的變化趨勢，同樣發現以大學生為研究群體、篇名、與關鍵字的論文，以及心理方面的研究主題的論文皆有愈來愈多的趨勢。此外，以諮商臨床工作者為研究群體的論文也有增加的趨勢，在博碩士論文的篇名上，也看到中介與調節兩的名詞有增加的趨勢，表示近年來博碩士研究也逐漸趨向探討變項間的中介或調節效果。在研究主題上，博碩士論文有類似期刊論文的趨勢，心理的社會發展與個體情意特質的有愈來愈多的趨勢，而個體認知特質的主題則是穩定持平的趨勢。在研究方法上，博碩士論文採用質性的訪談與觀察研究法有愈來愈多的趨勢，此現象恰好與期刊文章研究方法的演變趨勢相反，而論文採用調查研究法也有增加的趨勢。

如同期刊研究論文，以國中生與國小生為研究群體及篇名的博碩士論文，同樣有愈來愈少的趨勢；諮商的主題與篇名議題，也同樣有減少的趨勢。在研究方法上，量化的實驗研究法，也同樣有愈來愈少的下降趨勢。

第四節　結論與建議

研究趨勢：情意特質研究主題的增加

在研究主題的改變趨勢方面，心理特質的兩個主題皆有愈來愈多的趨勢，而在期刊方面的研究主題，師資培育與課程的主題也有增加的趨勢，但課程在博碩士論文主題卻是減少的趨勢。而博碩士研究的諮商與輔導主題近五年也有增加的趨勢。而篇名詞彙與關鍵字的趨勢則可以看出，期刊與博碩士論文研究在心理特質、中介調節模式、以及情緒等相關研究皆有逐漸增加的趨勢，而青少年與憂鬱的研究，則在期刊研究上有增加的趨勢，博碩士論文則愈來愈多幸福感、適應、與復原力等研究。

這種趨勢的變化可能來自於兩個層面，第一是隨著新課綱的施行，教育理念轉以核心素養爲學生發展的主軸，除了傳統知識及技能的學習之外，更加重視情意向度的整合，強調透過情境化、脈絡化的課程活動，引導學生能夠學以致用。因此現今教育心理領域的研究焦點，可能因此更多的關注學生素養的發展，包含學生在學習歷程中自主覺察、問題解決等多面向的展現，而非只是單一的知識學習成果。同樣的現象也發生在教科書的發展與設計之上，過去教科書的設計是以內容導向爲主，只需要將學科需要學習的概念寫入，隨著課綱的變化，現在教科書也改以素養導向爲設計原則，強調書本內容要結合學生的經驗與知識，設計需要實際應用的例子及活動，讓學生所學可以應用到生活情境當中（周愚文等人，2019）。第二個可能的原因是從 2000 年開始，正向心理學的觀點受到研究學者的重視（Snyder & Lopez, 2001），也讓教育心理從過去強調對於弱勢學生的學業表現進行補救之外，現在對於整體學生的身心健康、自尊、幸福感等情意相關特質的發展與維持亦有更多的投入。同樣的現象不只發生在教育心理領域當中，從國內大學各學門的博碩士論文研究主題統計亦可發現，無論是在教育學門、社會及行爲科學學門、民主學門等，幸福感、壓力都是現在相當熱門的主題（國家圖書館，2021）。

國外多數學學習與學習環境研究，國內重視心理特質與學習研究

綜合而言，從國外研究結果與國內的期刊和博碩士論文研究整理來看，近年來的青少年特定議題，是教育心理的一項重要的研究向度，而個體的心理特質與學習之間的關係，則是近十五年來持續受到關注的研究重點。特定學科如數學學習，在國外皆是持續受到關注的議題（Yalçın et al., 2015）。而在國內，雖然數學學習研究的數量不多，但也持續有約莫 50 篇的研究專注於探討此議題。

而在研究方法上，國外的教育心理研究領域相關期刊的分析統計結果發現多使用量表的形式進行量化研究（Eğmir et al., 2017; Yalçın et al., 2015），此結果與國內的教育心理領域研究方法的調查結果相符，國內不論期刊論文或博碩士論文，也以調查研究法為主要的研究方法。在研究群體方面，Yalçın 等人（2015）發現國外的研究群體多以國中小學生為主，但國內的教育心理研究則多半以成年人及大學生為主，可能造成此差異的原因同前述高等教育與研究倫理發展有關。此外，國外的期刊調查也如同國內的期刊，教育心理領域有協同研究的趨勢，國外期刊的平作者數從 1.8 位作者增為 2.6 位（Jones et al., 2010），而國內則從 1.94 位增為 2.21 位，顯示合作研究是全球教育心理學研究的趨勢。

參 研究展望

本研究主要回顧期刊及論文資料的方式是採用內容分析，但由於內容分析的做法是依據特定的概念或架構將研究內容進行分類編碼，並將各項編碼之結果加以計次。然而，儘管編碼的準確性可以藉由編碼者之間的討論與信度檢驗減少誤差，但不同研究對於編碼的分類方式還是會有所差異，可能會導致在做回顧性研究的比較時出現結果的偏誤。尤其是從近年來資料蒐集與資料分析方法的選用傾向來看，現今研究者選用的資料蒐集方法變得更加多元化，而非大量的集中在單一種蒐集方法。並且隨著統計軟體的發展，分析資料時也會同時採用多元與進階的分析方法，使得在分類編碼時變得較難以歸類到特定的研究方法中。因此未來除了內容分析法之外，或許還能加入其他的方法來彙整期刊及論文的內容，例如在論文後設分析的研究方法中，國外曾提出四種研究方法來分析可能的發表偏誤現象，如漏斗圖（funnel plot）、Orwin 的失敗安全數（Orwin's failsafe N）、迴歸分析（Egger's regression）、及修剪填補法（trim and fill），且建議採用多種方法來檢驗偏誤的可能（McClain et al., 2021），但在國內的論文文本分析鮮少有這樣的作法，或許往後分析研究也能試著提供發表偏誤向度的結果，將研究結果做更詳細的探討。

此外，本研究探討近十五年教育心理領域之期刊、博碩士論文之內容分析，對於教育心理領域之期刊收錄文章所反應之研究發展趨勢，可能受到學術環境、教授升等審查制度之績效考核等要求與標準所影響。近年來，學校相當重視國際化研究力與學術聲望，對於研究人員的發表數量與投稿期刊類型格外注重，導致研究者的投稿意願會以國外認可的 SSCI、SCI 收錄名單之期刊爲優先考量，使得具有價值與貢獻性的研究論文較低的機率考慮投稿至國內優質的專業期刊上。因此，本研究以內容分析國內期刊之結果推論至臺灣教育心理領域之發展趨勢，可能存在限制與偏誤性。然而，針對教育心理領域的本土博碩士論文之內容分析而言，相對地較能推論學位論文之研究發展趨勢。

最後，期盼透過本研究回顧近十五年教育心理領域的研究趨勢，不僅可以歸納教育心理研究的發展趨勢，更可以在教育及社會皆面臨環境變遷而帶來挑戰時，促進教育者及研究者思考如何結合教育學、心理學及教學實務，以拓展教育心理未來的前景與方向。

參考文獻

王玉珍、田秀蘭、朱惠瓊、葉寶玲（2011）。優勢中心取向生涯諮商之諮商歷程與療效內涵探究。**教育心理學報，42**(4)，631-654。https://doi.org/10.6251/BEP.20100310

吳俊憲、吳錦惠（2017）。**圖解教育心理學**。臺北：五南。

宋曜廷（2012）。以標準參照的入學考試和班級評量促進科教發展。**科學月刊，43**(9)，672-678。

宋曜廷、周業太、曾芬蘭（2014）。十二年國民基本教育的入學考試與評量變革。**教育科學研究期刊，59**(1)，1-32。https://doi.org/10.6209/JORIES.2018.63(1).01

李佩珊（2020）。十二年國教推動下的生涯輔導與適性輔導。**輔導季刊，56**(4)，21-30。

周愚文、周淑卿、林永豐、陳致澄、游自達（2019）。素養導向的教科書發展與設計。**教科書研究，12**(2)，105-131。http://dx.doi.org/10.6481/JTR.201908_12(2).04

林家興、許皓宜（2008）。心理師法的立法與影響。**輔導季刊，44**(3)，24-33。https://doi.org/10.29742/GQ.200810.0003

林雯瑤、邱炯友（2012）。教育資料與圖書館學四十年之書目計量分析。**教育資料與圖書館學，49**(3)，297-313。

林燕青、林靜雯（2010）。2004-2008年科學教育研究與發展季刊內容分析。**科學教育研究與發展季刊，56**，1-28。

邱志鵬、劉佳潔（2020）。臺灣師資培育制度「法制化」的演進歷程。**幼兒教育，329**，19-37。

洪儷瑜（2014）。〔特殊教育法立法三十年專文〕邁向融合教育之路－回顧特殊教育法立法三十年。**中華民國特殊教育學會年刊**，21-31。

國家發展委員會（2021）。**歷年，各級學校，各級學校概況表（80～109學**

年度）。國家發展委員會。

國家圖書館（2021）。**110年臺灣學術資源影響力分析報告：臺灣學術資源利用及研究主題概況**。臺北：國家圖書館。

教育部（2001）。**九年一貫課程問題與解答**。臺北：教育部。

教育部（2014）。**十二年國民基本教育課程綱要總綱**。臺北：教育部。

黃建翔、吳清山（2012）。臺灣近十年學校創新經營研究之分析與展望：以期刊與學位論文爲主。**教育研究與發展期刊，8**(3)，1-30。

黃政傑、張嘉育（2010）。讓學生成功學習：適性課程與教學之理念與策略。**課程與教學，13**(3)，1-22。https://doi.org/10.6384/CIQ.201007.0001

黃詩媛、陳學志、劉子鍵、張鑑如、蔡孟寧（2018）。《師大學報》與《教育科學研究期刊》60年之內容分析。**教育科學研究期刊，63**(1)，1-31。https://doi.org/10.6209/JORIES.2018.63(1).01

黃嘉莉、陳學志、王俊斌、洪仁進（2020）。師資職前教師專業素養與課程基準之建構及其運用。**教育科學研究期刊，65**(2)，1-35。https://doi.org/10.6209/JORIES.202006_65(2).0001

楊昌裕（2015）。概觀學生輔導法施行細則。**學生事務與輔導，54**(3)，84-86。

楊國樞、文崇一、吳聰賢、李亦園（2001）。**社會及行爲科學研究法**（下冊）。臺北：臺灣東華。

楊諮燕、巫博瀚、陳學志（2013）。臺灣心理與測驗領域六十年之回顧與展望：《測驗年刊》與《測驗學刊》內容分析。**測驗學刊，60**(1)，11-42。

葉寶玲、陳秉華、陳盈君、葉毅樺（2010）。《教育心理學報》四十年（1967-2007）之內容分析。**教育心理學報，41**(3)，685-702。

Bergmann, J., & Sams, A. (2012). *Flip Your Classroom: Reach Every Student in Every Class Every Day* (pp. 120-190). Washington DC: International Society for Technology in Education.

Eğmir, E., Erdem, C., & Koçyiğit, M. (2017). Trends in educational research: A content analysis of the studies published in International Journal of Instruction. *International Journal of Instruction*, *10*(3), 277-294. https://doi.org/10.12973/iji.2017.10318a

Hanafi, I., Iroani, T., Taryudi, & Ramadhan, M. A. (2020, November). Doctoral dissertation research trend: A comparative study of postgraduate programs in education universities. *International Conference on Humanities, Education, and Social Sciences*. Symposium conducted at the meeting of Pascasarjana Universitas Negeri Jakarta, Jakarta, Indonesia, pages 886-896. https://doi.org/10.18502/kss.v4i14.7944

Huang, S. Y., Kuo, Y. H., & Chen, H. C. (2020). Applying digital escape rooms infused with science teaching in elementary school: Learning performance, learning motivation, and problem-solving ability. *Thinking Skills and Creativity*, *37*, 100681.

Jones, S. J., Fong, C. J., Torres, L. G., Yoo, J. H., Decker, M. L., & Robinson, D. H. (2010). Productivity in educational psychology journals from 2003 to 2008. *Contemporary Educational Psychology*, *35*(1), 11-16. https://doi.org/10.1016/j.cedpsych.2009.08.001

Liao, Y. H., Kung, W. C., & Chen, H. C. (2019). Testing the effectiveness of creative map mnemonic strategies in a geography class. *Instructional Science*, *47*(5), 589-608.

Ma, W. Y., & Chen, K. J. (2003, July). Introduction to CKIP Chinese word segmentation system for the first international Chinese word segmentation bakeoff. *Proceedings of the second SIGHAN workshop on Chinese language processing*. Symposium conducted at the meeting of Association for Computational Linguistics, Sapporo, Japan, pages 168-171. https://doi.org/10.3115/1119250.1119276

McClain, M. B., Callan, G. L., Harris, B., Floyd, R. G., Haverkamp, C. R., Golson, M. E., Longhurst, D. N., & Benallie, K. J. (2021). Methods for addressing publication bias in school psychology journals: A descriptive review of meta-analyses from 1980 to 2019. *Journal of School Psychology*, *84*, 74-94. https://

doi.org/10.1016/j.jsp.2020.11.002

Neuendorf, K. A. (2002). Defining content analysis. In K. A. Neuendorf (Series Ed.), *Content analysis guidebook* (pp. 1-35). Thousand Oaks, CA: Sage.

Nurie, Y. (2019). Doctoral students research trends and practices: Implications for curriculum design in higher education. *College Quarterly*, *22*(2), 1-21.

Snyder, C. R., & Lopez, S. J. (2001). *Handbook of positive psychology*. Oxford university press.

Tsai, M. N., Liao, Y. F., Chang, Y. L., & Chen, H. C. (2020). A brainstorming flipped classroom approach for improving students' learning performance, motivation, teacher-student interaction and creativity in a civics education class. *Thinking Skills and Creativity*, *38*, 100747.

Yalçın, S., Yavuz, H. Ç., & Dibek, M. I. (2015). Content analysis of papers published in educational journals with high impact factors. *Education and Science*, *40*(182), 1-28. https://doi.org/10.15390/EB.2015.4868

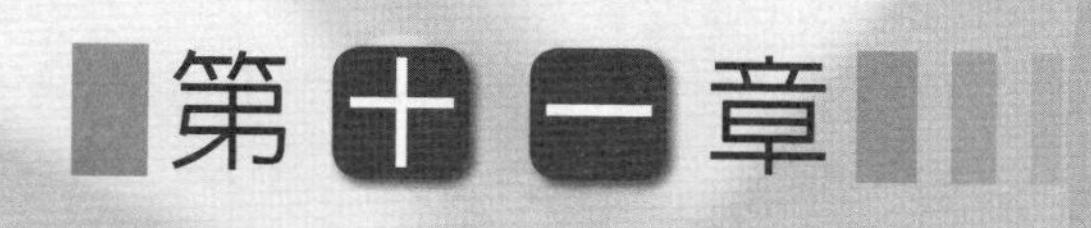

教育行政學研究的趨勢與展望

吳清山、林雍智

第一節　緒論

教育為國家百年大計，世界各國都將教育列為治理國家的優先地位。一個國家具有優質的教育，才能培育優質人才投入國家建設，促進社會全面發展。因此，一個國家教育的良窳，關係到國家的興衰。

一個國家要辦好教育，必須要有良好的教育行政的組織與人力，才能展現教育的效率與效能，此乃顯示教育行政在教育發展過程扮演著重要角色。基本上，教育行政是以教育為體、行政為用，透過有效的行政作為，達成教育目的，才能符合教育行政的本質。是故，教育行政可界定為：政府為有效處理教育事務，運用適切的管理與經營方法，以促進教育事業發展和實現教育目標（吳清山，2021；謝文全，2018）。因而教育行政如何有效發揮其功能，就成為教育行政學探討的重要課題。

教育行政學的發展，最早可追溯到二十世紀初的古典組織理論，這也是很多教育行政學的專書在分析教育行政的理論發展，都會從泰勒的科學管理理論（Taylor's scientific management）開始談起（吳清山，2021；謝文全，2018；English, 1992; Hanson, 2003; Lunenburg & Ornstein, 2014）或觸及到泰勒的科學管理觀點（Hoy, Miskel & Tarter, 2013）的原因；而我國早期的教育行政專書，例如：1946 年（民國 35 年）劉眞出版的《教育行政》或 1946 年（民國 35 年）常導之和李季開合編的《教育行政》尚未論及科學管理理論、人群關係（human relations）理論、行為科學（behavioral science）或系統理論（system theory），偏重於教育行政實務的介紹；到了 1980 年代以後，由於陸續從英美學成歸國的教育行政學者之持續投入，各類教育行政理論不斷出現在教育行政專書上，此乃有利於教育行政的學術研究，成為教育行政學研究的助力。

政府遷臺之後，教育行政學研究能夠穩健發展，首先要歸功於國立政治大學於 1954 年（民國 43 年）在臺灣復校設立教育研究所，以及 1955 年（民國 44 年）國立臺灣師範大學設立教育研究所碩士班，有計畫和有系統的從事教育行政學術研究和培育教育行政高級人才，厚實教育行政學術研究根基。後來，國立高雄師範大學成立教育研究所碩士班，各公私立大學也紛紛成立教育行政相關研究所，使學術研究的人口大增。其結果除了碩博士論文和申請行政院國家科學委員（目前已改爲科技部）著作成果獎助和專題計畫數量增加之外，各類教育行政學術研討會和教育行政學術性刊物，不斷地湧現，蓬勃發展的教育行政學術研究，亦使教育行政逐漸成爲一門有系統的知識體系。

隨著社會變遷和資訊科技高度發展，也帶動教育行政學術的能量，尤其近二十年來，教育改革如火如荼進行，各類教育法制相繼公布實施（如：教育部組織法、高級中等教育法、實驗教育三法、偏遠地區學校教育發展條例等），加上人口少子高齡化的衝擊，以及 2014 年正式實施十二國民基本教育政策和 2018 年十二年國民基本教育新課程的實施，對於各級教育和終身教育發展影響甚鉅，因而擴大了教育行政學研究的領域。

教育行政學係指客觀有系統地研究「教育行政機關或學校行政事務有效處理之計畫、決定、溝通、激勵、領導、視導、評鑑等過程，以謀求教育改進和達成教育目標」的一套知識體系。因此，教育行政學可說是屬於社會科學中的應用科學。爲了有效處理教育事務，教育行政必須有理念的指引和理論的支持，才不會在計畫和執行過程中產生偏差，進而實現其教育行政目標。由此觀之，教育行政學有其學術性目的，亦有其實用性價值。是故，教育行政學的研究，必然會隨著社會的變遷、教育發展脈動與學術研究派典，逐漸擴大其範疇與深化，讓教育行政學研究之學術性更穩固，而實用性更具價值。

基於上述說明，本文採用文獻探討方式，收集教育行政學研究等相關文獻進行系統性分析，首先回顧臺灣近二十年來的臺灣教育行政學研究，了解過去發展情形；其次詮釋教育行政學研究的重要課題與趨勢，掌握發展主流；最後則展望未來教育行政學研究，眺望發展動向。

第二節　近二十年來的教育行政學研究之回顧

近二十年來教育行政學學術領域的發展相當快速，大幅度的改變傳統的學術思維，積極的融入世界主流的發展方向，更透過學術的發展進一步帶動實務運作的科學化與精緻化，奠定今日在教育行政學門相關議題上與國際議題接軌的基礎，使臺灣的整體教育學術得以受到各國的關注。茲將這二十年來教育行政學門的各項發展，歸納為下述四點說明：

教育行政學研究方法的科學化

古典、傳統的教育行政學相關論述，係採「靜態」方式，針對圍繞於教育行政領域之各種主題，如教育行政機關的組織架構、各種行政模式等進行解釋與詮釋。在 H. A. Simon 採科學方法與觀點建立行政學之研究方法論後，教育行政學的方法論開始轉換為透過「動態歷程」進行研究的派典（paradigm），開啟了教育行政理論的系統模式時期，也使教育行政學的研究朝科學化方式發展（楊振昇，2002；謝文全，2018）。

西洋對教育行政學理論派典的轉換，也影響了東方國家，如臺灣與南韓在本領域研究方法上的更新。這原因係與留學歐美經驗者將科學化研究方法帶回各自國內的因素有關。由此相較，同一時期的日本由於本土學派仍占該國之主流，因此該國教育行政學的論述與研究轉往科學化的發展階段，便較臺、韓為後。此後，一些與教育行政相關動態議題，如領導、組織變革、學校效能、學校改進、激勵、溝通等（吳清山，1998，2014；張慶勳，1996），便成為了教育行政學在本領域上的關注焦點。為了進行這些議題的研究，方法論上，質性與量化並進的科學化的研究方法，如文件分析法、調查研究法、相關研究法、個案研究法等科學化方法大量運用於教育行政研究上。由於這些科學化方法的使用，一來可以呈現客觀的數據或具有證據力的結果，二來相關成果也可以用於進行各國之對照比較，因此被大量採用於教育行政研究之中。

以近十年來（2011-2020）教育學學門申請科技部補助的研究件數為例，件數大約在 476 件到 723 件之間（科技部，2021），占了人文學門的 7%，其中教育行政類別的補助計畫雖未特別獨立統計，但根據各補助計畫的關鍵字初步統計，可知與教育行政學門研究相關之計畫約占 10%。

固然申請科技部的科學研究補助能否順利通過也受政府政策方向變遷所左右，然而從教育行政學研究申請科技部補助的件數來看，仍可從旁印證近年來學門朝科學化研究發展的趨勢。

教育行政學執行上的技術革新

教育行政學在學術研究上的科學化研究轉向，由於客觀研究結果的產出，在應用上亦連帶影響了執行技術上的革新。例如以「計畫」議題為例，科學化的計畫模式、計畫流程與計畫成效如何檢視，對教育行政機關與學校擬定的各項計畫帶來了示範的作用（鄭崇趁，1995）。一些應用於行政機關上的計畫方法，如 PDCA、SWOT、德懷術（Delphi technique）、甘梯圖（Gantt）等成為做計畫時所依據的方法（林天祐、林雍智，2021）；在教育行政決定上，各種參照模式，如理性、滿意、衝突、策略模式等被引用為決策時形成基礎判斷的依據。類似的應用，亦出現在於「組織發展」、「評鑑考核」上，使得教育行政學在執行上的技術革新，不但作為教育行政機關組織的調整參考（教育部組織法，民國 110 年 5 月 26 日修正公布），亦被充分應用於實務上的教育行政機關的發展與學校經營的革新上。

教育行政學的技術革新，不但刷新了行政原理「計畫、執行、考核」三聯制的內涵，讓各步驟在推動上必須依照體系性的結構規劃與發展外，基於科學化證據與體系性技術的革新，也衍生出了一些受到重視的新興的領域。例如「評鑑」與「領導」領域範圍的充實與擴大。以「領導」來說，目前與「教育領導」相關的領導模式，據李柏佳在 2008 年的統計，已達 67 種之多（李柏佳，2008），目前本領域的範圍仍持續擴大中；「評鑑」相關概念的發展，也成為各單位運用作為檢視績效成果的途徑，而大量運用於諸如機構評鑑與教育人員評鑑上，如大學系所評鑑、校務評鑑、方案評鑑，以及校長評鑑、實驗教育評鑑上。此項評鑑技術的成熟與大量運用，更進一步的產生了專責評鑑執行之單位以及專責評鑑研究之學術單位的設立。

 教育行政學研究牽引教育改革的方向

1990年代興起的教育改革，迄今仍方興未艾，持續推動臺灣教育發展的更新。在教育改革的發展歷程中，教育行政學研究的也扮演了「提供教育改革訴求內涵」、「建立新規範指引」之角色，茲簡要說明如下。

一、教育改革的性質

從1994年的「410教育改革遊行」，到行政院成立教育改革審議委員會，一連串的教改從反對僵化的教育體制、挑戰傳統的威權教育開始，逐漸朝向尊重教育主體以及教育上的創新前進。回首教育改革的脈絡，大致歸納爲三個主要階段，分別爲：1. 教育自由化、2. 教育民主化與3. 教育精緻化三階段。剛開始，教育改革運動呼應社會運動，主張鬆綁既有教育體制，它屬於對教育自由化的訴求，接著登場的教育民主化，更進一步的將教育回歸到教育主體，即學生的身上。最後，進入當前的教育精緻化發展階段上，再透過教育的創新、國際的接軌等推動提升品質與擴展多元樣式的努力。關於教育改革的發展進程，日本學者篠原清昭（2017）分析臺灣的教育改革運動，並將臺灣的教改歸納爲與政治民主化的連動，透過教育自由化、民主化的改革，回過頭來深化民主，更進一步推動教育的革新，其看法一定程度剖析了教育改革影響當代教育發展的特徵。其中，近二十年來教育行政學的發展軌跡一方面恰與國內教育改革相當程度重疊，另一方面也提供了教育改革訴求內涵的來源與演進。

二、提供教育改革的訴求內涵

教育改革的各種訴求，不只是單純對既有教育體制的反思，許多改革輿言也隱含教育行政學的發展帶動的線索，可以說教育行政學研究與技術的進步，相當程度的呼應了教育改革，提供其各項訴求的具體依據。舉例來說，學者治校、設立「校務會議」、中小學校長遴選的變革，其目的是在教育行政中排除不當的統治或支配，求取教育的中立與專業。相關理論依據，更影響了後來教育治理（education governance）與學校治理的輪廓，

相關利害關係者（stakeholder），如教師、家長身分角色的界定與組織的建立，都讓教育與學校治理模式相當程度的轉移，形成今日的治理面貌。再者，經由訴求內涵的複雜交織，也促發了法規與制度的變革。如《教育基本法》的立法（1999 年）、《國民教育法》（1999 年）的修正等，許多屬於教育行政學領域範疇，有益於日後教育實施的項目被納入法規條文當中，如《教育基本法》第 9 條規範中央政府要進行評鑑與政策研究等，讓教育法制的覆蓋更爲完整。再其次，學校本位管理（school-based management）概念則提供了治理在實踐上的建議，透過學校本位的人事、課程與教學與預算等的鬆綁，進一步使治理從理念落實於各項具體內涵中，從而改變教育內容的樣貌。

三、建立新規範指引

教育行政對教改的影響，不僅限於對「鬆綁」提供的支持，其也成爲了建立新規範的指引。例如：教育部（2016）所公告的《教師專業標準指引》，中華民國中小學校長協會（2021）建構的「中小學校長專業素養」，兩者皆爲依據教育行政學的研究方法、先從建構作爲專業標準之指標開始，再透過對實施主體的意見調查而形成的專業標準體系。過程中不但有參照各國的案例，在每項指標中也提示了具體達成指標的數值條件。這兩項指標將作爲教師和校長檢視職涯發展是否符合專業的依據，專業標準的提出也可以幫助教師和校長強化專業地位。

值得探討的是 2014 年「實驗教育三法」立法通過，讓過去體制外的另類教育走向了體制內，長期來看實驗教育也將爲成爲學制內的一軌。然而，法制化後的實驗教育在性質上已經脫去體制外階段對正規教育的對抗構造（黃志順、林雍智編，2022），當前實驗教育推動上的各項配套措施，如實驗計畫中（學校制度、行政運作、組織型態、教師編制）與家長社區參與、評鑑訪視等皆需根據教育行政學的基礎進行調整，透過實驗教育的實施，去除「實驗」兩字，成爲帶動整體教育創新的運動，其不但是將教育理念付諸成爲現實的歷程，更有賴教育行政學的牽引，提供明確的發展方向。

 教育行政專業組織與學術研究機構的設立

教育行政學在研究方法的科學化、技術的大量運用，並將其作爲牽引教育改革的依據的同時，也需要相當數量的社群與人才，方能支撐本學門系統性發展的需要。近二十年來，臺灣教育行政學研究的發展也帶動了相關人才培育、專業社群與學術研究機構組織的擴展。

一、教育行政領導人才培育

在人才培育上，與教育行政領域相關人才，如校長、主任等教育行政人員的培育及研習、進修等專業課程逐漸聚焦於科學化教育行政學所探討、並累積豐富成果的議題上。以一位校長的職涯專業發展所需的培育、儲訓、師傅校長培訓爲例，統整臺北市立大學校長培育課程、臺北市教師研習中心的校長儲訓課程、國家教育研究院的校長儲訓課程、中華民國中小學校長協會所推出的課程，發現四者相通之課程，除了基本業務事項的增能課程外，皆將焦點鎖定在「學校願景形塑」、「校務發展計畫」、「系統策略思考」、「溝通協調」、「團隊合作」、「危機處理」與「經營創新」等課程（林雍智，2020 年 11 月 28 日；臺北市教師研習中心，2019），而這些課程皆爲近期教育行政學研究與實務發展之主要議題。足見其對人才培育方向的導引性。

二、專業社群的成立

專業社群的成立，影響了學門運用推廣的速度，對於學門研究成果的滲透與普及亦有相當大的助益。國外教育行政專業組織，如各種學會、協會的成立已有相當歷史，例如美國的全美學校行政人員協會（American Assocation of School Administrators，1865 年成立）、加拿大不列顛哥倫比亞校長和副校長協會（British Columbia Principals' and Vice Principals' Association，1988 年成立）、日本的教育行政學會（The Japan Educational Administration Society，1967 年成立）、南韓的教育行政學會（The Korean Educational Administration Society，1967 年成立）。反觀臺灣的教育行政專

業社群的成立歷史，則在近二十年來才集中發展。例如中華民國教育行政研究學會（成立於 1999 年）、中華民國學校行政研究學會（1999 年成立）、臺灣教育政策與評鑑學會（成立於 2000 年）、中華民國中小學校長協會（成立於 2009 年）等。這些學會、協會的成立促進了專業社群成員間的溝通，也強化了教育行政理論與實務的連結，擴充了教育行政學研究的發展空間。

三、學術研究機構的設立

為因應教育行政學的學術發展與實務現場運用的需求，進行專責教育行政研究發展與應用，並兼顧未來教育行政人才培育的大學研究所，亦紛紛的成立。教育行政學相關領域，原屬於大學教育系所教授之領域範圍，過去主以在教育系所下設「教育行政組」的方式進行研究與人才培育。近二十年來，教育行政專業研究機構的發展，首先在師資培育校院出現「教育行政碩士班」、「學校行政碩士班」（設立於 1998 年），後在教育部的高教政策之下，各公、私立師資培育大學開始紛紛以從教育系中獨立，或是以新設方式成立教育行政相關系所。如國立暨南國際大學成立教育政策與行政學系所（1997 年）、嘉義大學成立教育行政與政策發展研究所（2001 年）、國立臺灣師範大學成立「教育政策與行政研究所」（2003 年）、臺北市立師範學院設立「教育行政與評鑑研究所」（2003 年）、國立臺北師範學院設立教育政策與管理碩士班（後整合為教育經營與管理學系）、國立政治大學設立教育行政與政策研究所（2005 年）、國立花蓮教育大學成立教育行政與管理學系（2006 年），私立大學部分則有南臺科大的「教育領導與評鑑研究所」（2007 年）等。設立這些學術機構的大學，幾乎涵蓋了全部的師資培育大學，足見教育行政學研究的重要性，已成為可匹敵整體教育學研究領域的存在。

第三節　教育行政學研究之課題與趨勢

教育是永續發展的艱鉅過程，必然受到各種內外在環境的改變，影響到整個教育發展，尤其外在的社會、經濟、政治、科技、文化與生態環境的變化，教育也必須有效因應，才足以發揮教育功能。教育部（2011）在「中華民國教育報告書」中曾提到臺灣近十多年來因為社會變遷中的網路時代的學習衝擊、少子女化與高齡化的趨勢、教育M型化的影響、氣候變遷與環境永續的關注、全球化時代的競爭、本土化意識的興起、校園生態環境的轉變，教育面臨相當大的挑戰；此外，教育部（2013）在《教育部人才培育白皮書》亦提到國內的大學供過於求、人才供需失衡、十二年國教實施之國內環境，以及全球化、少子女化與高齡化、數位化、全球暖化之國際趨勢，影響到人才培育，也衝擊到教育發展。

臺灣面臨人口結構的少子化相當嚴峻，根據內政部人口統計，在1992年人口出生數為321,405人，到了2020年已降至165,249人，三十年後出生人口下降的一倍左右，而美國中央情報局（Central Intelligence Agency, CIA）於2021年4月公布2021年全球生育率預測報告，預測生育率倒數5名皆在亞洲，臺灣生育率為1.07，在227個國家或地區中排名墊底（Central Intelligence Agency, 2021）。少子化會衍生諸多教育問題，包括：學校面臨整併或裁撤、教師供過於求、學校閒置空間過多、教育資源投入浪費等，需要有效的因應；同樣地，臺灣已邁入高齡社會，根據國家發展委員會（2020）人口推估，臺灣已於1993年成為高齡化社會，2018年轉為高齡社會，2020年超高齡（85歲以上）人口占老年人口10.3%，推估將於2025年邁入超高齡社會。由此可見，臺灣老年人口年齡結構快速高齡化，必然衝擊到高齡者教育需求，必須加以因應。

臺灣面對全球化的時代，教育市場競爭更為激烈，如何強化教育國際化和國際競爭力，是各級教育發展重點之一。當然，隨著資訊通訊科技及網際網路的高速發展，不僅增進人類生活的便利性，也改變傳統教學方式，資訊科技和數位化教學翻轉教師的教學，在2020年新冠疫情爆發之後，學校採取線上教學取代實體教學因應，讓學生停課不停學，大大彰顯資訊通訊科技及網際網路在這一波疫情衝擊下對教育的重要性。

為了因應社會變遷及國內局勢的改變趨勢，教育的變革是有其必要性。在教育變革過程中，教育行政具有引領的作用，因而必須對於重要的課題進行有系統與深入的探究，才能找到解決教育問題的行動策略。根據近二十年來教育行政學研究的文獻回顧及當前因應內外在環境的變遷，茲提出對應當前臺灣教育行政學研究的重要課題及趨勢如下：

十二年國民基本教育執行及成效評估

十二年國民基本教育於 2014 年起實施，它是臺灣本世紀以來重大教育變革，對臺灣中小學教育發展影響相當深遠。從行政院 2011 年核定的《十二年國民基本教育實施計畫》來看，主要包括了七大面向（入學方式、就學區、免學費、優質化及均質化、適性輔導、財務規劃、法制作業）和二十九個方案（其中十九個方案屬於配套措施），作爲十二年國民基本教育政策執行之依據。

十二年國民基本教育實施迄今，已有七年之久，它涉及範圍甚廣，舉凡政策發展、法令依據、入學制度、課程實施、適性輔導、師資素質、財務規劃、學費政策、高中職優質化、國中小基本學力等都是屬於其中的一環，在這實施期間陸陸續續有學者專家發表相關的論文（吳清山，2018a，2020；吳清山、王令宜、林雍智、張佳絨，2017；陳麗珠，2019；顏國樑、任育騰，2014），亦有甚多研究生進行十二年國教政策相關議題之研究，成爲當前很熱門的研究課題之一。

十二年國民基本教育的實施，係屬當前的重大教育政策，爲了了解政策的執行及其成效，針對相關議題進行有系統的方案研究，以及長期性和整合性的研究，深信對於政策改進具有其實用價值。因此，十二年國民基本教育的相關議題研究，形成當前教育行政學重要研究課題之一。

十二年國教新課綱實施及成效評估

十二年國民基本教育課程綱要於 2019（108）學年度正式實施，揭櫫「素養導向教育」的課程主軸，具有其時代價值。這次課綱之研發與審議過程異於往前，分爲研發和審議兩軌進行，前者研發工作由國家教育研究院負責，後者審議工作由教育部組成「高級中等以下學校課程審議會」審議，因審議過程費時，延誤各領域綱要發布時間，原定在2018（107）學年度正式實施，也只好順延一年。

由於十二年國教課綱關係到教與學，而促進教與學又是教育行政的重要功能（Campbell, Corbally, & Nystrand, 1883/1971），因此亦成爲教育行政學的研究課題之一。在Lunenburg和Ornstein（2014）的教育行政專書中亦將課程執行和發展、分析和改進教學列入專章之一。因此，十二年國教課綱相關議題列入教育行政學的研究範疇之一，亦有其關聯性和價值性。然而，在臺灣有關十二年國教課綱相關議題的研究，多數是由課程與教學學者進行研究（楊俊鴻，2018；葉興華，2020；蔡清田，2014），教育行政學者在此方面之研究反而較少（吳清山、方慶林，2018），的確有點可惜。

素養導向教育成爲十二年國民教育新課綱主要內涵，其相關議題之研究，例如：素養導向領導、素養導向課程與教學、素養導向評量，學生素養學習成就評估等，能夠結合教育行政學者和課程與教學學者力量進行研究，這種多元的觀點，深信研究結果不僅有其學術性，更有其政策參考價值。

參 弱勢者教育與教育機會均等

教育不僅要追求卓越，更要實現公義，才符合教育的本質與價值。從2002年1月美國布希（George W. Bush）總統簽署公布《別讓孩子落後法》（No Child Left Behind Act）到2015年12月歐巴馬（Barack Obama）總統簽署公布《每個學生都成功法》（Every Student Succeeds Act），雖然都很強調教育績效責任，但最主要目的也希望把學習弱勢的孩子帶上來，以促進教育機會均等。

國內對於弱勢者教育，包括身心障礙教育、原住民教育、新住民教育，亦相當重視。在教育部（2011）的《中華民國教育報告書》中特別將「尊重多元文化、弱勢關懷與特殊教育族群權益」列入十大發展策略，此外，在2017年12月6日公布的《偏遠地區學校教育發展條例》中，特別明示立法目的在「實踐教育機會平等原則，確保各地區教育之均衡發展，並因應偏遠地區學校教育之特性及需求。」（第一條），具有促進教育機會均等和實踐教育公義的價值。

教育行政學研究無法脫離教育政策，從各種學術研討會（例如：2016 年 10 月 14、15 日國立臺灣師範大學「弱勢者教育國際學術研討會：反省與前瞻」、2021 年 10 月 22、23 日的「未來教育：教育公平、卓越與效能國際學術研討會）或期刊論文（林信志、簡瑋成，2019；陳麗珠，2008；鄭同僚、徐永康、陳榮政，2020；鄭新輝、徐明和，2018）來看，都以弱勢者教育爲主題，可以了解到弱勢者教育與教育機會均等一直是當前教育行政學研究的重要課題之一。

教育國際化與雙語教育

教育國際化是一種不可逆的過程，從臺灣的教育發展歷程來看，教育國際化最早是從高等教育機構的交流開始，後來慢慢擴及到中小學教育。教育部曾於 2011 年發布《中小學國際教育白皮書》，以扎根培育二十一世紀國際化人才爲主軸，到了 2020 年教育部又發布「中小學國際教育白皮書 2.0」，以「接軌國際、鏈結全球」爲願景，希達成「培育全球公民、促進教育國際化及拓展全球交流」三項目標。

教育國際化，從大學到中小學都是重要的一環，它涉及到法令、組織架構、課程與教學、交流方式、人力培訓、資源投入、人才培育、平臺建置、及雙語教育等議題，尤其政府更以 2030 年爲目標，打造臺灣成爲雙語國家，因而中小學雙語教育更是如火如荼的推動，以提升學生雙語能力，雙語教育亦成爲當今教育主流之一。

教育國際化及雙語教育已是大勢所趨，大學及中小學都相當重視，各類學術研究或討研討會紛紛展開，例如：姜麗娟（2007）所執行的科技部或南臺科技大學在 2021 年 10 月 29 日舉辦「2021 雙語教育創新教學與評量研討會；以及期刊論文（洪雯柔、賴信元，2019；侯永琪，2016）及博碩士論文日漸增加，此亦可看出教育育國際化及雙語教育成爲教育行政學研究的重要課題。

伍 教育治理、品質與效能

教育是一個複雜的系統，必須有賴於良好的治理，才能讓教育運作順暢。因此，教育治理成為教育行政學研究的重要課題之一。吳清山（2021）提到教育治理係指教育行政機關及學校運用其權力，從事各項教育政策或事務的規劃、執行和評估的過程，以有效管理教育經費、人力和其他資源，達成教育目標。因此，教育治理是確保教育運作的關鍵，有效教育治理必須具備執行和解決問題的能力，與教育品質和效能可謂息息相關。

有效的教育治理，必然有助於教育品質管理，讓教育能夠展現卓越、特色與效能。教育治理涉及範圍甚廣，舉凡教育領導、組織運作、公民參與、師資培育治理、課程治理、教育自主與績效責任、教育鬆綁與透明、教育卓越與公平、教育效能等都屬於研究範疇，近年來教育治理、品質與效能受到教育界所重視。教育研究月刊在 2013 年 8 月以「學校改進與學校效能」、2018 年 6 月以「教育治理」為主題、2019 年 6 月則以「教育品質質與績效責任」為主題，以及國立臺灣師範大學曾在 2020 年 10 月 30 日至 31 日舉辦「2020 教育治理的創新與挑戰國際學術研討會」，在在顯示教育治理、品質與效能，都是當前教育行政學相當重要的研究課題之一。

陸 教育評鑑與品質保證

教育評鑑是為了了解教育成效，協助改進缺失，以提升教育品質。《教育基本法》第 13 條規定：「政府及民間得視需要進行教育實驗，並應加強教育研究及評鑑工作，以提昇教育品質，促進教育發展。」而《大學法》第 5 條第二項規定：「教育部為促進各大學之發展，應組成評鑑委員會或委託學術團體或專業評鑑機構，定期辦理大學評鑑，並公告其結果，作爲學校調整發展之參考。」另外《高級中等教育法》第 11 條第二項也規定：「各該主管機關爲促進高級中等學校均優質化發展，應定期辦理學校評鑑，並公告其結果，作爲協助學校調整及發展之參考；其評鑑辦法，由各該主管機關定之。」高級中等以上學校辦法評鑑，法律已明定之，爲了讓評鑑實施情形，從事評鑑的相關研究愈來愈常見，而國內亦有大學設立評鑑相關研究所，例如：臺北市立大學教育行政與評鑑研究所、南臺科技大學教育領導與評鑑研究所，以及財團法人高等教育評鑑中心基金會，亦從事評鑑相關研究。

由於評鑑經常與訪視、督導或評比相混淆，加上定期評鑑被視爲導致中小學行政負擔原因之一，因而教育部或地方教育行政機關紛紛將評鑑喊卡，改以其他方式替代之，例如：臺北市中小學從 2021（110）學年度起試辦品質保證制度。其實，教育評鑑或教育品質保證，都是爲了確保、提升及強化教育品質，大學系所評鑑轉型爲品質保證，亦是如此。雖然教育評鑑過程有所變革，但從十年來教育行政學的研究而言，教育評鑑和品質保證的研究，仍爲相當重要的研究課題之一。

柒　校長專業與校長領導

校長爲學校靈魂人物，其專業與領導深深影響到學校教育發展。因而提升校長專業知能及強化校長領導素養，一直是教育行政學研究的重要課題之一。

校長專業及領導的研究甚廣，就以校長的專業而言，從校長的職前培育、校長實習（principal internship）、回流教育（concurren education）、師傅校長培育（mentor principal education）和導入方案（induction program）都屬於校長學（principalship）的研究內涵，而臺北市政府教育局推動的「臺北校長學」政策，其實踐效果之執行與評估亦是很好的研究題材。中華民國中小學校長協會於 2009 年 3 月 29 日成立以來，對於校長專業成長益不遺餘力，亦在 2021 年 4 月公布「中小學校長專業素養」，包括：1. 實踐適性揚才，保障學習權益」；2. 擘畫學校願景，領導校務發展；3. 善用行政領導，提升學校效能；4. 引導課程發展，精進教學成效；5. 優化學習情境，構築未來學校；6. 經營公共關係，建立互信文化；7. 恪守倫理規範，樹立專業形象，亦有其學術研究或實踐有其參考價值。

國內已有不少校長領導專書出版，為教育領導學紮下根基。2017 年中華民國教育學術團體聯合年會學術研討會即以「教育新航向—校長領導與學校創新」為主題，足見校長領導已成為當前教育行政學重視的研究主題。就教育領導理論發展而言，從早期的特質到新興理論，例如：魅力領導、轉型領導、僕人領導、分布式領導、火線領導、默默領導、第五級領導、協作領導、學習領導、真誠領導、科技領導，到十二年國教新課綱興起的素養導向領導，豐富了教育領導題材，也使校長專業與領導成為當前教育行政學研究所重視的課題。

捌 校園安全與校園霸凌

確保校園安全為學校經營首要課題。學生只有在安全校園環境下學習，才有成效可言。根據財團法人黃昆輝教授教育基金會（2017）進行「校園環境與安全品質滿意度調查」民調發現，民眾最擔心的是國中小學生的人身安全；其次是民眾高度認為國中小安全教育需要加強。此外，根據美國蓋洛普教育民意調查研究發現，近幾年家長憂心孩子在校安全，有升高現象（Brenan, 2019）。因此，確保校園安全，讓學生安心學習，實屬重要。

校園安全是可以預防的，但有些校園霸凌可說防不勝防，可能發生在校園內，也可能在校園外。霸凌者運用言語、文字、圖畫、符號、肢體動作、電子通訊、網際網路等方式，直接或間接對他人故意為貶抑、排擠、欺負、騷擾或戲弄等行為，導致他人受到精神上、身體上或財產上之損害。校園霸凌行為，容易讓學生心生恐懼，不利於學生學習。因此，有效落實校園霸凌防制準則，一直是教育行政人員和學校教育人員努力的要項。

校園安全和校園霸凌問題，一直是社會大眾和家長所關心的議題，如何降低校園暴力，確保校園安全，是教育實務工作者應列入校務重點工作之一。然而校園暴力或霸凌成因甚多，有些屬於個人因素、家庭因素或學校因素；有些則屬於社會環境因素，需要進行深入有系統的研究，才能了解其原因並找到有效的對策。校園霸凌，不單是身體或性霸凌，網路或手機霸凌也有增加趨勢，因而校園霸凌議題亦成爲教育行政值得研究的課題之一。

玖　教育創新與教育實驗

在知識經濟時代，企業界爲提高競爭力，取得優勢地位，追求創新已經成爲企業界致勝之關鍵；而國內各級學校之競爭力，雖不像企業界那麼強烈，但面對愈來愈大的外在環境挑戰，以及社會大眾要求學校提供良好品質，學校也積極致力於創新經營，以營造特色和建立品牌。基本上，教育創新旨在於提供具有激勵作用的學習環境與學習策略之教育新作法與措施，建立新式的教育環境，讓學生能夠成功的學習，以獲得最佳的教育效果。臺灣的學校革新和創新約於 1990 年末期開始，相關研究自 2000 年起紛紛出現（黃建翔、吳清山，2012），至今教育創新在各種學術研討會、期刊論文或博碩士論文，所形成的風潮尚未完全消退，例如：2017 年中華民國教育學術團體聯合年會學術研討會，學校創新就是其中一個很重要的主題。此外，智慧校園的推動，發展一所教學創新、行政管理、成效評量連結一體的智慧學校（張奕華等人，2020），亦是當前教育創新很好的研究素材。

我國學校推動實驗教育，約從 1990 年代末期開始，提供學生接受另類教育的機會，但眞正大規模展開，則是從 2014 年 11 月 19 日總統公布施行的「實驗教育三法」（學校型態實驗教育實施條例、非學校型態實驗教育實施條例、公立高級中等以下學校委託私人辦理實驗教育條例）立法後，無論是學校型態或非學校型態的實驗教育可謂蓬勃發展，蔚成教育一股風潮（吳清山等人，2016）。這種實驗教育的土壤，滋潤了有志於研究實驗教育者的環境，因而實驗教育相關的專書、學術研討會、期刊論文或博碩士論文，一年比一年豐盛。而教育部於 2015 年委託辦理的臺灣實驗教育推動中心，除協助政府推動實驗教育和出版實驗教育相關手冊外，每年都會召開實驗教育論壇或學術研討會，提供學術研究者和實務工作者很好的交流平臺，對於實驗教育的學術研究，亦有其助益。是故，教育創新與教育實驗已成為當前熱門的研究議題之一。

拾 私校轉型與退場

隨著少子化的趨勢，不僅影響到整個教育發展，而且對於私校的經營衝擊更大。從 2014 年迄今，大學校院停辦或停招的學校，已達十所之多，而私立高中職，根據教育部統計，2018（107）學年度起有十所私中停招，是否恢復招生、轉型或退場仍是未知數，瀕臨退場高中職比大學多（喻文玫、趙宥寧，2021）。無論大學校院或高中職，私校招不到學生，經營一天比一天艱困，面臨到生存的危機。

私校轉型或退場，都是一種不得已的作法，它不僅是學校財產清算解散，還涉及到學生學習權益和教師工作權益，教育行政機關處理相當棘手，在處理過程中，遭致反彈仍數必然，但不處理任其學校惡化，則有失善盡督導之責。雖然私校的轉型與退場，既屬於行政實務問題，又屬政策決定，但仍須透過系統性研究和分析，作為處理問題和政策決定之依據，才不會動輒得咎，進退失據。

2017 年教育部為改善高等教育品質，積極因應國內少子女化趨勢，提出《私立大專校院轉型及退場條例》草案，於 11 月 23 日經行政院會議通過，將送請立法院審議。由於立法院未能如期完成審議，教育部重新檢討，將適用範圍擴增至私立高中職：由私立大專校院擴增至私立高級中等以上學校，即《私立高級中等以上學校退場條例》，再提立法院審議。基本上，法律案經立法院三讀通過總統公布後施行，就會形成教育政策，教育部必須落實法律規定積極執行政策。在執行過程中，除了參考過去專家學者們的研究外，也要進行相關議題的研究，以作為政策規劃及執行參據。因此，私校的轉型及退場，仍是當前很熱門教育行政學研究的議題。

 永續發展教育

聯合國大會於 2002 年 12 月通過「聯合國永續發展教育十年計畫」（UN Decade of Education for Sustainable Development: 2005-2014），正式揭示永續發展教育的宗旨，期望和達成願景的途徑，引導未來十年永續發展教育（吳清山，2013）。永續發展教育成爲環境教育學者（王順美，2016；葉欣誠，2017）和教育行政學者（吳清山、王令宜，2019）研究的重要題材之一。

永續發展涉及到「永續環境」、「永續社會」與「永續經濟」，需要透過教育的力量，才有助促進永續環境、社會和經濟的實現。因此，永續發展教育意謂著爲了人類社會永續性發展而提供的種種教育內容、方式及作爲，透過教育力量以提升社會大眾永續發展的意識、能力及態度，使現在和未來的社會、經濟及環境會更好。政府、學校和家庭能夠落實永續發展教育，才能確保人類永續的未來，它也是當前教育行政學重要的研究課題之一。

比較及國際教育學會（Comparative and International Education Society）於 2019 年 4 月 14-18 日在舊金山舉行年會，就以永續性教育（Education for Sustainability）爲主題。而 2019 年中華民國教育學術團體聯合年會（11 月 8 日至 9 日舉行）也以「教育的展望—人才培育與永續發展」爲題舉辦國際學術研討會。基本上，永續發展教育屬於跨領域的研究議題，教育行政學者能夠結合環境教育學者、地理學者、社會學者、環工學者的力量進行研究，永續發展教育的成果將更爲可觀。

第四節　教育行政學研究的未來展望

教育行政學研究的發展並不長，其沿革可追溯到 1931 年美國首度發行的「教育研究評論」（Review of Educational Research），其中 6 月份的第 3 期，即以教育行政爲主題（Oliver, 1974）。而 Strayer（1939）提到美國 1930 年代教育行政專業迅速發展，在於經濟和社會改變必須重新考慮

教育方案（educational program）的執行。

基本上，教育行政學研究從初步發想、研究概念化到理論的建立，需要一段時間的淬煉，而且在研究方法和過程必須有共識，研究結果也能經得起考驗，才具有期說服力和公信力。因而教育行政學研究，從文獻探討、歷史研究，慢慢走向量化研究，1960 年是一個轉折點，主要受下列因素影響：1. 心理學家和社會學家在企業、政府和軍事部門的研究報告；2. 體認人的因素對於行政效能的重要性；3. 教育行政合作計畫採用科際整合研究（Oliver, 1974）。

1965 年，J. S. Coleman 等人受美國聯邦教育部委託，針對教育機會均等，進行一項長期且大規模的調查研究，1966 年提出「教育機會均等」（Equality of Educational Opportunity ）報告書，可說典型的量化研究，透過數據證明教育機會不均等和影響學校效能的因素，隨後學者們為了驗證該報告書所提出的學校因素不是影響學生成就的主因，紛紛也採取量化研究。自此以後，教育行政學的量化研究成為主流，到了 1980 年代後現代主義（postmodernism）在教育行政愈來愈到受到重視，強調去中心化、多元、解構、批判、詮釋，教育行政學的實證研究受到衝擊，認為不能獨尊量化，質性研究在教育行政學研究應占有一席之地，因而美學、人類學理論和方法等應用在教育行政學的研究，成為新興的研究題材。

面對量化與質性不同教育行政學研究之取向，教育行政學研究也開始思考如何融合量化與質性的一種混合式研究（mixed research），是否會成為教育行政學研究的主流尚待時間證明，主要原因在於量化研究或質性研究各有研究遵守的學術規範，因而相互融合和建立新的質量研究派典，不是容易之事。根據 Barker（1992）提到派典是一套規則和規範（書面或非書面），俱備下列兩件事：1. 它建立或界定邊界；2. 它告訴你如何在邊界內表現才能成功。因而派典在其領域內各有其一套自己的知識體系或知識架構，透過它可以去理解和解釋所做的研究成果。由於混合式的教育行政學研究之研究方法、理論架構和知識體系，尚未成熟及共識，仍需一段的發展時間。王如哲（1998）曾提到，教育行政應致力應用向多元的典範與方法研究教育行政問題，才能開啟教育行政知識新局面。未來教育行政學還是要朝此方向繼續邁進。

綜觀臺灣教育行政學的研究，從理論建構邁向實務應用，亦從量化研究到質性研究過程，而在學者專家的努力之下，教育行政學研究已看到一些成果，未來教育行政學研究能朝向多元、深化、前瞻與質量混合研究的前提下，並結合資訊科技發展，相信會有更豐碩的成果，茲就未來教育行政學研究展望說明如下：

致力研究、政策和實務相結合，發揮研究實質效益

教育行政學，是屬於一門應用的科學，因而所進行的研究，不能單純流於理論建構的基礎性研究，更重要的要對於政策的規劃和執行，以及教育實務改進有所幫助，才能發揮教育行政學的研究效果，秦夢群（2017）提到教育行政領域的特點就在理論必須與實務並行。不可否認的，無論在臺灣或歐美國家教育之研究、政策和實務之間，尚未建立緊密的關聯性（吳清山，2018b；Berliner, 2008; Ferguson, 2015），其實教育行政學的研究，亦是如此，有些研究可能跟實務現場沒有多大的關聯性，研究成果或論文，只好束諸高閣；而有些政策規劃或制定，也不一定有研究支持，導致研究、政策或實務各做各的，彼此缺乏對話與整合，難免彼此之間產生一條鴻溝，就難以發揮三者之間產生效果。

雖然教育行政學研究難免需要一些基礎性的研究，但這並非是教育行政學的主要目的，教育行政所面臨的問題千頭萬緒，需要透過嚴謹性研究，找到問題解決的策略，才有助於提高教育行政效能。因此，應用性的研究，就必須格外給予重視，未來如何橋接研究、政策與實務相互結合，建立三者緊密關係，應是教育行政學研究的發展方向之一，亦即教育行政學研究者在研究過程中，能夠有教育行政人員和教育現場人員（如：校長和教師）參與，或徵詢他們的意見，則所提供的研究成果，對於政策規劃和實務現場執行才能發揮實質效益。

強化教育行政學跨領域研究，激發學術研究新框架

隨著社會的變遷，教育的問題日趨複雜，這已經不是單純的教育行政領域內所能處理的問題。例如：少子化所產生的各種教育問題，甚至校園霸凌，它涉及到人口學、社會學、心理學、經濟學、或犯罪學家等各種領域知識，只賴教育行政學者進行研究，恐難以觀照全面，則所提出的研究成果可能有其侷限性。因此，需要跨領域學者共同參與，大家站在不同視角，集思廣益，則所提出研究之建議，才較具完整性。跨領域教育研究（interdisciplinary research in education）並非一門新興學術理論，早在 1970 年代就開始萌芽，Terhart（2017）提到跨領教育研究係包括多個學科進行研究，主要是針對廣泛的教育領域問題和主題進行實證研究，通常聚集在一起遵循其內部所界定的研究規範，以產生可用的知識，以解決某些教育問題。

平心而論，教育行政學跨領域的研究仍不普遍，因而很難打破學科與領域的藩籬，促成跨學科與跨領域間的相互合作，再整合不同學科或領域的專業、知識、方法和技術，建立一個教育行政學新的架構或典範，以解決目前及未來教育行政所面臨的複雜問題。教育行政學研究單憑學者個人的熱情還是很難進行跨領域研究，它需要政府單位（如：教育部、科技部、國家發展委員會）的倡導和協助，才會有較大的效果。例如：科技部每年的研究專題獎助計畫，就可設定一些專題構想，申請資格就是以跨領域研究爲主，深信透過政策的導引，必有助建立教育行政學研究新框架。

發展教育行政學專業研究社群，促進學術研究分享

教育行政具有其專業，教育行政學成爲一套知識體系，已有其學術共識。由於知識發展一日千里，各類教育新知不斷湧現，教育行政學者必須進行專業學習，持續增能，吸收新知，才能將所學應用在教學和研究上。當然，教育行政學者個人專業發展很重要，但能從專業社群（professional community）中學習獲益可能更大，因此專業社群在教育行政學研究扮演著重要角色。基本上，一門學問之所以日益壯大，就是靠著一群學者們的集體努力；同樣地，教育行政學研究要能日益精進，就有賴一群教育行政學者能夠利用時間聚在一起進行學術分享與討論。

臺灣在 1990 年代有一批學者發起教育行政論壇，每年一到兩次輪流在各大學教育行政相關系所舉辦二天，提供教育行政學者對話平臺，後來也催生了教育政策論壇刊物，爾後各個大學開始各自舉辦學術研討會，此論壇後來就無疾而終，殊屬可惜。當然，教育行政要恢復過去論壇的作法，大家各輪流作東，恐怕不易。爲配合時代趨勢及科技發展，未來可從實體的專業社群和虛擬的專業社群雙管齊下，前者可作爲定期討論的據點；後者較爲靈活和彈性，它打破時空限制，進行線上學術討論，更有其便利性，尤其在受 COVID-19 疫情影響的時代下，虛擬的教育行政學專業社群更容易推動，因爲教育行政學者對於線上教學也相當熟悉，參與虛擬學術會議，也能得心應手，所以未來的虛擬的教育行政學專業社群，大有可爲。

運用各類教育料庫資料，進行教育行政議題相關分析

隨著資料導向決策和證據導向決定的興起，教育界對於資料的取得、運用與分析愈來愈重視。彭森明（2016）提到先進國家如美國、英國、德國、澳洲等國都設有專職機構，主導全國性大型教育資料庫的永續規劃與

建置工作。國際組織，如經濟合作暨開發組織（Organisation for Economic Co-operation and Development, OECD）主導的 PISA 及國際教育成就評鑑協會（International Association for the Evaluation of Educational Achievement, IEA）主導的 TIMSS 和 PIRLS，這些大型教育資料庫的建置與運用，亦深受各國重視。由此可知，資料庫的運用，未來在教育行政學研究將占有一定的地位，主要原因在於研究者不必發問卷蒐集資料，就可運用資料庫的資料，就教育行政和學校效能相關議題進行次級分析或整合分析，具有其研究便利性。

目前國內已有一些教育資料庫的建置、對於掌握教育現況、問題與發展趨勢，實有其助益。例如：臺灣教育長期追蹤資料庫、臺灣學生學習成就評量資料庫、臺灣高等教育整合資料庫、臺灣後期中等教育長期追蹤資料庫、後期中等教育長期追蹤資料庫等可供教育行政學研究之用。其中有些資料庫的釋放容易取得，但有些資料庫尚未完整開放，取得較爲不易，此需要政府公權力介入，因爲這些資料庫的建置都是政府經費支持，應該開放給研究者使用，才能發揮資料庫建置效益的最大化。從這些資料庫的資料中進行有系統的次級分析，對於政策規劃和實務改進，有其相當大的幫助。此外，運用大數據（Big Data，或稱巨量資料）的方法與工具，亦將提供教育行政學研究未來很好的資料分析之用。

伍 善用科技融入教育行政學研究，提升學術研究能量

資訊通訊科技和網際網路的高度發展，不僅改變人類生活型態，而且也影響到教育進展。從資訊通訊科技與教育行政學研究關係而言，一方面資訊通訊科技提供教育行政學研究的方便性和普及性，無論在資料收集、整理和分析，透過各種資訊科計平臺和軟體，大大節省研究者的很多的時間，而且資料分析準確性亦大爲提高；另一方面，亦可將資訊通訊科技融入於教育行政學研究題材之中，例如：校長和中間主管科技領導、科技化評鑑與品保機制、科技化學校經營與管理、科技化校務發展、智慧化校園

等，都是未來很好的研究議題之一。

科技是一種工具，不是目的。因此，運用科技融入教育行政學研究，思考的重要議題仍是要回歸教育行政的本質和目的。基本上，科技應用於教育行政學研究的主軸，必須考量它對於教與學是否能具有正面的影響和實質改變。無論時代如何改變，教育行政學研究很難脫離與科技的關係，2021 年世界各國因應 COVID-19 疫情所採取校園「停課不停學」的線上教學之應變措施，就是有賴於資訊通訊科技的力量，才能度過難關，而各國學者也積極致力研究疫情對教育、領導和學校經營的衝擊，以及教育行政和學校行政的因應對策，疫情與教育關係的學術能量大增。因此，深信教育行政學研究能有效結合科技力量，必有助提升學術研究能量。

陸　深化教育行政學研究品質，擴展學術研究影響力

教育行政學研究，在學者專家多年來的努力，已經具有相當的研究成果，然而這些研究成果是否能轉化爲學術研究影響力，值得深入思考。基本上，學術研究影響力的首要條件，就是要有學術研究品質，而決定學術研究品質就是論述具有系統性、方法使用和資料分析正確性、具備信效度或信實度、建構理論或實務應用價值性，且能遵循學術研究倫理規範，才能讓學術研究具有其影響力。

學術研究影響力，可從兩方面來說明，一是從學術觀點而言，就是研究論文數量和被引用的情形，例如：「泰晤士高等教育世界大學排名」（Times Higher Education World University Rankings, 2019）的評比指標中研究（論文發表數量、收入、聲譽）：占 30%；引用（研究影響力）：占 30%；QS 世界大學排名（QS World University Rankings, 2021）的評比指標中單位教職的論文引用數（Citations per faculty）：占 20%；另一是從實用觀點來看，亦即研究成果對於政策應用和實務改進的貢獻度，一篇研究成果可立即轉化爲政策或實務改進，則其影響力就大增。因此，未來教育行政學研究要擴展其社會影響力，除了主題符合時代需求和創新性外，深化學術研究品質，誠屬相當重要的一環。

柒 創造教育行政學研究新領域，形塑學術研究新典範

教育行政研究有系統地研究，至今已有九十多年歷史，多年發展下，教育行政研究也慢慢進入教育研究的專業領域，形成一套有知識體系的教育行政學。Cunningham 和 Coderio（2000）提到教育行政的知識可概念化爲六大因素：功能、技能、倫理、背景脈絡、運作領域、重要議題，形成教育行政學綜合性架構。不可否認地，教育行政學是一門應用科學，它需借重於其他領域的知識，才能建立獨特的理論應用到教育現場上。目前在一般教育行政學研究中，都是以教育行政學中所列舉的組織（組織再造、組織管理、組織文化、組織氣氛）、激勵、計畫、決定、溝通、視導、評鑑、人力資源管理、教育財政、教育改革、教育效能爲主，從事持續性研究，實具有其時代的價值和貢獻。

然而，社會變遷極爲迅速，教育行政研究不僅要有持續性，也要有創新性，才能因應未來教育新變局。因此，未來必須思考進行跨領域或科際整合的方式，創造新的研究議題，尤其面對少子高齡化、教育競爭愈來愈激烈，以及處在工業 4.0 和 5G 的時代，資訊通訊科技對於教育行政影響力可謂與日俱增，亦提供教育行政學研究新素材。當然，要創造教育行政研究新領域不是容易之事，需要一段時間的學術累積，它必須透過教育行政研究社群的專業對話與腦力激盪，才有可能激出新的研究火花。此外，教育行政學研究學者也要走出去，經由參與國際學術研討會，與各國學者進行學術分享與交流，吸收新興的研究方法和研究主題，然後融入在臺灣這塊學術土壤中，也許能創造教育行政學研究新領域，有朝一日，就可形塑學術研究新典範。

第五節　結論

教育行政學發展迄今尚未超過百年，但教育行政是一種專業，教育行政也自成一套知識體系，已具有學術界的共識。因此，教育行政學研究在教育發展過程中扮演著很重要角色，亦是教育進步不可或缺的一股動力。

隨著社會變遷與科技高度發展，加上教育發展日趨複雜，教育行政學研究的領域逐漸擴大，所使用的方法也更加多元。由於教育行政學本身是一門應用科學，所進行的研究並非旨在於理論建構的基礎性研究，更重要的是在於提供政策規劃、執行及實務改進的參考，才能彰顯教育行政學研究的價值。

就教育行政學研究的發展歷程而言，早期受到行為科學理論的影響甚深，因而以實證性量化研究為主，具有濃厚的實證主義色彩，後來在歐美國家有一些學者（如：T. Greenfield）開始反思實證性研究的價值性，認為應從價值與倫理、權力運作與衝突等途徑為取向，才能更深入了解教育行政的問題根源，這也導引出教育行政的質性研究的出現；此外，後現代社會主義所倡導的多元價值、反省與批判，也影響到教育行政學研究的取向，包括女性議題、種族、性別也成為教育行政學研究題材之一，紮根理論研究法（grounded theory）和人種誌研究（ethnography）在教育行政學研究應用受到重視，亦即質性研究在教育行政學研究占有一席之地，讓整個教育行政學研究成果更為豐碩與多樣。隨著教育行政學研究領域的擴張和研究方法的應用，混合式研究亦將成為教育行政學研究另一派典。

臺灣教育行政學研究受到歐美國家影響，以及國內學者專家的投入，在臺灣這塊土地脈絡下，積極致力於探究臺灣教育問題的對策，建構具有臺灣特色的教育行政學。從臺灣的社會、文化、政治和經濟環境，以及教育實際運作下，當前教育行政學研究的重要課題計有十一項，分別如下：1. 十二年國民基本教育執行及評估；2. 十二年國教課綱實施成效評估；3. 弱勢者教育與教育機會均等；4. 教育國國際化與雙語教育；5. 教育治理、品質與效能；6. 教育評鑑與品質保證；7. 校長專業與校長領導；8. 校園安全與校園霸凌；9. 教育創新與教育實驗；10. 私校轉型與退場；11. 永續發展教育。

從這些當前教育行政學研究的重要課題中，可以了解到有些屬於持續性研究課題，有些屬於創新性課題，需要以全面關照進行系統性研究，方能展現教育行政學研究的價值。茲就當前研究課題之前提下，以較為前瞻和宏觀的視角，提出未來發展方向如下：1. 致力研究、政策和實務相結合，發揮研究實質效益；2. 強化教育行政學跨領域研究，激發學術研究新框架；3. 發展教育行政學專業研究社群，促進學術研究分享；4. 運用各類教育料庫資料，進行教育行政議題相關分析；5. 善用科技融入教育行政學研究，提升學術研究能量；6. 深化教育行政學研究品質，擴展學術研究影響力；7. 創造教育行政學研究新領域，形塑學術研究新典範。

教育行政學研究是一條漫長的旅程，需要更多的學者專家投入，也需要更多的學術對話與分享，並積極參與國際性學術活動，若能持續推展，則未來臺灣教育行政學研究不僅有助於能夠解決教育問題，而且也能提升國際能見度，並在國際教育行政學術研究上占有一席之地。教育行政學研究的深耕，有賴大家一起努力。

參考文獻

中華民國中小學校長協會（2021）。**中小學校長專業素養**。http://www.ntueees.tp.edu.tw/phpBB/download/file.php?id=91&sid=1faad0b39327a588d390b7556c7cb1ff

王如哲（1998）。**教育行政學**。臺北：五南。

王順美（2016）。臺灣永續發展教育現況探討及行動策略之芻議。**環境教育研究，12**(1)，111-139。

吳清山（1998）。**學校效能研究**。臺北：五南。

吳清山（2013）。**教育發展議題研究**。臺北：高等教育。

吳清山（2014）。**學校行政**〔第七版〕。新北：心理。

吳清山（2021）。教育行政的基本概念。載於林天祐（策劃主編）。**教育行政學**〔第二版〕（1-13頁）。新北：心理。

吳清山（2018a）。近50年來國民教育發展之探究：九年國民教育與十二年國民基本教育政策之分析。**教育研究集刊，64**(4)，1-36。

吳清山（2018b）。重思師資培育發展：研究、政策與實務的轉化及整合。**教育學刊，50**，41-68。

吳清山（2020）。十二年國民基本教育政策重要議題分析及建言。**臺灣教育研究期刊，1**(6)，1-19。

吳清山（2021）。**當代教育議題研究**。臺北：元照。

吳清山、方慶林（2018）。國民小學新課綱實施的挑戰與因應作爲。**臺灣教育，711**，79-86。

吳清山、王令宜（2019）。永續教育的概念分析與實踐策略之探究。載於中國教育學會、湯仁燕、張宜君編，**教育的展望：人才培育與永續發展**（1-21頁）。臺北：學富。

吳清山、王令宜、黃建翔（2014）。國民小學推動永續發展教育之調查研究。**課程與教學季刊，17**(2)，93-118。

吳清山、王令宜、林雍智、張佳絨（2017）。高級中等學校免試入學制度實施成效及未來改進之研究。**教育行政研究，7**(2)，1-30。

吳清山、劉春榮、林志成、王令宜、李柏佳、林雍智、吳雪華、余亭薇（2016）。**實驗教育手冊**。教育部國民及學前教育署委託計畫成果報告。

李柏佳（2008）。**國民小學校長權責的省思與前瞻**。學校行政論壇第二十次研討會論文，國立臺灣師範大學。

林天祐、林雍智（2021）。第三章：教育行政計畫。載於林天祐（策劃主編），**教育行政學**〔第二版〕（53-96頁）。新北：心理。

林雍智（2020年11月28日）。**師傅校長培訓課程之建構與實施：專業發展觀的增能與輔導課程**。2020東亞地區校長學學術研討會，臺北市。

林信志、 簡瑋成（2019）。臺灣都會地區國小弱勢學生暑期學習活動資本之研究。**教育研究與發展，15**(3)，23-58。

科技部（2021）。**學術統計資料庫**。https://wsts.most.gov.tw/STSWeb/academia/AcademiaReportList.aspx?language=C&rtype=0

侯永琪（2016）。高等教育評鑑對臺灣高等教育國際化之影響。**臺灣教育評論月刊，5**(3)，14-15。

姜麗娟（2007）。**國內高等教育課程國際化現況調查與指標建構之研究**。行政院國家科學委員會補助研究計畫，NSC 95-2413-H-024-011-SSS。

洪雯柔、賴信元（2019）。高等教育國際化之開展與省思。**教育研究月刊，305**，19-36。

秦夢群（2017）。**教育行政實務與應用**。臺北：五南。

財團法人黃昆輝教授教育基金會（2017）。**校園環境與安全品質滿意度調查**。臺北：作者。

國家發展委員會（2020）。**中華民國人口推估**（2020至2070年）。臺北：作者。

張奕華、吳權威、曾秀珠、張奕財、陳家祥（2020）。**智慧學校校長科技領導**。臺北：五南。

張慶勳（1996）。**學校組織行爲**。臺北：五南。

教育部（2011）。**中華民國教育報告書**。臺北：作者。

教育部組織法。民國110年5月26日修正公布。

教育部（2013）。**教育部人才培育白皮書**。臺北：作者。

教育部（2016）。**中華民國教師專業標準指引**。https://web.nutn.edu.tw/公告/教師專業標準指引105-2-15（1050018281函）.pdf

陳麗珠（2008）。弱勢學生照顧政策之檢討與改進。**教育研究月刊，172**，5-16。

陳麗珠（2019）。十二年國民基本教育改革對私立高級中等學校財政公平效果之檢視。**教育政策論壇，22**(3)，1-28

喻文玟、趙宥寧（2021年4月5日）。**瀕臨退場高中職比大學多**。聯合新聞網。https://udn.com/news/story/6898/5366046

彭森明（2016）。評論建置與維護大型資料庫，以協助了解教育政策與措施執行成效以及規劃革新策略。**臺灣教育評論月刊，5**(7)，1-5。

黃志順、林雍智編（2022）。**實驗教育**。臺北：五南。

黃建翔、吳清山（2012）。臺灣近十年學校創新經營研究之分析與展望：以期刊與學位論文爲主。**教育研究與發展，8**(3)，1-29。

楊俊鴻（2018）。解析十二年國民基本教育課程綱要之核心素養與學習重點。**臺灣教育，709**，71-81。

楊振昇（2002）。教育行政思想演進。載於伍振鷟（編），**教育行政**（31-52頁）。臺北：五南。

葉欣誠（2017）。探討環境教育與永續發展教育的發展脈絡。**環境教育研究，13**(2)，67-109。

葉興華（2020）。從十二年國教課綱審議歷時論審議之運作。**臺灣教育評論月刊，9**(1)，40-45。

臺北市教師研習中心（2019）。**臺北市108年度市立國民小學候用校長儲訓班課程表**。作者。

蔡清田（2014）。**國民核心素養：十二年國教課程改革的DNA**。臺北：高等教育。

鄭同僚、徐永康、陳榮政（2020）。社會正義爲基礎的鄉村小校混齡教育。

教育研究月刊，**318**，69-83。

鄭崇趁（1995）。**教育計畫與評鑑**。心理。

鄭新輝、徐明和（2018）。偏鄉小校跨校整合創新經營的另類模式。**教育研究月刊**，**287**，4-22。

謝文全（2018）。**教育行政學**〔第六版〕。臺北：高等教育。

顏國樑、任育騰（2014）。十二年國民基本教育政策問題形成之探討。**教育研究月刊**，**248**，58-72。

篠原清昭（2017）。**台湾における教育の民主化**〔臺灣教育的民主化〕。ジダイ社。

Barker, J. A. (1992). *Paradigms: The business of discovering the future.* New York, NY: Harper Collins.

Berliner, D. C. (2008). Research, policy, and practice: The great disconnect. In Lapan, S. D. & Quartaroli, M. T. (eds.), *Research essentials: An introduction to designs and practices* (pp.295-326). San Francisco, CA: Jossey-Bass.

Brenan, M. (2019). *Parents' concern about school safety remains elevated.* Retrieved from https://news.gallup.com/poll/265868/parents-concern-school-safety-remains-elevated.aspx

Campbell, R. E., Corbally, J. E., & Nystrand, R. O. (1971). *Introduction to educational administration.* Boston, MA: Allyn and Bacon. (Original work: 1883)

Central Intelligence Agency (2021). *Country comparisons: Total fertility rate.* Langley, VI: Author.

Cunningham, W. G., & Cordeiro, P. A. (2000). *Educational administration: A problem-based approach.* Boston, MA: Allyn and Bacon.

English, F. W. (1992). *Educational administration.* New York, NY: HarperCollins.

Ferguson, M. (2015). *Closing the gaps between education research, policy, and practice.* Retrieved from http://wtgrantfoundation.org/closing-the-gaps-between-education-research-policy-and-practice

Hanson, E. M. (2003). *Educational administration and organizational behavior.* Boston, MA: Allyn & Bacon.

Hoy, W., Miskel, C., & Tarter, C. J. (2013). *Educational administration: Theory, research, and practice.* New York, NY: McGraw-Hill.

Lunenburg, F. C., & Ornstein, A. C. (2014). *Educational administration: Concepts and practices.* Belmont, CA: Wadsworth.

Oliver, G. R. (1974). *Trends in educational administration research in the United States.* (ERIC Document No. ED 100 053)

Strayer, G. D. (1939). Modern trends in educational administration. *The Phi Delta Kappan*, *21*(8), 380-382.

Terhart, E. (2017). Interdisciplinary research on education and its disciplines: Processes of change and lines of conflict in unstable academic expert cultures: Germany as an example. *The European Educational Research Journal, 16*(6), 921-936. https://doi.org/10.1177/1474904116681798

Times Higher Education World University Rankings (2019). *The world university rankings 2020: Methodology.* Retrieved from https://www.timeshighereducation. com/world-university-rankings/world-university-rankings-2020-methodology

QS World University Rankings (2021). *QS world university rankings: Methodology.* Retrieved from https://www.topuniversities.com/qs-world-university-rankings/methodology

課程核心素養研究的趨勢與展望

蔡清田

第一節　緒論

我國課程研究與政治經濟社會和教育改革情境，具有密不可分的關係。自 1968 年以來我國歷經三波重要的國民教育課程改革，第一波「九年國民義務教育改革」由六年國民義務教育延長爲九年，重視「學科知識」以提高人民教育水準；第二波是「國民中小學九年一貫課程改革」強調培養學生帶得走的「基本能力」；第三波是「十二年國民基本教育」課程改革以「成就每一個孩子—適性揚才、終身學習」爲願景，強調培養「核心素養」因應現在與未來社會生活（教育部，2014）。此一課程研究趨勢已由過去政府教育行政主導工學模式（黃炳煌，1999；陳伯璋，2003；歐用生，2003），逐漸邁向課程研究發展模式（高新建，2000；國家教育研究院，2014a，2014b；黃光雄、蔡清田，2017；黃政傑，2020；歐用生，2010），值得進一步深入探究其課程研究趨勢。

這不僅牽涉到上述不同的課程研究方法模式，也牽涉到不同的課程研究內容；不僅不同於我國第一波自 1968 年以來「九年國民義務教育改革」的學科知識課程研究趨勢，也不同於第二波 1998 年公布《國民教育階段九年一貫課程總綱綱要》的國民中小學九年一貫基本能力課程研究趨勢（教育部，1998），而當前第三波「十二年國民基本教育」課程改革的「核心素養」是 21 世紀新生活所需知識、能力、態度（教育部，2014），企圖培養學生成爲現代與未來社會需要的跨界跨領域人才（黃政傑，2020；張芬芬、謝金枝，2019；蔡清田，2021）。因此，本文聚焦於當前我國政府推動的核心素養課程研究趨勢，特別是探究範圍聚焦於 2005 年以來我國政府主導進行「十二年國民基本教育」課程綱要核心素養的相關研究，一直到 2019 年（108 學年度）正式公布實施「十二年國民基本教育」新課程綱要「核心素養」的相關中小學課程基礎研究，主要根據該期間政府主導委託辦理的整合型課程研究爲主的核心素養課程研究計畫成果報告資料來源，作為本文進行文獻探討分析評論的根據，並未涉及學者個人的期刊論文或研究生的學位論文研究分析。

第二節　我國核心素養課程研究趨勢

就核心素養之課程研究趨勢而言，洪裕宏、胡志偉、顧忠華、陳伯璋、高湧泉、彭小妍等（2008）研究探討《界定與選擇國民核心素養：概念參考架構與理論基礎研究》，從哲學整合心理學、社會與歷史、教育、科學與人文藝術等學理以界定國民所需核心素養，建立「核心素養」的理論基礎，特別是其子計畫由陳伯璋、張新仁、蔡清田、潘慧玲（2007）進行《全方位的國民核心素養之教育研究》探討核心素養的課程研究；隨後，蔡清田、陳延興、李奉儒、洪志成、鄭勝耀、曾玉村、林永豐（2009）《中小學課程相關之課程、教學、認知發展等學理基礎與理論趨向研究》，探討中小學課程發展的哲學、心理學、社會學、文化人類學及教學理論等學理基礎與理論趨向；其次，蔡清田、吳明烈、盧美貴、方德隆、陳聖謨、林永豐、陳延興（2011）《K-12 中小學一貫課程綱要核心素養與各領域連貫體系研究》，分齡設計幼兒園、國小、國中、高級中等教育階段核心素養；蔡清田、陳延興、盧美貴、方德隆、陳聖謨、林永豐、李懿芳（2012）《K-12 各教育階段核心素養與各領域課程統整研究》，透過「核心素養」與各領域／科目課程統整研究，建立領域／科目核心素養與學習重點之連貫體系；蔡清田、陳伯璋、陳延興、林永豐、盧美貴、李文富、方德隆、陳聖謨、楊俊鴻、高新建、李懿芳、范信賢（2013）《十二年國民基本教育課程發展指引草案擬議研究》，建議一個核心三面九項的核心素養及各教育階段核心素養與各領域／科目核心素養；這些自 2005 年起陸續由政府主導委託辦理大規模的整合型研究計畫，啟動以「核心素養」為主軸的中小學課程基礎研究如圖 1 所示，通稱為「十二年國民基本教育」課程改革核心素養「八年研究」，開展了我國十二年國民基本教育核心素養課程研究趨勢，分述如次：

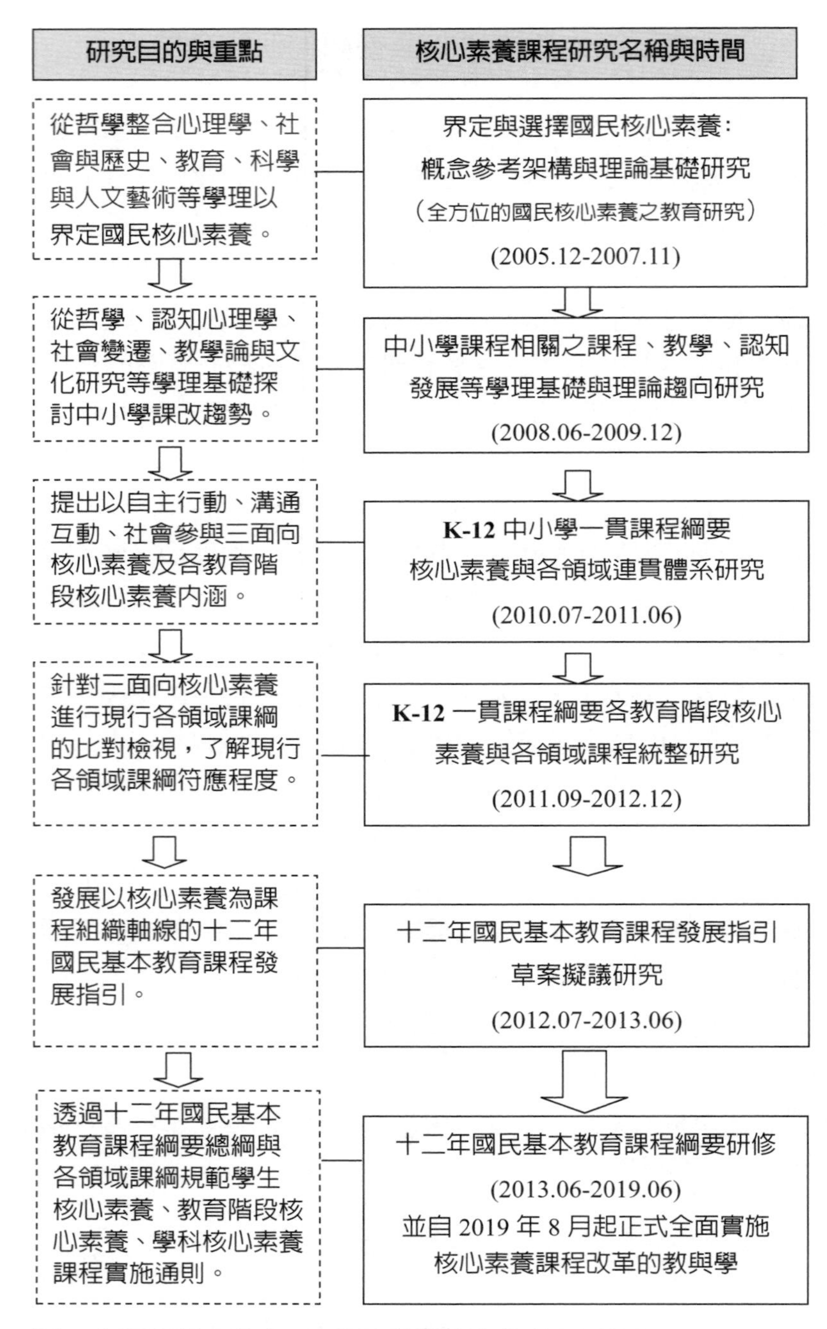

圖 1 「十二年國民基本教育」課程改革核心素養「八年研究」

註：修改自蔡清田（2020）。核心素養的課程與教學（頁 77）。臺北：五南。

《界定與選擇國民核心素養：概念參考架構與理論基礎研究》

核心素養（key competencies/core competence）是建立在國內外中小學相關課程基礎研究之上，包括聯合國教科文組織（UNESCO, 2003）、經濟合作與發展組織（OECD, 2005）、歐盟（EC, 2005）等的核心素養研究；以及臺灣本土的核心素養課程基礎研究，尤其是我國《界定與選擇國民核心素養：概念參考架構與理論基礎研究》（洪裕宏等人，2008），參考「經濟合作與發展組織」《素養的界定與選擇》計畫成果進行批判分析修正，其整體計畫架構整合五個子計畫分別從心理學、社會與歷史、教育、科學與人文藝術各面向的核心素養研究成果，指出核心素養是「共同的」素養，是所有每一個個人獲得成功生活與功能健全社會的關鍵素養或必要素養，總計畫並從哲學與理論層面探討整體計畫的概念架構，包括分析素養概念、理想社會的基本假設、成功人生與運作良好的社會內涵與背後假定，用以修正「經濟合作與發展組織」的《核心素養的界定與選擇》（Definition and Selection of Competencies: Theoretical and Conceptual Foundations，簡稱 DeSeCo）的結論。

《界定與選擇國民核心素養：概念參考架構與理論基礎研究》提出「核心素養」架構，建立「核心素養」的理論基礎，說明西方學者倡導 key competencies/core competence 之理念，相當接近於我國學者倡導「核心素養」之理念，一方面彰顯「素養」的核心地位，另一方面可涵蓋「基本能力」、「核心能力」或「關鍵能力」等範疇；並採用哲學理論面向探討整體研究計畫的概念架構，提出「能使用工具溝通互動」、「能在社會異質團體運作」、「能自主行動」、「展現人類的整體價值並建構文明的能力」四維架構，期待養成「核心素養」，進而實現積極人生，使社會運作更爲良好。

貳 《全方位的國民核心素養之教育研究》

陳伯璋、張新仁、蔡清田、潘慧玲（2007）《全方位的國民核心素養之教育研究》，使用問卷調查了解學校行政人員、學校教師、學生家長，和教育專家學者的核心素養理念，並透過小組研討建構修訂各國核心素養而精選出三組核心素養架構內涵：「能使用工具溝通互動」、「能在社會異質團體運作」、「能自主行動」。上述研究指出核心素養是過去中小學校應該教而未教的「懸缺課程」，宜將中小學的基本能力擴展爲核心素養以同時涵概知識、能力與態度，避免過去九年一貫課程改革重視基本能力，被誤解爲忽略知識與態度情意之批評。

《全方位的國民核心素養之教育研究》界定的「核心素養」是指一般臺灣人民於十八歲完成中等教育時，能在臺灣社會文化脈絡中，積極地回應情境的要求與挑戰，順利完成生活任務，獲致美好的理想結果所應具備的素養，例如反省能力、閱讀理解、溝通表達、解決問題、協同合作、處理衝突、創新思考、獨立思考、多元包容、主動探索與研究、組織與規劃能力、使用科技資訊、學習如何學習、審美能力、國際理解、社會參與與責任、爲自己發聲、數學概念與技術運用、了解自我、尊重與關懷。上述研究指出，進行「核心素養」之研究已刻不容緩，以便及時與國際接軌透過課程改革培養「核心素養」。然而，上述「核心素養」之架構內涵有三面向二十項目之多，仍然有待進一步轉化成爲各教育階段核心素養，以便進行課程連貫進而與各領域／科目課程進行統整。

參 《中小學課程相關之課程、教學、認知發展等學理基礎與理論趨向》

《中小學課程相關之課程、教學、認知發展等學理基礎與理論趨向研究》（蔡清田等人，2009），是 從哲學、教學學理、認知發展、社會變遷、文化研究五個面向切入研究發現「核心素養」是後天習得的，有別於非經學習的先天能力，而且「核心素養」可以透過有意的人爲教育加以規劃設計，是可學與可教的，並經由學習者的一段特定時間之學習可逐漸充實「核心素養」的內涵與提升其水平。

教育的目的正是協助學生獲得生活所需的核心素養。就個人的小我論點而言，核心素養可視為增能賦權與自我實現；就社會的大我論點而言，核心素養可視為具備社會參與貢獻的知識、能力與態度，核心素養能運用在不同的生活情境，協助個人具備勝任扮演工作者、家庭成員與社會公民角色的核心素養。「核心素養」的理念是將公民個體視為「社會的成員」，公民個體要有「核心素養」，社會才會有文化以及品格內涵。就適用社會而言，核心素養統整了知識、能力、態度，包含了我國中小學的「基本能力」、高中職學科的「核心能力」、社會發展與個人生活與就業所需之「關鍵能力」等用詞，但又超越其範疇，可彌補上述用詞在態度情意價值等面向的不足，核心素養可因應社會需求，適用於複雜多變的「新經濟時代」與「資訊社會」之科技網路世代各種生活場域，可積極地回應生活情境的複雜需求，更可彌補過去傳統社會與工業社會的基本能力之不足，因此，有必要因應時空改變與社會變遷，培養當代及未來生活所需核心素養。

肆　《K-12中小學一貫課程綱要核心素養與各領域連貫體系研究》

《K-12 中小學一貫課程綱要核心素養與各領域連貫體系研究》，從國際接軌的觀點探討近期國外研究針對核心素養之相關研究之核心素養三維架構，可作為我國國民核心素養之理論基礎（蔡清田等人，2011）。自1970 年代以來，無論是「聯合國教育科學文化組織」、「經濟合作與發展組織」或是「歐洲聯盟」等國際組織對於終身學習核心素養在全球社會的推展甚為重視，視為教育社會發展之重要方向。1990 年代中期迄今，各國際組織有鑑於終身學習的推展，仍須聚焦於學習者的主體性，因而有關核心素養之探究，持續受到高度關注。特別值得重視的是，聯合國教育科學文化組織、經濟合作與發展組織以及歐盟等國際組織，均強調透過等國民核心素養的培養，以促成個人積極的生活以及健全社會發展。

《K-12 中小學一貫課程綱要核心素養與各領域連貫體系研究》，特別重視如何在全球化的趨勢中，一方面培養與國際接軌的核心素養，另一方面側重我國華人教育、具備東方教養色彩的核心素養，特別參考教育部「中小學一貫課程體系參考指引」之理念，進行研修以配合十二年國民基本教育之推動，強調「核心素養」需要透過不同教育階段的長期培養，以建立十二年國民基本教育各教育階段的連貫與各領域／科目的統整，落實學生的「核心素養」之培養，並達成全人教育的理想，並採用「核心素養」同時涵蓋知識、能力與態度，一方面可避免常人誤認能力相對於知識且容易忽略態度情意之偏失，另一方面並可強調知識、能力與態度統整之「核心素養」的理念。

《K-12 中小學一貫課程綱要核心素養與各領域連貫體系研究》，強調以終身學習者爲主體垂直連貫幼兒園、國小、國中、高中等各「教育階段核心素養」，進而發展呼應核心素養之 K-12 年級領域／科目課程。這是透過國內外文獻探討、經過各教育階段學者專家德懷術研究調查、多次整合型研究團隊課程愼思與採納學者專家審查意見等方法界定的核心素養，具有「自主行動」、「溝通互動」、「社會參與」等三面向內涵；展現出「核心素養」具有終身學習者在幼兒園、國小、國中、高中等教育階段之垂直連貫性，更可融入生活情境並跨越各種學科領域。

《K-12 中小學一貫課程綱要核心素養與各領域連貫體系研究》，其研究成果是垂直連貫幼兒園、國小、國中、高級中等教育之「教育階段核心素養」，強調以終身學習者爲主體，進而發展核心素養之 K-12 年級領域／科目課程。「自主行動」係指在社會情境脈絡中，個體能負責自我生活管理以及能進行自主行動選擇，達到身心素質的提升以及自我精進。個人爲學習的主體，能夠選擇適當的學習途徑，進行系統思考與解決問題，並具備創造能力與積極行動力。「溝通互動」係指強調廣泛地運用工具，有效地與人及環境互動。這些工具包括物質工具和社會文化工具，前者如人造物、科技與資訊，後者如語言、文字及數學符號。工具不只是被動的媒介，同時也是人我與環境之間積極互動的管道。「社會參與」係指在彼此生活緊密連結的地球村，個人需要學習處理社會的多元性，與人建立適宜的合作方式與人際關係，個人亦需要發展如何與他人或群體良好互動的素養，以提升人類整體生活素質。

就十二年國民基本教育的完整圖像而言，強調培養以人爲本的「終身學習者」，並以此爲基礎建構出幼兒園、國小、國中及高中等「教育階段核心素養」之「階段性」，頗能彰顯發展心理學的「認知發展論」與「階段發展任務」，強調其「階段任務」之動態發展，可以人爲主體的生命教育詮釋終身學習者的核心素養內涵，進行幼兒教育、初等教育、前期中等教育、後期中等教育等階段課程的「連貫」與「統整」，具有層次分明漸進發展的課程改革巨幅圖像，合乎《國民教育法》第 7 條「國民小學及國民中學之課程，應以民族精神教育及國民生活教育爲中心，學生身心健全發展爲目標，並注重其連貫性」，也合乎《高級中等教育法》第 1 條「高級中等教育，應接續九年國民教育，以陶冶青年身心，發展學生潛能，奠定學術研究或專業技術知能之基礎，培養五育均衡發展之優質公民爲宗旨」，將原先幼兒園、國中小、高中職分段規劃的課程加以連貫與統整。

伍　《K-12各教育階段核心素養與各領域水平統整研究》

《K-12 各教育階段核心素養與各領域水平統整研究》（蔡清田等人，2012），是延續《K-12 中小學一貫課程綱要核心素養與各領域連貫體系研究》，以達成「核心素養」之「連貫」與「統整」，完成幼兒園、國小、國中、高中等教育階段核心素養與各領域／科目之課程統整。「核心素養」可轉化爲國小、國中、高中等各「教育階段核心素養」，進而發展「領域／科目核心素養」，各教育階段領域／科目的規劃應結合各「教育階段核心素養」及各領域／科目的理念與目標，轉化與發展成爲「領域／科目核心素養」及學習重點，乃透過文獻探討、學科專家諮詢等方法建構「領域／科目課程目標」、「領域／科目核心素養」、「領域／科目學習重點」之德懷術問卷，由課程學者及學科專家與教育實務工作者共同合作實施三次問卷調查修訂，初步完成各教育階段「領域／科目課程目標」、「領域／科目核心素養」、「領域／科目學習重點」架構內涵，以「核心素養」作為「十二年國民基本教育」課程發展的核心，透過各教育階段核心素養與各領域／科目課程統整，進行領域／科目核心素養的連貫與統整，建構各領域／科目的「課程目標」、「核心素養」及「學習重點」等要素。

特別是「核心素養」作為十二年國民基本教育課程發展的核心，透過各教育階段核心素養與各領域／科目課程統整，進行領域／科目核心素養的連貫與統整，建構各領域／科目的「課程目標」、「核心素養」及「學習重點」等要素，說明核心素養與各教育階段領域／科目統整關係。第一個要素「領域／科目課程目標」，係統整國民核心素養與原領域／科目課程目標，修訂現行各教育階段各領域／科目課程目標，結合「教育階段核心素養」的理念，並考量各教育階段的銜接性，亦即「領域／科目課程目標」係統整現行各教育階段各領域／科目之課程目標與「教育階段核心素養」而來，從九項核心素養選擇能統整領域／科目課程目標，並考慮該領域／科目內部各教育階段的銜接性。第二個要素「領域／科目核心素養」，則根據「領域／科目課程目標」，轉化為該教育階段所欲培養的該領域／科目核心素養具體內涵。第三個要素「領域／科目學習重點」，則根據「領域／科目核心素養」的具體內涵為指引轉化成為「學習重點」由「學習表現」與「學習內容」組合交織而成，以引導課程設計、教材發展、教科書審查及學習評量等所欲達成的核心素養。

陸 《十二年國民基本教育課程發展指引草案擬議研究》

《十二年國民基本教育課程發展指引草案擬議研究》，原先研究案名稱為《K-12 年級課程體系指引草案擬議研究》，研究範圍涵蓋了從幼兒園、國小、國中與高中職的 K-12 年級課程體系，為因應政府推動「十二年國民基本教育」政策需要，於 2013 年 2 月 6 日該案期中審查後改名爲《十二年國民基本教育課程發展指引草案擬議研究》（蔡清田等人，2013）。

《十二年國民基本教育課程發展指引草案擬議研究》除參考國際組織有關核心素養研究（UNESCO, 2003; OECD, 2005; EC, 2005），並兼顧本土脈絡延續《界定與選擇國民核心素養：概念參考架構與理論基礎研究》、《全方位的國民核心素養之教育研究》、《中小學課程相關之課程、教學、認知發展等學理基礎與理論趨向之研究》、《K-12 中小學一貫課程綱要核心素養與各領域連貫體系研究》、《K-12 各教育階段核心素養與各領域課程統整研究。《十二年國民基本教育課程發展指引草案擬議研究》旨在延續《K-12 各教育階段核心素養與各領域水平統整研究》與《K-12 中小學一貫課程綱要核心素養與各領域連貫體系研究》，以達成「核心素養」之「連貫」與「統整」，並以「核心素養」作爲《十二年國民基本教育課程發展指引》的核心，具體轉化成爲各領域／科目的課程目標、核心素養與學習重點，作爲研擬《十二年國民基本教育課程綱要》之課程研究基礎。

後續教育部透過「高級中等以下學校課程審議會」進行「十二年國民基本教育課程綱要研修」，於 2019 年 6 月 22 日下午完成歷經 2 年 6 個月又 29 天漫長的「十二年國民基本教育」各領域／科目課程綱要審議，並自 2019 年 8 月起正式實施「十二年國民基本教育」核心素養課程教學，透過十二年國教課程綱要總綱與各領域／科目課綱規範核心素養、教育階段核心素養、領域／科目核心素養課程實施通則，引導教科書編輯、教學實施及課程評鑑等。

綜言之，2005 年起我國陸續啟動中小學課程發展基礎研究，並於 2013 年彙整研究成果經國家教育研究院「十二年國民基本教育課程研究發展會」（又稱「課程發展委員會」）及教育部「十二年國民基本教育課程審議會」（又稱「高級中等以下學校課程審議會」）審議通過《十二年國民基本教育課程發展建議書》（國家教育研究院，2014a）與《十二年國民基本教育課程發展指引》（國家教育研究院，2014b），作爲研修《十二年國民基本教育課程綱要總綱》之依據。2014 年 11 月 28 日教育部公布《十二年國民基本教育課程綱要總綱》，以「自發」、「互動」及「共好」為基本理念，以「成就每一個孩子—適性揚才、終身學習」為願景（教育部，2014），並於 2019 年 8 月 1 日新學年度正式實施「十二年國民基本教育」新課程綱要，指引學校進行「核心素養」學校本位課程發展，引導學生學習生活所需「核心素養」，延續並擴展「九年國民義務教育」強調的學科知識與「國民中小學九年一貫課程改革」培養基本能力之成效，成為十二年國民基本教育課程改革之「核心」（蔡清田，2018），亦即「核心素養」=（學科知識＋基本能力）態度情意（蔡清田，2019），因應「十二年國民基本教育」課程改革的理想願景（蔡清田，2020）。

第三節　我國核心素養課程研究趨勢之特色

我國核心素養課程研究趨勢，由過去行政主導工學模式（黃炳煌，1999；陳伯璋，2003；歐用生，2003），邁向研究發展模式（林永豐，2020；高新建，2000；國家教育研究院，2014a，2014b；黃光雄、蔡清田，2017；黃政傑，2020；歐用生，2010；蔡清田，2021），具有「以一個核心三面九項的核心素養為導向的課程研究」、「以學生為主體的課程發展研究」、「以終身學習者為核心的課程設計研究」、「以領域／科目與核心素養為基礎的課程統整研究」、「核心素養的學校本位課程發展研究」等特色，闡述如次：

壹　以一個核心三面九項的核心素養為導向的課程研究

第一項特色是「以一個核心三面九項的核心素養為導向的課程研究」，十二年國民基本教育課程培養的「核心素養」，係指現代與未來國民透過新學校課程習得面對未來生活挑戰，所應具備的學科知識、基本能力與態度情意（教育部，2014；國家教育研究院，2014a，2014b）。

十二年國民教育課程改革的「核心素養」，是由過去強調讀書識字的學科知識之「素養 1.0」、進化到重視基本技術能力的「素養 2.0」、再進化為用心態度情意之「素養 3.0」（蔡清田，2011），並再升級為「智慧」統整知識、能力、態度的「素養 4.0」之「核心素養」（蔡清田，2012），是一個人因應現代「工業 4.0」社會生活及未來挑戰所需要的學科知識、基本能力、態度情意等三方面統整的現代生活智慧（蔡清田，2018），這些「核心素養」延續了承續過去的「學科知識」、「基本能力」與「核心能力」，但涵蓋更寬廣和豐富的教育內涵。核心素養的表述可彰顯學習者的主體性，而非只是針對某個特定的領域／科目而已，不以「學科知識」作為學習的唯一範疇，而是關照學習者可透過「做中學」、「知行合一」與「學以致用」，強調其在動態發展的社會生活情境中能實踐力行的特質（方德隆，2020；林永豐，2020；黃政傑，2020；張芬芬、謝金枝，2019；蔡清田，2021）。

十二年國民基本教育課程之「核心素養」乃是呼應「聯合國教育科學文化組織」、「經濟合作與發展組織」及「歐洲聯盟」等國際組織對「核心素養」的界定，是指國民能在現代社會中扮演積極公民角色所需具備的核心素養，呼應了《十二年國民基本教育課程綱要總綱》的「自發」、「互動」、「共好」理念的全人圖像，彰顯十二年國民基本教育可以引導我國國民的全人發展，強調以「終身學習者」為核心的核心素養，包括「自主行動」、「溝通互動」、「社會參與」等三面，以及「身心素質與自我精進」、「系統思考與解決問題」、「規劃執行與創新應變」、「符號運用與溝通表達」、「科技資訊與媒體素養」、「藝術涵養與美感素養」、「道德實踐與公民意識」、「人際關係與團隊合作」、「多元文化與國際理解」九項，此即一個核心三面九項「核心素養」的「核心論」、「三維論」與「九軸論」，學生學習核心素養，能在不同教育階段學習解決生活問題，更能因應生活情境快速變遷而時俱進成為終身學習者（蔡清田，2020）。

一個核心的三面九項「核心素養」需透過學校教育進行培養，以引導學生透過學習解決生活情境中所面臨的問題，並能與時俱進，形成核心素養的「滾動圓輪」或「滾動飛輪」意象，彰顯核心素養的動態發展性及創新價值意涵，能隨著社會生活情境的時代變遷而不斷發展與不斷滾動向前邁進（蔡清田等人，2011）。

「核心素養」是「核心的」素養，不僅是「共同素養」，更是關鍵的、必要的、重要的素養，具有關鍵性、必要性、重要性的核心價值，是經過社會賢達所精心挑選出因應當前與未來社會生活所需的素養，可透過課程設計將「學科知識」、「基本能力」與「核心能力」加以擴展升級轉型並統整成爲精密組織的螺旋結構，成爲可教學、可學習、可評量的核心素養，合乎課程設計的繼續性、順序性、統整性，可促成各學習領域／科目課程發展的銜接性與連貫性，進而建構各教育階段課程連貫體系，促進各教育階段課程銜接，提升教師課程設計與教學實施效能並提升學生學習效能，達成國民教育功能，促進「個人發展」與「社會發展」，因此「核心素養」被譽爲課程發展與設計的關鍵 DNA（蔡清田，2012）。

「核心素養」是指統整的知識、能力及態度之素養，能積極地回應個人及社會的生活需求，使個人得以過著成功與負責任的社會生活，面對現在與未來的生活挑戰。換言之，「核心素養」是指一個人爲適應現在生活及未來挑戰，所應具備的知識、能力與態度。「核心素養」承續過去課程綱要的「學科知識」、「基本能力」與「核心能力」，但涵蓋更寬廣和豐富的教育內涵（蔡清田等人，2013）。「核心素養」一詞廣意地包含 competence 與 literacy 之意涵，係指能積極地回應個人或社會的生活需求，包括使用知識、認知與技能的能力以及態度、情意、價值與動機等；且「核心素養」的內涵涉及積極生活與功能健全社會對個人的期望。儘管 core competencies 或 key competencies 過去在國內或被譯爲「基本能力」或「關鍵能力」，然英文中指涉「能力或技能」的用詞另有 ability、capacity、skill 及 proficiency 等，因此依洪裕宏等學者研究將其翻譯爲「核心素養」較爲周延，若「核心素養」翻譯爲「基本能力」或「核心能力」，較容易被狹隘地誤解爲「技能」，較不能完整表示包含知識、技能、態度、價值觀等較爲廣泛意涵，且無法與國際組織與國外學者之定義一致。

 以學生為主體的課程發展研究

第二個特色是「以學生爲主體的課程發展研究」，《十二年國民基本教育課程綱要總綱》以學生爲主體，彰顯學習主體的重要性（洪詠善、范信賢，2015），就十二年國民基本教育的完整圖像而言，強調培養以人爲本的「終身學習者」，並以此爲基礎建構出小學、國民中學及高中等關鍵「教育階段核心素養」之「階段性」，頗能彰顯發展心理學的「認知發展論」與「階段發展任務」，呼應核心素養的滾動圓輪意象，強調其「階段任務」之動態發展，可以人爲主體的生命教育詮釋終身學習者的核心素養內涵，進行初等教育、前期中等教育、後期中等教育等階段課程的「連貫」，學生可透過學校教育循序漸進學習，具有層次分明漸進發展的課程改革圖像，強調培養以人爲本的「終身學習者」，更呼應「核心素養」的滾動圓輪意象，能依所欲培養的核心素養，以解決生活情境中所面臨的問題，並能因應生活情境之快速變遷而與時俱進，成爲一位終身學習者。

當學生開始接受學校教育之後，應該逐漸發展出核心素養，俾以能適應社會生活。核心素養應該持續發展、維持與更新，並且成爲終身學習的一部分，而非僅存於特定的教育階段，強調核心素養需要透過初等教育階段、前期中等教育、後期中等教育等不同教育階段的長期培養，以建立十二年國民基本教育的各教育階段核心素養之連貫體系，以核心素養作爲課程設計的核心要素，必須明確區分出各項核心素養在十二歲、十五歲、十八歲的發展進階與學習表現之期望水準，可建立十二年國民基本教育垂直連貫的「教育階段核心素養」，合乎從幼兒期到青年期學生身心發展與社會情境交互作用「階段發展任務」的心理社會發展階段理論（蔡清田，2014）。

就「教育階段核心素養」的整體圖像而言，「教育階段核心素養」具可建立十二年國民基本教育課程的連貫性、統整性與銜接性，合乎學生身心發展的「階段發展任務」（蔡清田，2018），學生可透過學校教育階段循序漸進學習，逐步提升公民個人競爭力並厚植社會競爭力，具有層次分明漸進發展的課程改革巨幅圖像。特別是六至十二歲兒童期「國小教育階

段」是初等教育階段，是奠定學生各項素養基礎的重要階段，強調從生活情境及實作中，陶養學生在自主行動、溝通互動及社會參與等方面應具備的最基本素養；十二至十五歲青少年期「國中教育階段」是前期中等教育階段，國中學生正值青春期，是身心發展、自我探索與人際互動面臨轉變與調適階段，因此需完整提升各面向的素養，以協助此階段學生成長發展需要；十五至十八歲青年期「高級中等教育階段」是後期中等教育階段，也是十二年基本教育的最後一個階段，此階段教育應著重提供學生學習銜接、身心發展、生涯定向與準備所需具備之素養，同時需讓學生具備獨立自主能力，滿足終身學習者及世界公民所需的核心素養。

以終身學習者為核心的課程設計研究

第三個特色是「以終身學習者爲核心的課程設計研究」，《十二年國民基本教育課程綱要總綱》強調生活所需的「核心素養」係以「終身學習者」爲核心，界定核心素養的三面向爲「自主行動」、「溝通互動」、「社會參與」，透過「以終身學習者爲核心的課程設計導引課程連貫與統整」，引導學生學習獲得國民個體自主行動、溝通互動及參與社會生活所需之核心素養，進而導向社會永續發展的共好生活，特別是以「核心素養」爲各教育階段及各領域／科目課程連貫統整的主軸，導引課程連貫與統整，強化學生主動探究與終身學習角色（蔡清田，2019），使其具備因應生活情境所需的「核心素養」以統整知識、能力、態度，而非片段的知識或能力，而且「核心素養」和國民中小學與高級中等教育等教育階段各領域／科目具有連貫與統整的密切關係，可強化國民中小學與高級中等教育之課程連貫與課程統整，建置以「學生主體」，以核心素養的連貫與統整之課程（蔡清田，2014），特別是各教育階段核心素養除可進行垂直連貫外，並可與各教育階段領域／科目進行課程連貫與統整（蔡清田，2016），進而發展符合核心素養之領域／科目課程，培養學生的知識、能力、態度，使其具備核心素養，確保每一個接受十二年國教的學生都具備共同的核心素養。各領域／科目課程綱要的研修，需參照教育部審議通過的《十二年國民基本教育課程綱要總綱》及《十二年國民基本教育課程發展指引》，考量領域／科目的理念與目標，結合或呼應核心素養具體內涵，以發展及訂定「各領域／科目之核心素養」及「各領域／科目學習重點」。

 以領域／科目與核心素養為基礎的課程統整研究

第四個特色是「以領域／科目與核心素養爲基礎的課程統整研究」，《十二年國民基本教育課程綱要總綱》指出課程發展要能因應不同教育階段之教育目標與學生身心發展之特色，提供彈性多元的學習課程，以促成學生適性發展，以學生爲主體，彰顯學習主體的重要性，一方面強調「部定課程」與「校訂課程」的「彈性學習課程」與「彈性學習節數」的實施，重視領域／科目的重要性，並增加學生自主學習的時間與空間，「十二年國民基本教育」各教育階段課程類型（教育部，2014）：一方面強調「彈性學習課程」與「彈性學習節數」的實施，增加學生自主學習的時間與空間，例如彈性學習課程每週節數國小高年級「第三學習階段」原 3-6 節改爲 4-7 節，國中「第四學習階段」原 7、8 年級 4-6 節；9 年級 3-5 節，皆改爲 3-6 節，而且高中學科的必修時數下降，選修課學分占了 1/3，且各高中須以發展特色，增加 4 到 8 學分「校訂必修」；另一方面更重視學生學習獲得國民因應社會生活所需的「核心素養」，不僅可依據各教育階段循序漸進加深加廣，更是希望所有學生都能依教育階段的身心發展階段任務逐漸具備國民所需的「核心素養」。

另一方面核心素養主要應用於國民小學、國民中學及高級中等學校的一般領域／科目，核心素養可整合或彈性納入。《十二年國民基本教育課程綱要總綱》與各領綱，皆重視各領域／科目與核心素養學科知識、能力、情意之統整的重要性，核心素養能因應生活情境需求，統整知識、能力與態度等面向的學習內容並加以運用，以核心素養作爲領域課程設計的核心，可避免有所偏失的現象，也可強調知識、能力與態度統整的理念，

也可以引導領域／科目內容的發展。

各領域／科目考量本身的理念與目標，結合各「教育階段核心素養」，發展及訂定符合學習節數的「領域／科目核心素養」及「領域／科目學習重點」，各「領域／科目」課程綱要可保留部分原有課程目標，並創新增訂各「領域／科目課程目標」，確立與核心素養關係最爲密切的課程目標，並發展成爲「領域／科目核心素養」，彰顯該領域／科目的特色，而且各領綱特別重視「領域／科目學習重點」及其呼應的「領域／科目核心素養」以統整「領域／科目學習內容」與「領域／科目學習表現」。

十二年國民基本教育課程是同時強調「領域／科目核心素養」與「跨領域／科目」（transversal or cross domain/subject）的「核心素養」。國民所需的「核心素養」，是國民因應現在及未來社會生活情境所需具備的「知識」、「能力」與「態度」之統整，可透過各「領域／科目課程目標」與「領域／科目核心素養」引導各「領域／科目學習重點」的課程發展（蔡清田等人，2013），並透過「學習內容」與「學習表現」，展現各「領域／科目學習重點」課程設計（蔡清田，2018），引導學生學到更爲寬廣且能因應社會生活情境所需的「核心素養」。換言之，《十二年國民基本教育課程綱要總綱》一方面重視「領域／科目核心素養」，亦即各「領域／科目」內部的學科知識、能力、情意的統整學習，另一方面也重視「跨領域／科目」的「核心素養」之培養，兩方面相輔相成且同等重要。尤其是在符合教育部教學正常化之相關規定及領域學習節數之原則下，學校得彈性調整或重組「部定課程」之領域學習節數，實施各種學習型式的跨領域統整課程。跨領域統整課程最多占領域學習課程總節數五分之一，其學習節數得分開計入相關學習領域，並可進行協同教學。教師若於領域學習或彈性學習課程進行跨領域／科目之協同教學，提交課程計畫經學校課程發展委員會通過後，其協同教學節數可採計爲教師授課節數，相關規定由各該主管機關訂定之（教育部，2014）。

「核心素養」作爲《十二年國民基本教育課程綱要總綱》的核心，是跨越教育階段的「核心素養」，更是跨越領域／科目的「核心素養」，可以統整《國民中小學九年一貫課程綱要》的十大基本能力、《綜合高級中學課程綱要》的十大基本能力、《高級中學課程綱要》的核心能力、《高級職業學校課程綱要》的核心能力，並可作爲《十二年國民基本教育課程綱要》課程目標的重要來源（蔡清田，2021）。在此定位下，《十二年國民基本教育課程綱要總綱》旨在以核心素養爲主軸，提出核心素養架構及各教育階段的內涵，並結合各領域／科目之特性與內涵，以整合進入領域／科目課程綱要的領域／科目核心素養實踐途徑，支援並導引課程的縱向連貫及橫向統整，呼應十二年國民基本教育「成就每一個孩子」的願景，以全人教育爲理念，透過結合生活情境的整合性學習和運用、探究與解決問題，讓學生潛能得以適性開展，成爲學會學習的終身學習者，進而能運用所學、善盡公民責任，使個人及整體社會的生活、生命更爲美好。

《十二年國民基本教育課程綱要總綱》重視「核心素養」，強調以學生作爲學習的主體以及師生互動參與，而非傳統的教師講授主導教學。尤其是以核心素養爲的十二年國民基本教育課程改革，強調「領域／科目學習重點」的課程設計，統整「學習表現」與「學習內容」二個向度，並配合學生認知結構發展，因應學生由國小到國中、高中的教育階段發展過程，能較完整呈現學習歷程、方法及內容，並作爲教材設計之參考，引導教師的教學與學習學習（國家教育研究院，2014a）。

伍　以核心素養的學校本位課程發展研究特色

第五項核心素養的學校本位課程發展研究特色而言，《十二年國民基本教育課程綱要總綱》明確指出要透過學校課程發展委員會的組織與運作，持續精進「學校本位課程發展」，以學生需求及學校社區情境資源爲起點，培養學生核心素養的有其劃時代課程改革，重要性，這是將過去「國民中小學九年一貫課程改革」的學校本位課程發展，升級轉型成爲「核心素養」的「學校本位課程發展」，強調核心素養的「學習內容」與「學習表現」，呼應以學習者爲主體的課程改革（教育部，2014；國家教育研究院，2014a，2014b）。

十二年國教課程綱要特色包括以培養現代國民生活所需的核心素養

爲課程設計核心；提供學校及教師更多彈性教學自主空間；降低各年級上課時數，減輕學生負擔；減輕對教科書的依賴；結合課程、教學與評量，改進中小學課程的一貫性與統整性，一方面統一國民教育階段學校教育目標，重視當代生活所需的核心素養；第二方面依據核心素養，規劃領域課程內容，取代只重視升學準備考試之傳統科目，避免科目分立，知識支離破碎；藉由領域課程綱要核心素養與學習重點之規劃，核心素養導向的學校本位課程發展，縮短「理念建議的課程」、「正式規劃的課程」、「資源支持的課程」、「運作實施的課程」、「學習獲得的課程」、「評量考試的課程」之間的差距（蔡清田，2016），充實學生學習經驗，符合從情境觀點界定核心素養的學校本位課程發展，強調學校本位課程發展的永續經營，合乎世界各國教改潮流，深具時代意義，重視「教師即研究者」的課程發展理念，賦予教師進行「核心素養」的學校本位課程發展之專業角色，說明教師不僅是國家層次課程改革的實施者，更是「核心素養」的學校本位課程發展之專業發展者，這是臺灣課程改革的里程碑（蔡清田，2019）。

第四節　結論建議與未來研究展望

本文指出我國核心素養課程研究趨勢，探討了《界定與選擇國民核心素養：概念參考架構與理論基礎研究》、《中小學課程相關之課程、教學、認知發展等學理基礎與理論趨向研究》、《K-12 中小學一貫課程綱要核心素養與各領域連貫體系研究》、《K-12 各教育階段核心素養與各領域課程統整研究》、《十二年國民基本教育課程發展指引草案擬議研究》等由政府主導委託辦理整合型課程研究計畫成果，並綜整上述這些圍繞著以「核心素養」爲主軸的十二年國民基本教育課程綱要核心素養「八年研究」，進而歸納結論指出十二年國民基本教育的核心素養課程研究趨勢：具有「以一個核心三面九項的核心素養爲導向的課程研究」、「以學生爲主體的課程發展研究」、「以終身學習者爲核心的課程設計研究」、「以領域／科目與核心素養爲基礎的課程統整研究」、「核心素養的學校本位課程發展研究」等特色，彰顯了當前我國十二年國民基本教育新課綱的課程研究重要趨勢；展望未來研究，建議後續課程研究方向可朝向有關核心素養的教科書設計、教學實施與課程評鑑等進行研究，並納入學者的期刊論文或研究生的學位論文研究分析，擴大研究面向，以引導我國未來課程研究的永續發展。

參考文獻

方德隆（2020）。臺灣課程審議制度運作之評析。**臺灣教育評論月刊，9**(1)，46-56。

林永豐（2020）。誰來解釋課綱的疑義？**臺灣教育評論月刊，9**(1)，20-25。

洪裕宏、胡志偉、顧忠華、陳伯璋、高湧泉、彭小妍等（2008）。**界定選擇國民核心素養：概念參考架構與理論基礎研究**。行政院國家科學委員會專題研究計畫成果報告（NSC 95-2511-S-010-001）。臺北：國立陽明大學。

洪詠善、范信賢（主編）（2015）。**同行～走進十二年國民基本教育課程綱要總綱**。新北：國家教育研究院。

教育部（1998）。**國民教育階段九年一貫課程總綱綱要**。臺北：作者。

教育部（2014）。**十二年國民基本教育課程綱要總綱**。臺北：作者。

國家教育研究院（2014a）。**十二年國民基本教育課程發展建議書**。臺北：作者。

國家教育研究院（2014b）。**十二年國民基本教育課程發展指引**。臺北：作者。

高新建（2000）。**課程管理**。臺北：師大書苑。

黃光雄、蔡清田（2017）。**課程發展與設計新論**。臺北：五南。

黃政傑（2020）。評課綱研修審議的政治性。**臺灣教育評論月刊，9**(1)，1-7。

黃炳煌（1999）。談課程統整：以九年一貫社會科課程爲例。載於**中華民國教材研究發展學會，邁向課程新紀元**。臺北縣：中華民國教材研究發展學會。

陳伯璋（2003）。新世紀的課程研究與發展。**國家政策季刊，2**(3)，149-168。陳伯璋、張新仁、蔡清田、潘慧玲（2007）。全方位的國民核心素養之教育研究。

行政院國家科學委員會專題研究計畫成果報告（NSC 95-2511-S-003-001）。臺南：首府大學。

張芬芬、謝金枝（2019）主編。**十二年國教的課程實施與問題因應**。臺北：五南。

歐用生（2003）。**課程典範再建構**。高雄：麗文。

歐用生（2010）。**課程研究新視野**。臺北：師大書苑。

蔡清田（2011）。**素養：課程改革的DNA**。臺北：高等教育。

蔡清田（2012）。**課程發展與設計的關鍵DNA：核心素養**。臺北：五南。

蔡清田（2014）。**國民核心素養：十二年國教課程改革DNA**。臺北：高等教育。

蔡清田（2016）。**50則非知不可的課程學概念**。臺北：五南。

蔡清田（2018）。**核心素養的課程發展**。臺北：五南。

蔡清田（2019）。**核心素養的學校本位課程發展**。臺北：五南。

蔡清田（2020）。**核心素養的課程與教學**。臺北：五南。

蔡清田（2021）。**十二年國教新課綱與教育行動研究**。臺北：五南。

蔡清田、陳延興、李奉儒、洪志成、鄭勝耀、曾玉村、林永豐（2009）。**中小學課程相關之課程、教學、認知發展等學理基礎與理論趨向研究**（國家教育研究院委託研究報告）。嘉義：國立中正大學。

蔡清田、陳延興、吳明烈、盧美貴、陳聖謨、方德隆、林永豐（2011）。**K-12中小學一貫課程綱要核心素養與各領域連貫體系研究**（國家教育研究院委託研究報告）。嘉義：國立中正大學。

蔡清田、洪若烈、陳延興、盧美貴、陳聖謨、方德隆、林永豐、李懿芳（2012）。**K-12一貫課程綱要各教育階段核心素養與各領域課程統整研究**（國家教育研究院委託研究報告）。嘉義：國立中正大學。

蔡清田、陳伯璋、陳延興、林永豐、盧美貴、李文富、方德隆、陳聖謨、楊俊鴻、高新建、李懿芳、范信賢（2013）。**十二年國民基本教育課程發展指引草案擬議研究**。國家教育研究院委託研究報告。嘉義：國立中正大學。

European Commission.(2005). *On key competences for lifelong learning.* Proposal for a recommendation of the European parliament and of the council. Brussels: Author.

Organisation for Economic Co-operation and Development.(2005). *The Definition and Selection of Key Competencies: Executive Summary.* Paris: Author. Retrieved June 12, 2010, From http://www.deseco.admin.ch/bfs/deseco/en/index/02.parsys.43469.downloadList.2296.DownloadFile.tmp/2005.dskcexecutivesummary.en.pdf

United Nations Educational, Scientific and Cultural Organization.(2003). *Nurturing the Treasure: Vision and Strategy 2002-2007*. Hamburg, Germany: Author.

教育測驗與評量研究的趨勢與展望

林素微

第一節　緒論

研究背景

在教學實踐中，評量是教學歷程中的重要一環，依據 Glaser（1962）所提出的基本教學模式，共包含了教學目標、起點行為、教學活動與教學評量四大要素，評量雖然在模式中是最後一個環節，但其對於其他三項要素具有提供回饋的功能，是教師洞察和了解教學實務績效以及學生學習成果的重要依據，換句話說，雖處於末節但卻是不容忽視的一環。Hattie（2003）提到，教師如果能提供學生挑戰、知識的深層表徵和有效的監控與回饋，學生學習成果將更為優異。

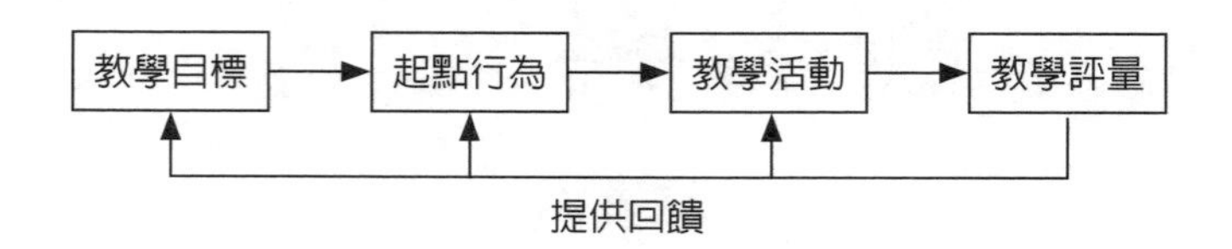

圖 1　Glaser（1962）基本教學模式

二十世紀末，課程改革的浪潮在世界各地風起雲湧，例如英國國家課程的提出、美國課程的改革，臺灣課程也有所變動，各地的課程改革顯示了教育改革的全球效應。而隨著科技不斷的發達，人們對於現代人力的需求愈來愈多，各國的課程嘗試以前瞻的社會需求和全球化的視野，界定國民素養表現標的實質內涵。臺灣 103 年 8 月開始實施的「十二年國民基本教育」，即在於將課程銜接的訴求從國小至國中的九年一貫課程延伸至十二年，期望透過十二年國教的各項措施，強化學生未來的競爭力。

在這一波波的教育改革中，目標、教學與評量是彼此串聯且缺一不可的重要面向，Tirozzi 和 Uro（1997）提到各國的教育改革主要包含提升學業表現，依據目標評量學生和學校的表現，提供學校和教師必要的工具、知能和資源來協助學生達到標準，並期許學校對學生的學習成果負責。有品質的評量設計可以提供有效的學習回饋，在課程與教學目標實質拓展後，倘若仍沿用以往的評量設計，勢必難以提供切合新教學實務的回饋訊息，甚至斲傷課程改革的精義。因此，配合教學內容性質，評量規劃宜包含多元的評量取向，並積極在評量效能的精緻性與評量成本的經濟性中找到平衡點，是教育改革中應重視的一環，換句話說，教育改革浪潮下的學習評量革新規劃宜準確有效、務實可行。

此外，在人工智慧科技與演算法進步飛速的今天，適切運用科技也是重要的訴求。以臺灣為例，配合十二年國教，於 108 年 8 月正式上路的《十二年國民基本教育課程綱要》，以「核心素養」作為教育課程發展的主軸，不僅強調跨領域的素養教學，評量亦轉為素養導向的評量方式，而其所提出的三大面向九大項目中，其中之一強調了「科技資訊與媒體素養」（教育部，2014）。

由於認知心理學的蓬勃發展，促使性向、學習、發展、成就與教學結合。如何創造眞正診斷和適性測量系統，是測驗領域非常關心的主題，比如說在評量內容上力求豐富、深入並切合生活和學習經驗，在評量方法上朝向多元、動態、適性和人性化，在測驗結果應用上重視教學協助性回饋訊息的提供等，都吸引了許多實徵的研究心力投入。楊諮燕、巫博瀚、陳學志（2013）曾經針對《測驗年刊》與《測驗學刊》在 1953 至 2011 所發表的心理與測驗相關的期刊文章進行探討，指出這六十年來研究論文篇數增加，影響係數及被引用率均有所成長，且研究以實徵性研究為主軸，研究群體趨向多樣化。然 2011 距今已將近十年，測驗與評量在教育學門的發展，已有許多新議題或者新焦點的投入，立基於此，本文希望透過臺灣九年一貫課程改革至今推出十二年國民基本教育下教育測驗與評量的研究趨勢進行探討，檢視這些研究心力投入所反映的重要評量內涵概況。本研究歸納從 2002-2020 年間發表的碩博士論文，透過這些教育學門研究的新尖兵對於教育測驗評量投入的分析，探討臺灣有關教育測驗與評量的發展趨勢。

研究目的

本研究主要的目的在於將臺灣教育測驗與評量研究進行分析與彙整，透過有系統的回顧，分析臺灣教育測驗與評量研究的成果狀態；並從論文研究的回顧分析中，歸納出臺灣教育測驗與評量研究的趨勢和可能問題。本研究的分析結果除了有助於學者理解教育測驗與評量的發展和變化趨勢，以作爲將來研究方向的參考；也可以提供給作爲後續帶領研究新血的方向與建議。亦即，透過本文，不僅可全盤了解臺灣現階段教育測驗與評量學位論文的發展與研究成果，更可作爲後續測驗與評量的理論與應用的研究議題取向、以及教學實務中有關評量品質提升的重要參考資源。

研究問題

根據上述研究目的，本研究的研究問題如下：

（一）臺灣教育測驗與評量研究學位論文歷年產出的數量爲何？
（二）臺灣教育測驗與評量研究學位論文的研究對象分布爲何？
（三）臺灣教育測驗與評量研究學位論文的評量內涵趨勢爲何？
（四）臺灣教育測驗與評量研究學位論文的評量型態趨勢爲何？
（五）臺灣教育測驗與評量研究學位論文的評量分析方法趨勢爲何？

第二節　教育測驗與評量研究文獻探討

本文旨在針對近二十年來臺灣教育測驗與評量研究學位論文的產出進行回顧與探討，針對前述的研究目的與研究問題，以下針對測驗評量內涵的轉化、測驗與評量型式的變化和分析技術等面向來進行探討。

測驗與評量內涵的轉化

自西元 2000 年起，經濟合作暨發展組織（Organisation for Economic Co-operation and Development, OECD）每三年大規模舉辦的「國際學生能

力評量計畫」（the Programme for International Student Assessment, PISA），旨在針對十五歲學生生活知能學習成效，提供國際比較的參考資訊。評量內涵不受限於學校課程，以前瞻的社會需求和全球化的視野，界定國民素養表現標的實質內涵，其所訴求的「素養」取向，已經影響了全球許多國家的教育改革與方向。

回顧臺灣近二十年的教育改革，九年一貫課程的提出是為了因應新世紀的來臨與世界各國之教改脈動，希望能透過課程的改革來整體提升國民之素質及國家競爭力。在《九年一貫課程綱要總綱》中，明白指出有關學生之學習評量，應依照國民小學及國民中學學生成績評量準則之相關規定辦理。教育部（2004）公布的《國民小學及國民中學學生成績評量準則》中明白指出，評量內涵依能力指標、學生努力程度、進步情形，兼顧認知、技能、情意等層面，並重視各領域學習結果之分析。

配合十二年國教，108 年 8 月正式上路的《十二年國民基本教育課程綱要》，以「核心素養」作為教育課程發展的主軸，教育部（2019）公布修訂後的《國民小學及國民中學學生成績評量準則》中亦明白指出，評量內涵「包括核心素養、學習重點、學生努力程度、進步情形，並應兼顧認知、情意、技能及參與實踐等層面，且重視學習歷程及結果之分析。」換句話說，十二年國教不僅強調跨領域的素養教學，評量亦轉為素養導向的評量方式。

比較九年一貫與十二年國教兩種課程的學生成績評量準則，可以明顯看到臺灣對於學習評量的內涵強調從學習成就轉為核心素養，所謂「核心素養」是指一個人為適應現在生活及面對未來挑戰，所應具備的知識、能力與態度，這與 PISA 的關鍵內涵相當一致。

素養的評量取向為臺灣的評量革新帶來了一波新思維。筆者以「素養」、「評量」為關鍵詞，在臺灣人文及社會科學引文索引資料庫（Taiwan Citation Index-Humanities and Social Science，以下簡稱 TCIHSS）進行查詢，查詢結果共有 1067 筆資料，其中期刊論文有 665 筆，博士論文 362 筆，專書 23 筆，專書論文 17 筆。這 1067 筆資料中，發表年代從 2002 年至 2021 年，其中 2002 年僅有一筆，主要是針對網路素養進行探討，而從 2003 年起，則有 19 筆，然後逐年數量提升，2018 年甚至高達 93 筆。可見對於素養導向的評量議題，相當受到臺灣學術界的重視。

測驗與評量型式的變化

教育關係著學生未來的就業競爭力和終身學習的效能，評量設計的眞實性希望能進一步提升學生對於學習的遷移與發展，意義化是學習趣味的主要來源，脈絡化是學習保留的優質支撐（林素微、謝堅，2010）。王文中（2008）指出，傳統上，評量只強調認知，忽略情意與技能，即使是認知的部分，也常只強調零碎的記憶、片段的知識而已，此外，傳統測驗也常只用紙筆測驗，甚至只用紙筆測驗的是非和選擇題，因此評量的內容和方式都是單一的。而在多元評量裡，則是強調認知、情意和技能兼顧；評量方式除了紙筆測驗之外也可考慮使用實作評量、口試、師生的日常溝通與觀察；而評量者也可以是多元的，除了老師擔任評量者，學生可以自評，同儕間可以互評。換句話說，多元評量所倡導的，不僅是評量內容的多元，評量的方式多元，同時評量者的角色也是有彈性的。

由於多元評量的型態及意義容易掌握，其與眞實能力構念的呼應更是獲得教育界的認同與肯定。筆者在 TCIHSS 以多元評量爲關鍵詞進行搜尋，查詢結果共 48 筆資料。其中期刊論文 39 筆、博士論文 2 筆、專書論文 7 筆。這 48 筆資料中，發表年代從 1999 年至 2020 年，可以說，恰好橫跨本研究所探討的年代區間，其中，又以 2002 年的 10 篇期刊論文爲大宗。

而在這些新興的評量構念中，評量目的也是重要的討論議題，吳璧純（2017）指出我們的教師慣於使用形成性與總結性評量的定義，Earl（2003）則主張採用另外三種學習評量的用語：「促進學習的評量」（assessment for learning）、「評量即學習」（assessment as learning），以及「學習結果的評量」（assessment of learning）（引自吳璧純，2017）。這三種定義，爲評量目的有了很好的詮釋，顯示現在的教育環境下，不再滿足於僅有學習結果的評量，而是積極朝向「促進學習的評量」以及「評量即學習」發展。在這樣的狀態下，標榜有診斷概念、透過評量來學習的形成性評量、多階段評量、動態評量便是大家所關注的評量議題。

多階段的評量設計強調學生概念的診斷，通常的評量形式是在階段一先提出問題，讓學生作答，作答之後進入第二階段，主要是詢問學生該答案的理由。筆者分別以二階段評量、三階段評量、四階段評量在 TCIHSS 進行搜尋，結果僅看到二階段評量有 4 篇資料，三階段和四階段評量則未出現，二階段評量的 4 篇中有期刊論文 3 筆，博士論文 1 筆。發表時間早從 2002 年，但其他三筆則是在近 10 年內，發表年代分別爲 2014、2015、2018 年。

在 TCIHSS 以動態評量搜尋結果共出現 226 筆資料，其中期刊論文 160 筆，博士論文 54 筆，專書 6 筆，專書論文 6 筆，顯示動態評量所倡導的「評量—教學—評量」的構念受到持續穩定的關注，這 226 筆資料的發表年代從 1994 年至 2020 年，發表篇數 2-17 篇不等。

身處在數位化時代的二十一世紀，電腦在世界各地都與個人生活密不可分，在工作場所與日常生活中的使用已是非常普遍，操作電腦介面幾乎也成了全民皆具備的基本能力。傳統紙筆測驗，從施測、批閱試卷到成績統計與分析，都是由人工作業，費力耗時。受試者在進行考試時，也都會受到時間或空間的限制。

和紙筆測驗不同，電腦化測驗更有機會在測驗試題上呈現出一個擬眞的情境，提供受試者身歷其境去解決問題的感受。電腦化測驗的環境會影響學生的表現，加入影音、聲光的動態環境較容易吸引注意力，學生面對電腦化測驗較生動活潑的表現方式，會覺得測驗試題是有趣且迷人的。動態方式的呈現讓試題的引導結構可以免除過多的閱讀負荷，讓學生不易疲憊，更有意願去嘗試回答問題。因此，電腦化測驗不但能擬造生活情境，更能夠提升學習的興趣。換言之，電腦本位的測驗（Computer-Based Testing, CBT）使得測驗的效率提高、試題呈現更加豐富多樣。PISA 在其評量架構中明確指出資訊科技的重要性，期望個體能在他們的活動中使用工具去描述、解釋並預測各種現象；其中，「工具」便包含了計算機與電腦的應用（OECD, 2017）。電腦化測驗在測驗的計分、回饋及迷思概念上的診斷愈來愈有效率，電腦化適性測驗（Computerized Adaptive Testing, CAT）是新近測驗研究積極投入的重要議題。在網路發達的今天，透過線上評量的發展（Web-Based Tests, WBT），這不但具備有 CBT 的優點，更能兼具網際網路的各項特色，讓測驗施測不受時間與空間的限制。

教育是透過教學促進學習經驗正向改變的歷程，這個歷程需要各種媒介進行傳播與整合。教育部（2021）發布最新版《中華民國教師專業素養指引—師資職前教育階段暨師資職前教育課程基準》，揭示教師應使用多元教學策略、教學媒材及學習科技，以促進學生有效學習。隨著科技的發達，電腦、網路等資訊媒體的興起，評量的電腦化或者 e 化，可節省施測所需的人力、物力和時間，同時透過多媒體的情境設計，也可能使測驗更為標準化、眞實化、適性化，電腦化評量或者線上評量會使評量的效益更爲清晰明確。

以電腦化爲評量發展的相關論文產量並不少，筆者以電腦化測驗在 TCIHSS 進行查詢，結果共 67 筆資料。其中期刊論文 53 筆、博士論文 10 筆、專書 1 筆、專書論文 3 筆。而以電腦化適性測驗則可以看到 98 筆資料，其中期刊論文 74 筆，博士論文 22 筆，專書 1 筆、專書論文 1 筆。以線上測驗來進查詢，則可以看到 98 筆資料，其中期刊論文 81 筆，博士論文 15 筆，專書 1 筆、專書論文 1 筆。這些查詢結果或許有些部分重疊，然而，整體而言，資訊融入測驗與評量的研究投入應是不容小覷。電腦化測驗以及電腦化適性測驗的相關構念很早就受到臺灣學者的關注，由羅文基與黃國彥（1988）所發表的適性測驗理論與策略之探討，是 TCIHSS 資料庫中最早的電腦化適性測驗。截至目前爲止，每年有 1 至 9 篇文章的發表。線上測驗則是因應網路科技的發展，在 1999 年開始有所產出。

測驗與評量結果分析技術的進展

在發展一項測驗進行特質的測量時，必須選擇一種量度化方法，以便與測驗評量發展的目的來呼應。在傳統的教學現場中，老師多數習慣運用百分制，將測驗中不同的分測驗或試題賦予某種權重，使其加總之後爲

100 分。而在測驗專業的領域上，量度化的方法以古典測驗理論（classical test theory，簡稱 CTT）、試題反應理論（item response theory，簡稱 IRT）來進行試題的分析以及參與測驗者的能力或分數估計為大宗；另外，近年來由於國際評比等大型資料庫的建立，許多高階測驗統計方法也應聲而起，例如多向度 IRT、結構方程模式、階層線性模式、模糊統計、貝氏網絡等（郭伯臣，2019）。近十年來發展的認知診斷（cognitive diagnosis model，簡稱 CDM）的技術，希望可以給予參與者的表現結果給予更細部的診斷回饋；該理論主要對於試題進行認知屬性的界定，之後透過受試者在該測驗各試題的作答結果，來針對受試者進行診斷評估。

針對測驗理論來發表的期刊文章相對較少，筆者以古典測驗理論在 TCIHSS 進行查詢，結果僅有 29 筆資料，其中期刊論文 26 筆、博士論文 3 筆，最早的發表為 1990 年。而以試題反應理論檢索則可以看到 307 筆資料，其中期刊論文 245 筆、博士論文 59 筆、專書 1 筆、專書論文 2 筆，發表年代從 1990 年開始，而在 2004 年到 2017 年間為主要大宗，每年都有 10-27 篇左右的發表，2014 年後略少，在 3-13 筆左右。以認知診斷來進查詢，則可以看到 91 筆資料，其中期刊論文 73 筆、博士論文 17 筆、專書論文 1 筆。顯見學者對於新興技術或者測驗詮釋的重視。

第三節　研究設計與實施

本文以碩博士論文網 2002 年至 2020 年所發表有關教育測驗評量的內涵來探討臺灣在教育測驗與評量此一軸線的研究發展趨勢。以下，分別從研究樣本、研究方法、編碼原則、資料分析與信度檢驗呈現本研究的設計與實施原則。

研究樣本

本研究以國家圖書館「臺灣博碩士論文知識加值系統」蒐集本研究的樣本。首先以論文標題為「測驗」或「評量」，並將畢業學年度（民國）

設定為「90 至 109」，學門為「教育學門」，論文種類為「學術論文」來進行檢索，檢索結果發現教育測驗與評量相關的研究生論文總計有 1497 篇。接著過濾與教育測驗評量發展較無關聯的相關論文，這些研究論文可能涉及少數的特定對象（例如：多媒體設計意象表達形式之效果評量、國中小特教教師擔任心理評量人員角色壓力與需求之調查研究、間歇踢擊測驗評量跆拳道選手最大攝氧量的信效度研究……等），或者論文內涵主要涉及實驗成效而非測驗評量的發展（例如：參加課後安親班與補習的五年級學生在代數測驗上表現的比較分析）、以及與教學和學習沒有直接關聯（例如：發展數位學習網站之評量標準），將這些關聯性不強的相關研究排除後，最後本研究蒐集了 2001-2021 年，總共 1176 篇博碩士論文進行分析。

貳 研究方法

本文採內容分析法（content analysis），以客觀且有系統的方式，對本研究所蒐集的文件內容進行分析。楊國樞、文崇一、吳聰賢與李亦園（1989）指出，內容分析法是一種較高層次的訊息分析方法，主要透過文字的表象探討實質的訊息，也就是透過處理文件內容的外顯資訊，不管內容可能蘊含的潛在動機，以及內容可抽引出的潛在反應。亦即，內容分析法主要關心的是文件內容所表達的外顯訊息，而非探討文件內容何以如此。內容分析法在社會科學研究中經常被用來處理文件及檔案資料，尤其是應用於文獻回顧之研究（黃旭男、洪廣朋與郭嘉欣，2003）。透過長期累積的文獻資料進行探討，可看出事情或者主題跨時間的脈絡發展，適合幫助研究者進行縱貫式分析，清晰地描繪研究主題的整體樣貌與發展趨勢。亦即如 Neuendorf（2002）所言，透過內容分析法可以推論文件內容的環境背景及意義。而內容分析法的進行過程，Kalus（2004）指出可分為形成研究問題或假設、資料蒐集、資料濃縮、類目界定、分析文獻資料、下結論並解釋等步驟；其中類目的界定間應互相獨立。而在類目界定中，本研究依據國內外學界有關測驗與評量的研究結果或理論來發展，探討以臺灣教育學門有關教育測驗與評量爲主題的學位論文的內涵，主要的目的在了解目前臺灣教育測驗與評量研究的發展成果。

類目界定與編碼原則

本文依據研究目的，針對產出時間、研究對象、評量內涵、評量型態、以及評量分析方法五個向度來進行類目界定，類目界定後則由研究團隊針對各論文內容來進行編碼。編碼時，依據論文主題與摘要中作者自我陳述的這五項內容進行編碼，若論文主題或摘要中未提及，則由研究團隊閱讀論文內容後進行判斷。以下針對五個類目的編碼原則進行介紹：

㈠產出時間

學位論文在「全國博碩士論文資訊網」中登錄的時間爲學年度，爲方便將本研究結果與其他研究文獻進行對照比較，本研究針對檢索結果中的論文出版年作爲論文產出時間的編碼。此外，學生多數畢業時間都在該學年的下學期，但少數論文會在上學期出版，因此，本研究雖然檢索了 2001 年至 2021 年，但因爲 90 學年度畢業的 2001 年出版的論文僅有 4 篇，故將此 4 篇論文與 2002 年合併；而 2021 年僅有 7 篇，故將此 7 篇與 2020 年合併計算。

㈡研究對象

研究對象進行兩類編碼，分別爲：1. 學制：依研究對應的學制進行編碼，分成幼兒、國小、國中、高中、高職、高中職、大學以上，而研究中若有跨學制，則分成國中小、國高中、高中職、中學至大學。2. 對象：依研究的對象分成教師、學生。

㈢評量內涵

依據研究論文所涉及的評量內涵，分成素養評量與成就評量。

㈣評量型態

評量型態分成兩類編碼：1. 論文運用的試題型態，分成一般成就評量、多元評量（包含實作評量、檔案評量與概念構圖），而多元評量中，具有診斷協助學習的評量類型，本文又再細分為多階評量（含二階、三階、四階評量）、形成性評量、動態評量。2. 評量介面：主要分成電腦化（含 e 化、線上評量），和傳統紙筆測驗的非電腦化評量。

㈤評量分析方法

依據研究論文所對應的評量分析理論及方法，分成傳統測驗理論（CTT）、試題反應理論（IRT）、認知診斷分析（CDM），以及其他技術。

肆 資料分析

完成論文的產出時間、研究對象、評量型態與評量內涵的編碼後，首先分別對各類目進行百分比分析，來針對本研究所蒐集的 1176 篇論文進行全盤的了解。接著以卡方檢定分析探究各類目間是否有顯著差異。

伍 信度檢定

內容分析類目及分析單元的效度檢定，僅應用於研究者自行發展的類目；依據研究理論或借用他人已發展而成的類目，作內容分析時，很少再作效度檢定（吳京玲，2017）。相對的，信度檢定是內容分析中相當重要的步驟，透過信度檢定，方能確保內容分析結果的可靠性與客觀性。在本研究中，將內容分析的信度界定在編碼類目的界定及分析的一致性，關鍵在於不同研究者是否能將內容歸入相同的類目界定及分析單元中，並使所得的結果一致。Neuendorf（2002）指出一致性愈高，內容分析的信度也愈高；反之亦然。本研究運用楊國樞等（1989）的內容分析模式，計算信度的程式如下：

$$信度=\frac{N^{*}\ 平均相互同意度}{1+〔(N-1)^{*}\ 平均相互同意度〕} \cdots\cdots\cdots\cdots\cdots（公式 1）$$

$$相互同意度=\frac{2M}{N_1+N_2} \cdots\cdots\cdots\cdots\cdots\cdots（公式 2）$$

M：參與分類者完全同意之篇數

N_1：第一位分類者應有同意之篇數

N_2：第一位分類者應有同意之篇數

N：參與分類之人數

本研究由作者與三位就讀測驗統計博士班學生共同進行分類與編碼。這三位博士生分別擔任中、小學教師或者校長的身分，教育實務經驗豐富，且三位在碩、博班求學期間皆修讀過教育學研究方法論的課程。在取得三位成員的同意參與之後，首先由筆者介紹內容分析法並進行相關研究的文獻閱讀。編碼前，由研究者針對編碼架構進行介紹與溝通，接著從本研究所蒐集 1176 篇中隨機抽取的 10 篇論文進行編碼訓練，並進行編碼結果的檢視，針對每個類目的編碼結果有 90% 以上的相符之後，則確認這三位參與者與筆者對於本研究所提出的編碼架構有所共識。最後，則筆者與三位博士生再以另外隨機抽樣的 200 篇論文進行編碼，並以此結果來作為信度的檢視，而剩下的 966 篇，則由筆者與三位博士生各自分配完成編碼。依照上述的計算公式進行延伸，最後得出研究者與三位參與者的相互同意度為 0.88，信度為 0.97（0.97 = 4*0.88 / 1 + [(4 – 1)*0.88]），顯示本文編碼的一致性相當高，亦即，本研究的內容分析具有高信度。

第四節　研究結果與分析

壹　論文的產出時間分析

甄曉蘭、余穎麒（2016）針對科技部教育學門 94-103 學年的研究計畫所探討的議題趨勢指出，在其所分析的 2043 件專題研究計畫中，議題分屬於「測驗／量表」與「評量／指標」在其中的件數爲 78 與 104 件，換成比率來看，也就是 3.8% 以及 5.1%。整體而言，在教育學門中測驗評量的研究投入量能偏低。而這樣的低比率，在研究生碩博士論文網呈現出來的狀態也類似，表 1 和圖 1 所呈現的即爲在本文所蒐集的 90 學年度以後所發表的 1176 篇教育學門碩博士論文中，每年的有關測驗與評量的論文數量範圍爲 24-84 篇，顯見投入測驗與評量相關議題的研究心力較爲薄弱。從 2016 年開始，每年產出的論文數量低於 50 篇，在 24-47 篇之間，可能因素是因爲十二年國教所倡導的素養取向，對於碩博士生而言，可能是新穎構念所帶來的挑戰、相關評量視野與評量分析技術的熟悉度不夠所致。

表 1　90 至 109 學年度教育學門測驗與評量議題的碩博士論文歷年分布情形

年代	單篇論文數	累積論文數	累積百分比
2001*	4	4	0%
2002	52	56	5%
2003	60	116	10%
2004	60	176	15%
2005	77	253	21%
2006	78	331	28%
2007	84	415	35%
2008	83	498	42%
2009	80	578	49%
2010	76	654	56%
2011	81	735	62%
2012	60	795	68%
2013	67	862	73%
2014	77	939	80%
2015	57	996	85%
2016	47	1043	89%

（續前頁）

年代	單篇論文數	累積論文數	累積百分比
2017	28	1071	91%
2018	24	1095	93%
2019	36	1131	96%
2020	38	1169	99%
2021*	7	1176	100%

* 註：本研究主要蒐集 90 學年度以後畢業的碩博士論文，但學年間因為會跨前後兩個西元紀年，90 學年度畢業的論文會同時跨 2001 與 2002 年。本文以出版年代為主要的編碼，故以下將 2001 年的 4 篇納入於 2002 年，2021 年的 7 篇納入 2020 年來進行探討。

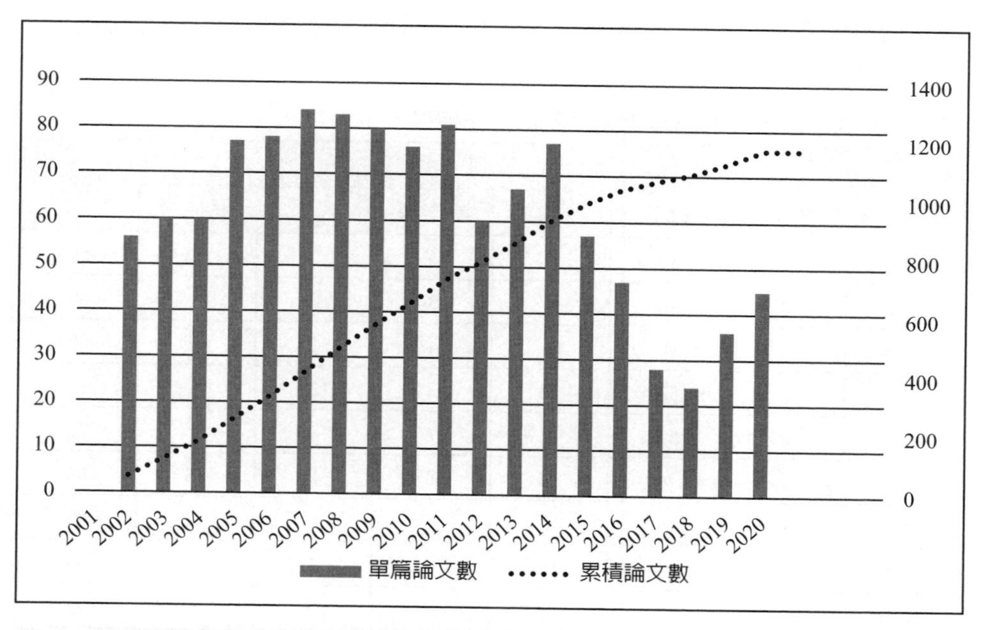

圖 1　測驗與評量論文單年產量及累積產量分析圖

論文的研究對象分析

以下論文研究對象依兩類編碼分別探討。

一、學制

首先針對不同學制來分析這些論文所探討的研究對象。表 2 呈現的是研究不同學制的碩博士論文歷年分布情形，從表可知，教育測驗與評量在國小階段的研發或者探討最多，共有 622 篇，其次是國中階段有 231 篇，換句話說，基礎義務教育（國中、小）占了所有論文的 72.5%，其中國小占 52.9%、國中占 19.6%。國中之後的高中職和大學則分別有 97、54 篇，幼兒階段則有 38 篇，這三類學制分別占了 8.2%、4.6%、以及 3.2%。

表 2　研究不同學制的碩博士論文歷年分布情形

出版年	學制						總計
	幼兒	國小	國中	高中職	大學	其他 *	
2002	0	36	5	6	0	9	56
2003	0	46	7	3	0	4	60
2004	0	36	8	4	1	11	60
2005	0	53	10	3	2	9	77
2006	0	51	12	7	4	4	78
2007	1	46	14	8	2	13	84
2008	5	48	14	4	0	12	83
2009	5	44	13	6	1	11	80
2010	1	37	17	10	3	8	76
2011	1	41	22	1	7	9	81
2012	7	25	12	8	4	4	60
2013	2	34	18	2	4	7	67
2014	4	31	25	6	5	6	77
2015	1	28	11	7	4	6	57
2016	3	17	12	2	5	8	47

（續前頁）

出版年	學制						總計
	幼兒	國小	國中	高中職	大學	其他＊	
2017	3	8	5	4	6	2	28
2018	1	13	6	2	1	1	24
2019	1	15	8	6	1	5	36
2020	3	13	12	8	4	5	45
總計	38	622	231	97	54	134	1176

＊註：其他包含無法辨識出學制（共 96 篇），或者跨學制（共 38 篇）；跨學制的 38 篇中以國中小居多，占 19 篇，國高中其次，占 12 篇。

二、研究對象的身份

在教育場域中，學生的學習是我們主要關懷的對象；然而，對於學生的學習而言，有主導權的重要他人也是我們不可忽視的影響人士。表 3 呈現的是研究不同身分的碩博士論文歷年分布情形。在這 1176 篇論文當中，可以看出多數是以學生爲研究主體，共有 1002 篇，比率高達 85.2%；而教師爲主的探討僅有 89 篇，家長則只有 4 篇。這 93 篇以家長或者教師爲研究對象的論文，主要是以調查研究的方式，探討家長及教師對某種評量型態（如多元評量）的觀感，或者是評量趨勢（如九年一貫、十二年國教）的相關意見調查。

表 3　研究不同身分的碩博士論文歷年分布情形

出版年	研究對象				總計
	學生	教師	家長	其他＊	
2002	45	3	0	8	56
2003	52	6	2	0	60
2004	44	10	0	6	60
2005	66	6	0	5	77
2006	70	4	0	4	78

（續前頁）

出版年	研究對象				總計
	學生	教師	家長	其他 *	
2007	65	6	1	12	84
2008	70	5	0	8	83
2009	66	8	0	6	80
2010	67	3	0	6	76
2011	70	5	0	6	81
2012	52	6	0	2	60
2013	61	2	1	3	67
2014	67	9	0	1	77
2015	50	6	0	1	57
2016	39	4	0	4	47
2017	25	1	0	2	28
2018	21	3	0	0	24
2019	33	1	0	2	36
2020	39	1	0	5	45
總計	1002	89	4	81	1176

* 註：其他包含無法辨識出研究對象，或者同時包含學生、教師、家長多個群體。

評量內涵的趨勢分析

對臺灣教育而言，核心素養是個相對嶄新的構念，且在 OECD 推動 PISA 之前，教育學門的測驗與評量幾乎很少使用這個當時相對陌生的詞彙。在這樣的狀況下，素養取向的評量探討基本上不多，在 1176 篇當中僅有 68 篇。圖 2 呈現的則是這 68 篇在歷年的分布情形。臺灣正式參與 PISA 是 2006 年，但是在 2010 年底公布 PISA 2009 結果之後才慢慢認識 PISA 這個國際評比（Lin, Tzou, Lu, & Hung, 2021），所以可以看到 2011 年之後有較多的研究數量針對素養評量的投入。

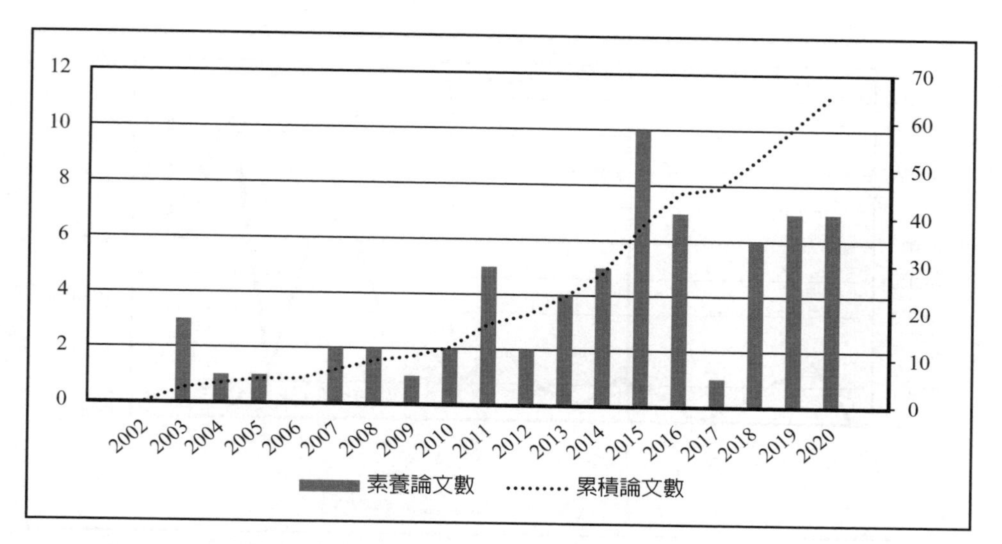

圖 2　素養取向的論文單年產量及累積產量分析圖

接著，本文嘗試針對論文中以成就或者素養的評量設計內涵來進行探討。圖 3 呈現的是歷年來成就取向和素養取向的論文數量百分比的對照圖，從圖中可以看出，以成就取向爲評量設計的論文占了大宗，從 2002 年的 100%，隨著素養構念的風行有略微下滑的趨勢，2018 年時最低，有 75%，即此時有 25% 的評量議題以素養爲取向，但 2018 年後又微幅的上升。2020 年以成就爲探討議題出版的論文爲 84.4%，此變化的可能因素爲十二年國教推動以及 108 課綱的發布之後，教學實務中雖然重視素養的強化，但因爲也是學習成果的一環，導致素養與學習成就難以區隔所致；另外可能的原因是素養的評量設計不易，加上教育界對於素養構念的界定並未有明晰的共識（e.g., Yang et al., 2021），對多數研究生而言，研發素養取向的評量有相當的難度。前述只是筆者所推測的兩個可能原因，至於實際情形爲何，建議未來可以投入研究探討此議題來釐清可能的原因。

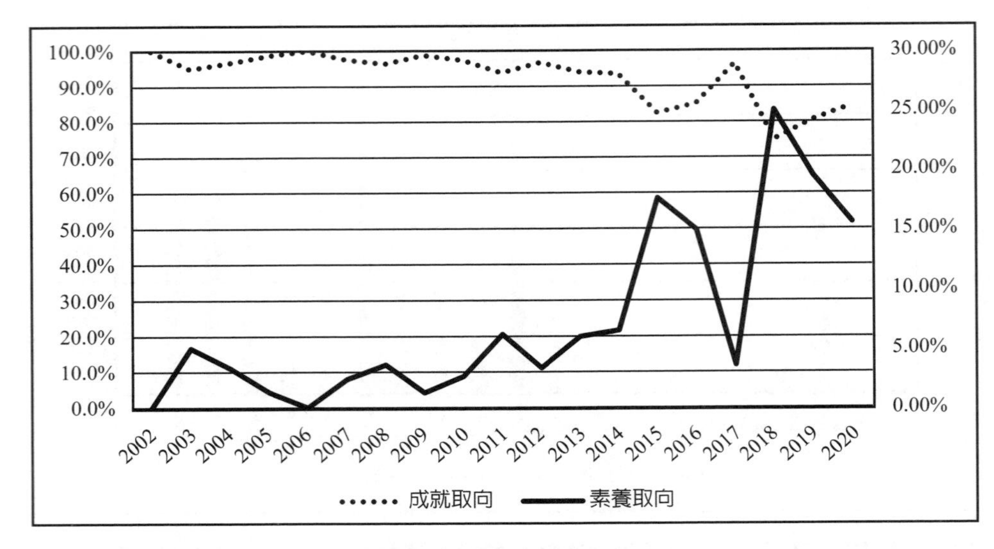

圖 3　素養取向與成就取向的論文百分比歷年分布情形

肆 評量型態趨勢分析

本文對於評量型態主要分成兩類編碼，第一類是論文運用的試題型態，分成一般成就評量、多元評量（包含實作評量、檔案評量與概念構圖），而多元評量中，具有診斷協助學習的評量類型，本文又再細分爲多階評量（含二階、三階、四階評量）、形成性評量、動態評量。而評量形態中又依據其測驗呈現介面是否爲電腦化分成了電腦化評量（含 e 化、線上評量）與非電腦化評量（也就是紙筆測驗）。以下，逐一呈現並說明之。

一、試題型態

圖 4 呈現的是多元評量與一般成就評量的論文百分比歷年分布情形對照。由於本文所探討的研究的年代區間和多元評量開始暢行的年代平行，可以看出，每年都有四成或以上碩博士論文中投入多元評量，其中 2002 年至 2006 年間，多元評量的投入比例高於一般成就評量，顯示當時對這個評量型態多元化的議題相當重視。

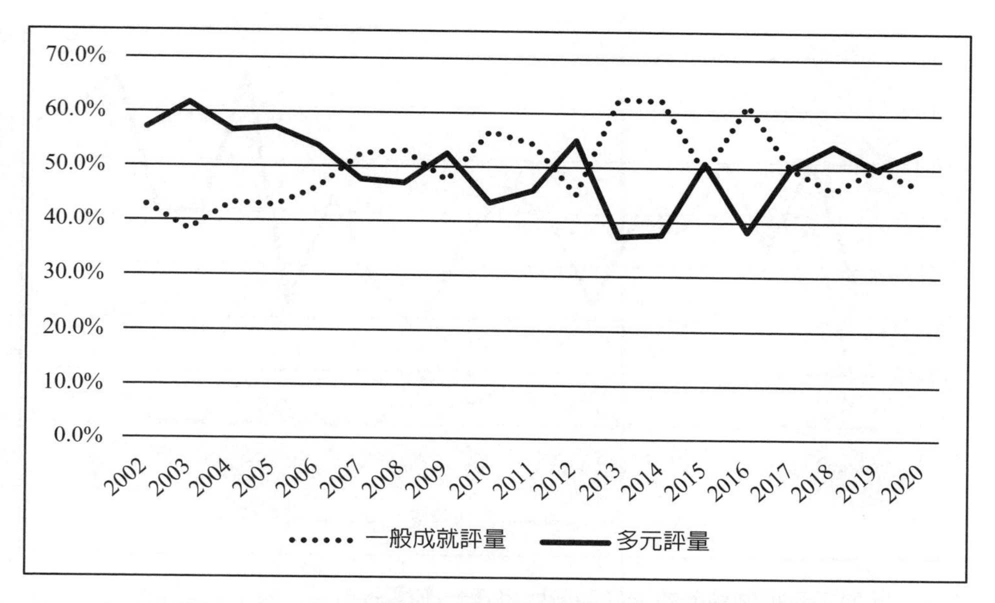

圖 4　多元評量與一般成就評量的論文百分比歷年分布情形對照圖

圖 5 呈現的是在前述的這些多元評量比例中，不同評量型態的歷年分布情形。由圖可知，在常見的多元評量型態中，以實作評量投入最多的研究心力，且歷久不衰；概念構圖則是常見的多元評量中相對數量較低，可能原因在於概念構圖的評分較為複雜，不易為這些教育研究的新尖兵所掌握。檔案評量在 2002 年至 2012 年這十年之間也有相當比率的研究投入，但 2012 年之後投入檔案評量的相關研究數量則逐漸式微。

許多研究不僅強調評量類型的多元化，同時也在訴求評量可能具有的回饋功能，其中，又以多階段評量（包含二階、三階、四階評量等）、形成性評量和動態評量居多。圖 6 呈現的是這些具有診斷、協助教學或者評量即學習的不同評量型態論文的歷年分布情形。由圖可知，功能訴求有相當高比例獲得教育測驗評量研究的青睞，2002 年至 2020 年期間每年平均約有 46.3% 投入，但各年底略有高低，其中 2003 年僅有 11.5% 最低。

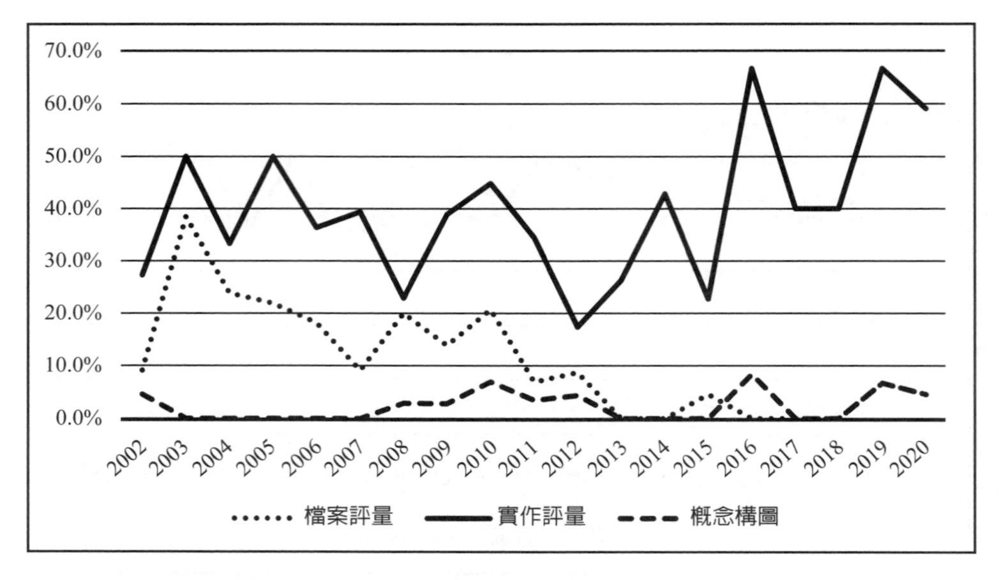

圖 5　各項多元評量類型的論文百分比歷年分布情形

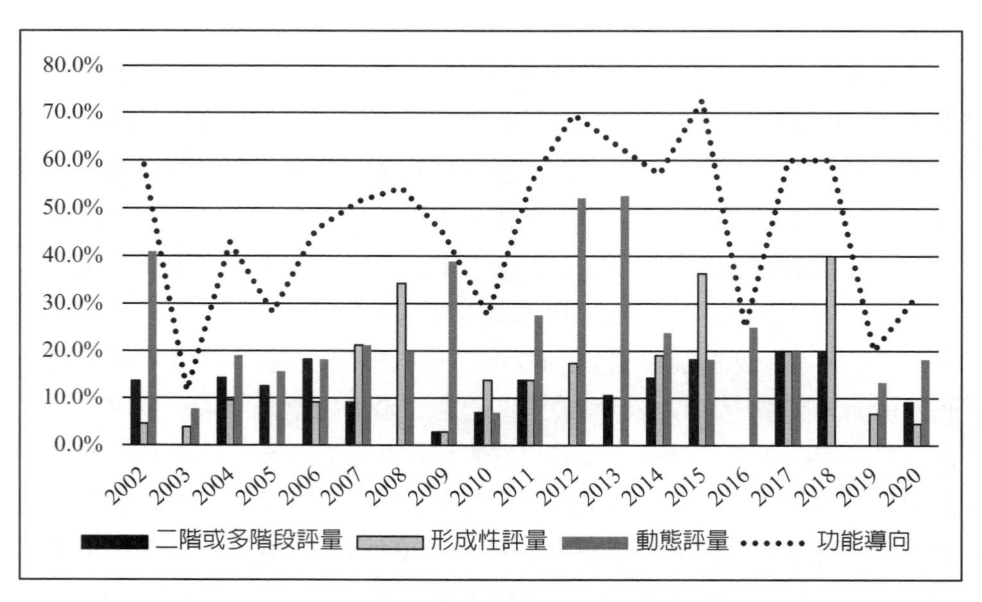

圖 6　具有診斷協助學習的評量類型論文百分比歷年分布情形

二、評量介面

隨著科技的發達，科技對於教育的影響愈來愈深入，許多測驗學者開始投入電腦化的評量研發，加上許多因應而生的教學科技相關科系的設立，對於電腦化評量系統或者測驗的研發逐漸發芽茁壯。圖 7 呈現的是電腦化評量與紙筆評量的論文百分比歷年分布情形對照，圖 8 則是電腦化測驗與評量的論文單年產量及百分比分析圖。由圖 7 和圖 8 可知，多數教育學門的碩博士生仍以紙筆評量的方式進行研究實施，可能是礙於科技技術的限制，但每年至少約有二成的電腦化評量議題相關的論文產出，其中，2008 年出版的相關論文數量有 42 篇，與紙筆測驗相當。科技對測驗評量的影響，應是不可忽視的一環。

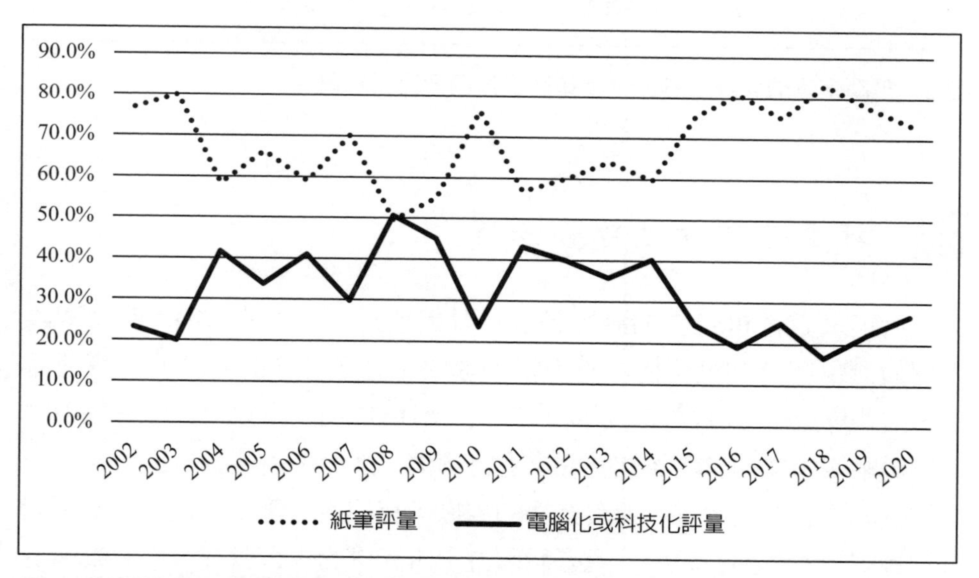

圖 7　電腦化評量與紙筆評量的論文百分比歷年分布情形對照圖

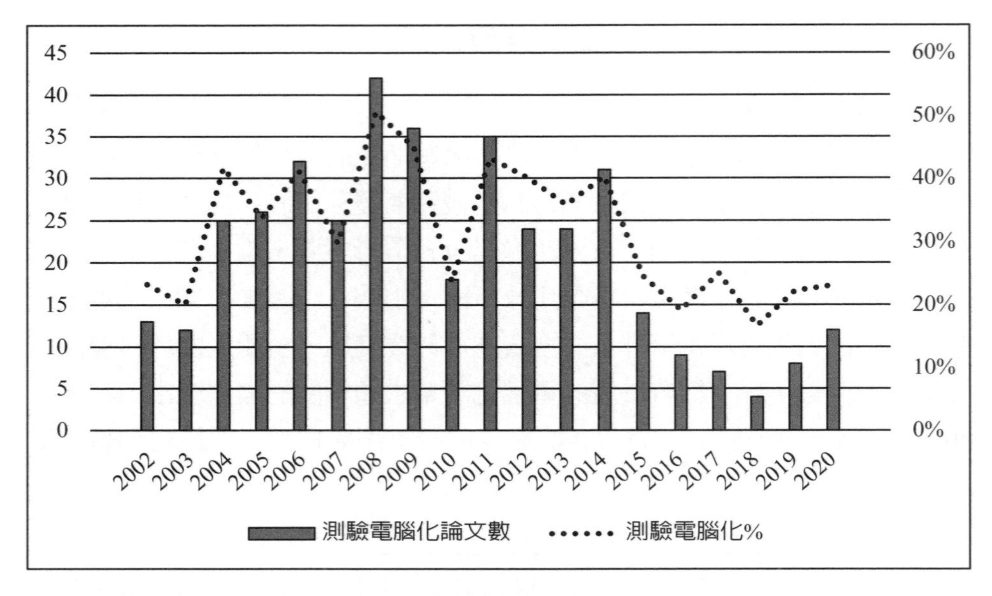

圖 8 電腦化測驗與評量的論文單年產量及百分比分析圖

伍 評量分析方法趨勢分析

近年來隨著 PISA、TIMSS 國際評比的盛行，大數據資料的產生與詮釋促使測驗統計的量化技術有大幅的進展。許多高階的統計方法應運而生，這些專家學者針對樣本的抽樣結構、測驗內涵的界定以及作答表現嘗試用更貼切學生的實際認知狀態來進行解構。然而，這些分析技術對於臺灣教育學門的新血而言，要有充裕的掌握仍有相當的難度，是故，本研究雖然嘗試針對此部分想要一窺臺灣碩博士研究生的學習概況，仍然發現這些進階統計的分析議題在教育學門測驗與評量碩博士論文中，所占有的比率相當低，但因爲分析方法眾多，顯得本研究當初的類目瑣碎而不容易聚焦。因此，本研究放棄諸多進階的統計分析方式的分類，最後僅以傳統測驗理論（CTT）、試題反應理論（IRT）、以及認知診斷模式（CDM）來進行歸類及探討。

圖 9 是運用上述三種分析方法論文的歷年百分比對照圖。整體而言可以看到 2003 年以前主要是以傳統測驗理論的分析方式為主，2003 年以後則以試題反應理論為大宗，而 CDM 則從 2003 年逐漸起步，在歷年中約占一至三成的比率，而在 2016 年達到最高，顯見相關碩博士論文對於學生表現的認知診斷議題有相當的興趣。至於 IRT 與 CDM 最近三年比率稍微降低，而傳統、熟知的 CTT 及學生問題（SP 表）在 2018 年以後反而有所提升，筆者推測可能的因素是因為新式評量不斷提出，這些評量創新可能是在題型和評量內涵等，研究能量尚未大量投入於統計方法的創新。由於評量中納入這些新構念或者新型態可能需要有更多的經驗或資料累積後，方能研發更適用的統計方法。

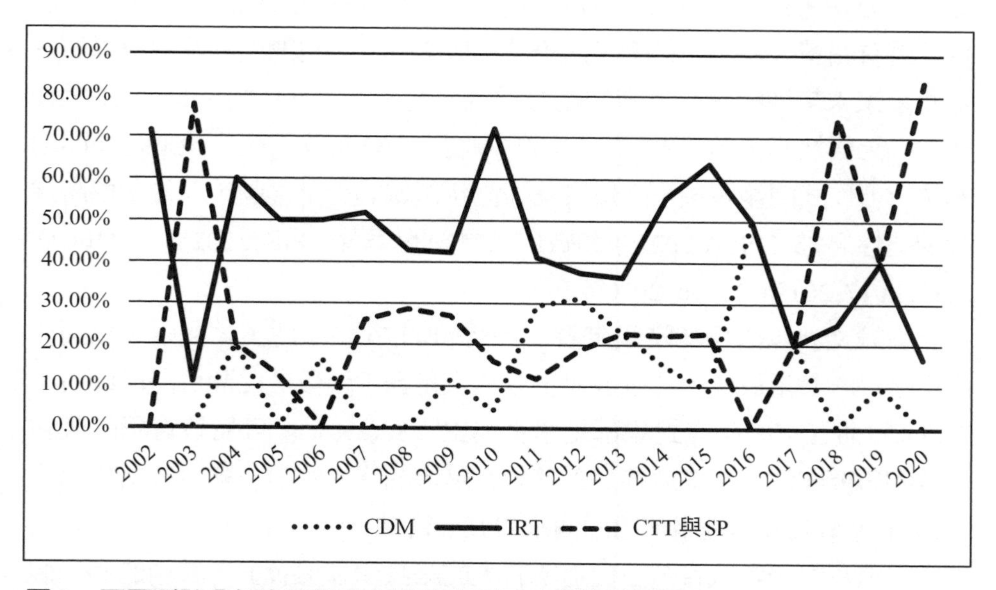

圖 9　不同測驗分析方法的論文百分比歷年分布情形對照圖

第五節　結論與建議

評量是教與學回饋資料蒐集的工具，教師如果缺乏有關學生的學習知能相關的資訊，將難以適性指導學生。由於課程綱領反應時代的教育視野，在課程與教學目標發生實質拓展之後，若沿用以往的設計，勢必難以提供切合教學實務的回饋訊息。因此，課程理念與教學實務發生變化之後，評量的內容或方式都需要配合轉化，有關教育測驗與評量檢討改進的各項努力，目前正是方興未艾。

在教育學門中，碩博士生投入在測驗與評量的篇數隨著日積月累，近二十年間已超過 1000 篇，但整體而言，每年出版的數量在教育學門之中可能是相對較低的，尤其是從 2016 年開始，產出的論文數量則又更低。論文數量降低可能是因爲課程綱要的改革與素養導向等新穎構念的提出，多數學子可能主要關注於課程改革與教學因應，尙未將焦點定位於檢核學習成效的測驗與評量研發。而這一波學習內容的改革仍處於風起雲湧階段，對於臺灣教育的衝擊也將持續進行。OECD 從 PISA 2012 起，不再滿足於僅有閱讀、數學、科學三個學習領域的測量，也開始呼籲教育界對於這些國家未來棟樑應該具備的能力重新思索。爲了評估跨學科的 21 世紀能力，全面性的了解學生的「生活準備度」，OECD 已經先後進行了問題解決、合作式問題解決、全球素養等創新領域的評量推動，而後續則將進行創造性思維（PISA 2022）和數位世界中的學習（PISA 2025）（OECD, 2013, 2017, 2019a, 2019b, 2020）。

從論文涉及的學習階段來看，目前的 1176 篇碩博士論文中，以關注國小階段的數量最多，占五成以上，其次是國中階段，此兩個階段即占了 72.5%，而且主要研究對象都是學生爲主（85.2%），可見教育學門測驗評量的研究關注主要在於國民義務教育階段的學生學習。聯合國所提出的 2030 年永續發展進程中，第四個永續發展目標（SDG 4）爲「確保所有人都享有公平的優質教育，並促進所有人的終身學習機會」，其中的第一個標的（SDG Target 4.1），指標 4.1.1「不同性別兒童和青少年（在其教育生涯的不同階段）在閱讀和數學達到至少最低精熟水準的比率」（United Nations, 2015）。未來，或許可以針對國內目前在這一議題的研究概況進行探討。

從評量的型態來看，多元評量的議題普遍受到重視，每年產出的論文有四成以上的比例投入多元評量，其中 2002 年至 2006 年間達到高峰，而其中以實作評量又最受青睞，顯示評量如何與眞實能力構念的呼應，且評量型態切實可行是教育學界相當重視的議題與方向。

最後，對於重要構念的重視，呼應當代心理學的需求下，切合實際且能眞正達到診斷回饋訊息的測驗分析技術也在逐步進展中。而當施測、計分的標準化以及付出成本愈低，便有愈多的能量可以聚焦重要評量內涵的研發，而透過科技媒體的音效與視覺效果，可以讓整個評量內涵更爲眞實。科技的發達，爲教育帶來的更多的可能性，人工智慧的進步，適性評量與教學將更容易落實。近二十年間累積了近四百篇相關的論文，由此可見，科技對測驗評量的影響，將是不可忽視的一環。

參考文獻

王文中（2008）。測驗與評量的意義與趨勢。輯於王文中、呂金燮、吳毓瑩、張玉文、張淑慧（主編），**教育測驗與評量——教室學習觀點**（第二版）（頁1-26）。臺北：五南。

吳京玲（2009）。臺灣高等教育教學研究的現況與趨勢：博碩士學位論文分析。**教育研究發展期刊，5**(2)，81-112。

林素微、謝堅（2010）。數學連結能力教學的活動設計。輯於洪碧霞（主編），**呼應能力指標的教學與評量設計**（頁131-188）。臺北：心理。

教育部（2003）。**國民中小學九年一貫課程綱要**。臺北：作者。取自https://www.k12ea.gov.tw/files/97_sid17/%E7%B8%BD%E7%B6%B1.pdf

教育部（2014）。**十二年國民基本教育課程綱要總綱**。臺北：作者。取自https://cirn.moe.edu.tw/Upload/file/35950/96152.pdf

教育部（2021）。**中華民國教師專業素養指引—師資職前教育階段暨師資職前教育課程基準**。臺北：作者。取自https://edu.law.moe.gov.tw/Download.ashx?FileID=144064

郭伯臣（2019）。數學教育學門研究方向與成果。**人文與社會科學簡訊，20**(2)，66-71。取自https://www.most.gov.tw/most/attachments/df2c96e2-6a80-4c69-80d8-bcb16de2a593

黃旭男、洪廣朋、郭嘉欣（2003）。我國碩博士論文在電子商務上研究現況與趨勢。**管理與系統，10**(2)，149-182。

楊國樞、文崇一、吳聰賢、李亦園（1989）。**社會及行爲社學研究法**。臺北：東華。

楊諮燕、巫博瀚、陳學志（2013）。臺灣心理與測驗領域六十年之回顧與展望：《測驗年刊》與《測驗學刊》內容分析。**測驗學刊，60**(1)，11-42。取自http://www.AiritiLibrary.com/Publication/Index/16094905-201303-201304110026-201304110026-11-42

甄曉蘭、余穎麒（2016）。科技部教育學門研究趨勢檢視與省思：94-103學年度專題計畫分析。**教育研究集刊，62**(2)，131-152。取自http://www.edubook.com.tw/OAtw/File/PDf/406306.pdf

羅文基、黃國彥（1988）適性測驗理論與策略之探討。教育與心理研究，**11**，43-57。

Glaser, R. (1962). Programed Instruction -- A Behavioral View. *American Behavioral Scientist*, *6*(3), 46-51. doi:10.1177/000276426200600313

Hattie, J. A. C. (2003). *Teachers make a difference: What is the research evidence?* Paper presented at the Building Teacher Quality: What does the research tell us ACER Research Conference, Melbourne, Australia. Retrieved from http://research.acer.edu.au/research_conference_2003/4/

Kalus, K. (2004). *Content analysis: An introduction to its methodology* (2nd edition), Thousand Oaks, CA: Sage.

Lin, S. W., Tzou, H. I., Lu, I. C., & Hung, P. H.. (20201). Taiwan: Performance in the Programme for International Student Assessment. In N. Crato (Ed.), *Improving a Country's Education: PISA 2018 Results in 10 Countries* (pp. 203-226) Cham, Switzerland: Springer.

Neuendorf, K. A. (2002). *The content analysis guidebook*. Thousand Oaks, CA: Sage.

OECD (2017). *PISA 2015 Assessment and Analytical Framework: Science, Reading, Mathematic, Financial Literacy and Collaborative Problem Solving*. Paris, PISA, OECD Publishing. Retrieved from https://doi.org/10.1787/9789264281820-en

OECD (2013). *PISA 2012 assessment and analytical framework: Mathematics, reading, science, problem solving and financial literacy*. Paris, PISA, OECD Publishing. Retrieved from http://dx.doi. org/10.1787/9789264190511-en

OECD (2019a). *PISA 2018 assessment and analytical framework*. Paris, PISA, OECD Publishing. Retrieved from https://doi. org/10.1787/b25efab8-en

OECD (2019b). *PISA 2021 creative thinking framework. (Third draft)*. Paris, PISA,

OECD Publishing. Retrieved from https://www.oecd.org/pisa/publications/PISA-2021-Creative-Thinking-Framework.pdf

OECD (2020). *PISA 2024 strategic vision and direction for science.* Paris, PISA, OECD Publishing. Retrieved from https://www.oecd.org/pisa/publications/PISA-2024-Science-Strategic-Vision-Proposal.pdf

Tirozzi, G. N., & Uro, G. (1997). Education reform in the United States: National policy in support of local efforts for school improvement. *American Psychologist, 52* (3), 241-249. doi:10.1037/0003-066X.52.3.241

United Nations. (2015). Transforming our world: the 2030 Agenda for Sustainable Development. 21 October. A/ RES/70/1. Sustainable Development Knowledge Platform. Retrieved from https://sustainabledevelopment.un.org/post2015/transformingourworld

Yang, K. L., Tso, T. Y., Chen, C. S., Lin, Y. H., Liu, S. T., Lin, S. W., & Lei, K. H. (2021). Toward a Conceptual Framework for Understanding and Developing Mathematical Competence: A Multi-Dual perspective. *Innovations in Education and Teaching International*, 58(1), 72-83. doi.org/10.1080/14703297.2019.1687317

實踐智慧融入師資培育研究的趨勢與展望

林建福

 前言

教師與學生之間的教學互動是教育活動的核心要素，而教師的素質重大地影響教育活動中教與學的品質，因此培育良師的重要性毋庸置疑。在人類教育史的演進中，可以找到重視師資培育的諸多史例。譬如，耶穌會（society of Jesus）重視教師培養，華德福教育（Waldorf education）創設本身的師資培訓體系，人本教育暨森林小學開辦師培課程，國家教育系統也辦理各類種子教師培訓活動。雖然這裡只是舉出極少的例證，但是相信已足以說明師資培育在推展教育活動上的重要性。所謂「建國君民，教學爲先。」但是教學仍然需要有引導學習的教師，就像盧梭（J. J. Rousseau）在教育小說〈愛米爾〉（*Emile*）之中提出教育愛米爾的教育計畫，人們常會詢問要怎樣培育出這位教導愛米爾的老師。

爲了培育優質的教師，人們設計了各種師資培育的課程，其中大多涉及要培育什麼樣的教師、以什麼方式培育、爲什麼要培育這樣的教師或要使用這樣的培育方式等。在接受教育是複雜的與爭議的活動這個前提下，師資培育作爲整體教育活動重要的一環，它也是繁複與難竟全功的，也因此需要不斷加以審思或甚至修正。其中，若干學者從 Aristotle 德行倫理學（virtue ethics）的進路出發，特別是著重當中智德（intellectual virtue）及實踐智慧（*phronesis*, practical wisdom）在師培上的重要蘊義。譬如，G. Jope 把 Aristotle 的理智德行應用到教學的情境中，探討師資生（teacher candidate）如何在實習當中成爲更具有倫理回應能力的教師（Jope, 2018），G. Biesta 主張師培應該培育實習生教育的實踐智慧（Biesta, 2012；2013）。

此外，我國教育部頒布的《中華民國師資培育白皮書》中，提及實踐智慧這個概念，如「再以『實踐智慧』革新教育實務」（p.13），同時在教師圖像關於「有執行力的良師」及其整體核心九大內涵之中，實踐智慧列爲重要的一項（p.13），可見實踐智慧在提升師資素質上的重要性，只是在此白皮書之中並未深究實踐智慧的核心意義，難免讓讀者好奇白皮書之中所掌握實踐智慧的內涵與性質（教育部，2012）。這也是研究者認爲

當前臺灣師資培育論述上需要審思或修正的缺失之一，這個可能的缺失也表示從實踐智慧的論點探究師資培育的重要性。

基於上述認識，加上配合本專書《臺灣教育研究趨勢》的整體架構，研究者在底下第二部分將從 Aristotle 德行倫理學中實踐智慧的主張著手，接著於第三部分對師資培育進行反思，並提出師資培育三種模式的見解，即建立在實踐智慧之上的素養模式、科學知識的應用模式及技藝製造的生產模式，繼而第四部分分別檢索華藝線上圖書館、臺灣人文及社會科學引文索引資料庫及國家圖書館期刊文獻資訊網三者，以呈現並檢視近二十年來有關臺灣師資培育模式研究的主要趨勢，同時論述這方面研究未來發展可能的展望。

貳　Aristotle德行倫理學中的實踐智慧

爲了論述本文的主要論點，有必要先介紹這些論點所依據的學理，也就是 Aristotle 德行倫理學中有關實踐智慧和科學知識（*episteme*, science）與技藝（*techne*, art ）這兩者的差異、實踐智慧運作中知覺與判斷的重要角色等，也因此在這一小節之中，除了引述與詮釋 Aristotle〈尼可馬科倫理學〉（The Nicomachean Ethics）的論點之外，會參照 M. Nussbaum、W. Carr 等人的相關著作，說明實踐智慧的意義與重要性。

一、Aristotle德行倫理學中主要的理智德行

Aristotle 德行倫理學也被稱爲幸福論倫理學，以幸福（*eudaimonia*, happiness）作爲探究的核心主題，一般相信幸福指的是美好人生這項「善及首要的善」。而且，Aristotle 也指出人類追求幸福或美好人生必須踐行德行（*arete*, virtue），這裡所必須具備的德行同時包括理智德性與道德德行，前者如哲學智慧（*sophia*, philosophical wisdom）、理解與實踐智慧（*phronesis*, practical wisdom）等，後者如慷慨與節制等。其中哲學智慧讓人得以默觀眞理，實踐智慧則令人得以擇取中庸（*meson*, mean），使人類情慾或行動的展現不會落入過度或不及的情況，這也就是道德德行這種

品格狀態（*hexis*, state of character）所必須具備的重要特質。以 Aristotle 常被引述的一項觀察來說，人會生氣是件容易的事，但是要能夠在適當的（right）時間、關係到適當的事物、針對適當的人、帶著適當的動機，以適當的方式來感受，這可不是件容易的事（NE1106b, 1099a）[1]。因此，面對憤怒這件事，假設當事人具有好脾氣（good temper）的道德德行，面對慎思的情境時能夠適當地感受與反應，反之如果總是太過或不及的表現，所反映的則是當事人暴躁易怒或沒有脾氣的品格狀態—惡德（vice）。類似地，在 Aristotle 德行倫理學所整理的德行表中，所列舉的都是人的品格狀態，譬如當事人可能是一位勇敢的或縱情放蕩的人，這表示在涉及恐懼與自信或軀體快樂的享受上表現會適當或太過。當然，這裡的中庸是指相對於當時人整體情況的適當，也因此可能在某些情況下幾乎沒有感受或展現任何情緒，或者會有激烈生氣等情緒才是適當的，而不總是中等的（moderate）情緒（Urmson, 1980: 160-161）。道德德行之所以能夠使人獲取中庸，主要是得力於實踐智慧這項理智德行的協助，這一點會在後面加以說明。

具有中庸是道德德行的重要特性，而當事人為何能夠擇取中庸呢？這是出自於實踐智慧這項理智德行及其所知曉的理性原理（NE1107a, 1144b），由此可見實踐智慧在 Aristotle 幸福論中的重要性。那麼，Aristotle 心目中的理智德行又是什麼呢？他主要在《尼各馬可倫理學》的第六卷闡述這方面的見解。Aristotle 把人類靈魂或智魂的理性成分劃分為科學或籌劃兩大部分，前者使人能夠默觀永恆不變的事物，後者則使人籌劃或慎思變動的事物（NE1139a）。Aristotle 在此提出人類五種主要的理智德行，而與本文特別有關係的是實踐智慧、科學知識及技藝，底下依序論述之。

在這五種主要的理智德行之中，第一種是科學知識，它是一種能夠進行論證的能力狀態，也就是能夠由直觀理性所領悟的第一原理論證推衍

---

1 本文之中會以「NE」代表 Aristotle 的「The Nicomachean Ethics」，其中的頁碼是採取國際通用的貝克爾頁碼（Bekker numbering or Bekker pagination)。

出結論的能力狀態，其認識的對象是不生不滅且必然永恆者。第二種是技藝，這是一種蘊含正確推理過程以從事創制（make）的能力狀態，譬如建築就是一種技藝，這種能力狀態經由正確推理而把原新可能不存在的製物生產出來。第三種是實踐智慧，它是愼思及辨別人類是非善惡並據此以行動的能力狀態，其內涵包括對於美好人生這項目的的愼思與抉擇、當下情境及適當實踐方法的掌握與據此而爲的行動實踐。第四種是直觀理性（*nous*, intuitive reason），這種心智狀態讓擁有者能夠領悟種種第一原理，譬如它能提供作爲前述科學知識中論證起點的第一原理。第五種爲哲學智慧（*sophia*, philosophical wisdom），此種理智德行使人不只得以擁有關於第一原理的眞理，同時能具有由此第一原理論證推衍所得到的結論，因此可以說是科學知識和直觀理性的結合，它使人們從事默觀眞理的生活（NE1139b-1141b；林建福，2009：102-107）。

二、實踐智慧的運作中對特定者的知覺

如上所述，在 Aristotle 的理解之中實踐智慧和幸福（人生）關係密切，那麼它是如何運作的呢？當代思想家 M. Nussbaum 特別指出這當中對於特定者之知覺的重要性，本節將參照她和相關作者的闡述，論述實踐智慧的這項性質。或許這裡可以從 Aristotle 的一項觀察開始：在感受憤怒上要達到前述種種的適當（中庸），這不是一件容易的事，即使稍微太過或不及並不會招致責備，甚至有時候會分別有具男子氣概或溫和的稱讚，但是要偏離適當多大或以什麼方式來偏離才不會被責備，這是不容易加以陳述的，因爲這類的決定取決於特定的事實與知覺（NE1109b, 1126b）。當然，依照 Aristotle 這裡的說法，並不只侷限於感受憤怒這件事上面，要確定生活中種種的善或適當時，實踐智慧的運作要依靠對於特定者的知覺。

從 Aristotle 對於實踐智慧的說明來看，也可以發現對特定者知覺的重要性。《尼各馬可倫理學》提及實踐智慧所涉及的不只是共相（universals）而已，因爲它是實踐的，實踐的會涉及殊相（particulars），也因此可以說它也必須確認殊相（NE1141b4-16）。使用 Aristotle 所舉的一個例子來說，「假使某人知道清淡的肉是易消化且有益健康的，但卻不知道何種

肉是清淡的，他是無法吃出健康。」（NE1141b16-19）這個例子說明這個人知道共相——「人應該吃清淡的肉以獲得健康」，但他不知道殊相——情境中何種肉是清淡的，那麼他在愼思並抉擇要吃何種肉以獲得健康時，實踐智慧有缺陷而無法良好運作。換個生活中常見的例子來說，人們可能知道「凡人都要力行善事」、「應該口說好話」或「校長要辦好學校」，但是卻一點也不知道在當下情境中可以力行的善事、可以說的好話或可以成就好學校的措施，那麼就無法愼思並抉擇得以實現理想的行動。而且，Aristotle 強調的是知覺在確認當下情境重要特性上的重要性。

此外，當 Aristotle 論述衡平（equity）這種正義作爲法定正義（legal justice）的矯正時，使用 Lesbian 尺的例子，這有助於理解爲何說對特定者的知覺在實踐智慧的運作中是重要的。他指出 Lesbian 島上建築時會使用鉛製曲尺，這種曲尺不是固定不動，而是會隨著石頭的形狀進行自我調整，因爲當所要測量的事物不確定的時候，所使用的量尺也要具有變動性（NE1137b）。在制訂並施行法律的脈絡中，法定正義追求一體適用反而可能造成不義，由於這種實踐事物的性質使然，法律作爲某種活的正義必須像 Lesbian 尺一般，也就是展現衡平的美德，以矯正這裡可能出現的缺失（林建福，2009：93-95；2006：18-19）。也就是說，當法律的普遍陳述未能適用情境中的案例時，好法官經驗豐富的判斷必須修正並補充法律的陳述，如同 Lesbian 曲尺一樣，調整自己以便靈敏地回應情境的複雜性（Nussbaum, 1990: 69-70）。當然，在生活的各種領域中，當事人的愼思及抉擇如果要展現像 Lesbian 尺一樣的卓越，就必須有好的知覺能力以分辨情境的重要特性。

前述「吃出健康」的例子會出現關於行爲的兩種陳述：概括的（general）和特定的（particular），「前者是可以應用比較廣泛，但是後者是比較眞實的」。理由在於「行爲是和個別的事件有關，而陳述必須和這些事件中的事實和諧一致。」（NE1107a29-32）Aristotle 的這些見解同樣表明對於行爲實踐中掌握殊相或特定項的重要性，而這和實踐智慧運作中的情境知覺能力關係密切。這一點也同樣出現在 Aristotle 討論社會交往中機智（ready wit）這項德行之中，由於「不同的事物對不同的人會是可惡的或愉悅的」，針對有修養的或粗俗的人所講的笑話會是不一樣的（NE1128a），如果能夠參看載明規則的幽默手冊又如何呢？Nussbaum 認爲像這種手冊的規則不是助益太少就是幫助過頭了，也就是說眞正重要的是臨場中的反應，手冊對此遺漏未提，所以助益太少，可是手冊也會要求當時人剪裁機智以迎合所載的規則，如此一來對於良好實踐的彈性侵犯過多，所以幫助過頭（Nussbaum, 1990: 71-72）。因此，在運作實踐智慧展現德行時，共相或概括者的掌握或許有幫助，但是規則系統無法確保獲得正確的抉擇，更重要的是實踐者在知覺情境的特殊性質下活用相關的規則。

那麼，Aristotle 在這裡所說的知覺又是什麼呢？或許可以援引 Nussbaum 對於友誼（friendship）之構成要素的討論加以說明。面對朋友需要幫忙的情況，眞正的朋友出自友誼會有恰當的感受及情緒的回應，在當中察覺（see）到朋友是需要幫助的，這裡所出現的情緒其本身就是視域或確認的模式，這種情緒反應不但是友誼的構成要素，同時讓他完全知道「朋友需要協助」。假使面對這種情況卻沒有任何感同身受的感受或情緒回應，當事人並不具有友誼這項德行，也缺少了對於情境之重要性質的知覺或洞察（discernment），未能眞正察覺到朋友是需要幫助的（Nussbaum, 1990: 79）。在沒有知覺朋友需要幫忙此一情況下，如同是 Aristotle 所提及睡眠、瘋狂或酒醉的人所處的狀態，在此情況下即便說出科學的證明或 Empedocles 的詩，但並不是眞正知道（NE1147a）。基於上述的說明，這裡的知覺可以說是情緒反應中分辨特定情境重要性質的能力。

在探究 Aristotle 德行倫理學中知覺對實踐愼思的重要性時，Nussbaum 自述自己採用了包容觀（inclusive view）的知覺來詮釋 Aristotle 的見解，即知覺同時具有理智、情緒及想像的成分（Nussbaum, 1990: 80）。除了上述說明中的理智及情緒成分外，這裡想像的成分指的是什麼呢？Aristotle 提出一種人和動物共同具有的構想力（*phantasia*）[2]，這種能力聚焦在具體

2　Nussbaum 認爲 Aristotle 並沒一個恰好符應 imagination 的單一概念（Nussbaum, 1990: 77）。

的特定項，不管此特定項是在場的或不在場的，以致於把此特定項察覺或覺知為某類事物，而且此能力具有主動選擇的辨識性質，能夠挑選出該特定項的重要特性並洞察其內容。即使對於不在現場的事項，構想力使人或動物專注在其具體性上，所以它和記憶力密切相關，甚至可以把感官經驗到的事項組合成未體驗過的新混合體。此外，Aristotle 認為只有人類具有「慎思的構想力」（deliberative *phantasia*），此種能力能夠聯結與混合數個想像或知覺以形成一個統一體。當實踐者在慎思與抉擇時，慎思的構想力讓他能夠在保留特定項之特殊性下把他們相互連結，譬如在想像眼前情況和過去經驗兩者之生動的與豐富的具體性之下，回憶該過去經驗與此眼前情況是相互一致或彼此相關的（Nussbaum, 1990: 77-78; Phelan, 2001: 51; Kerr, 2018: 87）。如前所述，實踐智慧的運作必須確認殊相或特定項，而不只是在共相或概括項上從事抽象思考，而慎思的構想力使人得以直接面對情境並保留其具體的特殊性，同時以回應行動者之實際關注的方式辨識與洞察該情境的內容。

此外，直接和知覺之理智成分相關的是直觀理性及實踐洞識（practical insight）。Aristotle 指出人的實踐智慧涉及到特定事實的確認，譬如前述例子中「當下情境何種肉是清淡的」，而直觀理性除了領悟作為論證起點的第一原理之外，在實踐推理中它使人領悟這種最終的變動事實，甚至 Aristotle 就把這種知覺稱為直觀理性（NE1143a-b）。換言之，在涉及變動的實踐事務之慎思與抉擇中，直觀理性也參與其中，它使人得以領悟有關特定項的實踐洞識，如同人們感知到眼前是一個三角形一般（NE1142a），不是經由推理的或演繹的方式確認複雜情境的重要性質（Nussbaum, 1990: 74），所獲致的實踐洞識毋須進一步的證明或理論性確證（Kessels & Korthagen, 1996: 5）。當然，這裡並不是說任何由直觀理性所得到的實踐洞識都是千眞萬確的，相信在能力不足下的理性直觀會是不正確，而是說理性直觀能夠讓人直觀領悟實踐洞識，這是實踐智慧運作中知覺特定情境的重要成分。

在進入下一部分討論之前，有四點值得交代。第一、在對於特定者的知覺中，儘管實踐者帶著種種概念、規則、理論等來面對特定情境，但是細微覺知與靈巧回應所得到的往往是該情境獨特的、意想不到的特性，進而可以在概括項和特定項之間產生相互作用，Nussbaum 甚至以「愛的對話」（loving conversation）來表示這種相互影響，即概括者表述出特定者，依序進一步被特定者所表述，或者說概括者在具體的意象中得以實現，而具體的意象或描述含有概括的措辭而得以被表述出來[3]（Nussbaum, 1990: 95）。在概括項和特定項的前後往返運動中，實踐者的概括觀念或具體知覺可以變得更加豐富或敏銳，因此這種雙向的啟發蘊含著實踐智慧的成長與發展（Phelan, 2001: 50; Jope, 2018: 68）。第二、上述實踐智慧的成長需要經驗與時間，即實踐智慧同時涉及共相與殊相，而熟悉殊相需要時間與經驗，也因此無法發現具有實踐智慧的年輕人（NE1142a）。當然，不是說人活的夠老或經驗夠多就一定有實踐智慧，而是說必須要有特定情境中以知覺為基礎進行慎思、抉擇與行動的相當經驗，這是實踐智慧成長所需要的。第三、儘管實踐智慧運作中的知覺強調直接面對情境與即席式的靈敏反應，這無法以公式或規則等事先加以明訂，但是規則作為前人明智判斷或成功經驗的總結，只要不和知覺的優先性衝突，仍然是有幫助的，對於尚未具有實踐智慧與洞識的人而言，就有遵循規則的需要（Nussbaum, 1990: 73, 75; Kessels & Korthagen, 1996: 6）。第四、知覺之情緒回應、慎思構想力等的運作是全人格涉入其中，是整體生命投入而獲得的實踐洞識與理解（Nussbaum, 1990: 78-81, 88）。以前述友誼這項德行的例子來說，當事人是在全人格或整體生命投入之中覺察到這是一個朋友需要幫忙的情境，假使他是個賣友求榮的人，或者只具有友誼的抽象知識的話，那麼就很難有這樣的實踐洞識與理解。

三、實踐智慧中對特定情境的判斷

在前述對於實踐智慧這項理智德行的說明中，可以發現它除了和當下實踐情境的知覺與掌握密切相關之外，還涉及慎思與抉擇，以及據此而為

---

3 Nussbaum 提及稍加複雜的情況，即在某些情況中，概括的措辭甚至無法表達出特定者的大概（Nussbaum, 1990: 95 註 60），中文中「無以名狀」似乎可以表達這種情況。

的行動實踐，特別是協助人們在慾望、情緒及行動的表現上達到前述的中庸或種種的適當。也因此，正確的判斷在此實踐智慧的運作中至關重要。譬如，W. Carr 指出實踐智慧是良好判斷和行動的結合，具有實踐智慧者的特色在於他的愼思可以經由判斷而導致行爲實踐（Carr, 1987: 172），這裡的判斷是關於要從事什麼（what is to be done）（NE1140b; Biesta, 2012: 17）。此外，如前所述實踐智慧和技藝都是面對變動者的理智德行，但兩者之中的正確推理與判斷並不相同，從底下對他們的比較中可以看出實踐智慧之中正確判斷的意義與重要性。

在古希臘的脈絡中，技藝和實踐智慧分別對應兩種類型的人類行動，即製造（*poiesis*）和實踐（*praxis*），Carr 指出這兩種行動可逐譯爲英文當中更不精確的概念——「製造某事物」（making something）和「從事某事物」（doing something）。就「製造」來說：其目的是生產出某產品或人工品；而且該目的是在製造行動之前就知道的；它需要有技藝的知識或智能來引導，是遵行規則（rule-following）這類行動的一種（Carr, 1987: 169）。以 G. Biesta 所舉製造馬鞍的例子來說，這項目的是外在於製造的方法，即（如何）製造的技藝或知識，這裡的技術性或工具性知識包含了所需使用之材料和所要使用之技術這兩者的知識，當然馬鞍製造者不僅僅是如法炮製而已，他必須判斷如何把一般的知識應用到這塊皮革、這匹馬和這位騎馬者的情況中，即製造某事物時判斷的焦點擺在應用、生產及效能（Biesta, 2012: 17）。這樣來說，技藝的知識或智能是有效製造某產物所需要的。

另一方面，以「從事某事物」這類行動來說：其目的是實現某種道德上有價值的「善」；實現該目的的手段並不是中性的，而且只能在實踐或「從事」（某事物）當中實現這種作爲目的的「善」，無法以「製造」的方式加以完成，即目的存在於行動實踐並由行動實踐加以實現；另外這些目的無法在進行實踐之前予以詳述，實踐不是設計好用來實現外在相關目的的技術性智能，要分辨所要實現的「善」和分辨該實踐這兩者是無法分離的；實踐所要實現的目的不是永恆不變或固定的，而是在追求過程中會有持續的修正（Carr, 1987: 169）。針對 Carr 的這種說法，以教育這項實踐來說，教育的目的在培育好人，撇開人們對於「好人」可能產生的歧義不說，這是一項道德上有價值的「善」，而且教育這項實踐本身不是中性的，要培育好人必須在從事教育實踐中方能實現；教育涉及到教育、學習者、教育的實施脈絡等，因此「培育好人」的詳細內容無法在進行教育之前加以詳述；「培育好人」是眞正教育的構成要素，同時是教育這項實踐所要實現的目的；「培育好人」這項教育目的是複雜且具有爭議性的，儘管歷史上對此會出現不同的看法，但仍然受到持續的審思與修正。因此可以說，當進行像教育這種實踐時，所需要的是實踐智慧而非技藝。

由於實踐所要實現的目的不確定且無法在事先固定下來，因而需要有抉擇與判斷發揮重大作用的推理型式，Carr 指出這種推理型式在總的目的和結構上和技術性推理型式有所不同（Carr, 1987: 170-71），從這裡可以看出實踐智慧中對特定情境的判斷。首先，技術推理考量的是行動作爲達成一已知目的之手段的相對效能，如完全基於產生某種閱讀教學之效能，以此來考量採用「語音」（phonic）及「全字」（whole-word）取徑，但是實踐推理則是在面對相互競爭或可能相互衝突的道德理想時，決定要從事什麼，如教師要是採行能力分組或混合能力分組，在這種推理之中可能只能顧及一種價值而犧牲另一種。其次，實踐推理結構上是實踐三段論（practical syllogism），這種愼思性推理（deliberative reasoning）具有大前提、小前提及結論的結構：大前提是陳述一般來說應該被從事者的實踐原則，譬如「有困難的人們應該得到關心對待」；小前提斷稱某個歸入此一大前提的特定例子，如「這個人剛失去他的太太」；結論是行動。這種推理之中作爲大前提的倫理原則可能不只一個，而在特定的情境中應該援引哪個倫理原則，並沒有任何公式可以讓人有條理地決定（Carr, 1987: 171）。相較於技術推理之中目的在行動之前已經確定了，推理之結論是有關如何製造，實踐推理之結論則是關於所（應該）要從事的。

對於特定情境的判斷在實踐智慧中扮演什麼角色呢？相信這在以上的論述中已可察覺。即使在技藝的使用之中，製造者必須判斷如何把有關生產的一般性知識應用到特定的製造情境，在實踐智慧的運作中，行動者會使用關於實踐之目的或方式的實踐性知識，這類實踐性知識一方面由珍視該實踐的傳統所傳遞下來，另一方面參與者對此種知識會有所討論、對話與修正，但是在確定該從事什麼行動上，這種知識只是提供概括的方向引導，實踐者總是必須考慮到實踐情境持續的變化狀況，也因此抉擇和判斷在愼思性推理中扮演至關重要的角色。基於前述的考量，Carr 把實踐智慧理解爲一種綜合的道德能力，它結合了有關的實踐性知識和正確的判斷，前者是關於作爲實踐之目的的這種善，後者則是有關這種善在某特定情境中的適當表達，如此實踐智慧者的愼思經由判斷而導致行爲實踐（Carr, 1987: 169-172）。換言之，實踐智慧者在考慮特定情境的狀況下，靈活使用相關的實踐性知識，正確地抉擇與判斷出所（應該）要從事的。

師資培育三種模式暨師資培育的反思

在 Aristotle 德行倫理學之中，實踐智慧、科學知識及技藝分別是三種不同的理智德行，其中和人類實踐活動直接有密切關係的是實踐智慧，這種理智德行運作上特別需要實踐者對於特定情境的知覺與判斷。在這樣的理解下，底下從三個部分反思師資培育。

一、師資培育作為一種教育實踐

師資培育是人類整體教育活動的一環，假使教育是一種實踐而非生產製造或純粹運作科學知識的活動，那麼師資培育應該屬於一種教育實踐。前述把教育視爲致力於「培育好人」的活動，「培育好人」的目的在使人們擁有美好人生，這當中「培育好人」或「美好人生」都是道德上有價值的「善」，而且這兩者的意義或實現方式儘管會有概括性通則或理論之類的實踐性知識，教育在特定情境中總是要面對情境的迫切要求，必須據此衡量或甚至修正這些通則或理論的內容所提供的引導，明顯可見教育是實踐而非技術智能的活動（Carr, 1987: 169, 172-173）。G. Biesta 也有類似的觀察，他指出從事某個教育活動總是可以同時達成多個目的，可能是賦予資格（qualification）—讓受教者取得能夠從事某事物的資格、社會化（socialization）—使新成員成爲既定社會秩序的一部分、主體化（subjectification）—使人形成主體性，這其中涉及人類自由的問題[4]，這些目的可能相互加乘或彼此衝突，教師必須具有實踐智慧這種素養，才能在教育實踐中折衝取捨這三種目的，以做出需要從事什麼這種即席式的教育判斷，如此師資培育必須促進師資生成爲教育的實踐智慧者（Biesta, 2012: 13-15, 18; 2013）。

當 G. Jope 探討師資生如何在實習當中成爲更具有倫理回應能力的教師時，他首先把 Aristotle 的理智德行應用到教學的情境中，其中四者所包括的內容對應如下[5]：科學知識—命題式的學科知識；哲學智慧—有關學習與教學的理論性知識；技藝—使用教學技術時的推理與活動；實踐智慧—對於特定教育情境中何者是好的與壞的這方面的推理、判斷要從事什麼並採取適當行動。其次，Jope 和其研究中所選取的師資生進行晤談，這些師資生在加拿大卑詩省（British Columbia）公立小學進行實習，從底下師資生 Adam Lau 的晤談資料來看，可以發現教育中教學是一種實踐的活動：第一、Lau 提及他的科學課教學計畫持續受到干擾，諸如學校集會、棋藝學會會議、個別學生參與 ESL[6] 輔導或運動俱樂部會議等干擾，或者像 Calvin 意料之外的提問與回應等，破壞了完善的教學計畫，Adam 知覺到班級中種種的偶發事件，如此儘管 Lau 應用了基礎科學的抽象學科知識（科學知識）和教學計畫及實驗的操作說明（技藝），但是他的製造活動受到干擾，必須判斷在這些意外的新狀況下必須從事什麼；第二、Adam 邀請 Calvin 爲全班示範實驗，他的知覺和回應同時發生，對特定情境中的價值與驚奇開放，確認到這麼做的人類價值；第三、Adam 對於這些干擾原先顯示出挫折感及帶有傷心與生氣的失落感，但是在之後的反思與自我評論中，他以關懷的感受取代挫折感，顯示出其觀點的改變及適應現

4　Biesta 指出英文不好表達教育的這個面向，德文中「Subjektivität」及「Subjekt werden」是比較好的表達（Biesta, 2012: 13）。

5　他分別把 *sophia* 和 *techne* 譯爲理論智慧（theoretical widom）和技藝或技術性能力（technical skill）（Jope, 2018: 66-67）。

6　ESL 指教導英語爲第二種語言之學生的英文課程（English as a Second Language）。

實，能對自己所選擇的感受到適當的情緒；第四、Adam 在最後一次晤談中對教學表現出新的與重要的理解，不再以「完善的」計畫或意外「干擾」而致的挫折感等嚴格條件來看待成功的教學，由於特定項和普遍項之間相互闡明的作用，Adam 對於特定情境的偶發事件有更正確的知覺（Jope, 2018: 66-67, 72-77）。事實上，Jope 是立基於前述 Aristotle 和 Nussbaum 關於實踐智慧的見解開展這項研究，當然每位師資生在實習課程中實踐智慧的發展並不一定和 Adam 一樣，但是這項研究支持教育中教學是實踐的活動。

參照相關文獻或曾經從事教學者的親身教學經驗，就一般中小學階段班級中一對多的師生教學來說，下列是常被提及的幾項性質：第一、教師必須時時刻刻面對學生的可能狀況，而且這些相當程度都是獨特的新狀況；第二、日常面對這些數不盡的可能狀況，教師沒有時間抽身出來深思熟慮再加以回應，必須做出即席式反應；第三、往往教師的這些回應會關係到什麼才是對學生比較好或適當的等，也就是要從事什麼才是教育上比較可欲的（desirable）；第四、這個班級生活的層級受到其他的外在層級的影響或規範，譬如學校的辦學方針、教育局處的教育政策或所在地的風氣等[7]（van Manen, 1994: 139-140, 153-156; Biesta, 2012: 15, 20）。也因此，Biesta 強調教師必須具備在情境中做出正確教育判斷的能力，因爲當教師缺乏這種教育的實踐智慧或能正確判斷的素養時，即使他具備所有其他能力，當面臨抉擇的情境時，仍然無法判斷要調配哪些能力，而這也是師培中首要加以培育的素養（Biesta, 2012: 15, 18-20）。事實上，上述這些觀察與建議都在把教育理解爲實踐之下所獲得的，其中包括師培作爲一種教育實踐在內。

二、師資培育的三種模式

儘管應當把師資培育視爲實踐，而不只是技藝的製造或科學知識的追

---

7 在拙著探討教育關係的文章中，提及另外一項性質，即「隨著師生之間建立教育關係是否順暢，衝擊著教師的自我反思或學生的學習狀況。」（林建福，出版中）。

求或應用活動，但是有些師資培育模式似乎是立基在後面兩者的基礎上。綜合這方面相關的討論，可以區分爲科學知識的應用模式、技藝製造的生產模式及德行爲本的素養模式，以下分述之。

(一)科學知識的應用模式

這種模式指的是存在有關於師培的種種理論性知識，從事師培工作時就是把這種理論性知識應用到師培現場，可能是大學端的師培機構，或者是師培的實習課程等。舉例來說，van Manen 指出大部分師培學程立基於這個假定，即所有教師都需要修習學習理論、兒童發展、課程方法、學科知識、教育史與教育哲學等，要有這些基本的準備以便成爲有效的與具有反省性的教育實踐者，或者說師培上把教學理解爲對於道德原則及道德兩難的實踐性反思，這是以道德原則爲基礎的模式，抑或把教學的互動狀態理解爲實務中的愼思決定及課程與教學原則的策略性使用。當然，在教師的培育上這些教育相關理論或道德課程與教學的原則不是說不相關或不必要，只是除了專業關注分化與專精化所造成師培學程的高度支離破碎之外，這些所重視的認知性智能和實際班級教學所需要的即席反應或規範性關係不大（van Manen, 1994: 155-156）。van Manen 這裡所批評的師培學程或兩種教學模式，可以視之爲科學知識的應用模式，即相信人們熟稔這些教育相關理論或道德課程與教學的原則之後，將之應用於師培或教學活動就能培養出好老師或教出理想學生。

這種模式可以說是建立在 Kessels 和 Korthagen 所謂以「知識即科學知識」（knowledge as episteme）的根本認識之上，這種知識顯示出下列特徵：1. 它是命題的（propositional），即由一組能夠被解釋、探究與傳遞等的斷稱所構成的；2. 這些斷言具有通則性，可以在許多不同情境或問題中加以應用，而不只適用於這個特定情境或問題；3. 這些斷言是以抽象的用語加以陳述；4. 這些命題被聲稱是眞的，可能的話甚至可證明他們的眞，或者就這些命題所能夠融貫存在其中的理論來說，他們被視爲是該理論的一部分，也因爲他們是眞實的，所以是固定的、永恆的與客觀的，加上他們經由和理論的聯結而成爲比較廣大社會科學領域的一部分；5. 他們性質上完全是認知的，或者說是不受情緒或慾望影響的純粹理智性洞識。這種知識被認為是至關重要的，特定情境或脈絡只是應用這種知識下的一個例子（Kessels & Korthagen, 1996: 3-4）。假定我們認為師培等各種專業活動必須建立在這種知識觀上面，那麼尋求建立永恆而客觀的專業知識理論，同時致力於把這些理論無誤地應用到特定的情境，這自然是可以理解的。

㈡技藝製造的生產模式

前述論及 Biesta 主張教育應該是實踐而非製造的活動，教師在特定情境中必須發揮教育的判斷力，同時他認為試圖把教學或整體教育發展成所謂證據為本（evidence-based）的專業是不適當的，因為這種想法立基於某種製造的生產模式。在 Biesta 的理解之中，像醫藥或農耕的大型實驗研究會依據是否施以實驗處置，區分並比較實驗組和控制組，以建立此一處置是否產生特定效果的證據，因而得到告訴我們要從事什麼的證據基礎。不過，Biesta 指出撇開是否教學或學生可以分別理解或比照為「處置」或馬鈴薯不說，這類研究的結果在兩方面是有限制的：他們更多提供關於過去的知識，但是至少在人類互動的領域之中，無法保證過去有效的未來仍然有效；這類知識更多提供行動的可能性而非規則，因此它對於我們需要從事什麼，或許有可能對我們的判斷提供建議，但是無法加以取代（Biesta, 2012: 16-17; 2013）。推敲 Biesta 的說法，實驗研究提供有關何種處置產生某種特定效果的證據或這類知識，但是在像師培這種人類互動的領域中，該處置無法保證會產生該特定效果，而且教育者是否要採用並施行該處置的建議，仍然需要教育的判斷力。

儘管 Biesta 是以證據為本的專業作為製造之技藝生產模式的例子，這類的知識或活動並不是只由實驗研究產生而已，應該說凡是有關如何有效製造生產行動之前已經給定之產品或人工品這類的知識，以及建立在這種知識或智能之上的專業活動，就屬於這裡所說的製造之技藝生產模式。而且對於這種模式或行動的討論，往往會和 M. Weber 所指的目的理性（purposive-rational）行動或一般所指的工具性行動相連結[8]（Carr, 1987:

---

8 Weber 所提及的四種理性類型分別為實用的、理論的、實質的與形式的，四種社會行

169）。在 Weber 類型學（typology）的取徑當中，實用（practical）理性和手段—目的（合）理性（*zweckrational*, means-end rational）行動有關，這種理性指的是人們會從個人純粹實用的及利己的利益來看待及評定世俗活動，所形成的生活方式會接受既定的現實，同時算計出解決現實中困難最爲有利的方式，在仔細權衡與精細估算最適當手段之下達成實用的目的（Kalberg, 1980: 1151-1152）。撇開 Aristotle「製造」和 Weber 工具（手段）—目的（合）理性行動兩者可能的差異不談，他們都有找到有效手段或技術以實現目的的意涵。也因此，可以說含師培在內種種以技術理性爲本的措施，都具有相當濃厚製造之技藝生產模式的色彩，諸如各種教育方案、計畫式課程結構、科層制系統政策、對學習的目標管理、使用成果爲本之測驗評量教學產出等。當然，師培等教育專業的推展上，運用相關技藝進行製造或發揮工具理性會有其必要性與優點，但是當它成爲了主流或唯一的模式時，教育者運作實踐智慧當中的知覺或教育判斷力等會遭受阻礙與斲喪，在無法清楚認識特定教育情境或未能判斷該從事什麼之下，教育行動往往失去眞正教育意義，或者未能達成教育目的。

㈢德行爲本的素養模式

這種師培的或一般教育的模式也有它在知識及理性上的基礎，相對於上述的科學（理論）知識或技術性知識，德行爲本的素養模式需要的是實踐性知識或知覺性知識，或者可以說是 Kessels 和 Korthagen 所指的「知識即實踐智慧」（knowledge as *phronesis*）。此種知識顯示出下列特徵：1. 這種知識所涉及的是變動的事物，所以如前所述儘管實踐智慧涉及概括性規則，但更重要的是對於具體特定者的知識；2. 由於此種實踐性知識是脈絡相關的，允許現場情況的偶然特性最終要比原則更確實可信，所以它的確定性起源於對特定者的認識，而不在理論的領域；3. 這種知識之確定性的最終確證是訴諸知覺，而不是根本的原則、規則或定理，譬如實習教

動類型分別爲手段—目的 (合) 理性、情意的（affectual）、傳統的與價值 (合) 理性的（Kalberg, 1980）。

師或師培教師在抉擇與確證某個要從事的行動時，其最終所要訴求的是能夠判斷與辨別的知覺，而不是抽象的原則或共相，後者缺少具體性以及相應於情境現場的彈性、機敏及一致性（Kessels & Korthagen, 1996: 4-5）。如果讀者能夠回到前述 Aristotle 所舉 Lesbia 尺和幽默手冊的例子，相信更能理解 Kessels 和 Korthagen 這裡對於「知識即實踐智慧」之特徵的論述，而德行為本的素養模式就是建立在這種實踐性知識或知覺性知識之上。

如果前述的說法有道理的話，也就是師培這類教育活動是一種實踐，參與者不能只具有理論性的科學知識或製造活動所需的技術性知識，他必須運作實踐智慧以正確知覺所涉特定情境的性質，並且正確地判斷出當下要從事什麼，俾便行動有所遵行。那麼，如何才能讓師資生或師培教育者有這樣的能為呢？由於實踐智慧運作中的知覺或判斷都是全人格或整體生命參與其中的結果，如此才能獲得實踐的洞識與理解（Nussbaum, 1990: 78-81, 88），van Manen 認為教師要具有相關的德行或品質才能在教學現場展現出體貼周到與機智（van Manen, 1994: 155, 165 註 23），Biesta 則指出應當把明智的教育判斷能力理解為出自全人的整體素質或德行，師培教育要培育這方面的素養（virtuosity）（Biesta, 2012: 18-19; 2013）。換言之，師培應當採行德行為本的素養模式。

三、師資培育的建議

因此，整體而言師資培育應該成為實踐的活動，而不完全只是理論性知識的應用，或者是全然成為運作技藝的製造活動。當代思想家 A. C. MacIntyre 對於「實踐」有下列的觀察，即它是：

> 經由社會互動關係所建立具有合作性質的人類活動中，具有融貫性與複雜性的活動種類；該活動具有有關的卓越標準，以作為其本身界說上不可少的一部分，而在達成這些標準之中，實現了內在於該種活動的善；結果是人類有系統地擴充了獲致卓越的能力及其中所涉及之目的與善的想法（MacIntyre, 1985：187）。

在包括師培在內的種種人類實踐活動當中，確實需要技術能力的協助以達成相關的善與目的，但是實踐決不只是一套技術能力而已，更重要的是擁有並踐履德行，譬如友誼、正義、勇敢、誠實等德行讓參與者能夠共享實踐的標準與目的、彼此公平對待、願意相互關懷而為對方冒險、相互信任、實事求是等，否則在參與者缺乏德行或甚至是具有惡德之下，諸如仇恨、不義、懦弱、奸詐等，實踐將會腐敗成競求權力的機構（MacIntyre, 1985: 188-195; 1999: 102; 林建福，2006：29-33）。顯然地，MacIntyre 把實踐這個概念擺在人際互動與聯結的社會及歷史層面來論述。就此來看師資培育，首要目標應該協助師資生培養出作為好人及良師所需要的德行，在這些素質的協助之下，師培教育者或師資生理解並願意獻身於這項實踐所追求的目的與內在善，經由接納或甚至能夠超越這項實踐的卓越標準，所追求的目的與內在善獲得實現或修正。

當整體上把師資培育理解為一種實踐活動，自然會把包括實踐智慧在內之德行的培養視為首要使命，而不只是在使師資生成為只是理論知識的收藏家或技術的操作員，儘管理論性知識或技術能力在師培實踐活動會是必要與重要的。基於這樣的理路，可以理解為何 Biesta、Jope 強調師培必須致力於全人的養成與人品的提升，特別是能夠做出明智教育判斷所需要的素養（Biesta, 2012: 18-19; 2013; Jope, 2018: 78-79）。如果把焦點拉到一般師培情境，可以發現會有著眼於比較是技術能力之培養者，諸如版書練習、網頁製作、演說故事等，又有比較是教育或學科知識之教導者，諸如教授教育史哲、課程與教學原理、某某學概論等，這些技能或知識對於培育一位好老師當然重要，但是對於特定情境的知覺或教育判斷而言，師培教師的身教師範、實際知覺或判斷的歷練或範例式教育情境的理解與討論等，會是比較直接而相關的部分。

在採行德行為本的素養模式時，師培教育者除了作為德行或素養的示範者之外，他根本的任務也和其他兩種師培模式所需求的有所不同。師培教育者可能要求自己或期待所教導的師資生致力於應用相關的理論性知識，這反映出前述「知識即科學知識」的想法，一旦教學上遭遇到問題，則尋求把當下的事例納入有效教師行為的科學理論之中，企圖找到確定的解答，未能解決問題時相對上會認為是現今社會科學可用知識的不完整，或者是未能完善處理該知識，而不是理論或可用知識出現了問題（Kessels & Korthagen, 1996: 4）。或者說會把心力放在操作技術性知識，以製造出行動前已經知道的產物，諸如政策文件上或社會風潮中固定意義的「好公民」、「地球守護者」等，教育者判斷的焦點侷限在如何針對此特定情境有效地操作技術性知識，而非洞察此特定情境之特殊性、進行特定項和概括項之間的對話、省思教育這項活動所追求的善與內在目的等。素養模式中師培教育者則致力於探討師培生對於教育情境的覺知、洞察、反應、感受與思維等，以便協助其覺知經驗之複雜而重要的性質（Kessels & Korthagen, 1996: 6-7），或者說提供師資生作出教育判斷的機會，以提昇其教育上的實踐智慧（Biesta, 2012: 19），遭遇教學上的問題時，不是立即從理論性知識尋找所謂確定的解答，而是讓所覺知的情境特殊性和相關概括性原則或理論進行對話，以形成更加明智的教育判斷，同時能據以省思運作技術性知識時方法或目的上的適當性，以決定是否採用該技術性知識。

教育實習也是師培活動重要的一環，尤其是相對於大學為本（university-based）的職前教育課程，它更加讓實習生有接近實際教育情境的機會。在素養模式之中，教育實習主要並非為了演練及應用所學理論性科學知識或熟悉並操作技術性知識，而是在確認具體班級的多樣性與特殊性，提供在真實教育情境中知覺種種教育實在與練習作出教育判斷的經驗（Kessels & Korthagen, 1996: 7; Jope, 2018: 79-80）。如前所述，實習生在個人省思、同儕分享或其他在職教師的分享與討論之中，其對於特定教育情境的具體知覺可以和概括的觀念之間有往返運動與雙向啟發的作用，經由這種方式得以提昇其教育的實踐智慧。此外，當有其他教師展示更高教育素養的範例時，例如親眼目睹其作出卓越的教育判斷，或者即使只是閱讀到這方面的敘事，特別是與當事人有所討論而明白他為何這麼做時，是可能引發嚮往之情而有助於增長其教育的實踐智慧（Biesta, 2012: 19）。對於師培之中要如何規劃教育實習，相信上述這些建議可以提供有價值的參考，使教育實習不致於淪為以往放牛吃草式的放任無為，也能讓實習指導教師認識到實習課的核心要務。

 近二十年臺灣師資培育模式研究的趨勢與展望

配合本專書「臺灣教育研究趨勢」的整體架構，本節將依前述所提出師資培育三種模式的見解，審視近二十年臺灣師資培育模式研究的趨勢，並論述這方面可能的展望。為了某種程度了解近二十年臺灣師資培育模式研究的趨勢，研究者檢索華藝線上圖書館、臺灣人文及社會科學引文索引資料庫及國家圖書館期刊文獻資訊網三者，以呈現近二十年來臺灣師資培育模式研究的主要趨勢。

一、研究的主要趨勢

在研究者檢索這三個資料庫之後，將檢索結果繪製成下表：

「師資培育」相關研究查詢資料表

（單位：筆；檢索日期：1015 2021）

查詢字詞／資料庫	師資培育（進階檢索＋關鍵字／詞）	師資培育＋素養（篇名、關鍵字、摘要）	師資培育＋知識（篇名、關鍵字、摘要）	師資培育＋技術（篇名、關鍵字、摘要）	師資培育＋實踐智慧（篇名、關鍵字、摘要）
華藝線上圖書館（查詢期限：1999以前-2021）	344	30	64	14	0
臺灣人文及社會科學引文索引資料庫（查詢期限：2001-2021）	642	69	155	55	0
國家圖書館期刊文獻資訊網	1403	36	27	3	0

換言之，研究者分別以「**師資培育**」作為關鍵字／詞，輸入這三個資料庫，在得到查詢結果之後，再進一步分別以「**素養**」、「**知識**」、「**技術**」和「**實踐智慧**」作為篇名、關鍵字或摘要進行檢索，最終得到的結果如上圖所示。

首先，就所呈現的各項筆數來看，近二十年來有關師資培育的研究中，結合「**素養**」或「**知識**」的研究多於結合「**技術**」或「**實踐智慧**」的研究，而且三個資料庫之中都沒有結合「**師資培育**」和「**實踐智慧**」的研究。當然，「**師資培育**」分別結合其他四個篇名、關鍵字或摘要進行的檢索，未必就是精確地代表前述師資培育的三種模式，但是至少可以看出的確缺少結合「**師資培育**」和「**實踐智慧**」的研究。另一方面，儘管有一些結合「**師資培育**」和「**素養**」的研究，但是這些研究卻沒有和「**實踐智慧**」連結，這顯然和本文前述建立在實踐智慧之上的素養模式不盡相同。

其次，如果分別以這三個資料庫中所檢索的研究來看，加以區分為師資培育＋素養、師資培育＋知識和師資培育＋技術三組，似乎也透露一些近二十年來有關師資培育之趨勢的訊息。

㈠師資培育+素養

這組研究的主要類型可歸結為下類幾項：

甲、對於素養及核心素養之研究

其中有針對素養本身或整體素養者，譬如探究十二年國民基本教育課程綱要總綱核心素養、師培生之核心素養、教師專業素養，也有針對特定素養之研究，包括該特定素養的指標與培育模式，諸如課程素養、資訊素養、網絡媒體素養、評量素養、實踐素養、環境素養、美感素養、跨文化素養等，或者說是從特定族群視角論述專業素養者，譬如由原住民族角度省思族語教學素養。

乙、對於〈教師專業素養指引〉及〈師資職前教育課程基準〉之研究

諸如探究師資職前教師專業素養與課程基準之建構及其運用、此專業素養與課程基準實施之影響、挑戰與因應，或是職前專門課程基準方向

等。

丙、對於師資培育中心所辦理活動或開設課程之研究

包括其成效及不足之處，譬如所辦理的服務學習課程等，或者說是針對師資培育課程與其他非師資培育課程之統整的研究，譬如和通識教育課程統整，其他如教材教法、實作為基礎的師培環境教育課程、繪本融入師培課程、生命教育課程、素養導向教學或課程等，也包括師培中心工作者辦學理念及作法的探究。

丁、從特定思想家觀點或學理反思師資培育或素養之研究

所引用者包括（P.）Freire 的批判教學論、Peter McLaren 批判的多元文化主義」等。

戊、其他研究

諸如一般師資培育政策或者某層級或領域師資培育政策之檢討、對於師培機構評鑑指標之建構、中小學師資培育合流政策之可行性、特定師培模式之介紹、特定領域師資之培育、實習教師歷程檔案評量工具之發展、碩士級公費生考試成績之影響因素、實習檔案夾應用於教職應聘等等。

㈡師資培育+知識

這組研究的主要類型可歸結為下類幾項：

甲、對於師資培育本身或師資培育相關知識之研究

這類研究主題包括師資任教學科專門知識檢測機制、建構教師知識的內涵及其在師資培育上的應用、了解師資生教學知識現況，以及師資培育之理念與實踐的探究。

乙、規劃與實踐特定課程或教學方案之研究

為了提升師資生學習成效，所規劃、實踐並加以探究者包括運用或實施知識庫、桌遊、應用改良式 PBL、服務學習課程、STS（Science, Technology, and Society）實驗教學、S（KPL）S（Society, Knowledge, Psychology, Logic and Society）模式、網路科技、閱讀理解策略、跨領域後設知識、知識管理、案例分析、電子歷程檔案、多元文化教學、後設認知取向教學、多元識讀導向教材教法、電腦模擬健康體適能教學、試教中發展教學專業

化概念、強化漢語元語言意識等，或者是融入網路評量系統、網路科技、設計思考、數學文化、人文關懷的藝術統整課程，或者結合開放式課程與翻轉教室理念等。

丙、針對教育或教學實習之研究

這類研究的主題諸如：實習課程對師資生之實務知識的影響、實習期間教學專業化省思歷程、教育實習核心策略探討、教學集中實習教學省思札記之內容分析、實習教師專業成長個案之探究、PBL 融入師資培育教學實習課程、應用教室民族誌至教育實習課程、實習教師知識管理之探討等。

丁、從特定學者論點或學理反思師資培育

以所採取的學者論點或學理來說，譬如從系譜學角度反思包括師資培育在內的教育改革、闡述（F.）Fuller 教師關注理論暨其啟示、從教育史角度論述教師作為一種轉化的知識份子、從教育倫理學觀點分析師資培育與職業倫理、以知識／權力關係之女性主義分析師培程、師資培育的歷史回顧與省思、檢視師培教科書之性別內容、對於教師專業倫理與師培關係的探究等。

戊、介紹特定國家師培狀況或跨國／區域師培制度之比較

諸如馬來西亞的工藝／教育師資、英國的探索體育與芬蘭師培課程等。

己、其他研究

其他類型研究計有發展教學專業知能指標、建構教學模式的認知因素分析與機制、建構較適師培模式或課程教學指標、編制教學能力量表、探討師資培育品質控管機制、論述師培制度變遷下道德教育的消失等。

㈢師資培育+技術

這組研究的主要類型可歸結為下類幾項：

甲、對於師資培育政策、理念、機構及趨勢之研究

這種類型的研究包括：新制師資培育政策或職前師資培育理念的論述與分析、師資培育政策或師資培育機構之探究、從 AI 時代思考師資培育

趨勢，或者是以社會制度論分析與反思師培制度之轉變與師範院校之轉型等。

乙、針對特定課程方案如何影響師資生專業成長之研究

這些特定課程方案諸如：閱讀理解策略課程方案、融入數學文化、應用創造思考教學模組、實施幼兒性別教育課程、採用部落格或非線性剪輯、電影文本重敘方案等，其中也包括案例教學法的回顧、應用與展望等。

丙、以實習教師之能力發展或解決實習問題為研究主題

譬如規劃課程以發展實習教師多元評量能力、探究實習問題的解決，或者說提出實地學習方案以銜接師資培育理論與實務等。

丁、介紹特定師培制度及發展或比較跨國／區域師培制度

這類型研究所介紹或比較者有臺南大學與南京特殊教育職業技術學院視障教育師資培育制度、海峽兩岸體育師資培育、當前德國師資培育政策與改革方案、韓國特殊教育師資培育歷程與現況、澳洲科技教育師資培育與專業發展、韓國小學師資培育的發展歷程與現況，或者是比較臺灣與大陸特殊教育師資職前培育機構、臺法國師資培育制度改革動向之分析、臺灣、香港與中國大陸資訊教育之比較等。

戊、技職教育體系師培之研究

屬於這一類型的研究有建構技職教育體系師資評量工具及檢定模式、特定類科師資之培育、專業標準本位師資職前教育課程之規劃等。

己、其他研究

其他研究的主題如下：從教育理論與實務的關係剖析杜威（J. Dewey）對師資培育的看法及其啟示、以行動學習的概念探討華語師資培育之課程，還有檢視全國教育會議議題，特別是關於師資培育與專業發展的問題與對策等。

上述這三組檢索呈現的研究主題透露出什麼重要訊息呢？有必要加以歸結以便後續的審視，底下提出與本文相關的三項重要訊息：

第一、並沒有以「師資培育」結合「實踐智慧」作為主題的研究，也看不到對於「師資培育」結合實踐性知知識或知覺性知識的研究

的確是有針對素養及核心素養之研究，或者是對於《教師專業素養指引》及《師資職前教育課程基準》之研究，但是並沒有結合實踐智慧。同樣也有對於對於師資培育本身或師資培育相關知識之研究，然而並沒有結合本文所論素養模式所需要的實踐性知識或知覺性知識。這一點和前述從研究筆數來看的發現是一致的，即缺少結合「**師資培育**」和「**實踐智慧**」的研究。

第二、重要相關的教育法令或政策影響研究的方向

在這三組的研究檢索之中，特別是「師資培育＋素養」和「師資培育＋知識」這兩組，研究內容往往會提及重要相關的教育法令或政策的影響，促使有必要從事這些研究，所提及的教育法令或政策諸如：部訂《教師專業素養指引》及《師資職前教育課程基準》、《媒體素養教育政策白皮書》、環境教育法、生命教育政策、《中華民國師資培育白皮書》中的教師圖像與十大教師專業標準等。不過，假使這些素養、專業標準或課程一直以來對師培都是重要的，不管是否頒布這些教育法令或政策，是否應該都是有必要加以研究的？

第三、彌合理論與實務間落差的重要性

從一些這三組檢索的研究來看，似乎可以發現這些研究者急切感受到彌合理論與實務間落差的重要性，譬如論述中強調這種落差是師資培育長久未解的問題，試圖橋接理論與實務之課程或如何聯繫正式知識於教學實務，倡導實地學習或探究集中實習師資生實務知識發展的影響等。此外，似乎也可以發現 108 新課綱、《教師專業素養指引》及《師資職前教育課程基準》當中強調的素養導向教育，讓師培研究者更加想要探究如何彌合理論與實務間的落差。

二、主要研究趨勢的審視與未來展望

綜合本文到此為止的論述，展望未來關於師資培育模式的研究，底下提出三項建議：

㈠必須強化以實踐智慧爲本之師培模式這方面的研究

這一點建議可以從兩方面來說明這樣提議的理由：一方面，如前所述理想的師培模式是立基於德行爲本的素養模式，尤其是以實踐智慧的培育爲基礎，同時結合科學知識的應用模式及技藝製造的生產模式，如此師資生才比較可能培養出能夠確認班級或一般教育情境之特殊性的知覺能力，或者是教育情境要求教育人員必須要有的價值判斷能力，進而適當應用所學的各種科學知識與製造生產的技藝；另一方面，《中華民國師資培育白皮書》暨《中華民國教師專業素養指引—師資職前教育階段暨師資職前教育課程基準》皆強調師資生培育實踐智慧或專業素養的重要性。從前述近二十年臺灣師資培育模式研究的趨勢來說，這方面的研究是缺少而急須補足的。

㈡宜採取跨域整合方式進行師培模式的研究

儘管《中華民國師資培育白皮書》暨《中華民國教師專業素養指引—師資職前教育階段暨師資職前教育課程基準》提及「實踐智慧」及「專業素養」，但可說是語焉不詳，也就是前者運用了「實踐智慧」一詞但未說明其意蘊，後者則以「……在博雅知識基礎上應具備任教學科專門知識、教育專業知能、實踐能力與專業態度」定義「專業素養」（教育部，2021），可能是這些都是政府的法令，不適合呈現比較學術性的論述。然而，以上述所檢索師資培育模式研究的趨勢而言，雖然有不少關於素養及核心素養之研究，但並沒有和「實踐智慧」這項重要理念結合。原因可能是從事有關「實踐智慧」之理念探究者並未著手師資培育之研究，而致力於師資培育之實務研究者則對於「實踐智慧」之理念探究感到陌生。解決之道或許應該採取跨域整合方式進行師培模式之研究，其中當一位研究者無法勝任這種跨域整合式研究時，有必要以跨領域研究團隊進行，以便使基礎理念和實務能眞正整合，甚至在教育政策或法令的制定上，也必須採取跨域整合的方式。

㈢三種師培模式的研究必須兼顧

儘管師培應以建立在德行（尤其是實踐智慧）之上的素養模式爲基礎，但也必須要有科學知識的應用模式及技藝製造的生產模式作爲輔助。一位優質的教師需要實踐智慧或德行的素養，才能知覺班級或一般教育情境之特殊性，同時做出適當的教育判斷，進而洽當地應用種種科學知識與製造的技藝，以從事適性揚才的教育工作。也因此在師培模式的選取及其研究上，這三種模式必須兼顧，不能偏重或偏廢其中的一或二種模式。*

* 感謝臺灣師範大學教育系博士生黎瑋協助本文文書處理。

參考文獻

林建福（出版中）。再思考教育關係——源起、意義與挑戰。**教育研究集刊**。

林建福（2006）。**德行、情緒與道德教育**。臺北市：學富文化。

林建福（2009）。**德行取向的道德教育——從亞理斯多德、康德與彌爾的德行思想到當代品格教育**。臺北市：學富文化。

教育部，2012。**中華民國師資培育白皮書——發揚師道、百年樹人**。臺北市：教育部。

教育部，2021。**中華民國教師專業素養指引——師資職前教育階段暨師資職前教育課程基準**。（http://www.rootlaw.com.tw/Attach/L-Doc/A040080061004500-1100504-1000-001.pdf）

國家圖書館期刊文獻資訊網－https://tpl.ncl.edu.tw/NclService/

華藝線上圖書館－https://www.airitilibrary.com/

臺灣人文及社會科學引文索引資料庫－https://tci.ncl.edu.tw/cgi-bin/gs32/gsweb.cgi?o=dnclresource&tcihsspage=tcisearcharea&loadingjs=1&&cache=1634891185436

AcKrill, J. L., & Urmson, J. O. (1992). Note on the revision. In D. Ross (Trans.), *Aristotle: The Nicomachean ethics* (XXV-XXVIII). New York, NY: Oxford University Press.

Aristotle (1992). *The Nicomachean ethics* (NE) (D. Ross, Trans.). Oxford, UK: Oxford University Press.

Biesta, G. (2012). The future of teacher education: Evidence, competence or wisdom? Research on Steiner Education, *3*(1), 8-21. Retrieved from https://www.rosejourn.com/index.php/rose/article/view/92/118

Biesta, G. (2013). Teacher education for educational wisdom. *Research Bulletin*, *9*(1), 35-41. Retrieved from https://www.waldorflibrary.org/images/stories/

Journal_Articles/rb18_1biesta.pdf

Carr, W. (1987). What is an educational practice? *Journal of Philosophy of Education*, *21*(2), 163-175. https://doi.org/10.1111/j.1467-9752.1987.tb00155.x

Jope, G. (2018). Becoming ethically responsive in initial teacher education. *Research in Education*, *100*(1), 65-82. https://doi.org/10.1177/0034523718762149

Kalberg, S.(1980). Max weber's types of rationality: Cornerstones for the analysis of rationalization processes in history. *The American Journal of Sociology*, Vol. 85, No. 5, pp. 1145-1179.(URL: http://www.jstor.org/stable/2778894)

Kessels, J. P. A. M., & Korthagen, F. A. J. (1996). The relationship between theory and practice: equality or inequality? Retrieved from https://www.academia.edu/5474989/The_Relationship_Between_Theory_and_Practice_Back_to_the_Classics

Kerr, J. (2018). Challenging technocratic logics in teacher education: Seeking guidance from Indigenous and Aristotelian traditions. *Research in Education*, *100*(1), 83-96. https://doi.org/10.1177/0034523718762169

MacIntyre, A. (1985). *After Virtue: A study in moral theory*. Notre Dame, IN: University of Notre Dame Press.

MacIntyre, A. (1999). *Dependent rational animals*. Chicago: Open Court.

Nussbaum, M. C. (1990). *Love's knowledge: Essays on philosophy and literature.* New York, NY: Oxford University Press.

Phelan, A. M. (2001). The death of a child and the birth of practical wisdom. *Studies in Philosophy and Education*, *20*, 41-55. https://doi.org/10.1023/A:1005295011215

Urmson, J. O. (1980). Aristotle's doctrine of the mean. In A. O. Rorty (Ed.), *Essays on Aristotle's ethics*. (pp. 157-170). Berkeley, CA: University of California Press.

van Manen, M. (1994). Pedagogy, virtue, and narrative identity. *Curriculum Inquiry*, *24* (2), 135-170. https://doi.org/10.2307/1180112

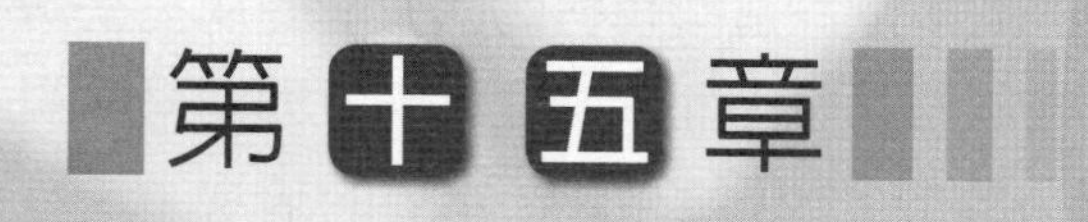

比較教育研究的趨勢與展望

沈姍姍

比較教育學自十九世紀初期開始制度化以來，迄今已超過200多年[1]；而臺灣若從二戰結束以來師資培育機構將「比較教育」學科列爲重要科目算起，迄今也超過七十多年。因此，欲從這門學科的西方起源或在臺灣發展的漫長歷史歸納其發展軌跡實屬不易，因而本文僅就三個面向來檢視此學科之全球發展：一是長久以來關於此學科／領域[2]本質的論辯；二是在發展過程中已獲得共識的議題；三是聚焦從千禧年迄今大約二十多年裡熱切關注的課題；最後則在全球化脈絡下參照此學科／領域在臺灣之發展狀況。

第一節　學科本質的持久論辯

此學科歷年來分歧的主要問題包括：比較教育與國際教育名稱與範疇之區別；理論與實踐的分歧；以及比較方法的意義等（Vavrus & Bartlett, 2006）。本節試圖就這些面向了解此學科持久論辯不歇的主題。

比較教育或國際教育？

首先就此學科的名稱及其涉及的範疇談起。從眾多的名稱看來，有單一名稱的「比較教育」、「國際教育」、「全球教育」或「發展教育」；到兩兩結合的「比較與國際教育」（或倒過來的「國際與比較教育」）、「比較教育與國際發展」、「國際化與教育發展」、「全球化與教育」、「全球化與發展教育」或「全球與國際教育」[3]等；再到合併其他學科的「比較教育與社會變遷」、「跨文化教育與移民教育」等。學科名稱的多樣或

---

1 比較教育之起源通常以法國朱利安（M. A. Jullien）1817年發表的《有關比較教育研究綱要與初步意見》小冊子作爲此學科之開端，美國學者Brickman（1960）據此稱之爲比較教育「元年」（Year One）。

2 比較與國際教育究竟是一門學科或是一個研究領域，學者們有不同的認定（後文會詳述），故本文敘寫將兩者並列。

3 這些名稱是從英美國家大學開課名稱羅列而來，如全球與國際教育 (global and international education) 是美國 Drexel University School of Education 所開設的學科。

加疊，除凸顯其內涵廣泛、容納不同專長學者或學術研究機構的偏好外，同時也顯示學術群體對此學科（或研究領域）的內容、範疇以及核心議題認知之分歧。爲行文便利，本文交互採用大多數學者使用之「比較教育（學）」或「比較與國際教育」稱之。

在這些名稱中，區隔「比較教育」與「國際教育」實則是對此學科的本質及認同之爭，如它是一門「學科」（discipline）還是研究領域（field）[4]？學術導向還是實務導向？必須是兩個以上國家比較或是單一國家之研究也算？這些問題其實是環環相扣。傳統的二分法：將比較教育視爲一門學科、學術導向以及至少須兩個國家做比較；而國際教育則是研究領域（不必須是學科）、偏向國際理解與作爲政策資訊的實務導向、單一國家或任何數量國家的研究均可。Broadfoot（1977）、Parkyn（1977）及Altbach（1991）都主張比較教育是一個研究領域，而非一門學科。通常學科須遵守特定的規則及標準，領域則是跨不同學科之知識與技術，以理解特定教育現象之複雜性。Altbach[5]在2017年受訪時表示，比較教育研究運用包括社會學、經濟學、歷史學、心理學等諸多學科的研究方法來分析世界範圍內的教育問題，所以是一個跨學科的研究領域而非一個獨立學科。然而對於一些學者期望將比較教育視爲一個獨立學科以提升其學術地位，他則採開放的態度予以尊重（高杭，2017）。此種傾向研究領域之認知，似乎也是比較教育學群近年來的趨勢。英國教育研究學會（British Educational Research Association, BERA）之下的特殊興趣群組「比較與國際教育」招募學者加入的開頭語指出，比較教育和國際教育是廣闊、豐富且不斷發展的研究領域，涉及跨文化、國家和地區的教育問題和主題，比較學者來自不同的學科背景，因此對於如何最好地開展此領域的研究具有不同的學科專業知識和想法（BERA, 2021）。此觀點已不再就研究領域或單一學科

---

4 如Wilson（1994, 485）在此學科發展一百多年後，仍然在問：「比較與國際教育什麼時候才能被認可爲一個明確的學科（discipline）而不是一個不甚明確的領域（field）？」

5 Philip G. Altbach是美國波士頓學院終身教授，波士頓學院國際高等教育研究中心創始主任，在國際比較教育界享有崇高聲譽。

去爭辯，而是訴求此領域涉及諸多學科的豐富與多元性。

除了學科／研究領域之區別外，偏重發達國家或發展中國家、學術或實務之爭，也是「比較教育」早期區隔「國際教育」的面向。Rust, Soumare, Pescador 與 Shibuya（1999）指出早期比較教育研究焦點放在工業化國家，後來有許多研究關注較廣的國際領域，乃使得「比較」與「國際」兩名詞開始連結。Wilson（1994）在〈比較教育和國際教育：異卵雙胞胎還是連體雙胞胎？我們孿生領域的初步譜系〉（Comparative and International Education: Fraternal or Siamese Twins? A Preliminary Genealogy of Our Twin Fields）中認爲「比較教育」和「國際教育」之間的明顯區別就是學術研究者與關注政策和實務的教育實踐者之間的區別。Brock 則強烈反對將「比較教育」與「國際教育」的發展分開，因爲二者的利益在任何情況下都是相互關聯的（引自 Evans & Robinson-Pant, 2010）。

或許「比較教育」與「國際教育」從早期的分立、合流、再到互補及整合已有些共識，但仍有學者認爲二者應有所區別，如 Epstein 認爲「比較教育」與「國際教育」經常被混淆，其在 Postlethwaite 與 Husén（1994）合編的《國際教育百科全書》中界定比較教育是將歷史、哲學和社會科學的理論和方法應用於國際教育問題的研究領域，相當於那些致力於其他社會機構的跨社會研究，如比較政府、比較經濟學和比較宗教，比較教育主要是一門學術和跨學科的學科。國際教育則在促進知識和態度的國際導向，側重於有關國家和社會及其教育體系和結構的描述性資訊，並將來自不同國家的學生、教師和學者聚集在一起，相互了解和借鑒。比較主義者主要興趣在解釋爲什麼教育制度和過程不同，以及教育如何與更廣泛的社會因素和力量相聯系；國際教育工作者利用比較教育得出的結果，更好地了解他們所研究的教育過程，從而提高他們制定與國際交流和理解等政策的能力。Epstein 出現在北美的「比較與國際教育學會」（Comparative and International Education Society, CIES）60 周年（2016）錄製的影片[6]時，提

6 CIES 60th Anniversary Video, https://www.cies.us/page/Media?&hhsearchterms=%2260+and+anniversary%22

及現今世界上只有兩個地方會單獨使用「比較教育」作爲單位名稱，一個是其任教的羅耀拉大學（Loyola University）的「比較教育中心」（Center for Comparative Education），另一個則是香港的「比較教育研究中心」（Comparative Education Research Center），言下之意，雖然其仍堅持「比較教育」學術研究取向不同於「國際教育」的實務導向，但比較與國際教育合流大勢已然成形，無法逆反！

從世界主要學會名稱變遷也可看出此趨勢。Maseman、Bray 與 Manzon（2007）爲「世界比較教育學會」（World Council of Comparative Education Societies, WCCES）撰寫的報告中，提及美英德澳四國學會名稱從分立的「比較教育」到合併「國際教育」的理由及內涵的轉變。他們指出美國的「比較教育學會」（Comparative Education Society, CES）創立於 1956 年，名稱中原本並沒有「國際」，延續十二年後，至 1968 年才改爲現今的「比較與國際教育學會」（CIES）。更名的原因是該學會組成成員的變化，因爲加入了從事國際教育應用領域的新成員，與原先關注比較教育理論和解釋的學者不同。此外，名稱加上「國際」有一個更現實的動機，就是便於吸引資金投入。英國比較教育學會 1966 年爲「歐洲比較教育學會」（Comparative Education Society in Europe, CESE）英國分會，但逐漸走向更加國際化和發展的方向，1979 年成爲獨立的學會，稱爲「英國比較教育學會」（British Comparative Education Society, BCES）。與美國同行一樣，英國也經歷了比較主義者和從事國際教育者的研究興趣分歧，前者聚焦發達的工業化國家，探討此領域的理論、方法和研究；後者則主要研究開發中國家教育規劃、政策和實踐的改進。德國學會名稱的變更與英國類似，爲應對更廣泛的互動而出現先分立後合聚的過程，1998 年時原本分立的三個機構[7]合併爲一個總稱爲「國際與跨文化比較教育部門」（Sec-

---

[7] 此三個機構指的是 1966 年歐洲比較教育學會的德國分會（DGfE-German Society for Education，後來併入 German Society for Education as a Commission for Comparative Education, KVEDGE）、1978 年成立的第三世界教育委員會（Commission for Education with the Third World）以及 1992 年成立的跨文化教育部門。

tion for International and Intercultural Comparative Education, SIIVE），反映了在比較和國際研究中採用「同一個世界」（One World）的方法而導致的典範轉變。澳洲的學會經歷多次更名：始於 1973 年的「澳洲比較教育學會」（Australian Comparative Education Society, ACES）、1975 年的「澳洲與國際比較教育學會」（Australian and International Comparative Education Society, AICES）、1976 年的「澳洲比較與國際教育學會」（Australian Comparative and International Education Society, ACIES），最後，在 1983 年加入紐西蘭成為「澳洲與紐西蘭比較與國際教育學會」（Australian and New Zealand Comparative and International Education Society, ANZCIES）。在 1990 年代，ANZCIES 經歷了對其身份的質疑，「呼籲從比較轉向文化分析」並指出「該學會的命名反映了對其目標和宗旨的持續辯論」（Masemann, Bray & Manzon, 2007）。2014 年 ANZCIES 又改名為「大洋洲比較教育和國際教育學會」（Oceania Comparative and International Education Society, OCIES），更加擴大大洋洲國家教育學者的參與（OCIES, 2021）。美國比較教育學者 Arnove（2015）早在 1980 年就呼籲比較教育研究要更加重視國際層面，以修正以往對教育機構和過程生態的研究往往沒有考慮到國際背景的缺失。由這些學會名稱變遷與廣納多方來源成員來看，印證此學科／領域益發融合學術與實務，以及更加重視國際面向的趨勢。

貳 學科疆界與認同

進行比較教育和國際教育研究的理論、認識論、方法論框架和工具也一直存在許多爭議；而對此學科的內涵與疆界也眾說紛紜、莫衷一是。由於認為此學科主要在研究社會和教育間相互作用之多國間異同，因而幾乎可涉及大多數的社會學科與教育學科，包括語言、文化、宗教、政治、衛生保健、環境和經濟等社會因素[8]，也與社會學、歷史學、哲學、人類

8 美國科羅拉多州立大學 (Colorado State University)，Dr. Joyce Lowry Ellyne 的比較教育授課大綱提及這些領域。參見 https://2xj3ep1sacqvsluiw1w0g438-wpengine.netdna-

學、人口學等學科關係密切。Arnove（2015）肯定比較教育的價值就是具有整體、綜合、多學科、跨國和跨文化的角度或視野。2021 年 CIES 理事長 Iveta Silova 於年會的演說中，更將比較教育領域在原本關切的種族、性別及他者等與社會正義相關議題外，更擴充至生態系統與人類與地球間的關係[9]，使得此學科更跳脫地球中心之思考，研究範疇更加寬闊。至於 2019 年末迄今 COVID-19 大流行引發的全球教育緊急事件，更是關注社會變遷、國際形勢的比較和國際教育的學者和實踐者積極應對的教育挑戰（Cohen et al., 2021）。

Cowen（2000）認爲並不存在單一的或統一的比較教育學研究，此領域缺乏一致性同意之定義。然而如果比較教育學可以依據學者自身專長與興趣廣納各社會學科以及教育學科的各類議題，則會出現什麼都可以也就什麼都不是的學科認同困境！早在 1967 年 Bereday 就提問比較教育與其他教育學科如教育史學、教育社會學、教育哲學之界線爲何（Bereday, 1967）？其中特別是與教育社會學探討之議題最難區分，以 CIES 過去十年年會主題來看，2022 年主題是「啟發理想／主義的力量」（Illuminating the Power of Idea/lism）、2021 年「不斷變化環境中的社會責任」（Social Responsibility within Changing Contexts）、2020 年「超越人類的教育」（Education beyond the Human）、2019年「爲了永續性而教育」（Education for Sustainability）、2018年「重新規劃全球教育：南北對話」（Re-Mapping Global Education: South-North Dialogue）、2017 年「問題化（不）平等：比較教育和國際教育的承諾」（Problematizing (In)Equality: The Promise of

---

ssl.com/wp-content/uploads/sas_courses/Ellyne_EDUC-375_Comparative-Education-syllabus.pdf

9 Iveta Silova 的演講題目爲〈作爲共生的比較教育：面對人類世〉（Comparative Education as Sympoiesis: Facing the Anthropocene）。該演講可參閱 https://www.youtube.com/watch?v=cvQl19GeG5Q&t=2417s。Iveta Silova, Zsuzsa Millei, Janna Goebel, Caroline (Carly) Manion and Robyn Read (2020) Beyond the Human: Rethinking Education and Academic Conferencing during the Times of Climate Crisis, Comparative Education Review, 64(4), 749-752.

Comparative and International Education）、2016 年「比較教育與國際教育六十年：回顧與展望」（Six Decades of Comparative and International Education: Taking Stock and Looking Forward）、2015 年「設想全球的人文教育」（Ubuntu! Imagining a Humanist Education Globally）、2014 年「修訂全民教育」（Revisioning Education For All）及 2013 年的「教育品質：全球勢在必行和有爭議的願景」（Educational Quality: Global Imperative and Contested Visions）。這其中除了 2018 年、2016 年的主題及 2014 年源自 UNESCO 目標的「全民教育」是明確屬於狹義的比較教育範疇外，其餘的年會主題若是用在教育社會學的研討會，也無不宜。因而 Bereday 的提問在經過半個多世紀後，依然無解！面對此困境，或許可採取 Game 和 Metcalfe（1996）的建議，關於學術領域的範圍和性質的辯論應該被視爲故事或敘述，這個過程允許更多開放的討論而不是非反思的方法。因此，要明確界定比較與國際教育的內涵、範疇以及劃出與其他學科之界線，或許可採更開放的想法！

比較的方法、基準與資料處理

有關方法論典範以及研究方法的爭辯也是困擾此學科的長久議題。依據不同的理論主張，比較教育也出現各種的研究方法，如輸入輸出模式的大規模量化研究、教室觀察民族誌的質性方法，然而針對比較教育學科特定的研究範疇、對象及技術所需求的方法卻一直未能有效地發展。此外，在進行研究前，更上位的問題也難有共識，如比較必須是兩個以上國家嗎？只研究單一國家可以算是比較研究嗎？比較兩個（或以上）國家一定要同一時期進行嗎？如果相同的教育政策在兩個國家是在不同時期執行的，可以比較嗎？例如 Carnoy（1998）針對智利與瑞典教育券的國家計畫進行比較研究，但兩國執行時間卻相距十一年，如此的比較結果又該如何看待？

Rust、Soumare、Pescador 與 Shibuya（1999）分析了《比較教育評論》（*Comparative Education Review*）（1957 年創刊）、《比較教育》（*Com-*

parative Education）（1964年創刊）及《國際教育發展期刊》（*International Journal of Educational Development*）（1981 年創刊）三份期刊自創刊至 1994 年所刊載之文章內容。結果發現只有不到三分之一的文章是以比較作爲策略；被歸類爲單一國家研究的文章數量是多國研究的兩倍，且以描述性研究爲主；大量的出版物仍然屬於 Bereday 定義的「區域研究」[10]或 Schneider 定義的「外國教育」[11]的類別。Davidson、Dzotsenidze、Park 與 Wiseman（2020）在對《比較：比較與國際教育期刊》（*Compare: A Journal of Comparative and International Education*）50 周年紀念的回顧性研究中，也發現在 1975-2019 年間刊登的 1,083 篇論文中，有超過一半以上的文章（592 篇，占全部論文的 54.7%）只探討單一國家；研究兩個或以上國家有 226 篇，只占 20.9%。對照此期刊的徵文訊息係以廣義來定義「比較」，或許已可預期如此之結果。該訊息指出：

> 我們對「比較性」的定義是採取最廣義的—論文不需要比較不同的國家或背景，但可以跨時間、跨文化（如內部／外部視角）或不同群體或體系（如原住民和主流教育）進行比較（Compare, 2021）。

至於研究單一國家能否稱爲比較研究？Rust、Soumare、Pescador 與 Shibuya（1999）認爲如果單一國家的研究是在檢驗一般性的理論，則在性質上或可被認爲是比較的；或者如果研究人員分析的是「外國的」教育體系，則此分析行爲也具有重要的「比較」含義。同樣的問題 Carnoy（2006）

---

[10] G. Bereday（1920-1983）將比較教育研究分爲「區域研究」（area studies）與「比較研究」（comparative studies），前者以一個國家或地區爲焦點；後者則是同時關注許多國家或地區（1964）。

[11] F. Schneider（1881-1974）在其著作《比較教育學》裡，區分了外國教育學與比較教育學，兩者有依存關係，然而外國教育研究是比較教育研究的基礎與前提，但並非比較教育的全部；比較教育研究則必然包括外國教育研究（引自高亞傑、饒從滿，2009）

的回答是，比較研究須以外國或國際研究爲基礎，並建議在較廣泛的研究議程（agenda）情境下，一次研究單一國家或地區，之後可就研究結果跨越時間與空間與另一國家或地區進行比較研究。由於「眞正的」比較研究非常昂貴，會比單一國家的研究需要更多的資源與時間，故 Carnoy（2006）認爲此方式之比較或許較爲經濟。從這些學者的回應或可知曉，單一國家研究占據比較教育學科／領域之大宗有其不得不然的現實，勉強稱單一國家研究可算是比較研究也有些妥協之意涵。

不論研究單一國家或多個國家，比較教育研究的資料處理與組織管理方面經常被詢問的問題也難以獲得確定答案，如對於各個國家、區域和教育實體依據不同的教學法與社會政治層面而蒐集的大量資料該如何組織與管理？國際之間或一國之內對於同一類資料往往區分在不同類別而容易產生錯誤的比較，故如何取得有效及具可比性之資料？而結果的詮釋又該如何克服我族中心的偏見（Crossley & Broadfoot, 1992）？

Rust、Johnstone 與 Allaf（2009）認爲比較研究的復雜之處在於它涉及對「不同單位」（the dissimilar units）（不同社會和文化）的分析。在比較教育中，分析單位通常是兩個或多個民族國家的教育系統或該系統的子系統。實際上，沒有一種研究方法或方法論是具有比較教育領域的特徵，他們引用 Kandel 的說法：「比較教育的方法論取決於研究要實現的目的」。所以前面所提的問題似乎也不會有標準答案。Schriewer（2006）的解釋似乎有些說服力，他認爲：

> 比較分析原則上可以應用於複雜的情況、社會文化背景，或在性格和形狀上可能非常不同的意義和行動的歷史演變配置。相關的比較單位並沒有被規定下來，換句話說，在所謂的客觀的世界結構和它們的細分爲不變的實體，它們不是根植於本體論條件。相關的分析單元是由特定的觀點和問題定義的，它們是根據理論利益和由於這些利益而賦予它們的針對性而構成的。（Schriewer, 2006, 319）

第二節　學科／領域發展共識

學科目的從自我改善到國際理解

此學科／領域的目的雖然在不同發展時期的重點略有差距，但自始藉由借鑒他國／地區作爲教育決策之參考，以達到自我改善的目的則始終如一。由此出發進一步透過國際了解、擴大到以全球視野研究教育並追求世界教育之改善，已然是此學科／領域的共識。

美國比較教育學者 Brickman（1960）以十六世紀義大利詩人 Torquato Tasso 的話「要了解自己，先與他人相較」（To know thyself, compare thyself to others.），說明比較教育源初目的就是爲改善自己國家的教育。此係基於一種信念，即自己國家的教育系統和實踐可以經由考察其他國家的教學、學習和組織方式來改進。早在十九世紀比較教育出現時，正是歐洲國家教育制度興起之際，尤其是普魯士的義務教育制度常爲各國仿效。當時絡繹於途的「取經者」主要是各國政府的教育官員、專家及積極活動者（activist），如美國的 Mann 及法國的 Cousin 都是以教育官員身分前往普魯士學習公共教育。這些身爲教育官員的特使對於訪問國家的教育理論、教學方法、財政及組織均充滿新奇與興趣，歸國後詳述異國教育狀況於報告書作爲己國教育施政參考。如此比較教育發展初期的「旅人故事」或「借鑒」目的，延續至今，不論是借取形成外國教育體系的力量（Kubow & Fossum, 2007），或仿效全球化發展下某個成功的教育模式，其改進自己教育體系的目的，從未改變。

此處核心的思考是希望透過比較能更好地理解教育系統的潛力，故須模仿他國成功的教育系統的元素。教育轉移一直是比較和國際教育的一個持續特徵、一個過程，在這個過程中，在地的問題獲得承認，其他國家類似問題（或挑戰）的解決方案得到確認，這些解決方案或多或少被引進並適應各個國家或地方的情況。所以比較教育的目的被精煉爲「經由研究其他人的傳統和從全球角度評估教育問題，更好地理解自己教育體系的傳統」（Cook, Hite, & Epstein, 2004, 130）。Altbach 也認爲比較教育研究的主要任務是在不同的文化情境中審視、分析並解釋教育問題，進而幫助人們更好地理解、學習與借鑒其他國家與地區的教育發展經驗並以此促進自身的教育事業發展（高杭，2017）。從這點看來，比較教育研究高度重視研究的實踐性價值。

隨著全球化進程，國際理解與和平也成爲比較教育的重要目的與特徵，不僅將國際視角引入學術研究，而且還試圖將其引入各級教育的教學，如豐富課程的內容和活動，使下一代和成年人能夠理解他們生活在日益緊密聯繫的世界，需要認識到社會經濟力量是如何產生（Arnove, 2015）。Ficarra（2017）針對全球關注的難民危機下的難民教育問題，主張在職前與在職教師培育上採用比較國際的方法，先讓他們了解難民學生來自的國家及之前接受的教育、進入世界各國及學校之經歷、難民學生被接納的社會種族化經驗以及納入非西方社會的研究與聲音等，然後經由全球教育工作者共同努力，方能改善不同國家的難民和移民學生的教育經歷和成就。不論此呼籲是否過於理想化，比較教育學科在教學上致力於國際的理解，進而追求世界的和平與良善，是在改善己國教育的目的上更加昇華！

研究議題取決於特定時空的發展情況

「世界改變，比較教育也隨之改變，因爲它就是它所研究的政治、經濟和文化力量的國際關係的一部分（Cowen, 2014, 4）。」由於此學科的國際性、實踐性以及與政策關聯的本質，因此受到社會發展與時事之影響，往往比其他學科爲甚。Altbach 認爲比較教育研究的熱點問題主要取決於特定國家在特定時期的發展情況（高杭，2017）。1950 和 1960 年代，第一批比較教育學會在國際理解、冷戰時期的教育競爭、國家現代化和二戰後發展的話語中成立。Altbach 回憶 1960 年代由於受當時西方社會民權運動的影響，學生熱衷於爲自己的權利而鬥爭，向政府示威、向大學要求改革。這導致當時比較教育出現很多關於大學學生運動和學生政治等研究議題。但在 1970 年代以後，這波潮流遠去，此議題很少再受到關注。到現今，很多國家底層群眾的利益被忽視、教育權利得不到充分保障、社會流動困難、階級差距日益擴大，造成社會內部極大的政治壓力，民粹主義浪潮甚囂塵上。在這種背景下，教育公平就成爲熱點議題（高杭，2017）。

2001 年美國 911 事件發生後，2003 年 3 月 CIES 年會上由當時剛當選的理事長 Kassie Freeman 組織一個研討會，邀請「歷屆 CIES 理事長討論 911 事件後比較與國際教育的價值」，討論的問題包括比較教育和國際教育工作者能夠爲了解 911 悲慘事件的背景和原因作出哪些貢獻？以及教育工作者在後 911 時代可以／應該做什麼？（Ginsburg, 2003）。接著，《比較教育評論》又以 911 事件的專書《恐怖分子、暴君和民主：我們的孩子需要知道的東西》（*Terrorists, Despots, and Democracy: What Our Children Need to Know*）進行專題研討後刊登學者們的意見。

2020 年 5 月一名四十六歲的非裔美國人 George Floyd 涉嫌使用假鈔被捕，因白人警察單膝跪在他脖頸處而死亡，引發自 2013 年就開始的「黑人的命也是命」（Black Lives Matter）運動更加席捲全球。《比較教育評論》在 2020 年 8 月 64 卷第 3 期的編輯室語中，鼓勵投稿者們研究白人至上問題，並將研究有關黑人、原住民和有色人種（Black, Indigenous, and People of Color, BIPOC）的作品作爲比較和國際教育獎學金的基礎，徵稿啟示聲稱：與「黑人的命也是命」站在一起，承諾作爲教育者、研究人員和學者應採取行動，努力實現將反種族主義和社會正義相結合的變革（Comparative Education Review editors, 2020）。此外，2019 年末迄今的新冠疫情蔓延下，城市封鎖、人與人隔離、視訊會議取代實體研討，也帶來新的視野與觀點，如視訊會議減少了社會的碳足跡，同時也解決與地緣政治權力等級制度、政治經濟和特權有關的不平等問題，這些不平等通常構成學術知識生產，特別是經由學術會議（Silova et al., 2020）。

整體而言，如同 Altbach 所說，比較教育研究應該立足於社會發展的實際情況，與時俱進地關注全球化背景下國際社會和國際教育事業發展面臨的新情況與新問題。世界範圍內的社會情況會不斷發展與變化，比較教育研究者並不能創造或引領社會演變，而是去理解、分析與回應這些演變，研究主題在這個過程中自然也就不斷跟進（高杭，2017）。

從西歐、北美中心擴大至南方國家（*the Global South*）

由於比較與國際教育學科制度化係從西歐與北美開始，因而此學科／領域具有西歐、北美中心的意識形態與觀點自是可以理解。1970 年世界比較教育學會（WCCES）成立，將凝視西歐及北美的視角擴大爲全球[12]。蔡娟（2017）檢視 2000 年以來《比較教育》和《比較教育評論》的期刊論文，發現比較教育領域的研究者主要分布在英國和美國的大學，分別形成了以英國布里斯托爾大學、倫敦大學及美國哈佛大學爲核心的凝聚子群。Davidson 等人（2020）爲《比較：比較與國際教育期刊》50 周紀念而檢視其刊登文章的研究中，也發現英國（包括蘇格蘭、威爾斯和北愛爾蘭）作者最多，排名第一，共有 430 位作者；其次是美國有 140 位、加拿大 53 位、澳洲 43 位。其餘較常出現的作者隸屬的國家分別是：香港 32 位、德國 30 位、南非 27 位以及荷蘭 23 位。這樣的發現有些變數宜納入考量，如期刊歸屬的國家據點爲英美兩國，以及期刊使用英語爲媒介等因素，自然會吸引較多隸屬這些國家的學者投稿，出現英美觀點自是無可厚非。然而若從時間脈絡來看，Davidson 等人（2020）發現，在《比較：比較與國際教育期刊》發表的文章雖然主要由隸屬於全球北方（the Global North）機構的作者主導，但文章內容越來越關注全球南方國家（the Global South），隸屬全球南方機構的作者也逐漸增多，出現較廣泛的全球視野。

---

12 WCCES 1970 年成立主要是由美國、加拿大、歐洲、日本及韓國的比較教育的學會組成，至 2021 年已有 41 個世界各地的學會參與，大多數成員是個別國家的比較教育學會，但有些是以區域（例如大洋洲比較和國際教育學會和印度洋比較教育學會）和語言（例如法語教育比較協會）組成的。

其實，比較教育社群早就認知此領域主要期刊作者的隸屬國不平衡現象，大多數研究和理論發展來自全球北方的作者，其中又以英語系國家居多。從發展過程看，比較與國際教育研究廣受批評和挑戰的問題之一，就是囿限於對西方國家的比較分析，出現西方中心視角的觀察和解釋。此外，英語在學術和出版物中的優勢地位更加深此偏見。因此，擴大比較範圍及納入非西方語境的議題，並提供邊緣化的學者發聲管道也是比較和國際教育學科／領域頗具共識的發展方向。

然而，儘管許多學者承認此學科／領域多元化見解之重要性，日本學者 Takayama（2018）指出，此學科／領域仍然受到歐洲和北美比較教育研究設定的局限，即便是英國學者 Cowen（2000）對比較教育學的歷史、發展與觀點頗有深入研究與思考，也忽視在歐洲和北美以外實踐和概念化的比較教育的存在。同樣，撰寫《比較教育：一個研究領域的建構》（2011）一書的作者 Manzon，將比較教育以 Bourdieu 的社會場域討論，也是主要聚焦在盎格魯—歐洲社會的比較學者身上（Manzon, 2011）。Takayama（2018）認為目前的趨勢只是將「眾多的比較教育學」（comparative educations）[13]一詞等同於歐洲和北美比較教育產生並爭論的許多不同的研究傳統和方法而已。

此學科／領域從西歐與北美更向世界擴張，與 1990 年代全球化開始盛行有密切關聯。Bray（2003）指出從該時期起至本世紀，學術界對地理上的興趣多所擴大，主要的英文期刊除了關於西歐、北美和澳洲的文章外，也出現頗多關於非洲、亞洲和拉丁美洲發展中國家的文章。英國籍的 Bray 由於受聘於香港大學擔任比較教育研究中心主任，對於中國與西歐的比較教育學狀況有親身經驗，他認為從 1990 年代起中國與西方這兩個世界出現了一些趨同的跡象，隨著中國對外開放和英語的普及，中國學

[13] 此係採用 Cowen（2000, p. 333）的用詞，Cowen 認為有多種比較教育的共存，故將 comparative education 寫成複數。他指出特定國家內的不同群體有不同的研究方法和研究領域，他們使用不同的語言，有著不同的學術傳統，他們可能會相互交流，也可能不交流。

者越來越關注西方國家的文獻和研究方法。兩種文化之間的學術交流增加了、雙方間的訪問也益趨頻繁。但這之間的思想流動是不平衡的，也就是中國學者受西方傳統的影響遠遠大於西方學者受中國傳統的影響（Bray, 2003）。此現象或可從依賴理論或世界系統理論邊陲國家對核心國家的依附現象來理解。

此學科／領域企圖打破南北差距的用心良苦，CIES 2018 年在墨西哥的年會主題是「重新繪製全球教育：南北對話」（Re-Mapping Global Education: South-North Dialogue），其目的是：

> 旨在將傳統的研究起點更大程度地轉向全球南方。這種轉變不僅使南北對話成爲可能，而且還加強了南北對話和擴大南南合作。新的地圖要求我們作爲學者和實踐者，擴大我們對歷史上在教育研究和機構中被邊緣化的聲音、參與者和知識生產者的認識。利用我們領域不斷擴大的認識論，我們將對話重點討論全球南方產生的理論和方法上，以期探索全球各地新的聲音。這一觀點促使我們以前所未有的奉獻精神跨越各種邊界來做出承諾，並重新設想在推進教育研究和實踐方面進行合作和相互支援的可能性。（CIES, 2018）

冷戰過後，世界國家不再以政治系統（第一、第二、第三世界）或經濟發展程度（已開發、開發中）來分類，而是更強調「全球南方」等後進者共通的發展困境。「全球南方」一詞泛指拉丁美洲、亞洲、非洲和大洋洲大多數低收入地區[14]。這個詞在整個二十世紀下半葉獲得了吸引力，並在二十一世紀初更廣泛使用，標誌著從關注發展或文化差異的中心轉向強調地緣政治權力關係（Dados and Connell, 2012）。

---

14 全球南方的視覺描繪分界以布蘭特線（The Brandt Line）劃分，這條線以大約北緯 30° 將世界分爲兩部分，經過北美和中美洲、非洲北部和中東之間，北上越過中國和蒙古，向南傾斜，不包括澳洲、日本、紐西蘭以及新加坡。

葡萄牙學者 Santos（2014）在《南方認識論：反知識謀殺之正義》（*Epistemologies of the South: Justice against Epistemicide*）一書中，主張西方的統治已經嚴重邊緣化了全球南方存在的知識和智慧，其探討了「認知不公正」的概念，指出全球各地的人們以不同的方式來管理他們的生活並爲他們的存在提供意義，「全球認知正義」是「全球社會正義」的認識論基礎。此理論基於西方資本主義和西方文化霸權的全球建立過程，實際上也是西方所主導的知識體系在排斥、擠壓、甚至消滅世界其他知識體系的過程。

依循此社會學理論的進展，Cortina（2019），在 CIES 的理事長演講中，指出西方社會科學及其在分析框架上占主導地位，往往據此了解南方國家，特別是拉丁美洲的社會和文化。雖然比較教育領域包含不同的學科視角和理論，有助於理解全球教育政策及其對世界各國的影響。然而，北方的觀點仍然占主導地位，因而其希望能從歐洲中心或西方視角轉變爲南北視角。比較和國際教育領域大部分內容在討論教育與發展之間關係，其中公共教育的擴張被理解爲對現代性的追求，從殖民地的角度來看，教育成爲利用西方知識的概念和形式來改革世界上貧窮、文盲和不發達地區的手段。發展是按照一種特定於文化的西方認識體系來定義的，而這種認識體系反過來又使其他非西方的認識論失信和失去合法性。此種由西方地緣政治利益集團傳播的現代性定義，仍然是塑造世界大多數地區全球倡議的主導典範，就此狀況，Cortina（2019）呼籲並鼓勵發展非殖民化思維和研究典範，讓源自全球南方的非殖民主義思想質疑維持殖民等級制度的全球財富和權力的集中。這些理論既挑戰了西方知識，也挑戰了知識的南北方向性。

第三節　新發展趨勢

不論比較與國際教育究竟是一門學科或是一個綜合的研究領域，也不論對其內涵與方法有多少爭議，一般認爲，基本上它是從一個或多個國家教育實踐和現實研究中獲得數據和見解去探究教育問題，其性質有些是學術性的，有些則是政策性的。此學科／領域在二次戰後快速擴張，到1970年代及1980年代卻經歷了一段「信心危機」的衰退時期，原因包括前文提及的學科界限不明、缺乏學科本位的知識論及方法論、以及對培育教師及教育行政人員的實務價值不明，這段時期英國師資培育機構主修比較教育的學生人數急速下降[15]，也是明顯徵兆（Watson, 2001）。這樣低迷的學科發展狀態持續到1990年代，因大規模的全球化發展趨勢，強調以人力資源作爲國際競爭之基礎，使得比較與國際教育因跨國分析研究的本質，較大多數其他研究領域，與全球化的關係更爲密切，使得此學科發展進入了新的階段。

前述 Davidson 等人（2020）對《比較：比較與國際教育期刊》50周年紀念的研究，以出現在文章標題的關鍵字進行統計，發現在1970年代出現最多的關鍵字是「改革」、1980年代是「發展」、1990年代是「政策」、2000年代是「教師」，而2010年以來，迄今出現最多的關鍵字則是「全球化」，顯見全球化是目前比較與國際教育研究的關切熱點。

全球化並無明確的定義，也無明確的開始年代，但具現代意義的全球化大致可從1990年代以來資訊與通訊科技（Information and communications technology, ICT）的快速發展、進而影響人類社會經濟、政治、文化與環境等各層面來理解，與全球化發展進程相伴的意識形態則是新自由主義。新自由主義在國際上的盛行可從三方面來理解：1. 學者成功地建立一套思想體系，並行銷爲一種追求「個人自由」的價值，宣揚個人的自由（liberty）唯有透過市場自由（freedom）才能達成，任何形式的國家介入都容易導致專制。這樣的立場在海耶克（Frederich Von Hayek）和傅利曼（Milton Friedman）獲得諾貝爾經濟學獎之後獲得更廣泛的認同與信任（Hickle, 2012）。2. 政治人物的採用，1970-1980年代英國首相柴契爾夫人（Margaret H. Thatcher）與美國雷根總統（Ronald W. Reagan）引用小政府大市場的理念，將大量國有企業私有化、削減社會福利、放寬勞動

---

15 其原因也與英國在1970年代師資培育縮減有關，因出生率降低以及遇到石油引發的經濟危機而刪減教育預算。

法規，將原本某些重要的政府職能，如學校、公園、監獄等外包。3. 國際組織之採用，如世界銀行（World Bank, WB）與國際貨幣基金組織（International Monetary Fund, IMF），對需要援助的國家，要求須採行符合新自由主義的政策，包括自由化（對外開放市場取消貿易保護、對內取消管制）、私有化公營事業以及緊縮財政（取消對社會中下層的各種補貼）等。

全球化對比較與國際教育的影響，Wilson（1994）認爲此學科會獲得越來越多的認可，資訊通訊科技也提供了更便捷快速的跨國交流工具。Crossley（1999, 2000）與 Watson（2001）在進入二十一世紀之時呼籲有必要重新概念化此學科／領域，因爲他們感受到全球化的環境變化帶來迫切改革的需求，而學術界、政策制定者和實踐者對國際事務的興趣增加則帶來了此學科重新煥發活力的機會。Bray（2003）指出比較教育跨國分析鼓勵其參與者向外看的本質，現今比較學者的研究方法比過去更加全球化。從過去三十年全球範圍內教育的發展來看，包括：教育制度的全球聚合、以「進步」目標定義教育的國際承諾、前宗主國對原本殖民國家教育系統的人口、社會和文化影響、學習成果的國際比較等課題廣受討論，顯見對比較和國際教育專業知識的需求益加增長。以下就全球化發展伴隨新自由主義邏輯下比較與國際教育較爲關切的面向分析。

壹　國際機構主導與全球教育趨同

近二、三十年以來，大多數國家都對其教育制度與政策進行檢視，以期與全球化的必要條件相結合。與此同時，經濟合作暨發展組織（The Organization for Economic Co-operation and Development, OECD）、世界銀行與聯合國教育科學及文化組織（The United Nations Educational, Scientific and Cultural Organization, UNESCO）等國際組織已超越國家的角色，似乎成爲全球教育政策的制定者（Beecha & Rizvib, 2017）。大致上這些國際組織經由四個面向，讓世界各地的教育益發趨同：1. 資訊交換，如 OECD 每年定期出版《教育概覽》（*Education at a Glance*），提供豐富的調查報告與問卷結果；此外，UNESCO, OECD 及歐盟（European Union, EU）

等組織創建及發展的教育指標系統及資料庫，往往成爲世界國家執行教育實務或制定教育決策時的重要參考。2. 制定憲章（charters and constitutions），如聯合國的《世界人權宣言》、《國際人權憲章》提出義務與免費的初等教育及教育無歧視等條款，各會員國政府必須履行。3. 標準制定文書（standard-setting instruments），如 UNESCO、聯合國開發計畫署（United Nations Development Programme, UNDP）、OECD 及 WB 出版的國際教育統計及研究報告成爲各國教育決策者與從事比較研究者的重要參考資源。4. 技術與財政資源，如 WB、IMF 以及 UNESCO 往往透過借貸與補助金來指定國際政策如掃盲策略，而其條件往往強調標準化、效率與生產力（Crossley & Watson, 2003；McNeely & Cha, 1994; Wickens & Sadlin, 2007）。

Carnoy（2006, 2019）指出國際組織對各國實施統一的教育政策，有些國際機構如 UNESCO 例行地報告他們提高的發展中國家初等教育品質、增加女童教育機會以及對民族國家教育系統進行干預的成果；其他國際機構如 OECD 等則會對各國學生進行測驗，對各個學科的表現進行排名。這些國際學生評量計畫等方案對世界各國有很大的影響，所提出的國際比較和基準的想法現在已經被大多數有興趣評量和改進其教育績效的國家所接受。這是在新自由主義理性的更廣泛邏輯框架內產生的，其中學校的私有化、公司化和市場化趨勢已占主導地位，並促成了一個全球教育市場的出現。

對此現象 Sahlberg（2012）稱之爲「全球教育改革運動」（Global Education Reform Movement, GERM），其指出自 1980 年代以來，至少有五個全球教育政策和改革的共同特徵被用來提高教育品質與解決公共教育系統中的問題。此五個特徵分別是：教育成效的標準化、專注閱讀、重視數學與科學素養的核心科目、尋找低風險的方法來實現學習目標（如避開實驗課程或另類教學等以免影響考試準備）、使用企業管理模式以及採用考核本位的績效責任政策（test-based accountability policies）。

於是，世界各地的教育形式和實踐益發趨同，同時有關人權與和平的全球公約正在塑造各國在全球的話語，從而將國家作爲國家教育改革參與者的影響降到最低（Cortina, 2019）。因此，全球化的發展是否會使民族國家消逝或失去其影響力？Carnoy（2001）認為自 1990 年以來，亞洲和拉丁美洲工業化經濟體的快速發展、新資訊技術發達、貿易自由化和全球金融市場促成了全球經濟。世界上幾乎所有國家的經濟都變得越來越不「民族化」，經濟全球化已經改變了民族國家的角色，主要是透過勞動力過程的轉變和財富創造逐漸轉向以知識和資訊為基礎的經濟生產，國家面臨著全球化所要求的教育和通信系統的變革。民族國家通過同時走向全球和地方而生存。他們試圖與其他國家一起，將更多的人力資本開發和資訊網絡責任交到包括跨國公司在內的國際或超國家組織手中。民族國家也越來越多地試圖將教育和資訊網絡的責任下放給地方政府、私營企業和家庭。

比較教育學群內大多數人承認跨國力量的存在與對各國教育系統產生重要影響，然而也有不少學者與 Carnoy 相同，認為各國政府在教育系統中仍然可以發揮作用（Bray, 2003）。Vulliamy（2010）也認為雖然全球學家（hyperglobalists）預測國家的權力將衰退，但事實上，國家對教育的掌控及影響力依然很大。Arnove（2015）也認為國家不會消失，只是必須與全球發展下的經濟、文化與政治潮流維持密切關係。然而當 2019 年末新冠疫情影響全球，全球化發展瞬間遲緩或停滯，各國堅壁清野，國家與全球的關係似乎又到了一個轉變的關鍵點，勢必引發此學科重新省思！

全球測驗文化

前述國際組織往往將全球化窄化為「全球經濟競爭之驅力」，透過教育表現指標建構、國際學生成就評量等影響各國教育政策或改革，進而更細膩地規範出有效的學科教學方式或教學法，將教學演繹為一種科學或技術。在一切以競爭力作為教育至高無上目標訴求的同時，將「語文、數學與科學之學習成就」建構為「經濟表現的預測指標」，形成這些學科的學習與教學效能等同於學校辦學績效以及國力強弱的迷思（沈姍姍，2009）。因此，在面對國際教育品質的競爭益形激烈之際，必須改變教育方式來達到測驗標準，並據此成敗考核教師和管理人員的責任（Carnoy &

Rhoten, 2002）。

自 1990 年代中期以來國際大規模評量（International Large Scale Assessment, ILSA）所以會有顯著增長與全球評量文化轉變有關。世界主要的國際大規模評量是由國際教育成就評鑑學會（The International Association for the Evaluation of Educational Achievement, IEA）與 OECD 執行。1990 年代以前，這兩個組織的國際評量方法基本上是建立在承認各個（各國）教育系統的差異之上，並由智識和研究問題驅動，專注於單一教育系統做深入研究（Addey, Sellar, Steiner-Khamsi, Lingard, & Verger, 2017）。然而這樣的評量哲學與文化後來出現轉變。

IEA 自 1995 年開始辦理「國際數學與科學教育成就趨勢調查」（Trends in International Mathematics and Science Study, TIMSS）計畫，該計畫每隔四年針對參加國家或地區四年級與八年級學生抽樣，進行數學與科學的教育成就調查。OECD 執行的「國際學生能力評量計畫」（Programme for International Student Assessment, PISA）自 2000 年起，每三年舉辦一次，評量內容涵蓋閱讀、數學和科學三個領域的基本素養。OECD 的官方網頁提及 2000 年第一次 PISA 結果公布後德國出現的「PISA 震撼」（PISA Shock），德國在接下來幾年增加聯邦教育經費進行改革，因此 OECD 認爲是 PISA 測驗促使德國教改，並頗爲自豪地宣稱「近二十年來，德國國家教育標準逐步在學校推行，這在一個各邦自治是神聖不可侵犯的德國是很難想像的。」對於德國經由「PISA 震撼」而努力改善的教育結果，認爲「這恢復了人們對德國人才和競爭優勢的信心」（OECD, 2021）。這顯現 OECD 利用 PISA 領導各國家教改的現實，以及密切將教育與經濟、人力資本與競爭掛勾的意識形態。

對於 ILSA 的迅速發展現象，Addey 等人（2017）建立了一個分析框架，找出各國願意參與 ILSA 的原因（也顯現 ILSA 服務於多種目的的靈活性）。他們發現有七個原因，分別是：可爲國家政策提供證據本位之改革依據；可獲得科技能力去建設和開展各國自己的評量；經濟較不發達國家可獲得資金和援助；可加強國際關係；可響應或推動國家政治進程；可推動經濟增長；以及可爲課程和教學法提供資訊。就此可知，各國在己國條件與發展需求下，從國際測驗的評量上似乎都可以找到某項符應的目的或利益，故有了參與的動機。

在過去五十年的發展過程中，ILSA 評量文化主要有兩個改變（Pizmony-Levy, et al, 2014）：第一個變化：所有權從研究人員轉移到政府。IEA 成立於 1958 年，是第一個開展 ILSA 的組織，最初是由 UNESCO 贊助的學者組成的，對於這些學者來說，使用大規模量化數據去比較教育系統是由智力目標驅動的。1990 年代中期以後，學者被官方代表取代，IEA 大會 1986 年時政府機構代表的比例爲 43.3%；1998 年上升至 59.6%，到 2012 年躍升至 73.4%。來自學術和研究機構的代表相應地從 56.7% 下降到 40.4%，然後再降到 26.6%。當更多的國家代表加入時，ILSA 就像是政府的事情，而不再是學者做研究了。

第二個變化是從強調研究變成強調政策、品質和績效責任。在最初的幾十年裡，運營 ILSA 計畫的主要目的是爲了基礎教育研究制定的。當時 IEA 對閱讀、英語和法語作爲外語、課堂環境、公民教育和教育中的計算機等主題進行了多樣化的研究，研究結果的呈現是按照國家的字母排序，避免使用像是「賽馬」類的國家間競爭的話語。然而，在過去二十年中，這種以研究爲導向的理論基礎被政策導向的理論基礎所取代，後者與績效責任、教育品質指標以及國際競爭更爲相關。ILSA 所涵蓋的主題組合也不再那麼多樣化，僅側重基礎知識的數學、科學和閱讀，研究結果的呈現也改以各國成績排行（Pizmony-Levy, et al., 2014）。

ILSA 對各國教育影響的評價正負面均有，肯定面向有：1. 通過比較不同國家的測驗分數可以了解學生學了多少；2. 透過比較找出「最佳實踐」（best practice）國家的課程和教學法，可讓其他國家仿效；3. 促使國家教育決策者明確了解落後狀況而急起直追（Ramirez, Schofer & Meyer, 2018）。至於國際測驗對比較與國際教育的好處則有：經由蒐集到的龐大的關於各國學生、教師以及學校特質的資料更有利於進行比較教育研究並增加此學科地位（Carnoy, 2019）。

然而對 ILSA 的負面評價也頗多：如擔憂測驗被認爲類似於高利害關係的選拔考試和窄化對教育的理解，國際測驗可能代表一種壓迫性的制度，它削弱了教育機會、學生中心教學法、限縮課程內容以及測驗領導教學、影響教師士氣等（Ramirez, Schofer & Meyer, 2018）。再者，是對於測驗效度的質疑，由於測驗結果通常作爲引導各國教育政策之依據，然而卻不是基於任何直接的經驗證據，只是根據學生考試得分；其他批判，尚有以測驗的平均分數排行各國教育品質高低之不當；將測驗分數與經濟成長連結或認爲可以將教育實踐和結構輕鬆地從一個國家轉移到另一個國家之迷思等（Carnoy, 2019）。

作爲教育領域知識論全球治理的一個要素，ILSA 爲政策提供了具有國際可比性的證據，並塑造了各國對教育的理解和價值。國際大規模評量已成爲全球教育治理的一個重要組成部分，它強化了一種觀點讓各國信仰：即教育績效的比較對於經濟和教育政策的制定非常重要（Addey, et al, 2017）。誠如 Carnoy（2019）所言，無論好壞，在可預見的將來，國際測驗仍將繼續是比較和國際教育研究的重要課題，也仍然影響著全球教育的走向。

參 永續發展

與全球化、國際組織密切相關的全球治理下的一個目標是永續發展的教育（education for sustainable development）。英國的國際與比較教育學會（British Association for International and Comparative Education, BAICE）2017 年與教育發展論壇（Education and Development Forum, UKFIET ）合辦的年會[16]主題是「永續發展的學習與教學：課程、認知與脈絡」（Learning and Teaching for Sustainable Development: Curriculum, Cognition and Context）；美國 CIES 2019 年的主題「爲了永續性而教育」（ Education for Sustainability），顯示在UNESCO的發展目標下，帶領全球永續的教育發展，比較與國際教育相關學會也關切此議題。

16 BACIE 每兩年在英國大學舉行一次研討會，每隔一年爲 UKFIET 主辦之研討會提供支援。

1987年，聯合國的世界環境與發展委員會（World Commission on Environment and Development, WCED）出版《我們共同的未來》（*Our Common Future*）報告書，系統闡述了永續發展的想法；1992年聯合國在巴西里約熱內盧召開地球高峰會，通過「二十一世紀議程（Agenda 21）」，統整了貧窮、平等、生活品質與全球環境保護，把永續發展的理念規劃爲具體的行動方案，希冀各國關注並提倡永續發展的教育理念，強調對未來世代的關懷、對自然環境資源有限的認知以及對弱勢族群的扶助。2005年聯合國通過永續發展教育十年計畫（2005-2014）目標，期待透過教育帶起行動，朝千禧年發展目標（Millennium Development Goals, MDGs）邁進：解決貧窮、飢餓、愛滋病和瘧疾等問題，實踐兩性平權和永續使用環境資源等（UNESCO, 2021）。然而十年過後，結果卻不理想。2015年UNESCO發布的「全民教育全球監測報告」（Education for All Global Monitoring Report, GMR），僅三分之一的國家達到2000年聯合國千禧年發展目標設定的全民教育目標（Education for All, EFA）[17]。2015年聯合國大會通過了「改變我們的世界：2030年永續發展議程」的決議，並提出17項永續發展目標及其下的169個子目標，除了終結貧窮外，還包括提供優質教育、促進性別平權等訴求。這其中永續發展教育被描述爲「整體和轉型教育」（holistic and transformational education），不僅是爲了實現全民教育的「未竟事業」或「失信承諾」，而且也是爲了促進以價值觀爲基礎、以行動爲導向的教育，最終目的是改變態度、價值觀和行爲（Mochizuki, 2016）。

聯合國永續發展目標2030議程承認教育對實現永續發展至關重要。教育被納入與健康、發展與就業、永續消費、生產以及氣候變化等相關目

---

[17] 全民教育（Education for All）是1990年由UNESCO等多個國際組織在泰國通過了《世界全民教育宣言》，爲所有兒童、青年和成人提供優質基礎教育的全球承諾；2000年聯合國在塞內加爾通過〈千禧年發展宣言〉，隔年通過〈千禧年發展目標〉，同時重申2015年須完成六項全民教育目標。2002年12月聯合國大會提出永續發展教育十年計畫（2005-2014），全民教育內容與之有所重疊。

標。國際社會為 2015-2030 年行動採納的永續發展目標關於教育的永續發展目標 4（確保有教無類、公平以及高品質的教育及提倡終身學習）的具體目標 4.7 涉及到永續發展教育和相關方法，如全球公民教育、UNESCO 負責協調關於永續發展教育的全球行動方案等。

儘管永續發展的政策意圖良善，成為世界性的倫理企業，在聯合國教育促進永續發展十年（2005-2014 年）期間和之後在全球散發的無數政策文件、報告和宣傳單中，大多認為世界是一個單一社區，我們為所有人創造一個更為永續和公正的社會，所以必須將永續發展的價值觀融入教育和學習的各個方面。但並非所有人都接受這種政策論述的表面價值，並質疑永續發展教育正面臨被全球新自由主義議程吸納的嚴重風險，此議程試圖將經濟主義「一體適用」的參考框架強加給世界（Hellberg & Knutsson, 2018）。

Hellberg 與 Knutsson（2018, 98）以生物政治理論為依據，研究瑞典和盧安達兩國如何教導永續發展，結果發現瑞典學生被鼓勵在消費方面選擇永續的生活方式，而盧安達學生則被教導雨水收集和園藝等知識。永續發展教育在為不同的學生提供了不同的主體性，學生「被以不同的管道管理，獲得完全不同的人生軌跡」。全球新自由主義治理在永續發展教育具有很強的分化效應，實際上產生的是不同人群和生活方式的區別。

然而吾人若不採批判觀點看待國際組織主導的永續發展教育，而只就客觀事實檢視同樣引領全球發展的國際組織計畫或方案，Sinnes 與 Eriksen（2016）比較了 OECD 的 PISA 與 UNESCO 的永續發展教育，發現這兩種不同的措施塑造教育體系的方式存在不對稱性，與永續發展教育相關的教育實踐與提高 PISA 和其他測試分數相關的教育實踐之間存在緊張關係。PISA 對教育實踐產生的影響，如考試領導教學以追求國際測驗高分的結果，可能對實施永續發展教育產生反作用，這並不是因為 OECD 的 PISA 倡議比 UNESCO 的永續發展教育倡議有更大的改革壓力，而是因為前者的改革壓力所引領的方向，並不是後者想要的方向。

綜上，世界似乎在國際組織的各種方案或計畫的領導下出現教育的全球治理狀況，然而國際組織間各自目標、利益與規模不同的情況下，各行其是所造成的利弊影響或相互加乘及抵銷的效應，也是比較與國際教育學者關心之課題。

第四節　臺灣置入全球情境之參照

學科制度化與內容

一個學科制度化通常是以大學或師資培育機構有開設課程、出現以其爲名之專書與期刊及成立學會來認定（Manzon, 2018）。在大學課程方面，我國的比較教育學科自政府遷臺以來，大多是師範校院大學部的必修科目。雖說後來因師範校院本身的演變，加入綜合大學培育師資，但不論是教育學程或碩博士班，比較教育也大多是列在課程內爲必修或重要的選修科目[18]。1995 年國立暨南國際大學成立「比較教育研究所」碩士班，是國內唯一專攻此學術領域[19]的研究所，也顯示在該時期此學科頗受重視。

在專書出現方面，早期的相關著作多以描述或介紹各國教育制度爲大宗，其中美國與日本居多。若不算翻譯著作，以明確的「比較教育」爲書名而編撰的學者，以雷國鼎（1968《比較教育制度》、1978《比較國民教育》、1979《比較教育原理》）、楊國賜（1975《比較教育方法論》）及林清江（1983《比較教育》）等人之著作較早出現。這些學者分別自美英留學返國，自是將當時在歐美盛行的比較教育學引介回來。

在學會方面，中華民國比較教育學會創立於 1974 年。由孫邦正、雷國鼎、郭爲藩、林清江、黃昆輝、楊國賜等發起，主要任務爲蒐集與介紹世界主要國家教育狀況與新動向、從事比較教育學術研究以及增進國際了解與學術交流合作。由此學會發行之期刊，一開始是 1982 年 12 月發行的《中華民國比較教育學會比較教育通訊》，1997 年 5 月改名《比較教育》

18 各校學科名稱大同小異，大多採「比較教育」、「比較教育研究」或「比較教育方法論」等名稱。

19 該所後來併入大學部，現在名稱爲「國際文教與比較教育學系」。

一年出版一期，自 1999 年起以半年刊發行迄今。

從上述師資培育機構開課、專書出版、學會成立及期刊出版，可知比較教育學科在臺灣制度化的時間頗早。至於其研究的內容，暨南國際大學比較教育研究所羅玉如（1999）的碩士論文《臺灣比較教育研究的歷史發展》，梳理了從 1946-1998 年間此學科的發展狀況，發現以區域、單一國家研究最多，大多採用描述與文獻整理方式完成。黃柏叡（2012）參照 Kohl, Rust, Little 與 Cook 等西方學者分析國際上重要的比較教育期刊之方式，檢視臺灣 1982-2011 年《比較教育》期刊的內容，也同樣發現以單一國家為研究對象及論述的文章、以及採質性取向方法的文章最多，此與國外學者的發現類似。美國比較教育學者 Altbach 對於此領域絕大多數是關於單一國家的案例研究或只是兩個國家間的比較，而鮮見大範圍的區域或全球性比較研究的看法是，大規模跨國研究需蒐集大量的資料以及對不同國家社會經濟文化與教育體系深刻理解，由於大多數學者缺乏來自政府、國際組織或基金會的經費支持，比較教育研究的範圍與規模自然有其局限（高杭，2017）。這或許也解釋了前述當國際組織以其龐大人力、資源及國際政經關係進行全球性的教育計畫、指標設定及測驗等大規模方案時，個別學者頗多只能依附於國際組織的資料庫作次級研究了！

比較教育學科在臺灣另有一特殊地位，那就是國家公務員考試教育行政人員的考科（高考與地方特考三級，高考二級比較教育與教育史合為一科），這也是讓此學科地位獲得保障，而能在師資培育機構受到重視的原因之一。檢視近五年（2015-2020），每年高考三級與地方特考的比較教育學科試題，也可看出此學科最近重視之熱點。在總共 40 題的考題內（有些題目是一大題內有四小題名詞解釋）[20]，大約有 11 題與國際組織、國際成就測驗相關，如 UNESCO 的教育的未來、OECD 的核心素養、教育概覽及 PISA、教學與學習國際調查（Teaching and Learning International

---

[20] 2015-2020 公務人員高等考試三級與特種考試地方政府公務人員考試試題，請參閱考選部網站，考畢試題查詢。https://wwwq.moex.gov.tw/exam/wFrmExamQandASearch.aspx

Survey, TALIS）、國際組織的資料庫等。雖然這些題目或許只是出題教師的個人偏好，然而以考選部選聘出題教師儘可能具學科代表性來看，似乎也可看出此學科在臺灣跟著全球發展依循國際組織以及追逐國際評比的發展趨勢。

 參與國際評量與調查

臺灣目前參與的國際大規模評量有 OECD 主辦的 PISA, TALIS 以及 IEA 負責的「國際數學與科學教育成就調查」（TIMSS）、「促進國際閱讀素養研究」（Progress in International Reading Literacy Study, PIRLS），以及「國際公民教育與素養調查研究」（International Civic and Citizenship Education Study, ICCS），與世界國家相同，測驗結果往往被學者、行政人員與教育人員參閱研究，對照國際排名，檢討並提出己國改進方向。

如針對 2018 年 PISA 測驗成績，臺灣低閱讀表現學生比例增加，教育部提出的回應是將積極透過「提升國民中小學學生閱讀素養實施計畫」，發展自主閱讀學習的課程教學模式、提升教師閱讀素養教學專業、設置自主閱讀空間，並強化偏遠地區閱讀資源及增加閱讀教師，以增進國中小學生閱讀素養。」（教育部，2021）又如對於 2019 年我國第六次參與調查的 TIMSS 結果，我國學生數學與科學的學習感到疏離的百分比高於國際平均，則期待藉由推動 108 課綱，落實自然領域探究與實作課程、提升數學教師素養導向教學與評量實務等方式來培養學生自然領域與數學學習興趣（教育部學前及國民教育署，2021）。

此外，OECD 於 2018 年開始第一屆 TALIS，每五年調查一次，是針對學校學習環境與教師工作情況的國際性調查，以教師與校長提供的資訊，作爲政策發展的依據，臺灣 2018 年參與。然而，在正式調查之前，教育部爲預先準備，乃邀請專長各國的教育學者先就 OECD 2013 年的調查報告進行翻譯及研究，臺灣《比較教育》期刊在 2018 年 5 月以專刊形式，刊登了臺灣學者對日本、英格蘭、法國、瑞典及愛沙尼亞 2013 年參

加 TALIS 的結果之研究[21]。

爲積極回應這些國際評量與調查，臺灣於國家教育研究院下成立「國際評比辦公室」（Taiwan International Large-Scale Study Center）開宗明義即表明依據國際評比結果作爲國家教育政策依據，其成立宗旨陳述「因應承辦國教署暨科技部補助之多項國際教育評比業務，爲求統籌應用各項評比結果作爲國家教育政策參考依據，以提昇國家整體教育競爭力，特成立國際評比辦公室作爲國際合作端及國內執行端之樞紐。」（國際大型教育評比調查專案辦公室，2021）臺灣 2018 年 TALIS 的綜整報告中，也希望將臺灣的結果和芬蘭、日本、韓國、新加坡等四個教育標竿國家進行參照比較，同時作爲教育政策制定之證據基礎（柯華葳、陳明蕾、李俊仁、陳冠銘，2019）。

全球化或只是追尋英美日？

Bray（2003）談到 1990 年後中國與西方的交流增加，然而二者間的思想交流並不平衡：中國學者受西方的影響較大，可從漢翻英的書籍數量遠遠少於英譯漢的數量看出。這或許反映了中國當時處於改革開放後努力要追趕西方的意志；也可能是西方以現代化理論之「先進國家」（advanced countries）自居，而較不會向發展中國家學習。但是 Bray（2003）也發現即便中國是發展中國家，但對其他發展中國家教育的學術分析比發達國家要少得多，這或許是決策者認爲從「窮國」學到的東西比從繁榮國家學到的要少！此除了反映「邊陲國家」對「核心國家」依賴的無奈與習性外，也深刻顯現「發展較後」的國家本身也會有國家間等級差別的意識形態，而較少關注發展中國家！

臺灣似乎也出現類似狀況，我們經常從所謂「世界主要國家」媒體的觀點看世界（如 CNN、BBC 新聞），耳濡目染下，似乎自我催眠也是屬

21 可能受限專刊篇幅不夠，同樣研究團隊另一篇〈TALIS 2013 韓國教師工作滿意度影響因素之階層線性模型分析〉刊載於 11 月份。

於此類國家？ 所以全球化在臺灣是否只是西化呢？或更狹窄的只是英美化或日本化呢？譬如我們熟悉源自美國的可汗學院（Khan Academy）[22]或日本佐藤學[23]的學習共同體，卻很少了解印度「牆中洞」引導兒童自我學習之教育實驗或委內瑞拉以國立青少年管弦樂團系統幫助底層階級家庭的孩童，經由文化資本的賦予而給他們未來一個機會！（沈姍姍，2018）

第五節　結語

Jullian 1817 年在《關於比較教育的工作綱要與初步意見》一開章就痛陳歐洲各國教育的不完善與缺陷，舉出哲學家從蒙田、培根、羅蘭、富蘭克林及貝斯多等都不斷地譴責當時的教育制度與方法。然而徒抱怨不足成事，所以要改、要有系統地改、要有系統地比較各國教育目標、課程、各類學校、年級銜接、教學方法等，然後判斷哪國是先進或落後、哪國的發展停滯及缺點、哪國教育的經驗可以引進，並就己國的社會環境和地區情況確定其是否適用而加以修改和變革（引自朱勃、王孟憲，1988）！

過了 83 年，Sadler 在不能任意引進外國教育方面，發表了與 Jullian 類似的主張，在其 1900 年著名的演講〈我們能從研究外國教育體系中學到多少具有實用價值的東西？〉，提醒我們走在滿是艷麗奇特的異國花園，不是隨意摘一朵花、一些枝枒種到自己庭院，就期待繁花盛開！Sadler 強調系統研究其他國家教育以及支撐其後的整個背景，方能幫助理解和改革自己的教育課題（Sadler, 1900）。

再過 100 年，King（2000）撰述比較教育的百年發展，從借鑒時期後朝向更多元、複雜的方向發展，研究的內容、重點、關注點、意圖和政治意義一再改變，他指出教育的比較研究現在比以往任何時候更像是一個進化過程，不斷更新的個人和共同學習的比較研究比從前更加必要和有效。

22　可汗學院的創立者 Salman Khan 是孟加拉裔美國人，其能發展可汗學院與其身處美國社會擁有的資源及國際視聽頗有關係。

23　佐藤學是日本教育學博士，他針對日本孩童失去學習動機、出現「從學習中逃走」的現象，提出了「學習共同體」的改革方案。

這是一個不斷在尋求身分認同、也不斷跟著世界發展亦步亦趨地將教育議題更新的學科／領域，或許對其學科地位、範疇、內容與方法的分歧與論辯仍會持續，然而認知「所有知識的基礎是比較」[24]以及從比較中改善自己與了解他人的學科初衷依然值得堅持。臺灣此學科／領域的發展或許受限於國際地位困境、西方學術強勢主導、外語學習不夠多元及研究經費不充裕等因素而緩步前進，然而其鼓勵學習者跳脫框架、開闊視野與胸襟的學科本質，一直是師資培育所需要的。

24 這是 Robert Edward Hughes（1901:52）在他的開創性著作《國內外的學校》所說的話「the basis of all knowledge is comparison」（引自 BERA special interest group Comparative and International Education, https://www.bera.ac.uk/community/comparative-and-international-education）。

參考文獻

朱勃、王孟憲編譯（1988）。**比較教育名著與評論**。吉林教育出版社。

沈姍姍（2009）。全球化發展與國際成就評量對教學影響之探討，**教育研究月刊，182**，126-141。

沈姍姍（2018）。從「邊陲國家」看比較／國際教育，世界是否會不同？載於林逢棋、洪仁進主編，**教育的密碼：教育學核心議題（二）**。臺北市：五南。

柯華葳、陳明蕾、李俊仁、陳冠銘（2019）。**2018教學與學習國際調查臺灣報告：綜整報告**。新北市：國家教育研究院。

高亞傑、饒從滿（2009）。施奈德的比較教育思想探析。**外國教育研究，36**(1)，19-24。

高杭（2017）。全球視域下的國際比較教育研究——美國著名比較教育學家阿特巴赫教授專訪。**比較教育研究**，9，7-12。

教育部（2021）。**臺灣PISA 2018成果發表記者會**。取自https://www.edu.tw/News_Content.aspx?n=9E7AC85F1954DDA8&s=7859A319DB24C59C

教育部學前及國民教育署（2021）**臺灣參加國際數學與科學教育成就趨勢調查（TIMSS 2019）成果發表**。取自https://www.k12ea.gov.tw/News/K12eaNewsDetail?filter=9F92BBB7-0251-4CB7-BF06-82385FD996A0&id=65befb59-246b-4445-ba8e-215307f5077d

國際大型教育評比調查專案辦公室（2021）。**成立宗旨**。取自https://tilssc.naer.edu.tw/about

黃柏叡（2012）。我國比較教育研究的內容與發展——比較教育期刊之分析。**比較教育，72**，1-24。

蔡娟（2017）。21世紀以來世界比較教育研究進展與趨勢——基於《比較教育》和《比較教育評論》的視覺化分析。**比較教育研究，324**，37-72。

羅玉如（1999）。**臺灣比較教育研究的歷史發展**。暨南國際大學比較教育研究所碩士論文。

Addey, C., Sellar, S., Steiner-Khamsi, G., Lingard, B., & Verger, A. (2017). The rise of international large-scale assessments and rationales for participation, *Compare: A Journal of Comparative and International Education*, *47*(3), 434-452.

Altbach, P. G. (1991). Trends in comparative education, *Comparative Education Review*, *35*(3), 491-507.

Arnove, R. (2015). Comparative education: Dimensions and trends. *日本比較教育學研究*, *50*, 168-177.

BERA (2021). *Special interest group: Comparative and International Education*, Retrieved from https://www.bera.ac.uk/community/comparative-and-international-education

Beecha, J. & Rizvib, F. (2017). Revisiting Jullien in an era of globalization, *Compare*, *47*(3), 374-387.

Bereday, G. Z. F. (1964). *Comparative method in education*. New York: Holt, Rinehart and Winston.

Bereday, G. Z. F. (1967). Reflections on comparative methodology in education, 1964-1966, *Comparative Education*, *3*(3), 169-187.

Bray, M. (2003). Comparative education in an era of globalization: Evolution, missions and roles, *Policy Futures in Education*, *1*(2), 209-224.

Brickman, W. (1960). A historical introduction to comparative education, *Comparative Education Review*, *3*(3), 6-13.

Broadfoot, T. (1977). The comparative education: A research perspective. *Comparative Education*, *13*(2), 133-137.

Carnoy, M. (1998). National voucher plans in Chile and Sweden: Did privatization reforms make for better education? *Comparative Education Review*, *42*(3), 309-337.

Carnoy, M. (2001). The Demise of the Nation-State? *Theoria: A Journal of Social and Political Theory*, *97*, 69-81.

Carnoy, M. (2006). Rethinking the comparative and the international. *Comparative Education Review*, *50*(4), 551-570.

Carnoy, M. (2019). *Transforming comparative education- Fifty years of theory building at Stanford*. California, Stanford: Stanford University Press.

Carnoy, M., & Rhoten, D. (2002). What does globalization mean for educational change? A comparative approach, *Comparative Education Review*, *46*(1), 1-9.

CIES (2018). *Re-Mapping Global Education: South-North Dialogue, call for paper.* Retrieved from https://cies2018.org/call-for-papers/.

Cohen et al. (2021). Deconstructing and reconstructing comparative and international education in light of the COVID-19 emergency: Imagining the field anew, *Comparative Education Review*, *65*(2), 356-374.

Comparative Education Review editors (2020). Black Lives Matter: Statement and action plan from the Comparative Education Review, *Comparative Education Review*, *64*(3), 355.

Compare(2021). *Aims and Scope*. Retrieved from https://www.tandfonline.com/action/journalInformation?show=aimsScope&journalCode=ccom20

Cook, B. J., Hite, S. J. & Epstein, E. H. (2004). Discerning trends, contours, and boundaries in comparative education: A survey of comparativists and their literature, *Comparative Education Review*, *48*(2), 123-149.

Cortina, R. (2019). "The passion for what is possible" in comparative and international education, *Comparative Education Review*, *63*(4), 463-479.

Cowen, R. (2000) Comparing Futures or Comparing Pasts? *Comparative Education*, *36*(3), 333-342.

Cowen, R. (2014). Comparative education: Stones, silences and siren songs, *Comparative Education*, *50*(1), 3-14.

Crossley, M., & Broadfoot, P. (1992). Comparative and international research in education: Scope, problems and potential, *British Educational Research Journal*, *18*(2), 99-112.

Crossley, M. (1999) Reconceptualising comparative and international education,

Compare: a journal of comparative education, *29*(3), 249-267.

Crossley, M. (2000). Bridging cultures and traditions in the reconceptualisation of Comparative and International Education, *Comparative Education*, *36*(3), 319-332.

Crossley, M., & Watson, K. (2003). *Comparative and International Research in Education: Globalization, Context and Difference*. London: Routledge Falmer.

Dados, N. & Connell, R. (2012). The global south. *Contexts*, *11* (1), 12-13.

Davidson, P., Dzotsenidze, N., Park, M. and Wiseman, A. (2020). *Compare in Contrast: A 50 year retrospective examination of Compare*. BAICE research report. Retrieved from https://baice.ac.uk/compare/journal-retrospective-study-report/

Evans, K., & Robinson-Pant, A. (2010). *Compare*: exploring a 40-year journey through comparative education and international development, *Compare*, *40*(6), 693-710.

Ficarra, J. (2017). Comparative international approaches to better understanding and supporting refugee learners, *Issues in Teacher Education*, *26*(1), 73-84.

Game, A., & Metcalfe, A. (1996). Passionate sociology. London: Sage Publications.

Ginsburg, M. (2003). Comparative perspectives on terrorists, despots, and democracy: What our children need to know, *Comparative Education Review*, *49*(1), 89-108.

Hellberg, S., & Knutsson, B. (2018). Sustaining the life-chance divide? Education for Sustainable Development and the Global Biopolitical Regime, *Critical Studies in Education*, *59*(1), 93-107.

Hickle, J. (2012). *A short history of neoliberalism (And how we can change it)*, New Left Project. Retrieved from https://www.academia.edu/38364529/A_Short_History_of_Neoliberalism_And_How_We_Can_Change_It_

Husén, T., & Postlethwaite, N. (eds.).(1994). *The international encyclopedia of education,* Oxford: Pergamon.

King, E. (2000). A century of evolution in comparative studies, *Comparative Education, 36*(3), 267-277.

Kubow, P. K., & Fossum, P. R. (2007). *Comparative education: Exploring issues in international context*. Boston: Pearson Merrill.

Manzon, M. (2011). *Comparative education: The construction of a field*. Hong Kong: Springer and the Comparative Education Research Centre. The University of Hong Kong.

Manzon, M. (2018). Comparative education histories: a postscript, *Comparative Education, 54*(1), 94-107.

Masemann, V., Bray, M., & Manzon, M. (ed.)(2007). *Common Interests, Uncommon Goals Histories of the World Council of Comparative Education Societies and its Members*. Springer.

McNeedly, C. L., & Cha, Y. K. (1994). Worldwide educational convergence through international organizations: Avenues for research. *Education Policy Analysis*. 2(4). Retrieved from https://www.researchgate.net/publication/49609858_Worldwide_Educational_Convergence.

Mochizuki, (2016). Educating for transforming our world: Revisiting international debates surrounding Education for Sustainable Development, *Current Issues in Comparative Education, 19*(1), 109-125.

OCIES (2021). *About OCIES*. Retrieved from https://ocies.org/about-ocies/

OECD (2021). *Germany's PISA's shock*. Retrieved from https://www.oecd.org/about/impact/germanyspisashock.htm

Parkyn, G.W. (1977). Comparative education research and development education. *Comparative Education, 13*(2), 87-93.

Pizmony-Levy, O. et al. (2014). On the merits of, and myths about, international assessments, *Quality Assurance in Education, 22*(4), 319-338.

Postlethwaite, T. N., & Husen, T. (ed.) (1994). *The International Encyclopedia of Education*. Elsevier Science Ltd.

Ramirez, F. O., Schofer, E., & Meyer, J. W. (2018). International tests, national assessments, and educational development, 1970-2012, *Comparative Education Review*, *62*(3), 344-364.

Rust, V.D., Soumare, A., Pescador O., & Shibuya, M. (1999). Research strategies in comparative education, *Comparative Education Review*, *43*(1), 86-109.

Rust, V. D., Johnstone, B., & Allaf, C. (2009). Reflections on the development of comparative education. In *International handbook of comparative education* (pp. 121-138). Dordrecht: Springer.

Sadler, M. (1900). How far can we learn anything of practical value from the study of foreign systems of education? Address of 20 October. In J.H. Higginson (Ed.), *Selections from Michael Sadler* (pp.48-51). Liverpool: Dejall & Meyorre.

Sahlberg, P. (2012). *Global Educational Reform Movement is here*! Retrieved from https://pasisahlberg.com/global-educational-reform-movement-is-here/

Santos, Boaventura de Sousa (2014). *Epistemologies of the South: Justice against epistemicide*. Routledge.

Schriewer, J. (2006). Comparative social science: characteristic problems and changing problem solution, *Comparative Education*, *42*(3), 299-336.

Silova, I. et al. (2020). Beyond the human: Rethinking education and academic conferencing during the times of climate crisis, *Comparative Education Review*, *64*(4), 749-752.

Sinnes, A. T., & Eriksen, C. C. (2016). Education for Sustainable Development and International Student Assessments: Governing education in times of climate change, *Global Policy*, *7*(1), 46-55.

Takayama, K. (2018). Towards a new articulation of comparative educations: Cross-culturalising research imaginations, *Comparative Education*, *54*(1), 77-93.

UNESCO (2021). *UN decade of ESD*, retrieve from https://en.unesco.org/themes/education-sustainable-development/what-is-esd/un-decade-of-esd

Vavrus, F., & Bartlett, L. (2006). Comparatively knowing: Making a case for the vertical case study, *Current Issues in Comparative Education*, Vol.*8*(2), 95-103.

Vulliamy, G. (2010). Educational reform in a globalised age: What is globalisation and how is it affecting Education world-wide? 幼兒教保研究期刊，*5*，1-16。

Watson, K. (2001). Introduction: Rethinking the role of comparative education, in K. Watson (ed.) *Doing comparative education research*. Oxford: Symposium Books.

Wickens, C. M., & Sadlin, J.A.(2007). Literacy for what? Literacy for whom? The politics of literacy education and neocolonialism in UNESCO and World Bank-sponsored literacy programs. *Adult Education Quarterly*, *57*(4), 275-292.

Wilson, D. (1994). Comparative and international education: Fraternal or siamese twins? A preliminary genealogy of our twin fields, *Comparative Education Review*, *38*(4), 449-486.

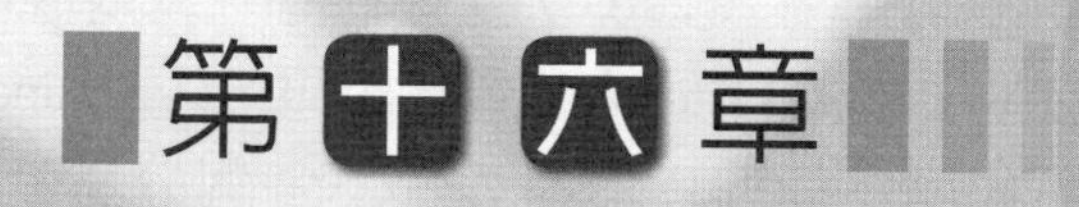

程式設計教育的趨勢與展望

賴阿福

 前言

Taylor（1980）將電腦視爲被教導者（Tutee），以詮釋程式設計學習，Jonassen（1996, 2000）則認爲程式設計是心智工具或認知工具（mind / cognitive tool）。從 1980 年代開始許多研究紛紛探討程式設計對於學習者（尤其是中小學生）之高層次認知的影響，尤其 1967 年 Wally Feurzeig、Seymour Papert 與 Cynthia Solomon 設計 Logo 語言（Logo 一詞源自希臘語邏輯），且 Papert（1980）撰寫 Mindstorms 書後，興起程式設計研究風潮；程式設計學習風氣已成近年來新趨勢，但賈伯斯早在二十年前就曾大力推崇；「每個人都要學程式、要懂電腦語言，因爲那教你如何思考」（Papert, 1980）。美國總統歐巴馬 2014 年 12 月透過 Youtube 鼓勵美國年輕人：「不要只會買電腦遊戲軟體，嘗試自己寫出一套軟體；不要只會下載最新應用軟體（apps），試著幫助設計；不要只會在手機上玩遊戲，試著自己寫出一套。」近年來歐美國家開始讓孩童從學齡起，就開始學程式語言，英國教育部在 2014 年發起「兒童學習程式設計」的教育計畫，規定小朋友從五歲開始就要學習程式設計雛形概念；愛沙尼亞在 2012 年開始推動「虎躍計畫」（Proge Tiiger）將程式設計列爲小學一年級學童必修課，由上可知，世界各國將程式設計列爲中小學教育之重點。

程式設計的過程包含程式規劃、理解、修改、除錯等多方面的技巧（Rogalski & Samurcay, 1990），學習、理解及精通程式是困難且複雜的，尤其對於初學者（Gomes & Mendes, 2007, 2008; Lahtinen, Ala-Mutka, & Järvinen, 2005; Robins, Rountree, & Rountree, 2003; Mazlack, 1980 ; Hostetler, 1983 ; Kelleher & Pausch, 2003 ; Mannila, Peltomäki, & Salakoski, 2006），且歷經二十多年似乎未曾變化（Simon, 2011），亦不分年齡（Guzdial, 2004）；雖然許多程式語言不斷出現，但學生仍然面臨相同或類似迷思概念，且比三十年前更嚴重（Mladenovic, Boljat, & Žanko, 2018）。

抽象能力（abstract）被視爲是程式概念的核心，學習程式設計需了解及應用抽象的程式概念，以產生具體的問題解決演算法（Gomes & Mendes, 2007, 2008; Lahtinen, Ala-Mutka, & Järvinen, 2005; McKenna,

2004），但許多學生並未發展到充足的正規思維能力，因此學習程式設計對他們是困難的，甚至中輟，以 Piaget 的認知發展理論而言，十一至十五歲才進入抽象思維之形式運思期，且 Fusco（1981）的研究顯示僅三分之一的十多歲年輕人進入形式運思期，因此學習程式對年輕人具有極大挑戰性。然而 Moreno-León 與 Robles（2013）認為應透過學習程式設計，來提升問題解決能力，換言之，不僅要 learn to code，亦應 code to learn，透過學習程式設計增進抽象思維及問題解決能力。

如何改善初學者程式學習之困境，是教育重要任務，其策略包含教學學方法及輔助學習環境或學習方式，後者包含具體概念性模式（Wu, 1993）、視覺化語言、類比教學、動畫教材、多元範例、微世界等，此外，Milne 與 Rowe（2002）建議提供視覺化工具（program visualization）以提升學生學習動機及協助學生了解程式運作方式，進而減少程式迷思概念、增進程式設計解題能力。

臺灣的十二年國民基本教育將文字式（text-based）程式設計列為高中生必修課程，符合世界趨勢，但教學面臨許多困境，如學習心態、態度落差、迷思概念（賴阿福、岑泮嶺，2019），大學程式設計初學者的學習問題與高中雷同；本文作者在 2016 年開始受臺北市政府教育局邀請，擔任高中跨校選修程式設計（直播）課程教師，在這八個學期教學中，觀察及體認到高中程式設計學習問題，從變數、邏輯表示式、分支、迴圈、陣列、函數等存在許多迷思概念，且本文作者亦有三十多年大學教學經驗，尤其是資料結構課程教學，亦觀察上述類似問題及遞迴概念之錯誤心智模式，這些問題嚴重影響資料結構課程內容學習成效，解決或減少這些迷失概念有其必要性及重要性；文字式程式語言學習包含語言語法、語意與解題，以前者而言，對於初學者是抽象的，學習上有相當困難度，易產生學習挫折，甚至抹殺具有學習潛能的學生，後者須學習問題解決方法及結合語法、語意來撰寫符合解題目標之程式，這些學習面向都有賴於數位化輔助學習環境及學習策略，以協助學生提升學習興趣及成效。

本文主要目的之一在於探討程式設計的認知成效、學習問題與迷思概念及可能形成原因，降低學習困難的相關程式設計教學架構或模式，且由分析初學者迷思概念及解題策略，以分享本文作者在大學與中學的程式設計教學經驗，作爲程式設計教學參考；目的之二旨在分析國內近二十年程式設計教育相關研究的重要議題，包含程式設計教育的學習理論及學習策略、程式設計課程與教材發展、程式設計之輔助學習平臺開發、程式設計之解題、認知歷程與學習困難研究、女性之程式設計教育議題，最後提出程式設計教育的未來展望。

程式設計學習的認知成效（cognitive outcome）

過去有些研究顯示程式設計學習具正向效益，如 Clements 與 Gullo（1984）研究發現六年級學童學習 logo 比接受 CAI 學童，能改善其反省、擴散思考、後設認知能力；Oprea（1988）之研究發現，學童學習六週 BASIC 程式設計後，在程式能力、一般化、了解變數等表現都優於控制組；Miller、Kelly 與 Kelly（1988）之研究發現，五、六年級學童經過一年的 Logo 學習，其在 Logo 相關問題解決、一般問題解決、空間推理能力（如幾何圖形之心智旋轉）等表現較佳。

推理能力是高層次思維過程之核心關鍵，Many、Lockard、Abrams 與 Friker（1988）採用推理技巧測驗以評估學習 Logo 對於推理能力影響，對象爲七、八年級學生，接受爲期 9 週實驗，其研究結果顯示接受 Logo 學習學生在推理能力顯著高於爲未學習 Logo 之控制組。Zirkler 與 Brownell（1991）探索 Logo 程式設計對於大學生一般類比推理技巧影響，其研究發現學習 Logo 可導致此項效益，且若經過完整學習會具有學習潛移；Reeder 與 Leming（1994）探討 Logo 學習對於三年級學習弱勢學生的推理能力影響，研究結果顯示 Logo 學習組在推理分數顯著高於控制組；Clements（1985a）總結 Logo 程式設計之學習效益：(1) 程式設計鼓勵社會互動、正向自我概念、正向學習態度、獨立工作習慣；(2) 提升特定問題解決之行爲；(3) 強化特定後設認知能力及創造力；(4) 對於分類、序列化等技能具有正向影響；(5) 對於學習遷移成效仍無解。Lockard、Abrams 與

Many（1997）認為 Logo 程式設計不是解決教育問題（education ills）的萬靈丹，也不是發展高層次能力的奇特工具，但只要具有清楚定義目標及實施計畫之課程，Logo 程式設計將超越傳統教育成為優質學習工具（Watt & Watt, 1992）。

反之，有些研究顯示程式設計學習不具正向認知效益，如規劃被認為程式設計的重要活動或技巧（Papert & Harel, 1991; McCoy, 1996），但 Pea 與 kurland（1984）研究發現 Logo 學習者在規劃技巧未優於控制組；Jansson、Williams 與 Collens（1987）的三個研究發覺程式設計學生在條件推理並無改善；Kurland、Pea、Clement 與 Mawby（1986）研究指出程式設計經驗無法遷移至相關屬性的其他領域。Ahmed（1992）檢視 21 個研究，發現這些研究中一半結果顯示正向成效，另一半則無成效；Liao 與 Bright（1992）以後設分析方法探究程式設計的認知成效發現，大部分研究指出學習程式設計的學生在認知測驗成績高於未學習程式設計學生，但差異不大，尤其在短期課程及學習 Logo。

但教學方法會影響認知成效，如 Swan 與 Black（1989）的研究指出，明確地教導問題解決策略且將這些策略運用 Logo 來解題，比只單純教導 Logo 實作或傳統問題解決教學更有成效，此結果與其他研究觀點類似，如運算思維融入教學（賴阿福，2016；Erümit, et al., 2018）。

近十年來有些研究指出程式設計學習具正向認知效益，能發展問題解決能力（Bergersen & Gustafsson, 2011; Brown, Mongan, Kusic, Garbarine, Fromm, & Fontecchio, 2013; Kalelioğlu & Gülbahar, 2014; Lai & Lai, 2012; Lai & Yang, 2011）、強化高層次思考能力（Kafai & Burke, 2014; Shih, 2014）、增進動機（Akpınar & Altun, 2014）、改善創造性思考能力（Fesakis & Serafeim, 2009; Kobsiripat, 2015）、發展運算思維中演算法思考能力（Erümit et al., 2018）。在 Wing（2006）提出運算思維後，受到資訊教育領域重視，且 2016 年 ISTE NETS for students 更將運算思維列為十項重要能力，即期望學生成為運算思維者，因而有更多運用程式設計提升運算思維之研究。

Resnick 等（2009）認為資訊時代學習者不能只限於瀏覽資訊而已，

應運用資訊工具進行創作，以呈現數位流暢（digital fluency）之能力；程式設計可被作爲發展所有運算思維各面項的教育工具，對於培養運算思維是重要，但若程式設計只是在解決傳統問題，其在強化學生運算思維的教育功能是無法令人信服，若能在學習過程中強調資料分析、問題解析及設計等技能，程式設計是不錯的問題解決的學習活動（Mannila, Settle, Dagiene, Demo, Grgurina, Mirolo, & Rolandsson, 2014）；Basawapatna、Koh、Repenning、Webb 與 Marshall（2011）認爲以程式進行遊戲設計所培養之運算思維能力，具有遷移至科學模擬的潛能；但有些學者仍然認爲程式設計不適合於低年級教育（Lu & Fletcher, 2009）。Lu 與 Fletcher（2009）將程式設計對等於數學的證明，且此關鍵能力不應直到高等教育的資訊科學課程才能精通。對於低年級而言，結合程式設計的運算思維活動是可行。

參 初學者程式設計的學習問題與迷思概念

一、初學者程式設計的學習問題

在近四十年許多研究都顯示程式設計對初學者是困難、複雜，且此現象是全球共同的問題（Fung, Brayshaw, Du Boulay, & Elsom-cook, 1990; Gomes & Mendes, 2007; Vihavainen, Airaksinen, & Watson, 2014），亦不因特定程式語言而有差異（Tew, 2010; Kunkle, 2010）；Lister（2016）研究指出，大學程式設計課程並未成功地教導大學生學會程式設計的基礎概念。爲何程式設計是困難的？許多研究認爲是程式本身抽象特質且問題解決之本質所造成，因此程式設計不是單一技能，而需同時運用多項高層次認知能力，以解決特殊問題，程式設計是一項複雜認知活動（Robins, Rountree, & Rountree, 2003; Lahltinen, Ala-Mutka, & Jarvinen, 2005; Bennedson & Caspersen, 2007）；此外，有些研究認爲學習者缺乏學習動機，他們無法建立正確程式設計心智程式（Ben-Ari, 1998），或無法建立清楚的程式流程（program flow）模式（Milne & Rowe, 2002）。

Sleeman、Putnam、Baxter 與 Kuspa（1984）認爲能有效撰寫程式的學習者，須具備下列能力：在特定程式語言之語意、語法擁有良好知識、能夠偵錯、能分析複雜任務及設計演算法，以解決任務。從事程式設計須具備到三類型知識（Bayman & Mayer, 1983; Linn & Dalbey, 1986 ; McGill & Volet, 1997）：(1) 語法知識（syntactic knowledge）：此與語言特質有關，像程式敘述（statements）的文法及格式，由於電腦語言之語法規則十分嚴格（相對於自然語言），因此對於初學者而言，精通語法是十分具有挑戰性，且易於產生迷思概念，如初學者可能將指派敘述寫法反轉（如 9 = x）（Ma, Ferguson, Roper, & Wood, 2001）。(2) 語意知識（semantic Knowledge）：即了解程式碼的意義與用途，以完成特定目標或解決問題之程式，但這些過程需要設計技巧（design skill），且結合語言特質，方能完成特定目標（Linn & Dalbey, 1986），換言之，了解語意及運用設計技巧方能撰寫所需程式碼。(3) 策略知識（strategic knowledge）：撰寫有效用及有效率程式需要策略知識，策略知識能使程式設計者發展、詮釋、評估及抓錯（Bayman & Mayer, 1983），即策略知識使程式設計者能應用語法、語意知識以發展程式；許多初學者欠缺策略知識，使其在程式設計時易於遇到困難（Lahtinen, Ala-Mutka, & Järvinen, 2005），雖知道語法及語意，卻無法結合語法及語意特質以撰寫正確程式（Winslow, 1996）。策略知識即爲問題解決策略，對於撰寫正確程式具關鍵性，應在程式設計學習初期即將情境化問題逐步導入程式撰寫活動中。

爲了改善上述學習問題，許多教學者會調整其學習成效期望，或運用教學或學習策略，包含配對程式設計（pair programming），遊戲式學習（game-based learning），同儕教導、認知學徒制（apprenticeship）；另一增進學習效果策略是開發學習系統或學習教材，如採用動畫技術之程式動畫，或是設計視覺化教材如 Sirkiä 與 Sorva（2012）的「visual program simulation (vps)」，vps 是運用程式閱讀活動（program-reading），以程式動態觀點，讓學生追蹤程式，以改善學生對於程式了解狀況，增進學習成效。此外，亦有其他策略，如將遊戲設計導入專題（game-themed project），作業採用分組或合作學習（team-based learning），計分方式改變，如程式實作活動比重增加（Vihavainen, Airaksinen, & Waston, 2014）等，將在後面章節進行系統化描述。

二、程式設計初學者迷思概念

Pea（1986）的研究指出，縱使經過一年或更多年程式學習，學生仍然存在困難，包含預測程式輸出結果（即追蹤程式）、命令執行順序、原始程式撰寫與偵錯，且這些學習困境不限於小學生、中學生、大學生，甚至成人也出現同樣現象。Pea（1986）認爲初習者容易將自然語言與程式語言混肴，因而提出程式語言獨立之概念性錯誤或誤解（conceptual misunderstandings or bugs）的三種類型：(a) 平行化錯誤（Parallelism bugs）：程式中不同行的指令或敘述能同時被啟動，如學生不認爲圖 1(A) 是有問題，或學生認爲圖 1(B) 中，先執行 print s，再執行 print "Hi"。

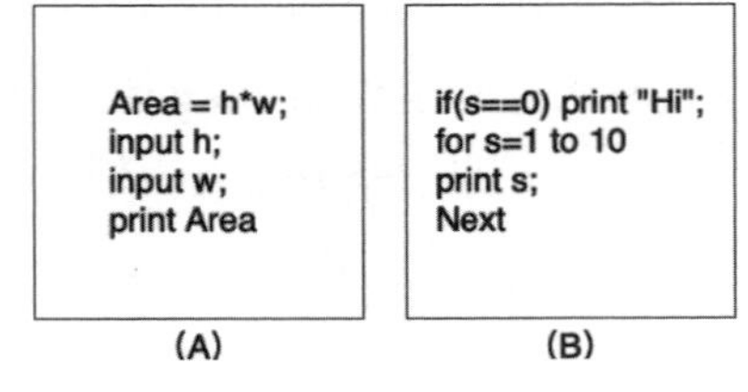

圖 1　平行化錯誤例子（Pea, 1986）

(b) 有意圖的錯誤（Intentionality bugs）：以目標引導或預測程式，因此超越所給予資訊，如下圖 2 之 logo 遞迴程式，學習者可能將此程式視爲畫正方形而已，當然遞迴程式比迴圈程式更爲複雜；此錯誤是因爲學習者對於理解及追蹤程式之困惑所造成。

```
To shape : s
if  =10 stop
RP 4[ FD:S RT90 ]
shape: s/2
END
```

圖 2　logo 程式（Pea, 1986）

(c) 自我中心的錯誤（Egocentrism bugs）：學生會過度假定眞正程式

碼所能完成的功能，如變數初值被忽略，學生可能認爲電腦會知道且自動塡入，好像人類傾聽者能主動加入說話者所忽略的部分。又如 Logo 程式，Repeat 4[Forward 30]，學生認爲它是畫正方形，欠缺 "RT 90"，電腦應知道要塡入。

上述錯誤類型可能是將程式語言類比（analog）於自然語言，學生未能了解程式指令是嚴謹循序執行之正規化、機械式系統，與人類智慧型對話語言迥然不同，尤其人工智慧受到重視的時代，更應避免學習程式設計之越級錯誤（super bugs）發生，太多自動化或智慧型系統都宣稱人工智慧產物，讓初學者因生活化類比，將程式指令之有限性提升（誤解）爲智慧化能力，造成初學者更多程式迷思概念或認知扭曲。

Bayman 與 Mayer（1983）診斷 BASIC 程式初學者之迷思概念，包含：(1) 學生對於輸入命令是從何獲取資料及如何存到記憶體等感到困難；(2) 將指派敘述與數學方程式混淆；(3) 輸出指令混淆，即輸出變數內容及變數。

有許多與程式語言無關的程式迷思概念，包含變數、迴圈、條件敘述（Du Boulay, 1986; Fung, Brayshaw, Du Boulay, & Elsom-Cook,1990; Kurvinen, Hellgren, Kaila, Laakso, & Salakoski, 2016; Simon, 2011; Ma, Ferguson, Roper, & Wood, 2001），如一個變數可包含多個値，變數指派方向非由右而左，陣列索引與變數混淆、物件及基本變數（primitive variable）無法區分（Du Boulay, 1986 ; Sorva, 2012, 2018; Kurvinen, Hellgren, Kaila, Laakso & Salakoski, 2016）；在物件導向語言之共通學習困難，包含變數與物件之有效範圍及可視性、模組、繼承、一般抽象、測試及偵錯、例外處理（throwing and handling of exceptions）等概念（Goldman, Gross, Heeren, Herman, Kaczmarczyk, Loui, & Zilles, 2008）。與 Goldman 等（2008）之研究結果相近，Kaczmarczyk、Petrick、East 與 Herman（2010）列出四個主要程式學習問題：誤解記憶體及指標結構、誤解迴圈之處理過程，欠缺物件基本概念、無法追蹤既有的程式碼。其中誤解記憶體結構，可能是不了解程式如何在記憶體中執行，如變數及物件如何儲存在主記憶體，因此未建立正確心智模式（Milne & Bowe, 2002）。

Sirkiä 與 Sorva（2012）依據學生在 VPS 操作，列出學生的迷思概念類型：(1) 指派敘述、類別結構或布林：「反向指派」即將左邊變數指派給右邊變數（右邊其實是運算式）；「將條件式等於或小於，指派給條件式左邊變數」，如 if（x==0）或 while（i<9）；「錯誤分支」，即使條件不符合仍然執行至 then 之區塊；「錯誤 False」，即條件式前加 not 非能正確判斷。(2) 函數：傳遞引數再加以計算，未有放回返值於呼叫者，誤將返回敘述中運算式當做指派敘述，混淆呼叫者（The caller）引數和被呼叫者（The callee）參數，巢狀函數呼叫執行順序顛倒。(3) 物件導向：將指派敘述之複製 reference，當需要建造一新的物件，卻在未建構（new）新的物件，就想把已存在物件值複製到新物件變數；把基本區域變數（primitive local variable）當做 instance 變數或相反做法；呼叫物件之靜態方法（Java 之 method 相當於 c 之 function）時，在未建立接收變數、未宣告物件變數情形，卻將已存在 reference 指派給此變數。

Shi、Cui、Zhang 與 Sun（2018）認為初學者不了解變數功能，是造成他們在理解程式碼運作及撰寫程式碼時遭遇困難的原因。Kwon（2017）發現初學者會用不同變數存放不同性別資料，造成解題問題（只須採用一變數隨輸入來存放性別資料，才是正確），且與上述狀況類似，將變數設成條件式，且認為電腦有能力處理，如 M = “male”; ... if (M) then print ” 男生喜歡玩…”；後者是屬於 Pea（1986）所指的自我中心錯誤。

Nachmias 與 Ridgewoy（1986）以四年級學童為對象進行程式設計研究，其結果指出四年級學生無法理解及使用變數，其原因為抽象層次、變數的動態本質、使用變數的複雜度及推理層次在程式設計是必要的，這意謂四年級學生尚未進入形式操作期，即未具正規推理及抽象思維有關。

Kurland、Pea、Clement 與 Mawby（1986）分析高中生學習程式設計二年的成效，其研究結果指出學生對於流程控制及程式語言結構之理解是脆弱的，可能是程式設計需要許多特定複雜認知技巧所造成，雖然研究發現上述問題，但 Kurland、Pea、Clement 與 Mawby（1986）還是認為可透過程式設計來學習思考（learn to think better through programming）。

Lahtinen、Ala-Mutka 與 Järvinen（2005）研究指出學生認為例外處理

（Exception handling）及函數庫比分支、迴圈概念困難；Bayman 與 Mayer（1983）、Rosenberg 與 Kölling（1996）以及 Haberman 與 Kolikant（2001）發現學生對於 I/O 敘述中輸入敘述感到困難。換言之，不論是呼叫系統函數（I/O）或撰寫自定函數或 method 都是初學者感到是困難的概念。

在 Sleeman、Putnam、Baxter 與 Kuspa（1984, 1986）在高中進行一學期 Pascal 程式課程研究，其結果指出高中生經一學期學習仍會出現許多錯誤，包含空格、運算次序等語法問題，且學生認爲電腦應有強大能力了解人類語言，但拼錯字、誤用及位置錯誤卻不被電腦所諒解的（即容錯不足）。Kurland、Pea、Clement 與 Mawbry（1986）在二年程式設計教學，發現學生僅擁有基本程式概念，他們認爲程式技巧自動化（內化）須付出更多心力。

學習程式設計之困難原因，除了問題解決技能有關，亦可能是邏輯推理及數學背景不足造成（Gomes, Carmo, Bigotte, & Mendes, 2006 ; Gomes & Mendes, 2007, 2008 ; Pachec, Gomes, Henrigues, Almeida, & Mendes, 2008）。Gomes 與 Mendes（2007, 2014）在訪談程式設計教學者中，受訪者除了上述類似觀點外，許多教師認爲初學者欠缺研讀技術（study skills），組織及最小化作業習性，也有教師認爲欠缺一般化成熟度，如詮釋、分析、討論技能、批判思考，部分教師認爲學生欠缺自信心及自我肯定，但大部分教師認爲數學推理基礎（reasoning bases）最爲重要。

程式設計迷思概念並不意謂學習者完全欠缺知識，部分原因可能是自我詮釋的知識（self-interpreted knowledge）（Du Boulay, 1986）、使用特殊類比以解釋每一概念、一些程式語言關鍵字被視爲自然語言的模糊或雙重意義等造成（Du Boulay, 1986; Patnam, Sleeman, Baxter, & Kuspa, 1986; Sleeman, Patnam, Baxter & Kuspa, 1984, 1986）；其中詮釋的知識類似 Pea（1986）所提超級的錯誤（superbugs），是學習者心中所隱藏的心智，將程式語言視爲具有智慧與可詮釋的力量。此外，亦有研究認爲學習者生活世界欠缺程式設計之平行化事物，因此學習一開始就建立脆弱心智模式，以直覺或假定方式取代思考來學習程式語言（Ma, Ferguson, Roper, & Weed, 2011）。

爲提升學生學習動機及協助學生了解程式執行時記憶體運作方式，Milne 與 Rowe（2002）建議提供視覺化工具（program visualization），如 Smith 與 Webb（2000）、Boroni, Eneboe, Goosey, Ross 與 Ross（1996）提供 C、Pascal 視覺化工具，Rowe 與 Thorburn（2000）提供線上教學工具給程式設計初學者，Fernandez, Rossi, Morelli, Garcia Mari, Miranda 與 Suarez（1998）、Jerding 與 Stasko（1994）提供視覺化環境以改善初學者物件導向思維及程式設計概念。

Winslow（1996）認爲初學者在設計符合電腦能力的程式解法是有困難；Kwon（2017）認爲決定如何解決問題是初學者感到困難的主要步驟，且這涉及演算法設計，也是最艱難的部分。Kwon（2017）導入策略知識於師培生之程式設計心智模式研究，要求這些初學者撰寫問題解決計畫（problem-solving plans），且分析學生計畫所出現的自我中心錯誤及不充足程式概念，其研究發現誤用變數（不了解變數用途及用法），程式碼重複性與無效率解法（在分支敘述），薄弱問題解決策略（即設計解決計畫感到困難）等學習問題。

程式設計教學架構或模式

許多研究顯示學生在學習程式設計面臨諸多困難，有些研究（Barker, McDowell, & Kalahar, 2009; Coull, & Duncan, 2011）指出，程式設計學習困難主要是教學法不佳、與學生低度互動、學生缺乏學習興趣。爲克服學習困難，有許多教學法被提出，包含學習過程融入遊戲以增進學習興趣，下列彙整程式設計教學之架構或模式：

㈠使用─修正─創作架構（Use-Modify-Create framework）

這是 Lee 等人（2011）針對運算思維所提出架構，藉由獲取、發展及提升運算思維之投入模式；在「使用」階段，學生首先開始利用現有程式，或玩教師準備好的遊戲；接著開始修改模型、遊戲或程式，如改變角色顏色、元素或屬性；當學生獲得技巧及信心，開始創作及發展新的專案。在創作階段，抽象化、自動化與分析是關鍵。

㈡積木模式（Block model）

Schulte（2008）提出積木模式，他是以理解程式之層次化結構，作為教學模式，即理解程式要由原子（語言元素）、積木（以趣味導向地建立一具語法或語意的單位）、關係（積木間相關或參照，如函數呼叫、物件建立、存取資料）至巨觀結構（了解程式整體結構），如表 1。因此 Schulte 建議程式教學由單一活動的微觀層次開始，再進入複雜活動的巨觀層次（macro level）。

表 1　Block 模式（譯自 Schulte, 2008）

層次	功能
巨觀結構（macro structure）	了解程式演算法，了解程式在某一情境的目標／目的。
關係（relations）	關於程序序列，了解次目標與主目標關係，如何由次功能獲得主功能。
積木（blocks）	積木、程序、序列化敘述運作，積木功能（當作次目標）。
原子（atoms）	程式執行（資料流、控制流），程式功能與目標程式敘述之運作、功能、情境化且可理解的目標。

㈢抽象化層次架構（level of abstraction framework）

Perrenet 與 Kaasenbrood（2006）提出此架構以支援初學者學習程式設計，其目標是協助學習者能像電腦科學家的思考方式，且進一步區分學生所思考的核心程式、概念及抽象化階層。其運算思維分為執行（execution）、程式（program）、物件（object）、問題（problem）。在執行階層，演算法能在具體、特定機器執行；在程式階層，演算法是一項處理（process），且由特定可執行的程式語言描述；在物件階層，演算法未與特定程式語言連結；在問題階層，演算法被當作黑盒子。

㈣FACT模式

Grover、PEA 與 Cooper（2015）為中學生提出「加強運算思維基礎

（Foundations for Advancing Computational Thinking, FACT）」課程」，其目的在於教導演算式問題解決，此課程運用許多教學策略來引導文字式程式設計學習，包含迷思概念補救學習教材及評量系統。教學策略包含 5E 學習環之探究式策略、鷹架策略及認知學徒策略，且這些混合策略是協調的，如透過範例以放聲思考來示範問題解決方法，程式碼閱讀及追蹤；討論問題或程式情節時，先於眞正撰寫程式前使用虛擬碼以建構對於演算式問題解決的深度理解。

㈤ PRIMM策略

此策略是 Sentence 與 Waite（2017）針對文字導向程式設計教學所提出課程架構，且聚焦於預測、執行、探索、修正與製作（Predict, Run, Investigate, Modify, and Make）等階段，類似科學探索 POE 模式。在預測階段，學生們討論及以繪圖或撰文方式預測程式之輸出，下一階段，執行程式以測試他們的預測；在探索階段，教師發布活動以聚焦於追蹤、解釋、註記及偵錯，以探究程式結構；在修正階段，學生需要修正程式，以改變功能；製作階段，學生須設計新的程式，以解決新的問題。

㈥ 遊戲設計學習模式（game design model）

Deci 與 Ryan（2000）認爲學生學習成效不佳主要是欠缺學習動機所造成，有趣、刺激可能比學習本身更能引起初學者動機（Malan & Leitner, 2007）。因此，如何引發初學者的學習動機與興趣，進而提升學習成效，是重要議題。「寓教於樂」意謂在遊戲情境學習是最自然、最容易達到學習成效方式，尤其是數位遊戲更受數位原民（digital natives）喜好，van Eck（2006）提出數位遊戲學習使用的來源及方式，包含數位遊戲融入教學（包含商業遊戲及教育工作者所開發適用於課程的遊戲軟體）、學生自行設計遊戲之學習方式。Papastergiou（2009）使用「Game Maker」所製作的遊戲軟體提供給高中二年級學生學習電腦記憶體概念，目的在於提升中學生的電腦科學學科成就以及學習動機，這是數位遊戲融入教學方式。Robertson 與 Howells（2008）認爲遊戲製作是一項能促進學生投入且充滿豐富學習任務的活動，在遊戲製作過程，學生能習得相當多的技能，如發展遊戲規則、創造角色及對話、美工設計以及程式撰寫。

Becker（2001）在 CS1/CS2 初學階段讓學生以 c++ 撰寫掃雷艦（Minesweeper）、小行星（Asteroids）等文字式（非 GUI）遊戲程式，研究發現設計遊戲程式能幫助學生了解物件繼承的概念；Fowler 與 Cusack（2011）在探討運用 Kodu 以提高學生程式設計入門的學習成就研究中，發現使用電腦遊戲進行程式設計教學是有效的，Kodu 學習者的學習態度比傳統的文字模式的程式設計（C++, Java）學習者更積極參與學習且能樂在其中；Giuseppe、Giovanni、Vito 與 Davide（2018）透過敘事方法來引導讓學童進行 Kodu 電腦遊戲的設計，研究結果顯示遊戲程式設計能顯著提升學童運算思維與程式設計能力，且學童認爲學習程式設計是有趣的活動；Ouahbi、Kaddari、Darhmaoui、Elachqar 與 Lahmine（2015）採用 Scratch 作爲學生設計遊戲環境進而學習基礎程式概念，其研究結果顯示以 Scratch 設計遊戲之實驗組學生比傳統方式學習 Pascal 之控制組學生，擁有較佳程式設計基礎概念，及更強學習動機及興趣；Akcaoglu（2014）以問題解決思考模式導入學童視覺化遊戲專題程式製作活動，其研究結果顯示遊戲設計活動顯著提高學童在系統分析、設計及決策的問題解決能力。

大部分程式設計作業被初學者認爲是無聊的，如數學問題、商業問題、文字處理、串列處理，雖然這些作業有助於初學者掌握程式概念，但無法激發學習熱情（Becker, 2001）。上述研究一致認爲遊戲設計學習模式能激發學習熱情及提升高層次思考能力，在遊戲設計環境上，除了 Becker（2001）採用 C++ 文字式程式語言，其餘都運用 Scratch 或 Kodu 之視覺化積木程式設計環境，當然，以文字式程式語言設計 GUI 遊戲比撰寫一般程式範例及作業之複雜度更高，不適於中小學程式教育。讓中小學生透過遊戲設計來學習程式，是值得推薦教學模式，國中小學生可採用 Scratch 或 Kodu 之視覺化積木程式設計環境，高中生可採用 Minecraft。

㈦機器人學習模式（robot-based learning model）

將機器人融入教學，能引發學生興趣，讓中小學生透過程式來控制機器人能得到立即回饋，帶給學生學習成就感，學生將機器人視爲可控制之玩具般，與 Taylor 的被教導者（tutee）理念相近，因此成爲 STEAM 教育重要學習主題。Sáez-López、Sevillano-García 與 Vazquez-Cano（2019）認爲運用機器人來教導程式設計是有趣且提供眞實實作、立即回饋情境，以視覺化程式設計爲媒介，結合 mBot 機器人與科學和數學課程進行跨領域教學，研究結果顯示程式設計對小學生在數學概念的理解和計算概念的獲取及機器人科學原理的理解有顯著進步，學生學習態度主動積極，對學習內容充滿興趣。

Rogers 與 Portsmore（2004）的機器人課程先引發學生好奇心及創意，再教導工程技巧與方法，Skelton、Pang、Yin、Williams 與 Zheng 等人（2010）認爲透過控制機器人來學習程式能讓學生產出作品，提升協作、創造力及獲得眞實學習經驗。想要成功以程式控制機器人，需考慮的因素不僅程式概念，還包含基礎物理及工程原理，其中程式概念主要爲輸入（感測形式）、輸出（控制馬達等運轉）及選擇判斷，它的複雜度不會高於數學問題、商業問題、文字處理、串列處理、遊戲設計等程式主題，但須運用科學與工程原理方能解決可能遭遇的問題。程式設計環境大部分採用視覺化積木程式設計環境，如 Scratch、Tickle，相關 IOT 套件包含 micro：bit、Arduino 等，除了機器人外，無人機的教學方法與效果也相近。

㈧配對程式設計策略

Clements（1985a）認爲以配對方式一起學 Logo 程式設計最能讓學生受益；配對程式設計（pair programming）是敏捷軟體工程開發技術（agile software development technique），讓二位程式設計者在同一電腦工作，此種策略應用在資訊科學課程及業界已有二十多年歷史（Beck, 1998, 1999）。在此策略中，其中一人當作驅動者（driver）負責控制鍵盤及滑鼠，另一人當做瀏覽者（Navigator），其任務爲事前規劃及找出錯誤（Tsan, et al., 2021; & Kessler, 2002），當然角色會互換。有些配對程式設計研究在於探討此策略的效能（Williams, Kessler, Cunningham, & Jeffries, 2000; Williams & Upchurch, 2001），如 O'Donnell、Buckley、Mahdi、Nelson 與 English（2015）發現配對程式設計策略能增加大學生資訊課程的保留率（retention），能增加整體程式設計樂趣及信心（McDowell, Werner, Bullock, & Fernald, 2006），增加女性學生及低能力學生的資訊科學能力（Maguire, Maguire, Hyland, & Marshall, 2014），改善大學工科學生自我效能（Davidsson, Larzon, & Ljunggren, 2010），增加溝通技巧（Dongo, Reed, & O'Hara, 2016; Nagappan, Williams, Ferzli, Wiebe, Yang, Miller, et al. , 2003）及協作技巧（Lewis, 2011），有些研究試圖將此策略延伸至中小學（Campe, Denner, Green, & Werner, 2018; Lewis, 2011）。Campe、Denner、Green 與 Torres（2020）及 Shah、Lewis 與 Caires（2014）相信此策略能有效地提供給學生更多支援，但 Lewis（2011）發現小學生在參與配對程式設計之困難經驗後，失去對資訊科學之興趣。但 Wei, et al.（2021）採用部分配對程式設計策略於小學四年級學生的 Scratch 程式設計學習，研究結果發現實驗組在運算思維及自我效能提升顯著優於控制組；在小學階段使用此策略之學習成效研究結果不一致。

Tsan、Vandenberg、Boulden 與 Boyer（2021）試圖分析國小高年級學生在此策略活動中對話及衝突管理，配對程式設計是合作學習的一種策略，但二人的程度須相近，且衝突管理須給予教導，方能解決衝突，有效率地相互支援。Wei、Meng、Tan、Kong 與 Kinshuk（2021）彙整相關研究，提出配對程式設計策略對於程式設計的好處：(1) 透過資訊分享及協商，能改善程式設計技巧及程式品質（Dongo, Reed, & O'Hara, 2016; Li, Plaue, & Kraemer, 2013; Liebenberg, Mentz, & Breed, 2012; Braught, Eby, & Wahls, 2008）；(2) 降低初學者之挫折與焦慮，進而有助於培養正向態度、學習樂趣及成就感（Dongo, Reed, & O'Hara, 2016; Liebenberg, Mentz, & Breed, 2012; Nagappan et al., 2003）；(3) 增進學習動機及學習程式之持續力（McDowell, Werner, Bullock, & Fernald, 2006; Yang, Lee, & Chang, 2016），但其中第三項與 Lewis（2011）研究結果不一致。

㈨ 從錯誤範例學習策略（Learning from error）

然而有些研究認為迷思概念可被視為原始材料，學生會因而演化為較佳理解狀況，或對於所遭遇的錯誤進行反思，有助於提升認知衝突（cognitive conflict），或調和現有知識及所觀察的問題，進而造成概念改變（conceptual change）（diSessa, 2006; Marton, 1993; Ozdemir & Clark, 2007; Smith, diSessa, & Roschelle, 1993）。Ohlsson（1996）以類似觀念提出「從錯誤（error）中學習」的教學方式，爲了能夠更符合學生的認知狀態，學習者在發現錯誤的學習任務過程中，需先理解及觀察錯誤範例，當學生們發現結果不如預期時，能依賴自身經驗去找出問題在何處，因此 Ohlsson（1996）建議教師須設計規則化的「情境」題目。

「從錯誤（error）中學習」需要進行除錯（debug）學習任務，有些研究對於除錯範例題目的設計提出十五項原則（RenumolV, Jayaprakash, & Janakiram, 2009; Griffin, 2016）：(1) 在錯誤範例開始前，先執行正確的範例，即先讓學生明確知道正確的執行結果爲何；(2) 提供不包含錯誤的完整範例；(3) 在初期活動中，在每個範例問題上僅增加一個錯誤；(4) 當介紹新的程式範例錯誤或是新專案中的錯誤時，應提供部分正確程式碼作爲參考；(5) 在初期活動中，教學者應先給鷹架，明確指出程式錯誤的地方；(6) 讓學習者養成閱讀、追蹤程式來了解範例架構之習性，再開始修改程式碼，不宜在未了解範例架構時就開始修改程式碼；(7) 要求學習者解釋程式錯誤或預測執行結果，類似 POE 模式；(8) 協助學習者理解及建構錯誤的類型；(9) 透過標籤或註記來指引問題，亦可要求學生提供標籤；(10) 引導學生分辨有問題的程式碼與正確程式碼的差異；(11) 提供學習者常見的錯誤和迷思概念；(12) 在充滿許多挑戰的專案之任務，須提供部分程式區塊，讓協助學習者找尋錯誤且完成除錯；(13) 提供分散練習和交叉練習，而不僅是在錯誤範例中進行練習；(14) 透過逐行追蹤程式的工具，找出錯誤及解決有問題的程式，避免造成過多的認知負荷，如提供程式原始碼執行過程的動畫；(15) 設計融入遊戲的元素以引起動機之範例，如因程式錯誤而造成幽默的執行結果；這些原則提供教師運用此學習策略之重要參考。

對於程式設計教學而言，應漸進、系統地將語法、語意、解題放入錯誤範例或暴力法範例中，如將學生常見迷思概念融入範例，讓學生偵錯、精進語法熟悉度及改善解題技巧（演算法）。

我的教學經驗分享：初學者程式部分迷思概念與解題問題探討

程式設計學習內容之許多概念具有複雜性，造成初學者不完整心智模式及迷思概念，程式語言教學的主要目標在於培養學習者運用設計程式來解決問題（Winslow, 1996）；本文作者在資料結構課程授課前，都會先探討學生在程式迷思概念及解題問題，且在課程中適時給予補強，以下分享相關觀察及教學經驗：

一、變數的迷思概念

初學者不清楚隱含在程式敘述的執行步驟，電腦在執行一道程式敘述，需花費多個細步指令（機器指令）才能完成，但初學者以類似自然語言或數學直覺方式造成迷思概念，如 “print a” 被誤解爲印出 a，而不是印出 a 的內容，除了對於變數的迷思概念之外，也是不了解電腦細部執行，也就是電腦會先到記憶體取出變數 a 內容，再交給 print 指令印出來；又如 “a=x+1;” 被誤認爲變數 a 在記憶體存放 x+1 之式子，如同 MS-Excel 的試算表之儲存格公式般，而電腦眞正的執行步驟爲：(1) 取出 x 在記憶體內容，(2) 將 x 的內容加 1（計算算數式 x+1），(3) 再將計算結果存入變數 a 中。上述觀念看似簡單，若教學過程未詳細講述細節，則無法消除學生的迷思概念，這些觀察與教學具體做法和 ???() 研究建議相近。

二、迴圈迷思概念

(一)迴圈中條件與變數之同步問題

```
i=0;s=0;
while (i<=20) {s=s+i; i++;}
printf("%d", i);
```

圖 3　迴圈追蹤範例

有些初學者對於迴圈條件改變與變數連動不夠清晰，雖然知道條件改變是依賴變數內容變化，但在臨界點會混淆，及最後一次進入迴圈本體（Body），再回到條件式判斷爲 False，以上述程式爲例（如圖 3），i 已改變爲 21，但有些初學者在意 s=s+i; 敘述，忽略 i 的變化，卻又讓迴圈結束執行，造成其追蹤程式列印結果爲 20（錯誤答案）。在 for 及 do...while 亦有相同情形。此外，在 for 迴圈之三個區段，有些初學者誤認爲執行次數都一樣，如 for（s1;s2;s3）s4；將 s1、s2、s3、s4 執行次數認爲是一樣或認爲 s2、s3、s4 執行次數相同。上述迷思概念或許可透過流程圖或執行追蹤表格來釐清。

㈡迴圈答題分析

爲探討初學者迷思概念，以北部某公立大學大一學生爲對象，在他們學完一學年的程式設計課程（包含 Java 二學期、C 語言一學期）後，對其施測，表 2 爲追蹤 for 迴圈執行後變數的改變結果，將其造成錯誤之癥結說明如下：(1)W 變數的變化：「W++;」只存在 for 的第一段，學生誤以爲第一段執行次數與其他二段同步，因而造成錯誤，尤其是回答 ”26”；(2)x 變數之改變：x 變數之數值變化會影響 for 執行條件，回答 ”1”，可能是在接近不符合條件之前即離開迴圈；回答 ”-2” 或 ”0”，可能是未注意到每回合會執行前 ”x--;” 二個敘述；回答 ”79”，忽略第一段重設 x 的初值且迴圈次數多一倍；(3) 關於 y 變數之改變：回答 ”9” 是未注意條件改變，其追蹤迴圈次數少一次，回答 ”13” 或 ”15” 者，其追蹤迴圈次數受到 for 第三段及 Body 中 ”x--;” 干擾；(4) 關於 z 變數之改變：回答 ”6”，誤認爲 z 維持初值（第三段 z++ 未執行）；回答 ”2”、”7”、”9”、”11”，追蹤 for 第三段執行次數不精準（多 1～2 次）或不熟悉第三段並行敘述寫法。

上述學習問題呈現出學習者對於 for 三段之執行情形未能精確掌握，改善學習之方法包含繪製流程圖或各回合變數變化與條件式之執行追蹤表。

表 2　for 迴圈答題分析

程式碼	變數	正確值	答對率	錯誤值

trace the following codes，輸出結果？
int w=21, x=100,y=5,z=6;
for (w++, x=11;x>0;z++, x--)
{y++; x--;}
System.out.print(w+“,”+x+“,”+y+“,”+z);
	w	21	19/54	25,26,30,31,65

	X	-1	14/54	1,-2,0,79
	Y	10	23/54	9,49,13,15,-7,94
	Z	8	17/54	2,6,7,9,11,13,47,92

初學者習慣以變數遞增方式控制迴圈，在表 3 中追蹤遞減控制迴圈程式中，與上表 2 之錯誤情形有類似現象，如答題類型 (1)、(5) 是在未符合條件之前一回合即脫離迴圈，答題類型 (1)、(2)、(6) 誤認 for 之第一段與第三段同步執行 i-- 與 x--。由於加上陣列搬移，須追蹤多項處理可能，因而有疏忽或造成認知負荷。

表 3　追蹤變數遞減控制 for 迴圈

程式碼	答題情形與比例

trace the following codes，輸出結果？
int[] A={80,90,20,10,45,70};
int i=A.length-1, x=0;
for(x=i;i>=1;i--)
A[i]=A[i-1];
System.out.println(i+”,”+x);
	正確解：0,5（占 12/54）
	錯誤答題類型：（占 42/54）
	(1)1,1 (2)0,0 (3)5,0
	(4)0,1 (5)1,5 (6)5,5 (7)6,0

三、以分支解題方式

初學者在撰寫分支時，其解題結果或許是正確，但在條件式撰寫方式，經常不夠簡潔，即判斷式不精準，以表 4 爲例，精準條件式爲 (1)，其他皆爲不精準解法，甚至 (2) 將此簡單程式之變數放入陣列，以排序方法解題，其中 (4) 在變數內容交換有誤。

表 4　分支解題

題目	解題類型	

三整數變數 x，y，z 已宣告且含初值，請寫程式將三整數變數的最大值放在 z，其他放在 x，y（額外變數使用愈少愈好）	(1)
	int temp;
	if(z < x){
	  temp = z;
	  z = x;
	  x = temp;
	}
	if (z < y){
	 temp = z;
	 z = y;
	 y = temp;
	}
	(3)
	int big = 0;
	if (x > z && x > y)
	{ big = x;
	  x = z ;
	  z = big; }
	if(y > z && y > x)
	 {big = y ;
	  y = z;
	  z =big;}
	(5).
	if (x > y && x > z)
	{
	  x=z
	  z=x
	}
	else if (y > x && y>z)
	{
	  y=z
	  z=y
	}
	else if (z > x && z > y)
	  z=z
		(2)
		int [ ] a = new int [2];
		a [0] = x;
		a [1] = y;
		for (int i = 0 ; i < a.length ; i++){
		if(a[i]>z)
		tmp = i; }
		if (tmp !=z){
		k = z ;
		z = a[tmp];
		a[tmp] = k;
		}
		(4)
		int temp = 0;
		if (x > z){
		  temp = z;
		  z = x;
		}
		if(y > z){
		 temp = z;
		 z = y;
		}

同樣情形，在要求學生「判斷三角形的形狀」程式解題，大部分初學者會將列出所有判斷式，如表 5 之 (1) 所示，僅少部分學生會先找出最大邊再列出判斷式，如表 5 之 (2)，但找出最大邊演算法過於暴力。

表 5　輸入三角形三邊長以判斷三角形形狀之解題類型

題目	解題類型（忽略輸入敘述）
輸入三角形三邊長以判斷形狀	(1) If a+b>c or b+c>a or c+a>b 三角形 Elsa 非三角形 If a=b=c 正三角形 If a+b>c or b+c>a or c+a>b 三角形 Elsa 非三角形
	(2) 如果（邊長 1> 邊長 2 且 邊長 1> 邊長 3） 最長邊 = 邊長 1，短邊 1= 邊長 2，短邊 2= 邊長 3 如果（邊長 2> 邊長 3 且 邊長 2> 邊長 1） 最長邊 = 邊長 2，短邊 1= 邊長 3，短邊 2= 邊長 1 如果（邊長 3> 邊長 2 且 邊長 3> 邊長 1） 最長邊 = 邊長 3，短邊 1= 邊長 2，短邊 2= 邊長 1 如果（短邊 1+ 短邊 2 > 最長邊） 則輸出 ” 可以組成三角形 ” 否則輸出 ” 不能組成三角形 ”

上述解題優化之關鍵在於條件式的抽象化思維，須讓學生透過反思性思考來改善，至於交換（swap）問題是變數概念不完整所造成。

亂數減法出題之解題方式有類似狀況，大部分正確解題學生（比例為 30/54）都採用迴圈檢測減數是否大於被減數，只有少數正確解題學生（比例為 8/54）採用交換減數之變數及被減數之變數方式，如表 6 所示。

表 6　亂數減法出題之解題類型

題目	解題類型

亂數減法出題（整數減法所得差值不可為負數）	暴力式解題：（答題比例為 30/54）
	Random random=new Random();
	int xa = random.nextInt(10)+1; // 亂數
	int ya = random.nextInt(10)+1; // 亂數
	while(ya>xa){
	  xa = random.nextInt(10)+1;
	  ya = random.nextInt(10)+1; }
	System.out.print(xa+"-"+ya+"="); // 減法題目
	int Ansx=input.nextInt(); // 讀取

四、陣列迷思概念與解題方式

㈠陣列迷思概念

在改變陣列內容，如表 7 所示，少數初學者會寫成下列程式碼：在表中之 (1)、(4) 程式碼的共同問題，是將陣列之索引與指派值之運算式混淆；(3) 欠缺迴圈控制陣列內容改變，可能受數學影響；(5) 將指派敘述、陣列與運算式左右顛倒；(2) 爲取出 Z 陣列值放入 b 變數，再將減 5，但未存回陣列，以 C 或 Java 而言，欠缺索引及迴圈進行陣列內容逐一存、取。

表 7　陣列內容指派之錯誤程式碼

題目	類型編號	錯誤程式碼
將陣列 Z 的每一元素內容皆將原值自行減去 5	(1)	for(i= 0; i<100; i+1) z[i]=z[i-5]
	(2)	b=z; b-=5
	(3)	z[i]=z[i]-5;
將陣列 Y 每一元素內容皆變成原值平方	(4)	for(i= 0; i<100; i+1) Y[i]=Y[i*i]
	(5)	for(i= 0; i<100; i+1) Y[i]*Y[i]=Y[i]

(二)陣列處理之解題方式

以表 8 爲例，初學者對於此陣列處理之解題方式有二種，一種屬於暴力法，即將分數與 cnt 陣列索引比較再累加，如表 8 之（1-1）、（2-2），（2-1）、（2-2）未找出索引與分數之關係；另一種則利用分數陣列內容作爲 cnt 陣列索引，直接累加，這是最佳解法，如表 8 之（1-2），此做法之時間複雜度爲 O（n）。

表 8　陣列解題

題目	解題類型	答題類型比例

已知 ch 整數陣列已存放國文科之分數（假設考生人數為 90 人），求出各分數布累計人數放入整數陣列 cnt 中，如以 cnt 索引為 100 陣列元素累計 100 分之人數，cnt 索引為 99 元素累計 99 分之人數，cnt 索引為 98 元素，……，cnt 索引為 0 元素累計 0 分之人數。	(1-1)Brute force
	for(i=0;i<=100;i++)
	for(j=0;j<=90;j++)
	If(chi[j]==i) cnt[i]++;
		12/54

	(1-2) optimal solution
	for(j=0;j<=99;j++)
	cnt[chi[j]]++;
		18/54

	(1-3) bugs	24/54

若 A 陣列共有 100 元素用來存放 100 學生數學分數（已存），試寫程式累計不同分數範圍之人數：100 分人數累計到 S[5]，99-90 分數人數累計到 S[4]，89-80 分數人數累計到 S[3]，79-70 分數人數累計到 S[2]，69-60 分數人數累計到 S[1]，59-0 分數人數累計到 S[0].	(2-1)
	for (int i=1;i ≦ 100;i++){
	switch(A[i]/10){
	case 10：
	S[5]++;break;
	case 9：
	S[4]++;break;
	.
	.
	case 6：
	S[1]++;break;
	default：
	S[0]++;break;
	}
	}
		6/54

	(2-2)
	for (int i=0;i<100;i++){
	if(A[i]==100)
	S[5]++;
		30/54

（續前頁）

題目	解題類型	答題類型比例
	else if (A[i]<=99 && A[i]>=90) S[4]++; else if (A[i]<=89 && A[i]>=80) S[3]++; else if (A[i]<=79 && A[i]>=70) S[2]++; else if (A[i]<=69 && A[i]>=60) S[1]++; else if (A[i]<=59 && A[i]>=0) S[0]++; }	

㈢陣列應用與翻牌演算法之解題方式

翻牌演算法廣泛應用於許多遊戲及線上測驗，讓初學者初次設計時全部以暴力方式解題，如表 9 所示，即不斷檢查隨機值是否已存在陣列中，此種方式的時間複雜度為 O（n^2）。但讓學生操作模擬式學習教材（如圖 4 所示），大部分學生都能改善其程式碼，使其演算法時間複雜度降為 O（n）。

表 9　翻牌之解題類型

題目	解題類型

若陣列 B 已宣告且具有 50 個 int 元素，請寫程式產生 1～50 不重複亂數放置於陣列 B。	int[ ] a = new int[50];
	for(int i = 0; i<50; i++) a[i]=0;
	for(int i = 0; i<50; i++){
	B[i]=sr.nextInt(50)+1;
	if(a[B[i]]==0) a[B[i]]++;
	while (a[B[i]]==1){
	B[i]=sr.nextInt(50)+1;
	if(a[B[i]]==0) a[B[i]]++; }

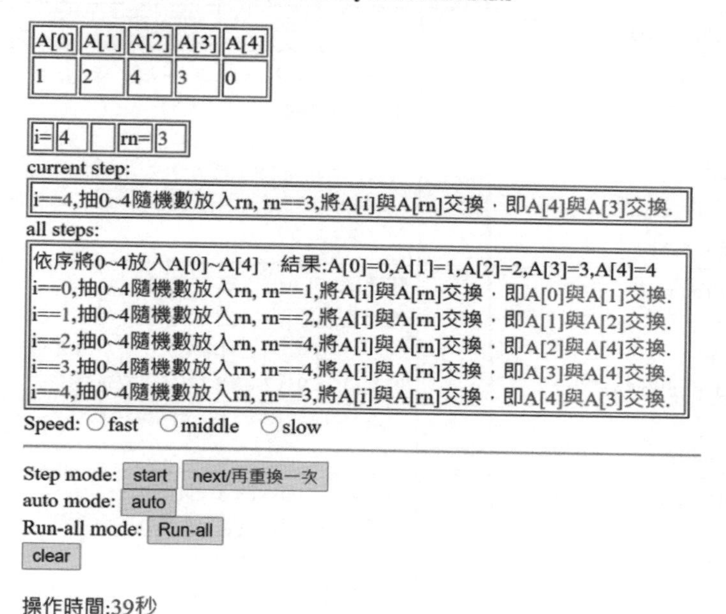

圖 4　翻牌演算法之模擬式學習教材

五、遞迴程式之迷思概念

遞迴是初學者認爲最複雜的概念，因執行過程中會運用系統堆疊，疊代方式執行參數傳遞等，不易由直觀看出執行結果。表 10 爲遞迴三個例子，由初學者進行追蹤，有許多學生認爲遞迴之困難度高，部分學生之追蹤結果與正確答案相近，如表 10 之（1-1），其錯誤原因在於追蹤時早一步進入 base case 而所造成，又如表 10（2-1）、（3-1），其錯誤原因爲追蹤過程未運用堆疊存放結果或未依堆疊 pop 方法取得結果，才會造成結果倒置；表 10（1-2）、（2-5）、（3-4）屬於嚴重遞迴迷思概念，將遞迴程式視爲一般函數呼叫，因此只顯示起頭或結束數值。

表 10　遞迴程式追蹤

題目	解題類型

Public static void demoA(int n)
{ System.out.print(n);
if (n>1)
demoA(n-1);
}
Caller：demoA(5);
	正確解：54321（占 34/54）
	錯誤答題類型：（占 23/54）
	（1-1）5432（占 13/54）
	（1-2）5 或 4 或 1 或 0（占 10/54）

void demoB(int n){
if (n >1)
demoB(n-2);
System. out. print (n*n+" ");
}
Caller：demoB(5);
	正確解：1 9 25（占 23/54）
	錯誤答題類型：（占 31/54）
	（2-1）25 9 1（占 10/54）
	（2-2）25 9（2-3）9 1（占 13/54）
	（2-4）9 25（2-5）9（占 18/54）

void demoC (int n){
if (n>0){
demoC(n/2);System.out.print(n%2);
}
}
Caller: demoC(4);
	正確解：100（占 21/54）
	錯誤答題類型：（占 33 /54）
	（3-1）001（占 11 /54）
	（3-2）010（占 2 /54）
	（3-3）000（占 10 /54）
	（3-4）0（占 10/54）

上述遞迴學習問題的改善方式，可透過繪製堆疊圖形及參數傳遞與系統堆疊之 activation record 來追蹤遞迴程式執行情形，且須精確判斷何時進入 base case，方能建立具體且正確的遞迴程式概念，上述做法須先讓初學者了解 stack 結構及 push、pop 方法；此外，遞迴呼叫牽涉疊代呼叫，因此利用可先以多重（巢狀）呼叫函數追蹤之範例，讓學生理解重複函數呼叫時系統堆疊運作，再以模擬式學習教材，建立正確遞迴心智模式。若擁有正確的遞迴概念，才能順利學習 Quick Sort、merge sort、heap sort、深度優先搜尋等資料結構的演算法。

程式設計教育的重要議題

為分析國內近二十年程式設計教育相關研究，本文以關鍵字「程式設計」爲主、「運算思維」爲輔，搜尋國內 2001 年至 2021 年相關論文及計畫，其結果顯示程式設計教育相關研究在「科學教育期刊文獻資料庫」共 23 篇、「臺灣博碩士論文知識加值系統」共 7 篇博士論文、「科技部全球資訊網」共 311 項計畫，歸納出國內程式設計教育研究的整體結構，如圖 5 所示。上述論文或計畫之研究方法大部分以準實驗設計、調查法爲主，少數採用行動研究法（action research），如劉明洲（2017）以行動研究驗證小學階段程式設計教學活動的可行性且據以進行內容調整。

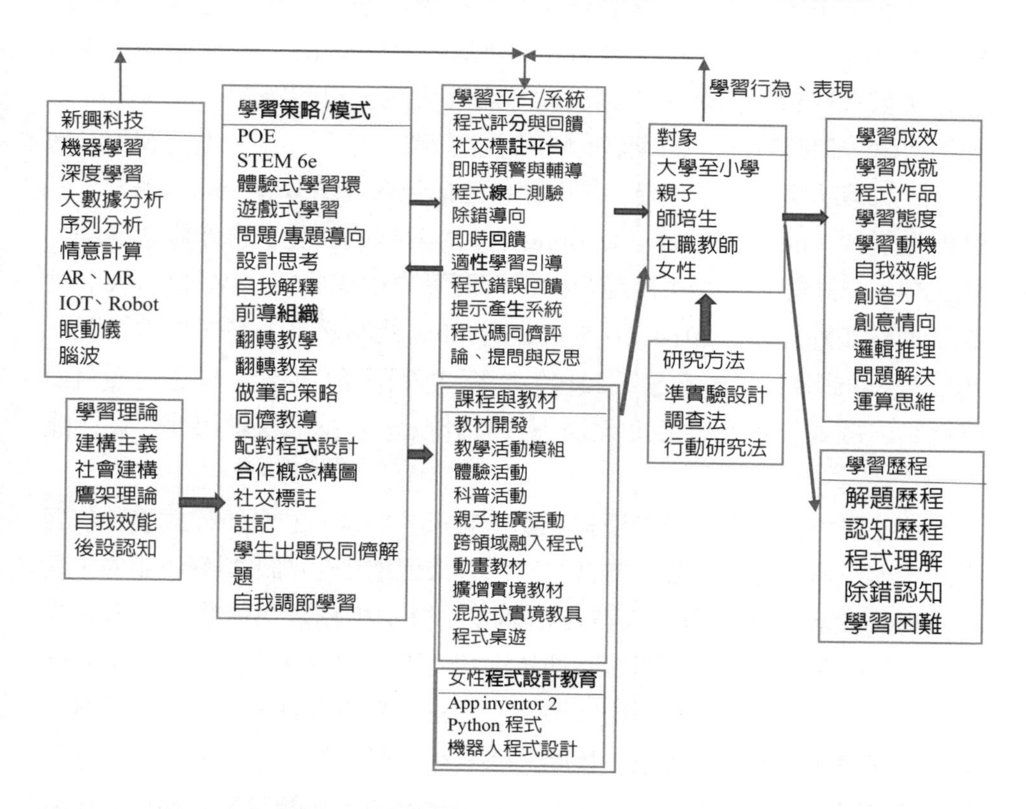

圖 5　國內程式設計教育研究的整體結構

茲將近二十年國內程式設計教育研究的主題或議題分類及說明如下：

一、程式設計教育的學習理論及學習策略

程式設計過程對於初學者是複雜的，因此造成學習挫折、迷思概念及學習成效不佳，有些研究認為教學方法不佳、缺少互動性、太偏重在程式語法結構與演算法理論、以靜態線性及範例模仿的方式教導程式撰寫等（Barker, McDowell, & Kalahar, 2009; Coull & Duncan, 2011；林育慈，2016）原因造成；善用學習理論及教學策略能有效改善或精進教學，因此近二十多年來國內程式設計教育研究採用鷹架理論、社會建構、建造理論、後設認知等學習理論，或 POE 學習環、STEM 6e、Kolb 體驗式學習環、遊戲式學習、問題／專題導向、設計思考、自我解釋、前導組織、翻轉教學、翻轉教室、做筆記策略等學習策略／學習模式，進行課程、教材設計及輔助學習平臺開發；其中社會建構包含同儕教導、同儕學習、同儕促進學習（peer-facilitated learning）、配對程式設計、合作概念構圖、社交標註（註記）、學生出題及同儕解題等方法或採用「World Café」社群互動（如鄭鈺霖，2019）、Windows Live 社群網路平臺（如程毓明，2012）、line 社群（蘇育生，2019）於程式設計合作學習，即透過面對面或網路方散式社會互動協助建構程式設計概念、強化除錯和提升實作能力。

有些研究提出創新學習模式，如李忠謀（2014）的創新程式設計學習模式，即先培養運算思維，結合學科內容來促進學生的問題解決能力，再建立程式設計實作能力；或整合相關理論得到相關教學策略，如魏春旺（2019）結合運算思維的四個原則和批判性思考的六種方法，制定「演練策略」、「引導策略」和「提問策略」等三種教學策略，其中引導策略也是鷹架理論運用，演練策略、提問策略是程式設計教學常用方法。上述學習策略或學習模式經常運用程式設計教學實驗中，如顏榮泉（2018）比較 STEM 6E 教學模式、傳統的範例講述教學之學習成效。在實務教學方式研究中，孫培眞（2014）探討程式設計教學呈現方式，其結果之一顯示老師親自撰寫程式的示範程式教學方式，學生能獲得最佳的學習效果及顯現最好學習態度，具有典範學習的效果，此結果與本文作者的教學理念及經

驗相似。

二、程式設計課程與教材發展

課程與教材發展影響教學甚鉅，其相關研究包含教材開發、教學活動模組設計、體驗活動、科普活動、親子推廣活動，這些教學相關活動基於上述理論或學習策略，如同儕學習、建造主義、配對程式設計策略、PBL、遊戲式學習、Kolb 體驗式學習等，課程及教材開發所涉及程式設計環境或語言包含 JAVA、C、Scratch、SQL 語法、Python、App Inventor、C++，又如科技部之科普計畫大都屬於跨領域的 STEAM、Maker 之推廣活動，其活動可能包含程式設計，如盧秀琴（2019）帶領國小在職教師與師資生設計 STEAM 的課程與教學，包含學會撰寫 Arduino 程式；且在運算思維與程式設計相關科普計畫之程式活動會採用機器人、micro：bit、Arduino、mBot、無人機／空拍機等相關設施，大部分程式設計環境爲 Scratch 或 Python。

科技部計畫中最早進行 Scratch 程式設計之課程模組設計及準實驗設計之教學實驗爲本文作者（賴阿福，2012）在 2009-2012 年於臺北市國小高年級電腦課實施 Scratch 程式設計教學實驗，其中採用學習策略包含遊戲設計專題製作、同儕教導等，探討 Scratch 程式設計對國小高年級學童高層次能力影響，包含邏輯推理、科學過程技能等高層次思考能力，其部分研究結果，如引導國小高年級學童運用 Scratch 設計遊戲，能顯著提升學生邏輯推理能力、「猜測原因」、「逆向原因猜測」、「預防問題」三個問題解決分項能力，及「獨創力」、「標題」兩個創造力分項能力和創造力總分。劉明洲（2017）結合學習遷移與 POE 學習環發展小學階段學習的 Scratch 程式設計教學活動。除錯（debug）及程式問題解決也是學習者程式設計之主要障礙，邱瓊芳（2013）設計遊戲導向程式除錯練習教材，趙伯堯（2013）開發輔助程式問題解決機制之課程。

動畫教材、擴增實境教材、混成式實境教具都有助於建立正確程式設計概念及有效學習演算法，如何品萱、王麗君、陳明溥（2017）比較演練範例及問題導向互動式擴增實境在國中生機器人積木式程式設計學習成效差異，發現演練範例互動式擴增實境策略有助於指令宣告性知識的記憶，問題導向互動式擴增實境策略則有助於程式知識之理解及程式概念在問題解決的應用；劉旨峰（2017）運用互動式動畫模擬教材輔助演算法學習，認為動畫模擬符合建構論與訊息處理理論的觀點，能提供有意義的學習；伍柏翰（2018）以穿戴裝置結合混成式實境技術和複合式科技教具翻轉國小程式教學；吳聲毅（2018）結合擴增實境開發程式邏輯撲克牌，即設計擴增實境輔助之程式桌遊。

此外，跨領域融入程式設計學習，如數學、人文、科學等，如顏榮泉（2015）智慧生活融入 App 程式設計、陳慶帆（2013）Scratch 融入國中「資訊數學」課程之發展、賴錦緣（2019）Scratch 融入數學教育、江玥慧（2018）融入人文關懷於程式設計教學；李忠謀（2017）開發「基於資料科學之運算思維導向程式設計教學」教材，由資料分析之問題解決流程入手，並適時導入程式設計知識；丁玉良（2015）運用手機 APP 設計程式來讀取這些科學自然現象之物理量，並構想相關生活上的應用，協助學生探索科學與工程知識；林育慈（2015）結合運算思維與物理科際整合教學來發展高中 STEM 程式設計教學之教材與教學方法。

三、程式設計之輔助學習平臺開發

以學習分析（Learning Analytics）技術，如機器學習、序列分析、深度學習，開發程式設計之輔助學習平臺或系統，如同早期智慧型教導系統（intelligent tutoring system, ITS），能提供個別化或客製化學習回饋、提示、建議等訊息，即時提供輔助精確教學（Precise instruction），達到及時學習（just-in-time）功效。輔助學習平臺在學習過程依學習行為、表現、程式作品、態度之學習者模型（student model），提供回饋、提示、補救教材等，這些中介教學來源可能是事先由問題解決之專家模型（expert model）建構出來。如王豐緒（2021）以深度學習技術提供程式錯誤回饋系統以協助於學習者投入於程式設計學習。張智凱（2019）開發提示產生系統，先分析學生過去的學習行為紀錄、程式撰寫現況，評估後給予合適的提示。

程式設計之輔助學習平臺或系統開發都運用學習理論，鄭鈺霖（2016）整合鷹架引導與思辨能力以建置即時回饋程式設計學習環境；鍾宜玲（2014）將分類的學習問題結合案例式推理，建構學習診斷模型，提供適性學習引導機制，即設計問題解決導向之適性程式設計學習系統。李忠謀（2014）基於運算思維開發 Blockly 視覺化程式設計平臺；陳志洪（2019）運用遊戲式學習策略，發展視覺化程式積木（Blockly-based）的遊戲導向任務環境。

以情意計算技術偵測學習者情緒或行爲來建構程式設計學習環境，如林冠成（2017）之程式設計線上學習平臺，是以臉部表情偵測學習者學習過程中的情緒，並轉換成情緒轉移路徑與進行學習數據分析，提供互動式和影片式學習環境；陶淑瑗（2019）結合眼動追蹤技術發展雙人共構 SQL 語法程式設計學習環境；陳志洪（2019）以眼動技術，追蹤學生遊戲導向任務環境互動，分析學習者的行爲表現、認知能力和注意力之關係。

爲學生程式作業提供批改、評分、即時回饋是一項極大挑戰，對於相同作業，學生們可能採用不同解題策略或以差異性程式碼來獲得相同目的程式作業要求，且學生可能有不同撰寫程式碼習性及風格（Kinnunen & Simon, 2012），這也是教學者重大批閱負荷，因此自動化批改與評分系統具有極大教學價值。如郭忠義（2020）開發智慧型程式設計評分與回饋系統，能針對程式設計作業自動批改評分，快速回饋學生程式上的錯誤，且分析學生程式的邏輯、語法、結構、演算法及程式能力，提供各種回饋與修改等提示。以社會建構及互動理論建立學習平臺，如林育慈（2014）開發程式設計輔助學習平臺支援社交標註的方式，讓學生針對程式碼進行討論、提問與反思；賴志宏（2016）採用學生出題與相互答題、程式碼同儕評論等學習策略，建構互動教學導向之程式設計學習系統。

此外，提供線上測驗、診斷、預警與輔導有利於程式設計學習及提供補救教學，如賴志宏（2020）根據學生的線上學習行爲，結合學校的輔導機制，提供即時預警與輔導系統；張慶寶（2018）開發物件導向程式設計線上測驗系統。初學者對於語法及結構經常無法快速掌握，初期遭遇程式錯誤且無法排除時，易早造成學習挫折及喪失學習興趣，高啟洲（2017）

建置除錯導向 C 程式設計學習平臺，有助於提升程式偵錯能力。

四、程式設計之解題、認知歷程與學習困難研究

探究學習者程式設計解題、理解、除錯認知歷程及學習行爲模式，有助掌握學習困難、迷思概念，進而善用策略，以改善教學方法，如劉明洲（2016）探究學生程式設計解題歷程，林育慈（2013）以眼動與腦電波分析程式理解與除錯認知歷程；支援解題策略上，有些運用鷹架導引協助學生程式設計解題歷程（李建億，2017），或運用註記科技支援程式設計（賴錦緣，2020），有些採用合作概念構圖協助程式設計解題（賴錦緣，2021）。劉明洲（2000）以工作分析（task analysis）、放聲思考（thinking aloud）、觀察等方法比較物件式編輯環境下生手（novice）與精手（expert）的解題活動的認知與思維歷程、概念發展，此結果有利於建立 ITS 所需專家模組及學生模組。線上學習行爲模式分析上，江玥慧（2021）採用序列分析與深度學習方法，楊鎮華（2020）應用教育大數據進行學習分析，以改善程式設計自我調節學習。

林建良、黃臺珠（2010）以調查方法探討概念圖與程序 V 圖對大專生程式解題能力之影響，結果顯示具概念圖學習經驗學生的程式解題能力顯著優於無概念圖學習經驗學生，即運用概念圖策略有助於程式解題。探索學習困難因素及迷思概念亦有助於改善課程及教學，如戴文雄（2011）調查大專院校資訊相關科系學生程式設計課程學習困難相關因素；林育慈（2014）開發系統以診斷程式設計迷思概念，且提供矯正性回饋。

五、女性之程式設計教育議題

女性在家及學校使用電腦情況較低，且選修程式設計課程低於適當比例，這現象還跨年齡族群及國家（Fletcher-Flinn & Suddendorf, 1996）；然而，當在公平地使用電腦，性別在電腦態度與焦慮差異會因而減低（Jenson, 1999）。資訊科技上性別不平衡出現在許多相關報告文獻（Camp, 1997; Klawe & Leveson, 1995; Pearl et al., 1990）；在科技及角色之性別不

平衡受到政策制定者、父母關切（Bunderson & Christensen, 1995; Klawe & Leveson, 1995）。有些研究（Colley, Hill, & Hill, 1995）探究不同性別對於學生程式設計能力的影響，其結果顯示男性學生的程式設計能力優於女性；但陳伶秀、郭英峰（1998）的研究結果爲性別在程式設計的能力無顯差異，相關研究結論不一致。

臺灣較少性別相關設計程式教育研究，但仍重視此現象，因此有些計畫專門爲女性開發設計程式課程及活動，如顏榮泉（2015）關於女學生智慧生活 App 程式設計活動，賴錦緣（2016）以 Python 程式語言，培養大專女學生 Django 網頁程式設計能力研習營，賴錦緣（2017）以 VPhysics 促進中學女教師程式設計能力。王裕德、陳元泰、曾鈴惠（2012）比較問題導向機器人程式設計、問題導向程式設計課程，對女高中生在學習程式設計成就及態度之影響，結果顯示不同教學策略之學習成效無顯著差異，接受完問題導向機器人程式設計課程學生之態度有顯著提昇。

程式設計教育的未來展望

一、善用生活化議題及教學策略以提升程式設計與運算思維之學習成效

程式設計已成爲二十一世紀的新素養（Bers, González-González, & Armas-Torres, 2019），因此近年來程式設計與運算思維受到極大重視，許多相關學習環境與工具應運而生，如桌遊中海霸、機器跑跑龜（Robot Turtles）、汪汪偵探團（Doggy Code）等不插電運算思維工具，code.org、lighbot、Blockly 等遊戲式平臺，對於建立中小學生程式概念前導組織有所助益，尤其是視覺化積木式程式環境 Scratch 對於中小學生程式設計學習時能免於語法錯誤之學習困境，提供友善學習環境；但單憑視覺化工具並不一定會提高學習效果，須將視覺化工具結合學習任務，吸引學習者參與及投入才是最重要（Hundhausen, Farley, & Brown, 2009）；換言之，需規劃系統化程式學習計畫，且結合相關學習理論如遊戲設計融入學習、機器

人學習模式、合作學習、5e 學習環、PBL 等，且教師經常強調和要求學生練習某些函數及指令，卻未提供情境化資訊，來說明使用相關函數及指令之原因（Kim & Ko, 2017），也會造成學習挫折或失去學習興趣，換言之，應融入生活化議題、情境化資訊讓學生運用程式設計來問題解決。

二、探討程式學習問題及迷思概念，進而開發實用教材及系統

Head（1986）認為迷思概念產生的原因，包含來自日常的經驗與觀察、來自類比所產生的混淆、從隱喻字眼的使用、來自同儕文化、來自一些天賦的觀念；程式設計亦有類似現象，如「指派敘述」（assignment）被視為數學方程式（Clancy, 2004; Sirkiä & Sorva, 2012）、過度類比或人工智慧被誤用，容易造成中小學生程式認知扭曲（cognitive distortion），產生更嚴重的程式迷思概念。在文字導向程式設計學習所發現的迷思概念，同樣地也會出現在 Scratch 積木式設計學習（Swidan, Hermans, & Smit, 2018），換言之，幾乎所有程式概念是抽象、背後電腦執行步驟是隱含的，並不會因積木式視覺化環境變得簡單；因此文字程式設計或視覺化程式設計學習過程，教學者應注重程式迷思概念，包含變數、條件、分支結構、重複結構、模組等，運用適當教學策略，才能減低學習困難，引起學習興趣，進而提升學習者認知、高層次思考或運算思維能力，協助中小學生進入形式操作期，達成「code to learn」目標。

此外，無論文字式程式設計環境如何演進，文字式程式設計仍是複雜且困難的，因此應提供有助於建立文字式程式概念之教材、工具或環境，如模擬式學習（simulation-based learning）教材，但此類教材需有完整內容且考慮迷思概念之問題，促進概念改變以建立正確心智模式，進而加入解題策略，協助學習者解題，使其善用抽象思維、運算思維，讓運用程式設計解題方法由暴力式漸進提升為最佳化，方能達成程式教育目標，也是資訊教育者責無旁貸的使命。

三、雙語融入程式設計教學

教育部（2018/12/06）針對「2030雙語國家政策發展藍圖」，提出五大策略及推動措施如加速教學活化及生活化，推動中小學部分領域或學科採英語授課。在雙語教學風潮及未來政策下，以雙語進行程式設計教學是必然趨勢，其中文字型程式語言都是英文爲主，包含語言結構，保留字、變數、物件、函數命名都須以英文開頭且最好取有意義英文名；此外，在編譯、偵錯都是英文環境及訊息（如語法錯誤之編譯訊息），視覺化程式設計平臺如Scratch，提供多國語言切換，包含程式積木、編譯、操作介面，具有營造英語與程式設計學習環境之特質；因此以雙語教導程式設計有其適合性，也是沉浸式英語跨領域教學，在研究上除涉及程式相關問題與學習成效外，亦可探討語文之學習態度及學習成就等面向，及雙語融入程式設計教學對程式概念等影響，但其教學本質仍爲程式設計相關問題解決與運算思維等。

參考文獻

王宗一（2012）。**整合變易理論之物件導向程式設計適性化網路學習環境的建置與應用研究**。科技部專題計畫編號NSC101-2511-S006-011-MY2。

王宗一（2017）。**子計畫五：以設計思考融入程式設計課程**。科技部專題計畫編號MOST106-2511-S006-007。

王裕德、陳元泰、曾鈴惠（2012）。機器人問題導向程式設計課程對女高中學生學習程式設計影響之研究。**科學教育月刊，354**，11-29。

何品萱、王麗君、陳明溥（2017）。互動式擴增實境在國中生機器人程式設計學習之探討。**中等教育，68**(3)，16-33。

吳聲毅（2019）。**整合問題情境與引導機制之視覺化運算思維系統之開發與探討**。科技部專題計畫編號MOST108-2511-H153-009。

林育慈（2012）。**基於眼動與腦電波分析之程式理解與除錯認知歷程研究**。科技部專題計畫編號NSC101-2511-S003-037。

林育慈（2016）。**程式設計概念、程序及策略輔助教學平臺之設計與評估**。科技部專題計畫編號MOST105-2511-S003-022。

林冠成（2017）。**基於情意計算與學習數據分析之程式設計線上學習平臺的建構與應用**。科技部專題計畫編號MOST106-2511-S005-001。

林建良、黃臺珠（2010）。概念圖與程序V圖對大專生程式解題能力之影響。**教學科技與媒體，93**，61-76。

邱瓊芳（2013）。**遊戲導向程式除錯練習教材之設計與評估**。科技部專題計畫編號NSC102-2511-S260-002。

高啟洲（2017）。**適用於中小學生之除錯導向程式設計學習平臺的建置**。科技部專題計畫編號MOST106-2622-E024-004-CC3。

張智凱（2019）。**視覺化程式設計的智慧提示產生系統發展與評估**。科技部專題計畫編號MOST108-2511-H024-008-MY3。

張慶寶（2018）。**建置物件導向程式設計線上實作系統**。科技部專題計畫編號MOST107-2637-E168-004。

教育科學文化處（2018/12/06）。**2030雙語國家政策發展藍圖**。取自https://www.ey.gov.tw/Page/448DE008087A1971/b7a931c4-c902-4992-a00c-7d1b-87f46cea

郭忠義（2020）。**智慧型程式設計評分與回饋系統之研發**。科技部專題計畫編號MOST109-2637-E027-004。

陳栓秀、郭英峰（1998）。學生程式設計能力影響因素之研究—以崑山技術學院資訊管理系爲例。**技術學刊，13**，661-668。

曾秋蓉（109）。**結合後設認知策略與運算思維發展框架的互動式程式設計合作學習環境開發、應用與成效分析**。科技部專題計畫編號MOST109-2511-H216-001-MY3。

趙伯堯（2013）。**結合程式設計方案與案例式推論以輔助程式問題解決學習：輔助機制之開發與研究**。科技部專題計畫編號NSC102-2511-S155-004。

劉旨峰（2017）。運用互動式動畫模擬輔具改善學生程式設計之問題解決能力。**教學科技與媒體，79**，56-69。

劉明洲（2016）。**國小學童程式設計解題歷程之研究**。科技部專題計畫編號MOST105-2511-S259-003。

劉明洲（2000）。物件式編輯系統程式設計之解題歷程研究。**花蓮師院學報，11**，205-230。

蔡家文（2020）。**整合網路後設認知學習策略及團隊規律於雲端教室以改善學生的程式設計能力、學習動機、及拒網自我效能之實驗研究**。科技部專題計畫編號MOST109-2628-H130-001。

蔡家文（2021）。**探索網路同儕促進學習及分散式成對程式設計對於改善學生在雲端教室中的程式設計能力、學習愉悅感、與學習意圖之影響**。科技部專題計畫系統編號PF11007-2048。

鄭伯壎（2019）。**具學習回饋機制之智慧型適性教育平臺的感知服務元件研究**。科技部專題計畫編號MOST108-2221-E017-011。

鄭鈺霖（2016）。**基於鷹架引導與思辨能力之即時回饋程式設計學習環境—**

以技專校院**APP課程爲例**。科技部專題計畫編號MOST105-2511-S218-003-MY2。

鄭鈺霖（2018）。**運用同儕學習與做筆記策略之程式設計輔助教學系統—探討技專校院APP課程之應用與評估**。科技部專題計畫編號MOST107-2511-H218-002。

鄭鈺霖（2021）。**運用同儕學習與做筆記策略之程式設計輔助教學系統—探討技專校院APP課程之應用與評估**（第二年）。科技部專題計畫系統編號PF11007-0378。

盧秀琴（2019）。**培育國小在職教師與師資生協同設計STEAM的課程與教學**。科技部專題計畫編號MOST108-2511-H152-003。

賴志宏（2020）。**線上學習之預測及預警系統建置與學習成效評估：以非資訊相關科系學生之程式設計課程爲例**。科技部專題計畫編號MOST109-2511-H259-003。

賴阿福（2012）。**視覺化程式設計對國小高年級學童高層次能力之影響**。研究計畫編號NSC 98-2511-S-133-002-MY3。

賴阿福（2016）。小學教師觀點的運算思維之教與學。載於張芬芬、方志華（主編），**面對新世代的課程實踐**（359-396頁）。臺北市：五南。

賴阿福、岑泮嶺（2019年9月）。高中程式設計與運算思維教學之探討。「**2019學習媒材與教學國際論壇—素養導向教學的學習媒材**」發表之論文，臺北市立大學。

賴錦緣（2020）。註記科技支援程式設計翻轉教學之研究。科技部專題計畫編號MOST109-2511-H025-001。

賴錦緣（2021）。合作概念構圖對程式設計解題之成效。科技部專題計畫系統編號PF11007-2679。

魏春旺（2019）。探討運算思維與批判性思考整合策略對基礎程式設計學習成效之影響。科技部專題計畫編號MOST108-2511-H037-013。

蘇育生（2019）。LINE教學系統與翻轉學習融入程式設計課程對學生的學習行爲及學習成效之影響。科技部專題計畫編號MOST108-2511-H008-015。

Ahmed, Aqeel M. (1992). Learning to Program and Its Transference to Students' Cognition. *Information Analyses.* ED352261.

Akcaoglu, M. (2014). Learning problem-solving through making games at the game design and learning summer program. *Educational Technology Research and Development, 62*, 583-600. DOI 10.1007/s11423-014-9347-4

Akpınar, Y., & Altun, A. (2014). Bilgi toplumu okullarında programlama eğitimi gereksinimi. İlköğretim Online, *13*(1), 1-4.

Barker, L. J., McDowell, C., & Kalahar, K. (2009, March). Exploring factors that influence computer science introductory course students to persist in the major. In ACM SIGCSE Bulletin (Vol. 41, No. 1, pp. 153-157).

Basawapatna, A., Koh, K. H., Repenning, A., Webb, D. C., & Marshall, K.S. (2011). Recognizing Computational Thinking Patterns. SIGCSEí11, March 9-12, 2011, Dallas, Texas, USA.

Bayman, P. & Mayer, R. E. (1983). A diagnosis of beginning programmers misconceptions of basic programming statements. *Commun. ACM, 26*(9), 677-679.

Beck, K. (1998). Extreme Programming: A Humanistic Discipline of Software Development. In International Conference on Fundamental Approaches to Software Engineering. Springer, 1-6.

Beck, K. (1999). Embracing Change with Extreme Programming. *Computer, 32*(10), 70-77.

Becker, K. (2001). Teaching with games: the Minesweeper and Asteroids experience. CCSC: Northwestern Conference, pp. 23-33.

Ben-Ari, M. (1998). Constructivism in computer science education. In Proceedings of the 29th SIGCSE Technical Symposium on Computer Science Education, pp. 257-261.

Bennedsen, J. & Caspersen, M.E. (2007). Failure rates in introductory programming. *ACM SIGCSE Bulletin, 39*(2), 32-36. DOI: 10.1145/1272848.1272879

Bergersen, G. R. & Gustafsson, J. E. (2011). Programming skill, knowledge, and working memory among professional software developers from an investment theory perspective. *Journal of Individual Differences*, *32*(4), 201-209.

Bers, M. U., González-González, C., & Armas-Torres, M. B. (2019). Coding as a playground: Promoting positive learning experiences in childhood classrooms. *Computers & Education*, *138*, 130-145. https://doi.org/10.1016/j.compedu.2019.04.013

Boroni, C. M., Eneboe, T. J., Goosey, F. W., Ross, J. A., & Ross, R. J. (1996). Dancing with DynaLab: Endearing the science of computing to students. *SIGCSE Bull*, *28*(1), 135-139.

Braught, G., Eby, L.M., & Wahls, T. (2008 March). The effects of pair-programming on individual programming skill. *Proceedings of the 39th SIGCSE Technical Symposium on Computer Science Education*, SIGCSE 2008, Portland, OR, USA. DOI: 10.1145/1352322.1352207

Brown, Q., Mongan, W., Kusic, D., Garbarine, E., Fromm, E., & Fontecchio, A. (2013). Computer aided instruction as a vehicle for problem solving: Scratch programming environment in the middle years classroom. Retrieved form http://www.pages.drexel.edu/~dmk25/ASEE_08.pdf

Bunderson, E. D. & Christensen, M. E. (1995). An analysis of retention problems for female students in university computer science programs. Journal of Research on Computing in Education, *28*(1), 1-18.

Camp, T. (1997). The incredible shrinking pipeline. Communications of the ACM, *40* (10), 103-110.

Campe, S., Denner, J., Green, E., & Torres, D. (2020). Pair programming in middle school: variations in interactions and behaviors. *Computer Science Education*, *30*(1), 22-46.

Campe, S., Denner, J., Green, E., & Werner, L. (2018). Pair Programming Interactions in Middle School: Collaborative, Constructive, Dismissive, or Disengaged？ In Proceedings of the 49th ACM Technical Symposium on Computer Science Education. ACM, 1093-1093.

Clancy, M. (2004). Misconceptions and attitudes that interfere with learning to program. In *Computer Science Education Research*, S. Fincher and M. Petre Eds., Routledge, 85-100.

Clements, D. H. (1985a). Research on Logo in Education: Is the Turtle Slow but Steady, or Not Even in the Race？ *Computers in the Schools*, *2*(2/3), 55-71.

Clements, D. H., & Gullo, D. F. (1984). Effects of Computer Programming on Young Children's Cognition. *Journal of Educational Psychology*, *76*(6), 1051-1058.

Colley, A. M., Hill, F., & Hill, J. (1995). Gender Effects in the Stereotyping of Those with Different Kinds of Computing Experience (Computer Programming, Word Processing or Computer Games). Journal of Educational Computing Research, *12*(1), 19-27. DOI:10.2190/5GR7-13A6-BW3Q-QKTH

Coull, N. J., & Duncan, I. M. (2011). Emergent requirements for supporting introductory programming. *Innovation in Teaching and Learning in Information and Computer Sciences*, *10*(1), 78-85.

Davidsson, K., Larzon, L., & Ljunggren, K. (2010). Self-Efficacy in Programming among STS Students. retreved from https://www.semanticscholar.org/paper/Self-Efficacy-in-Programming-among-STS-Students-Davidsson-Larzon/f51c4dc92ffe4e356a9d1f7a851dfc1784e80e99#citing-papers

Deci, E. L., & Ryan, R. M. (2000). The" what" and" why" of goal pursuits: Human needs and the self-determination of behavior. Psychological inquiry, *11*(4), 227-268.

diSessa, A. A. (2006). A history of conceptual change research: Threads and fault lines. In K. Sawyer (Ed.), Cambridge handbook of the learning sciences. Cambridge, UK: Cambridge University Press.

Dongo, T. A., Reed, A. H., & O'Hara, M. T. (2016). Exploring pair programming benefits for MIS majors. *Journal of Information Technology Education: Innovations in Practice, 15*, 223-239. Retrieved from http://www.informing-science.org/Publications/3625.

Du Boulay, B. (1986). Some difficulties in Learning to Program. *Journal of Educa-*

tional Computing Research, *2*(1), 57-73.

Erümit, A., Karal, H., Şahin, G., Gencan, A., & Benzer, A. (2018). A Model Suggested for Programming Teaching: Programming in Seven Steps. TED EĞİTİM VE BİLİM. 44. 10.15390/EB.2018.7678.

Fernandez, A., Rossi, G., Morelli, P., Garcia Mari, L., Miranda, S., & Suarez, V. (1998). A learning environment to improve object-oriented thinking. In *Proceedings of the Conference on Object-Oriented Programming Systems, Languages, and Applications* (OOPSLA'98).

Fesakis, G. & Serafeim, K. (2009). Influence of the familiarization with "scratch" on future teachers' opinions and attitudes about programming and ICT in education. *SIGCSE Bull*, *41*(3), 258-262.

Fletcher-Flinn, C. M. & Suddendorf, T. (1996). Do Computers Affect "The Mind"?. *Journal of Educational Computing Research*, *15*(2), 97-112. Retrieved October 26, 2021 from https://www.learntechlib.org/p/57177/.

Forcier, R. (1996). *The Computer as a Productivity tool in Education*. Englewood Cliffs, NJ: Merrill (Prentice Hall).

Fowler, A. & Cusack, B. (2011). Enhancing Introductory Programming with Kodu Game Lab: An Exploratory Study. The 2nd annual conference of Computing and Information Technology Research and Education New Zealand (CITRENZ2011).

Fung, P., Brayshaw, M., Du Boulay, B., & Elsom-Cook, M. (1990). Towards a taxonomy of novices' misconceptions of the Prolog interpreter. *Instructional Science*, *19* (4/5), 311-336.

Giuseppe, C., Giovanni, F., Vito, P., & Davide, T. (2018). Engaging Primary School Children in Computational Thinking: Designing and Developing Videogames. *Education in the Knowledge Society*, *19*(2), 63-81. dio: 10.14201/eks20181926381.

Goldman, K., Gross, P., Heeren, C., Herman, G., Kaczmarczyk, L., Loui, M. C., & Zilles, C. (2008). Identifying important and difficult concepts in introductory computing courses using a Delphi process. SIGCSE Bull, *40*(1), 256-260.

Gomes, A., & Mendes, A. (2014). A teacher's view about introductory programming teaching and learning: Difficulties, strategies and motivations. *In Proceedings of the Frontiers in Education Conference (FIE 2014)*. IEEE, 1-8.

Gomes, A., & Mendes, A. J. (2007). An environment to improve programming education. In B. Rachev, A. Smrikarov, and D. Dimov (Eds.), *Proceedings of the 2007 International Conference on Computer Systems and Technologies*, Bulgaria, June 14-15, 2007, ACM: New York.

Gomes, A., & Mendes, A. J. (2008). A study on student's characteristics and programming learning. Accepted for presentation in ED-MEDIA 2008, *World Conference on Educational Multimedia, Hypermedia and Telecommunications*, Wien, June.

Gomes, A., & Mendes, A. J. (2007). Learning to program-difficulties and solutions. Paper presented at the *International Conference on Engineering Education*–ICEE. Retrieved from https://www.researchgate.net/profile/Anabela_Gomes2/publication/228328491_Learning_to_progr am_-_difficulties_and_solutions/links/02e7e52389017b9984000000.pdf

Gomes, A., Carmo, L., Bigotte, E., & Mendes, A. (2006). Mathematics and programming problem solving. *Paper presented at the 3rd E-Learning Conference–Computer Science Education*. Retrieved from http://citeseerx.ist.psu.edu/viewdoc/download ? doi=10.1.1.532.7543&rep=rep1&type=pdf

Griffin, J. (2016/Sep). Learning by Taking Apart: Deconstructing Code by Reading, Tracing, and Debugging. *ACM SIGITE'16*, September 28-October 01, 2016, Boston, MA, USA , pp148-153. DOI: 10.1145/2978192.2978231

Grover, S., Pea, R., & Cooper, S. (2015). Designing for deeper learning in a blended computer science course for middle school students. *Comput. Sci. Educ.*, *25*(2), 99-237.

Guzdial, M. (2004). Programming environments for novices. In S. Fincher, & M. Petre (Eds.), *Computer science education research* (pp. 127-154). Lisse, The

Netherlands: Taylor & Francis.

Haberman, B. & Kolikant, Y. B. -D. (2001). Activating "black boxes" instead of opening "zipper" - a method of teaching novices basic cs concepts, in ITiCSE 01: *Proceedings of the 6th annual ITiCSE conference*, Canterbury, United Kingdom, ACM Press, pp. 41-44.

Harel, I. & Papert, S. (eds.) (1991). Constructionism: research reports and essays 1985-1990. Norwood, USA: Ablex.

Head, J. (1986). Research into "Alternative Frameworks" : Promise and Problems. *Research in Technological Education*, *4*(2), 203-211.

Hostetler, Terry R. (1983). Predicting Student Success in an Introductory Programming Course. *SIGCSE Bulletin*, *15*(3).

Hundhausen, C. D., Farley, S. F., & Brown, J. L. (2009). Can direct manipulation lower the barriers to computer programming and promote transfer of training？ An experimental study. *ACM Transactions on Computer-Human Interaction*, *16*(3), 13:1-13:40.

ISTE (2016). *ISTE STANDARDS FOR STUDENTS*. Retrieved from https://www.iste.org/standards/iste-standards-for-students

Jansson, L. C., Williams, H. D. & Collens, R. J. (1987). Computer Programming and Logical Reasoning. *School Science and Mathematics*, *87*, 371-379.

Jenson, J. (1999). Girls ex machina: A school-based study of gender, culture and technology. Ph.D. Thesis, Simon Fraser University.

Jerding, D. F. & Stasko, J. (1994). Using Visualization to Foster Object-Oriented Programming Understanding. Technical Report GIT-GVU-94-33, Georgia Institute of Technology.

Jonassen, D. H. (1996). *Computer in the classroom: Mindtools for critical thinking*. Eaglewoods, NJ: Merill/Prentice Hall.

Jonassen, D. H. (2000). Computers as Mindtools for Schools: Engaging Critical Thinking. Columbus, OH: Prentice-Hall.

Kaczmarczyk, L. C., Petrick, E. R., East, J. P., & Herman, G. L. (2010). Identifying Student Misconceptions of Programming. SIGCSE '10 Proceedings of the 41st ACM technical symposium on Computer science education (pp. 107-111). Milwaukee, Wisconsin: ACM.

Kafai, Yasmin B., & Burke, Q. (2014). Connected Code: Why Children Need to Learn Programming. MacArthur Foundation Series on Digital Media and Learning. ED574173.

Kalelioğlu, F. & Gülbahar, Y. (2014). The Effects of Teaching Programming via Scratch on Problem Solving Skills: A Discussion from Learners' Perspective. *Informatics in Education*, *13*, 33-50.

Kelleher, C., & Pausch, R. (2005). Lowering the barriers to programming: A taxonomy of programming environments and languages for novice programmers. *ACM Computing Surveys*, *37*(2), 83-137. doi:10.1145/1089733.1089734

Kim, A. S. & Ko, A. J. (2017). A pedagogical analysis of online coding tutorials. *In the proceedings of the 2017 ACM SIGCSE technical symposium on computer science education* (pp. 321-326). ACM.

Kinnunen, P. & Simon, B. (2012). My program is ok–am i? Computing freshmen's experiences of doing programming assignments. Computer Science Education, 22(1), 1-8. https://doi.org/10.1080/08993408.2012.655091 [Taylor & Francis Online]

Klawe, M. & Leveson, N. (1995). Women in computing: Where are we now? Communications of the ACM, *38*(1), 29-35.

Kobsiripat, W. (2015). Effects of the media to promote the scratch programming capabilities creativity of elementary school students. *Procedia-Social and Behavioral Sciences*, *174*, 227- 232.

Kunkle, W. M. (2010). *The Impact of Different Teaching Approaches and Languages on Student Learning of Introductory Programming Concepts*. PhD thesis, Drexel University.

Kurland, D. M., Pea, R. D., Clement, C., & Mawby, R. (1986). A Study of the Development of Programming Ability and Thinking Skills in High School Students. *Journal of Educational Computing Research*, *2*(4), 429-458.

Kurvinen, E., Hellgren, N., Kaila, E., Laakso, M., & Salakoski, T. (2016). Programming Misconceptions in an Introductory Level Programming Course Exam. *Proceedings of the ACM Conference on Innovation and Technology in Computer Science Education*. DOI:http://dx.doi.org/10.1145/2899415.2899447

Kurvinen, E., Hellgren, N., Kaila, E., Laakso, M.-J., & Salakoski, T. (2016). Programming Misconceptions in an Introductory Level Programming Course Exam. ITiCSE '16: Proceedings of the 2016 ACM Conference on Innovation and Technology in Computer Science EducationJuly 2016, Pages 308-313. https://doi.org/10.1145/2899415.2899447

Kwon, K. (2017). Student's misconception of programming reflected on problem-solving plans. *International Journal of Computer Science Education in Schools, 1*(4), 14. DOI: 10.21585/ijcses.v1i4.19

Lahtinen, E., Ala-Mutka, K. A., & Jarvinen, H. M. (2005). A Study of the difficulties of novice programmers. In Proceedings of 10th Annual SIGSCE Conference on Innovation and Technology in Computer Science Education (pp. 14-18). Monte da Caparica, Portugal: ACM. doi:10.1145/1067445.1067453

Lai, A. F. & Yang, S. M. (2011). The learning effect of visualized programming learning on 6th graders' problem solving and logical reasoning abilities. In 2011 *International Conference on Electrical and Control Engineering* (pp. 6940-6944). Yichang, China: IEEE. https://doi.org/10.1109/ICECENG.2011.6056908

Lai, C. S., & Lai, M. H. (2012). Using computer programming to enhance science learning for 5th graders in Taipei. *In 2012 International Symposium on Computer, Consumer and Control* (pp. 146-148). Taichung, Taiwan: IEEE. https://doi.org/10.1109/IS3C.2012.45

Lee, I., Martin, F., Denner, J., Coulter, B., Allan, W., Erickson, J., Malyn-Smith, J., & Werner, L. (2011). Computational thinking for youth in practice. *ACM Inroads*, *2*(1), 32-37.

Lewis, C. M. (2011). Is pair programming more effective than other forms of collaboration for young students? *Computer Science Education*, *21*(2), 105-134.

Li, Z., Plaue, C., & Kraemer, E. (2013). A spirit of camaraderie: The impact of pair programming on retention. Software Engineering Education and Training (CSEE&T), 2013 IEEE 26th Conference.

Liao, Y.-k. C. & Bright, G. W. (1991). Effects of computer programming on cognitive outcomes: A meta-analysis. *Journal of Educational Computing Research*, *7*(3), 251-268.

Liebenberg, J., Mentz, E., & Breed, B. (2012). Pair programming and secondary school girls' enjoyment of programming and the subject information technology (IT). *Computer Science Education, 22*(3), 219-236. https://doi.org/10.1080/08993408.2012.713180

Linn, M. C. & Dalbey, J. (1986). Cognitive consequences of programming instruction: Instruction, access, and ability. *Educational Psychologist*, *20*(A), 191-206.

Lister, R. (2016). Toward a Developmental Epistemology of Computer Programming. *In Proceedings of the 11th Workshop in Primary and Secondary Computing Education on ZZZ* - WiPSCE 16, 5-16.

Lockard, J., Abrams, P. D. & Many, W.A. (1997). *Microcomputers for twenty-first century educators (fourth edition)*. New York: Longman.

Lu, J. & Fletcher, G. (2009). Thinking about computational thinking. *ACM Special Interest Group on Computer Science Education Conference, (SIGCSE 2009)*, (Chattanooga, TN, USA), ACM Press. Available online at http://portal.acm.org/citation.cfm?id=1508959&dl=ACM&coll=portal. Accessed June 29, 2010.

Ma, L., Ferguson, J., Roper, M., & Wood, M. (2011). Investigating and improving the models of programming concepts held by novice programmers. *Computer Science Education*, *21*(1), 57-80.

Maguire, P., Maguire, R., Hyland, P., & Marshall, P. (2014). Enhancing collaborative learning using paired-programming: Who benefits？ T*he All Ireland Journal of Teaching and Learning in Higher Education, 6*(2), 1411-14125.

Malan, D. J., & Leitner, H. H. (2007). Scratch for budding computer scientists. ACM Sigcse Bulletin, *39*(1), 223-227.

Mannila, L., Peltomäki, M., & Salakoski, T. (2006). What About a Simple Language? Analyzing the Difficulties in Learning to Program. *Computer Science Education*, *16*(3), 211-227. DOI: 10.1080/08993400600912384

Mannila, L., Settle, A. Dagiene, V., Demo, B., Grgurina, N., Mirolo, C., & Rolandsson, L. (2014). Computational Thinking in K-9 Education. ITiCSE-WGR '14. DOI: 10.1145/2713609.2713610

Many, W., Lockard, J., Abrams, P., & Friker, W. (1988). The Effects of Learning to Program in Logo on Reasoning Skills of Junior High School Students. *Journal of Educational Computing Research*, *4*(2), 203-213.

Marton, F. (1993). Our Experience of the Physical World. *Cognition and Instruction*, *10*(2), 227-237.

Mazlack, L. J. (1980). Identifying Potential to Acquire Programming Skill. *Communications of the ACM*, *23*(1), 14-17.

McCoy, L. P. (1996). Computer-based mathematics learning. *Journal of Research on Computing in Education*, *28*, 438-460.

McDowell, C. Werner, L., Bullock, H.E., & Fernald, J. (2006). Pair programming improves student retention, confidence, and program quality. *Commun. ACM*, *49*(8), 90-95.

McGill, T. J. & Volet, S. E. (1997). A conceptual framework for analyzing students' knowledge of programming. *Journal of Research on Technology in Education*, *29*(3), 276-297.

McKenna, P. (2004). Gender and Black Boxes in the Programming Curriculum. *Journal on Educational Resources in Computing*, *4*(1), 6-17. https://doi.org/10.1145/1060071.1060077

Miller, R. B., Kelly, G. N., & Kelly, J. T. (1988). Efects of Logo computer programming experience on problem solving and spatial relations ability. *Contemporary Educational Psychology*, *13*, 348-357.

Milne, I. & Rowe, G. (2002). Difficulties in Learning and Teaching Programming-Views of Students and Tutors. *Education and Information Technologies*, *7*(1), 55-66.

Mladenovic, M., Boljat, I. & Žanko, Ž. (2018). Comparing Loops Misconceptions in Block-Based and Text-Based Programming Languages at the K-12 Level. *Education and Information Technologies*, *23*(4), 1483-1500. Retrieved September 11, 2021 from https://www.learntechlib.org/p/191716/.

Moreno-León, J. & Robles, G. (2013). Code to learn with Scratch？ A systematic literature review. *IEEE Global Engineering Education Conference*, EDUCON At: Abu Dhabi, Pages150-56. DOI: 10.1109/EDUCON.2016.7474546

Nachmias, C. & Ridgewoy, C. (1986). Attitude measures in evaluation research: a research note. *Review of Policy Research*, *5*, 756-786.

Nagappan, N., Williams, L., Ferzli, M., Wiebe, E., Yang, K., Miller, C., et al. (2003, February). Improving the CS1 experience with pair programming. *ACM SIGCSE Bulletin*, *35*(1), 359-362. https://doi.org/10.1145/792548.612006. ACM.

O'Donnell, C., Buckley, J., Mahdi, A.E., Nelson, J. & English., M. (2015). Evaluating Pair-Programming for Non-Computer Science Major Students. In Proceedings of the 46th ACM Technical Symposium on Computer Science Education (SIGCSE '15), 569-574.

Ohlsson, S. (1996). Learning from error and the design of task environments. *International Journal of Educational Research*, *25*(5), 419-448.

Oprea, J. M. (1988). Computer programming and mathematical thinking. *The Journal of Mathematical Behavior*, *7*(2), 175-190.

Ouahbi, I., Kaddari, F., Darhmaoui, H., Elachqar, A., & Lahmine, S. (2015). Learning Basic Programming Concepts By Creating Games With Scratch Programming Environment. *Procedia-Social and Behavioral Sciences*, *191*, 1479-

1482. doi: 10.1016/j.sbspro.2015.04.224.

Ozdemir, G. & Clark, D. B. (2007). An Overview of Conceptual Change Theories. Eurasia Journal ofMathematics, Science & Technology Education, *3*(4), 351-361.

Pachec, A., Gomes, A., Henrigues, J., Almeida, A. M., & Mendes, A. J. (2008). Mathematics and programming: some studies. Proceedings of the 9th International Conference on Computer Systems and Technologies and Workshop for PhD Students in Computing, CompSysTech 2008, Gabrovo, Bulgaria, June 12-13.

Papastergiou, M. (2009). Digital game-based learning in high school computer science education: Impact on educational effectiveness and student motivation. *Computers & education*, *52*(1), 1-12.

Papert, S. (1980). *Mindstorms: Children, computers, and powerful ideas*. New York: Basic Books.

Papert, S., & Harel, I. (1991). *Constructionism*. Norwood, NJ: Ablex Publishing.

Pea, R. (1986). Language independent conceptual bugs in novice programming. *Educational Computing Research*, *2*(1), 25-36.

Pea, R. D. & Kurland, D. M. (1984). On the cognitive effects of learning computer programming. *New Ideas in Psychology*, *2*(2), 137-168.

Pearl, A., Pollack, M. E., Riskin, E., Thomas, B., Wolf, E., & Wu, A. (1990). Becoming a computer scientist. Communications of the ACM, *33*(11), 47-57.

Perrenet, J. & Kaasenbrood, E. (2006). Levels of abstraction in students' understanding of the concept of algorithm: The qualitative perspective. *ACM SIGCSE Bull*, *38*(3), 270-274.

Putnam, R. T., Sleeman, D., Baxter, J. A., & Kuspa, L. K. (1986). A summary of misconceptions of high school basic programmers. *Journal of Educational Computing Research*, *2*(4), 459-472.

Reeder, L. K. & Leming, J. S. (1994). The Effect of Logo on the Nonverbal Reasoning Ability of Rural and Disadvantaged Third Graders. *Journal of Re-*

search on Computing in Education, *26*(4), 558-564.

Renumol V. G., Jayaprakash S., & Janakiram D. (2009). Classification of Cognitive Difficulties of Students to Learn Computer Programming. Indian Institute of Technology. Retrieved from http://dos.iitm.ac.in/publications/LabPapers/techRep2009-01

RenumolV, G., Jayaprakash, S., & Janakiram, D. (2009). *Classification of Cognitive Difficulties of Students to Learn Computer Programming*. Indian Institute of Technology, India, 12.

Resnick, M., Silverman, B., Kafai, Y., Maloney, J., Monroy-Hernández, A., Rusk, N., Eastmond, E., Brennan, K., Millner, A., Rosenbaum, E., & Silver, J. (2009). Scratch: Programming for all. *Communications of the ACM*, *52*(11), 60-67.

Rinderknecht, C. (2014). A survey on teaching and learning recursive programming. *Informatics in Education*, *13*, 87-119.

Robertson, J. & Howells, C. (2008). Computer game design: Opportunities for successful learning. *Computers & Education*, *50*(2), 559-578.

Robins, A., Rountree, J., & Rountree, N. (2003). Learning and teaching programming: A review and discussion. *Computer Science Education*, *13*(2), 137-172.

Rogalski, J. & Samurçay, R. (1990). Acquisition of Programming Knowledge and Skills. *Psychology of Programming*, 157-174.

Rogers, C. & Portsmore, M. (2004). Bringing engineering to elementary school. *Journal of STEM Education*, *5*, 17-28.

Rosenberg, J. & Kölling, M. (1996). I/O considered harmful (at least for the first few weeks), in ACSE 97: Proceedings of the 2nd Australasian conference on CS education, The Univ. of Melbourne, Australia, ACM Press, pp. 216-223.

Rowe, G. & Thorburn, G. (2000). VINCE - An online tutorial tool for teaching introductory programming. *Brit. J. Educ. Tech.*, *31*(4), 359-369.

Sáez-López, JM., Sevillano-García, ML., & Vazquez-Cano, E. (2019). The effect of programming on primary school students' mathematical and scientific understanding: educational use of mBot. *Education Tech Research Dev*, *67*, 1405-

1425. https://doi.org/10.1007/s11423-019-09648-5

Schulte, C. (2008). Block Model: An educational model of program comprehension as a tool for a scholarly approach to teaching. Proceedings of the Fourth International Workshop on Computing Education Research, (Sydney, Australia), 2008, pp. 149-160.

Sentence, S. & Waite, J. (2017). PRIMM: Exploring pedagogical approaches for teaching text-based programming in school. Proceedings of the 12th Workshop in Primary and Secondary Computing Education (London, UK), pp. 113-114.

Shah, N., Lewis, C., & Caires, R. (2014). Analyzing equity in collaborative learning situations: A comparative case study in elementary computer science. Boulder, CO: International Society of the Learning Sciences.

Shi, N., Cui, W., Zhang, P., & Sun, X. (2018). Evaluating the effectiveness roles of variables in the novice programmers learning. *Journal of Educational Computing Research*, *56*(2), 181-201.

Shih, I. J. (2014). The effect of scratch programming on the seventh graders' mathematics abilities and problem solving attitudes (Yayımlanmamış yüksek lisans tezi). Taipei University, Taiwan.

Simon (2011 November). Assignment and sequence: why some students can't recognise a simple swap. in Proceedings of the 11th Koli Calling International Conference on Computing Education Research - Koli Calling, pp. 10-15. https://doi.org/10.1145/2094131.2094134

Sirkiä, T. & Sorva, J. (2012). Exploring programming misconceptions: An analysis of student mistakes in visual program simulation exercises. In Proceedings of the 12th Koli Calling International Conference on Computing Education Research (KoliCalling'12). 19-28.

Skelton, G., Pang, Q., Yin, J., Williams, B. J., & Zheng, W. (2010). Introducing engineering concepts to public school students and teachers: Peer-based learning through robotics summer camp. *Review of Higher Education and Self-*

Learning, *3*, 1-7.

Sleeman, D., Putnam, R. T., Baxter, J., & Kuspa, L. (1986). Pascal and High School Students: A Study of Errors. *Journal of Educational Computing Research*, *2*(1), 5-23.

Sleeman, D., Putnam, R.T., Baxter, J. A., & Kuspa, L. K. (1984). Pascal and High-School Students: A Study of Misconceptions. Technology Panel Study of Stanford and the Schools. Occasional Report# 009.

Smith, J. P., diSessa, A. A., & Roschelle, J. (1993). Misconceptions reconceived: A constructivist analysis of knowledge in transition. *Journal of the Learning Sciences*, *3*, 115-163.

Smith, P. A. & Webb, G. I. (2000). The efficacy of a low-level program visualization tool for teaching programming concepts to novice c programmers. *J. Educ. Comp. Res.*, *22*(2), 187-215.

Sorva, J. (2012). *Visual program simulation in introductory programming education*. Doctoral dissertation, Department of Computer Science and Engineering, Aalto University.

Swan, K., & Black, J. B. (1989). Logo programming, problem solving, and knowledge-based instruction. Unpublished manuscript, University of Albany, Albany, NY.

Swidan, A., Hermans, F., & Smit, M. (2018). Programming misconceptions for school students. *Proceedings 2018 ACM Conference on International Computing Education Research - ICER*, *18*, 151-159.

Taylor, R. P. (1980). Introduction. In R. P. Taylor (Ed.). *The computer in school: Tutor, tool, tutee* (pp. 1-10). New York: Teachers College Press. https://citejournal.org/volume-3/issue-2-03/seminal-articles/the-computer-in-school-tutor-tool-tutee/

Tew, A. E. (2010). *Assessing Fundamental Introductory Computing Concept Knowledge in a Language Independent Manner*. PhD thesis, School of Interactive Computing, Georgia Institute of Technology.

Tsan, J., Vandenberg, J., Boulden, Z.D.C., & Boyer, K.E. (2021). Collaborative Dialogue and Types of Conflict: An Analysis of Pair Programming Interactions between Upper Elementary Students. SIGCSE '21, 1184-1190, March 13-20, 2021, Virtual Event, USA.

van Eck, R. (2006). Digital Game Based LEARNING: It's Not Just the Digital Natives Who Are Restless. *EDUCAUSE Review*, *41*(2), 1-16.

Vihavainen, A., Airaksinen, J., & Watson, C. (2014). A systematic review of approaches for teaching introductory programming and their influence on success. *In Proceedings of the Tenth Annual Conference on International Computing Education Research,* pp. 19-26. ACM.

Watt, M. L. & Watt, D. L. (1992). Classroom Research on Logo Learning: Creating Collaborative Partnerships. *The Computing Teacher*, *19*(7), 5-7.

Wei, X., Lin, L., Meng, N., Tan, W., Kong, S.-C., & Kinshuk. (2021). The effectiveness of partial pair programming on elementary school students' Computational Thinking skills and self-efficacy. *Computers & education*, *160*, 1-15.

Williams, L. & Upchurch., R.L. (2001). In support of student pair programming. *ACM SIGCSE Bulletin*, *33*, 327-331.

Williams, L., & Kessler, R. (2002). Pair programming illuminated. Boston, MA: Pearson Education, Inc.

Williams, L., Kessler, R.R., Cunningham, W., & Jeffries, R. (2000). Strengthening the case for pair programming. *IEEE software*, *17*(4), 19-25.

Wing, J. M. (2006). Computational thinking. *Communications of the ACM, 49*(3), 33-35. http://dx.doi.org/10.1145/1118178.1118215

Winslow, L. E. (1996). Programming pedagogy—a psychological overview. *ACM SIGCSE Bulletin*, *28*(3), 17-22. http://dx.doi.org/10.1145/234867.234872

Wu, C. -C. (1993). Conceptual Models and Individual Cognitive Learning Styles in teaching recursion, *ACM SIGCSE*, ACM Press, Atlanta, Georgia, USA, 292-296.

Yang, Y. F., Lee, C. I., & Chang, C. K. (2016). Learning motivation and retention effects of pair programming in data structures courses. *Education for Information*, *32* (3), 249-267. https://doi.org/10.3233/EFI-160976

Zirkler, D., & Brownell, G. (1991). Analogical Reasoning: A Cognitive Consequence of Programming? *Computers in the Schools*, *8*(4), 135-145.

質性研究數位化的趨勢與展望

劉世閔

緒論

一、動機緣起

質性研究在全球學界日受正視，劉世閔（2006）指出，質性研究常經由訪談、參與觀察和文件中所蒐集的資料，詮釋社會中存在的諸多現象。80 年代起，由於資訊及通訊技術（Information and Communications Technology, ICT）的進步，電腦輔助質性資料分析軟體（Computer-Assisted Qualitative Data Analysis Software，CAQDAs，以下簡稱 QDAs）的研發，促使數位化質性研究的時代來臨。

潘淑滿（2003）歸納，質性資料可分為文本與非文本。Ryan 與 Bernard（ 2000）指出質性資料至少包含音本、文本與影本，質性研究並非文字遊戲，而是反映社會深層的價值，強調深度理解現象，以探究事實的眞相。資料的厚實、多元、非數值、重視脈絡與強調意義成爲質性研究的發展重要趨勢。

二、研究目的

（一）簡介質性研究的理論淵源。

（二）詮釋數位化質性研究的發展趨勢。

（三）結合 XMind 與 NVivo 圖解網路民族誌、影像發聲法與 NVivo 在數位化質性研究的運用。

三、研究問題

（一）質性研究淵源於那些理論？

（二）數位化質性研究未來可能的發展趨勢？

（三）結合 XMind 與 NVivo 圖解網路民族誌、影像發聲法與 NVivo 如何運用在數位化質性研究？

文獻探討

自 Thomas Kuhn 在《科學革命的結構》（*The Structure of Scientific Revolutions*）一書以降（Kuhn, 1962），提出科學派典（paradigm）轉移，抨擊科學僅通過積累和檢驗證據來運作的觀點（Barker, 2018），質、量擁有不同概念的方法，研究方式歧異。

一、質、量研究的比較

自 Kuhn 提出派典後，質量研究在本體論、知識論與方法論（參考鈕文英，2021）的爭議就未曾停歇，即便近年來強調混合研究（mixed-methods），多半在程序上調整，兩者比較如表 1。

表 1　質量研究比較表

比較	質	量
名稱	定性研究或質化研究	定量研究或量化研究
方法論	歸納	演繹
性質	現象學、詮釋學、人類學、認知主義與後現代	實證論、行為主義、邏輯經驗論
結構性	非結構與非標準化	結構與標準化
範圍	個案	大規模
研究工具	研究者本身	問卷、量表、測驗
情境	自然情境	控制情境
評價	主觀	客觀、避免偏差
主要研究方法	訪談、觀察與文件	調查法、相關研究法、實驗法
真實性	社會性	自然性
主客觀	主觀	客觀
呈現方式	描述與解釋	統計資料
論文性質	軟	硬
書寫風格	彈性	固定
內容性質	政治	價值中立

（續前頁）

比較	質	量
方式偏好	個案研究	調查
邏輯思考	思辯	假設驗證
運用手法	扎根	抽象
處理方式	微觀	宏觀
強調重點	反思	客觀、中立
表面表現	文字、詮釋描述	數字、統計分析
書寫方式	開展	預設
表達重點	解釋與詮釋	差異、相關或預測
強調	過程	結果
取樣	立意取樣	隨機

資料來源：研究者自行整理

二、質性研究十大關鍵要素

質性研究是學術探討的重要方法之一，研究者面臨更複雜、多層面和不同類型的資料，非僅是探究變項間差異、相關或預測。質性研究的興起，可謂對量化研究的硬性、封閉式問卷或實驗室蒐集資料的方式提出批判，重點非在推論或驗證，而在探索、描述及詮釋，重詮釋意義勝於呈現事實（劉世閔，2006）。綜合文獻，質性研究有十大要素：

㈠非線性

質性研究具政治性，研究結果未必是直線因果，而是蝴蝶效應與混沌性。

㈡描述、理解與詮釋

根據 Bogdan 與 Biklen（2003）的研究，現場扎記的內容有描述與省思兩類。描述式包含人物描述、物體、地方、事件、活動、對話、想法與策略等；而省思式強調觀察者心境的內省。

㈢重視研究者角色

鈕文英（2021）指出質性研究以研究者為工具有其優點（如反應性高）與限制（如偏見）。郭玉霞（2009）指出研究者透過本身與研究參與者在實際場域的互動，才能對這些意義有詮釋性的理解。

㈣動態

質性資料分析是詮釋循環的、動態的與探索人們的人際關係，劉世閔（2006）指出人類的生活世界是經由人際互動所建構，因此須透過動態過程深入其意涵。

㈤自然探究到建構主義

Lincoln 與 Guba 在《自然探究》（*Naturalistic Inquiry*）一書主張，質性研究被視為適合自然派典的引導方式，非實驗室或模擬的（Lincoln & Guba, 1985），在 1989 年的著作中，他們將其著作改稱為建構主義（constructivism）（Appleton & King, 2002）。表示他們逐漸修正自然探究的概念而逐漸採取建構主義。建構主義可分個體與社會建構。個體建構主義主張「個體主動建構知識」的理論，其將學習定義為一種社會活動，以社會化的過程看待學習，重新解讀了學習的歷程。社會建構主義者認為知識的獲得不是經由傳達的結果，而是學習者自己本身在認知的過程中建構而得（廖俞青，2010）。當認知者、已知者和可知者預知彼此相互作用時，就會發生建構（Guba & Lincoln, 1989）。因此，可以看出建構主義對質性研究的影響，重視研究時本位、他位與知識建構的歷程。建構主義主張人們產生知識是因為他們將意義歸功於自己的經驗，意義則是由人類在他們所解釋的世界中所建構。

㈥文字與主題

質性研究處理多元資料，在表徵方面多以文字呈現，確定了語義單元和初始代碼，將類似代碼嵌入到更多子類別中，逐漸形成類別和主題（Mehran, Hajian, Simbar, & Majd, 2020）。

㈦整體

質性研究重視脈絡、事件的整體性，強調意義等（郭玉霞、洪梓榆，2009），而非局部、零碎的串聯。

㈧多元方法

數位化質性資料之蒐集採多元方法，多元方法產生文字、PDFs、線上調查資料（Survey Responses，如 Excel, Surveymonkey 與 Qualtrics）、圖片、相片、聲音、影像、報紙、電影、電視、數據集（Dataset）、矩陣框架、網頁擷取（NCapture）、書目管理軟體（Citavi, EndNote, Mendeley, RefWorks 與 Zotero）、雲端筆記本（Evernote 與 OneNote）、社交媒體對話網站（Facebook、LinkedIn 與 Twitter）、Outlook、錄像遊戲與社交網站資料成爲研究的材料來源，如此趨勢讓數位化質性研究材料來源更趨多元。

㈨歸納

質性研究從個殊到通則，是微觀的、歸納的、重視脈絡的；不同於量化研究，是巨觀的、演繹的與強調驗證的（劉世閔，2013）。

㈩深度

質性研究是種鍛鍊深度思考力的研究，重視深度挖掘、詮釋、詳盡、覺醒、解放與眞相（如圖 1）。

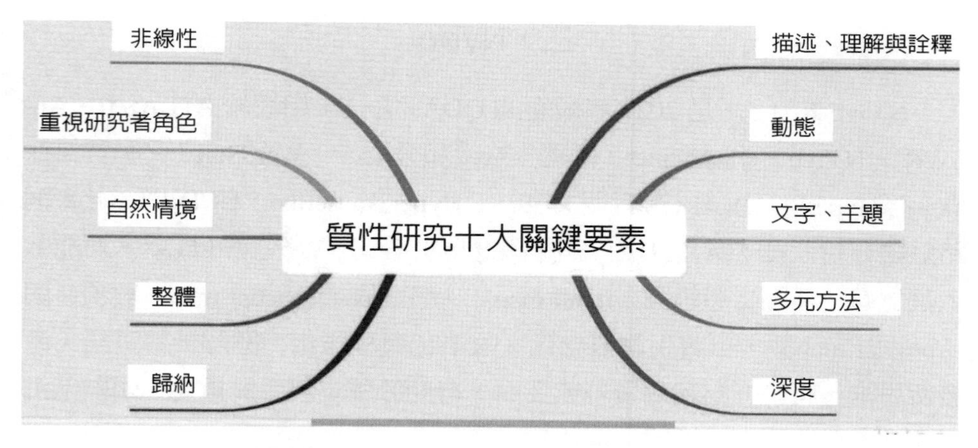

圖 1　質性研究十大關鍵要素

資料來源：研究者自行整理

參　研究方法與實施

認知負荷時代，圖解有助於理解龐雜訊息，將資訊視覺化，本研究採用 XMind 與 NVivo 等繪圖軟體，圖解近年來數位化質性研究的發展趨勢。

一、XMind

XMind 是製作概念圖的自由軟體，用於管理任務和組織知識。完整的概念圖有助研究者分析或說明故事（ChanLin, 2015），展現視覺化的結構與過程，以捕獲想法、理清思路、管理複雜訊息並促進團隊協作（Katagall et al., 2015），也可在決策樹上運用（Fletcher, Erkoreka, Gorse, Martin, & Sala, 2015）。它內建的模板，可支持心智圖、邏輯圖，括弧圖、組織圖、樹形圖、時間圖、魚骨圖（Ishikawa diagramsu）〔也譯為石川圖，為日人石川馨（Kaoru Ishikawa）所創〕與表格圖等，並可將上述圖導出到 XMind 專業版中的 Microsoft Word，PowerPoint，Excel，PDF，FreeMind 和 Mindjet MindManager 文檔中（Katagall, Dadde, Goudar, & Rao, 2015）。

二、NVivo

NVivo R. 1.5.1 是 2021 年最新的 QDAs 之一，相較於 ATLAS.ti、AnSWR 、NVivo、QDAMiner（編碼、檢索和分析）、WordStat（文字資料採礦）、HyperSEARCH（影音與文字）、HyperTranscribe、UCINET（社會網路脈絡分析）及 MAXQDA（網路概念圖）等，NVivo 發展最早，功能強大且配備三種圖：思維圖（mind map）、概念圖（concept map）與項目圖（project map），可將主題概念化、故事化與程序化，圖解千言萬語，激發新思維，將研究壓縮到螢幕或頁面，有助於確定何者最重要，明顯區辨有識別資料與建立可能關係或鏈接。

㈠思維圖

思維圖也稱心智圖或腦圖，讓研究者梳理自身知識結構，強化對知識的深入理解，是表達擴散性思維的有效圖形思維工具。原是 Tony Buzan 在對腦神經生理科學的研究基礎，其著作《大腦使用說明書——心智圖》指出思維圖可以簡馭繁，事半功倍，幫助了解並掌握大腦工作原理的使用說明書（孫溧，2016）。它可發掘人類大腦的無限潛能，培養學生繪製技術，加大感官刺激，增強想像力、記憶力、空間思維能力、總體規劃能力、思維的層次性與聯想性（黃文琴，2015），有助於強化記憶，提升學習效率，增進實際操作能力與交流合作能力，強化對於知識的深入理解。

㈡概念圖

概念圖也稱想法圖、因果圖和認知圖（cognitive map）（Mathison, 2005），它可呈現概念的關聯、從屬或平行關係，首由 Joseph D. Novak 與 Robert Gowin 於 70 年代在 Cornell 大學所研發，是研究者個人經心智運思產生的圖（Daley & Torre, 2010）。概念圖可發展理論，展示未預期連結，確認理論中的漏洞或協助研究者解決理論矛盾之處（Maxwell, 1996）。

NVivo 的概念圖由形狀和連接線組成，可添加項目項，針對主題關係來增加視覺化。概念圖是結構化的過程，聚焦於感興趣的主題或構造，涉及多個參與者的輸入，它展示思想和概念以及他們之間的相互關係、可解釋的視圖（Trochim, 1989），可刺激思考、擴展思路，呈現框架結構，視覺化知識間聯繫。

㈢項目圖

項目圖可以簡馭繁、事半功倍、顯示關係，在不同階段創建項目圖來發展研究問題，激發研究靈感（劉世閔，2018a）（如表 2）。

表 2　NVivo R. 1.5.1 的三種圖

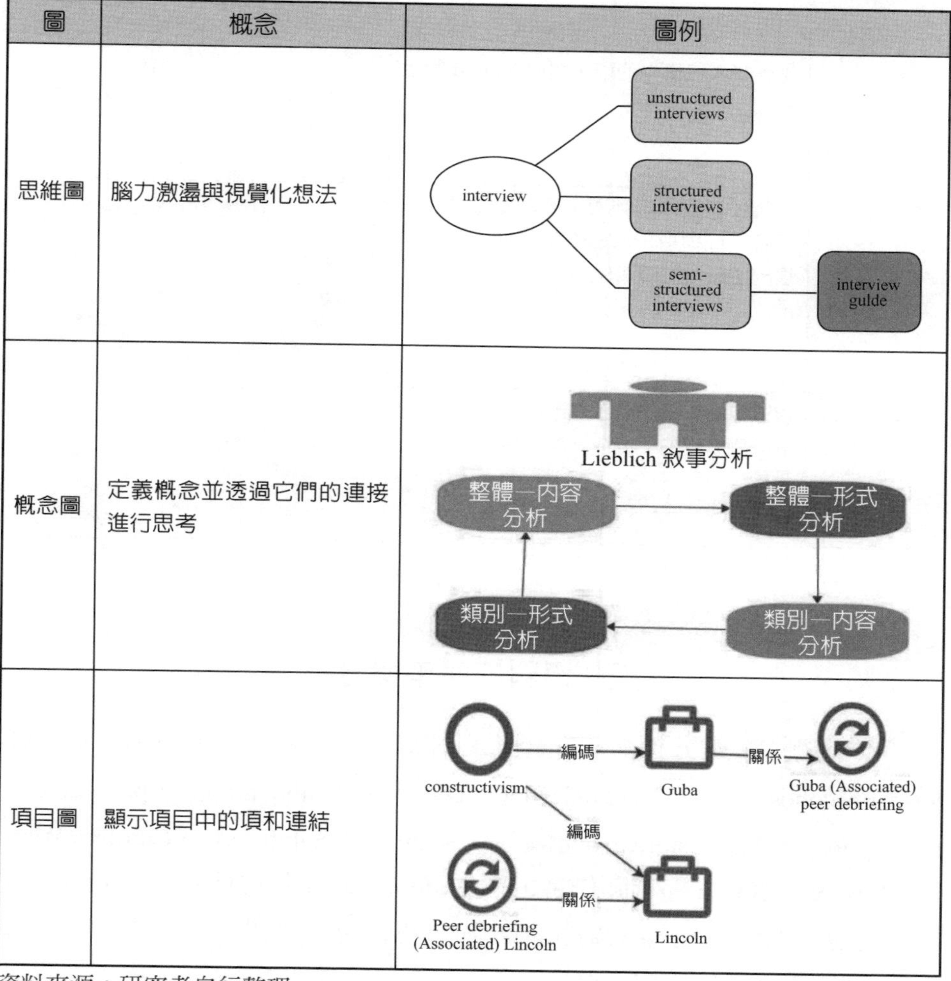

圖	概念	圖例
思維圖	腦力激盪與視覺化想法	interview unstructured interviews structured interviews semi-structured interviews interview guide
概念圖	定義概念並透過它們的連接進行思考	Lieblich 敘事分析 整體－內容分析 整體－形式分析 類別－內容分析 類別－形式分析
項目圖	顯示項目中的項和連結	constructivism 編碼 Guba 關係 Guba (Associated) peer debriefing 編碼 Peer debriefing (Associated) Lincoln 關係 Lincoln

資料來源：研究者自行整理

項目圖若整理好節點與關係，可在「布局」（Layout）選擇相應的四種排列：分層有向項目項關係圖（Layered Directed）、分層（Hierarchical）、環形（Circular）及有向（Directed）（劉世閔，2018b）（如表3）。

表 3　項目圖布局

布局	描述	圖例
分層有向項目項關係圖	在橫向層次結構中排列項目，如果層次結構的不同級別上的項之間具有鏈接，可以有多個親級。	
分層	排列層次結構中的項，類似 XMind 的組織圖。	
環形	在圓形布局中排列項，環形圖像滿月呈現圓形或環形，形成中空的圖，可從中看出項彼此相關關係。	
有向	以強制有向布局排列項目──這是物理空間計算出的「最佳匹配」圖。	

資料來源：研究者自行整理

三、資料的蒐集與分析

本研究採文獻分析法，文獻來自知網、CEPs、SDOL、WOS、Wiley、Ebscohost和Sage Research Methods等，輸入ethnography、photovoice、netnography、digital stories 等關鍵字；Kozinets、Sarah Pink、Caroline Wang 和 Mary Ann Burris 等相關作者，經 Endnote 20 蒐集這些資料計 666 筆文獻，再導入 NVivo，運用各式編碼歸納節點，進行後設分析，屬於大、厚數據（big-thick）的研究方法。

肆 結果與討論

傳統質性研究以研究者本身爲研究工具，工具好壞決定於研究者，資料的匯入與輸出，決定於研究者腦中思考，這片不易爲人知的世界易被詬病爲自說自話，若能把內心的想法與概念圖示化，更易清楚當中的分析歷程。

一、質性研究的理論淵源

綜合鈕文英（2021）與劉世閔（2006；2016）等研究，質性研究淵源自民族誌、現象學、常民方法論（ethnomethodology）、個案研究、行動研究、後現代、批判理論、史學研究、詮釋學、敘事分析、扎根理論、符號互動、建構主義與人類學，其中，女性主義、充權理論與新馬克斯主義可歸納爲批判理論，而 CADQAs 則源自扎根理論，故歸屬之（如圖 2）。限於篇幅，僅說明網路民族誌、影像發聲法與 NVivo 相關的民族誌與扎根理論。

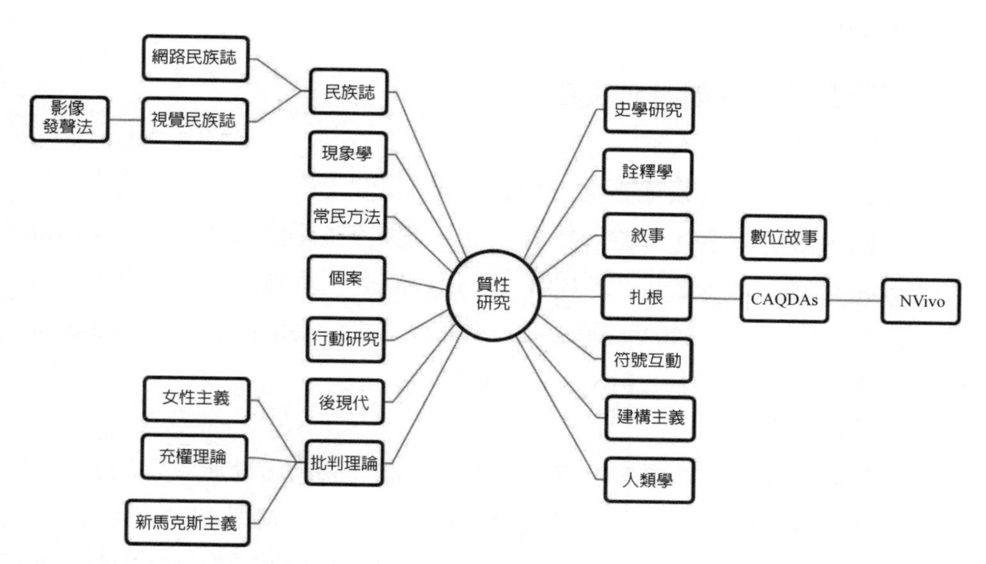

圖 2　質性研究方法論思維圖

資料來源：修改自劉世閔（2021）。NVivo R. 1.4.1 代碼簿在整合型質性研究之運用。臺灣教育研究期刊，2(4)，336。

二、數位化質性研究的發展趨勢

科技進步，以手工謄稿將錄音／影資料轉錄逐漸變成語音同步輸入，相關的 Apps 不斷產生（如雅婷、Speechnote 或迅飛），傳統的「剪刀一紙」的質化研究取向逐漸往 QDAs 的系統、完整和資訊化。

質性研究是在自然情境中進行描述與詮釋，重歷程而非結果。早期質性資料分析方式在編碼與分析，經歷手工、半自動到 QDAs，QDAs 的急遽發展，包含資料蒐集、資料整理、資料分析、資料呈現、信實度與眞實性之檢驗。

傳統質性研究分析以手工、紙本與剪貼爲主，近年來影本、音本與網路多媒體出現，改變傳統質性研究資料分析的方法。Agostinho（2005）指出，在分析過程中，使用不同類型的資料來細緻和讓主題呈現。編碼結合自動編碼（Autocode），讓研究更趨智能。近年來，數位化質性研究漸從田野現場變成網路世界，文本朝向多媒體材料，手工走向 QDAs 等趨勢。

三、圖解網路民族誌、影像發聲法與NVivo在數位化質性研究的運用

(一)從民族誌到網路民族誌

1. 民族誌與代表人物

民族誌以參與觀察儘量融入當地人的社會情境，聚焦異域的文化與社會脈絡，參與觀察者埋首於族群生活，發展與成員的關係（Ely, Anzul, Friedman, Garner, & Steinmetz, 1991），民族誌屬「異域的科學」或是「人的圖像」（唐士哲，2004，頁 63）。代表人物有 Malinowski、Spindler 夫婦與 Ogbu 等（劉世閔，2016）（如圖 3）。

2. 研究重點

民族誌爲文化人類學的一支，用來對族群（國族、種族、宗族）、語言、宗教、社會或文化等資料加以描述的研究方式（如圖 4）。

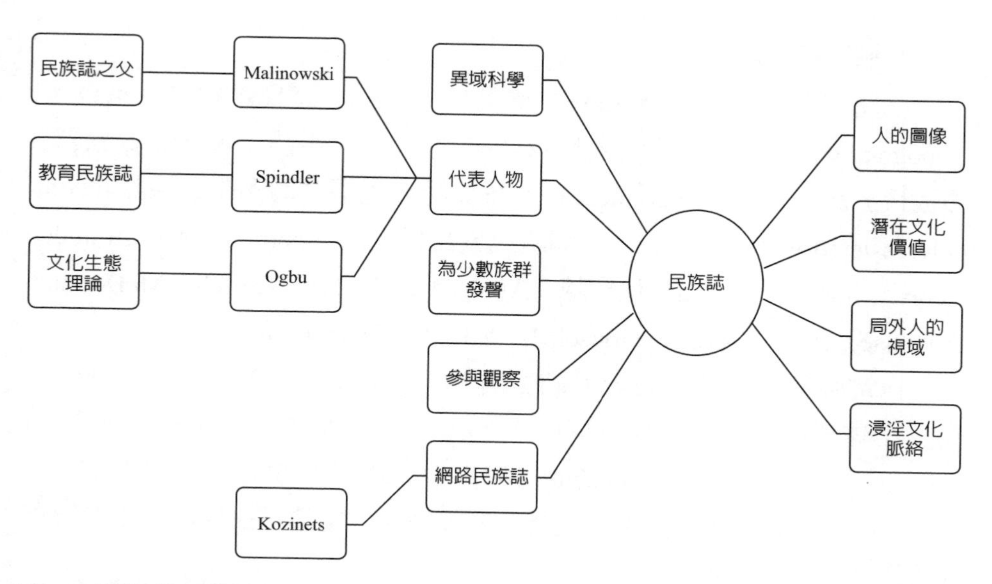

圖 3　民族誌思維圖

資料來源：研究者自行整理

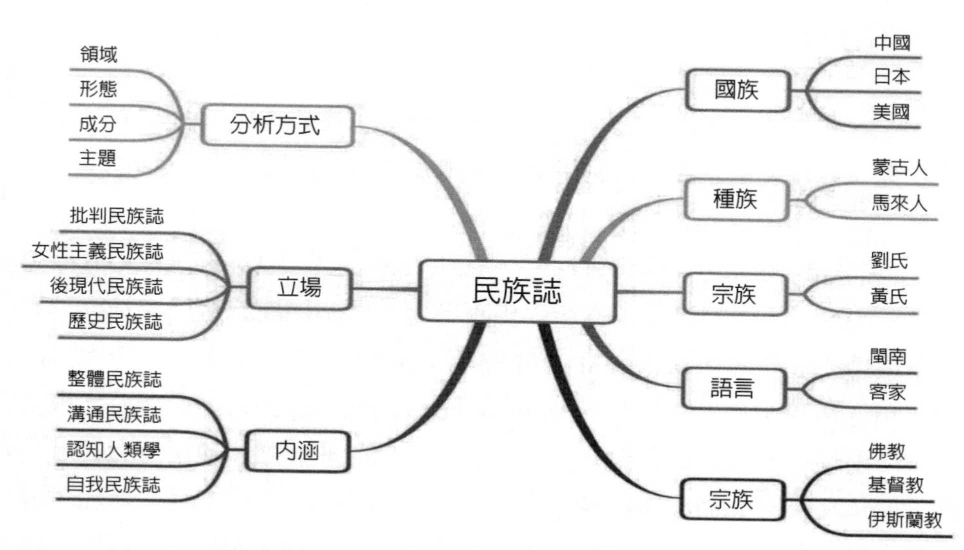

圖 4　民族誌內涵心智圖

資料來源：研究者自行整理

3. 網路民族誌

網路民族誌（netnography）奠基於民族誌，譯爲網絡志（network ethnography，大陸用詞）、線上（cyber）民族誌、媒體（media）民族誌、虛擬民族誌、連線性（connective）民族誌、電腦輔助網路民族誌（computerassisted webnography）、網路民族扎根理論（netnographic grounded theory）和數位（digital）民族誌（Alinejad et al., 2019; Costello, McDermott, & Wallace, 2017; Horster & Gottschalk, 2012; Kozinets, 1998; 2010）。

自電腦與網路發明後，人們生活無不受到影響，2000 年至 2009 年間，全球網際網路使用量約增 400%，成爲富裕西方社會的普遍現象（Denissen, Neumann, & van Zalk, 2012），由於網路社群平臺日益重要，以線上社群作爲文化研究漸成趨勢，網際網路改變傳統民族誌，讓傳統質性研究產生極大轉變。

Robert Kozinets 是網路民族誌的首倡者，主張研究網路文化和社交網路社群的方法（Kozinets, 2010; Andreasson & Johansson, 2013）。Kozinets（1998）指出：

> 網路民族誌：融合線上、電腦傳達或網路基礎的溝通，結合田野與文本報告是方法論上採用文化人類學的傳統與技術。（p. 6）

上網是參與者的一種眞實存在（real existence）（Abolhasani, Oakes, & Oakes, 2017），會對許多行爲產生相應影響。網路民族誌將民族誌應用於線上環境（Hockin-Boyers et al., 2021），將研究者的焦點集中在市場導向問題和實踐相關文化洞察上（Brennan, Fry, & Previte, 2015），可分析線上社群使用趨勢、概念與觀點，重點在網民行爲而非個體，運用全面視域角度，聚焦在社交媒體文本話語的觀察，例如版主或粉絲（fans）參加討論不同主題，發表評論，參與評分和投票過程（Kozinets, 2017），可用於市場行銷、消費者研究、網民線上行爲交流的書寫方式。

網路民族誌是對民族誌方法的調整，以適應線上社群的特徵（Cherif, Martin-Verdier, & Rochette, 2020），運用它時須留意三指標：(1) 沉浸式深度，(2) 長時間參與，(3) 研究者確定和持續對話（Costello et al., 2017），只是目前較少網路民族誌者吻合上述特徵。

網路民族誌結合多媒體與網站，如部落客、Youtube、Facebook、微博（Weibo）和 Instagram（Castillo-de Mesa & Gomez-Jacinto, 2020）等領域，具成本低、傳輸快與效益高特性，在疫期間迅速崛起。

(1)網站民族誌的意義

Castillo-de Mesa & Gomez-Jacinto（2020）的網路民族誌第一階段就是透過 Python 來識別相關參與者，NVivo 的 NCapture、Power BI 或 Python 等工具，可擷取線上多元的厚／大數據，社交網站對民族誌研究當中所代表的意義：

①他們是虛擬的守門人，帶有「朋友」鏈，是潛在的研究對象；

②不被重視的社會運動或群體的大量多媒體材料；

③網路民族誌研究人員可「看不見」地觀察成員社交互動頁面，蒐集以前無法獲得的民族誌資料；

④可由社會研究人員創建頁面，目的是線上研究（如，焦點團體觀看嵌入式視頻並對其發表評論）；

⑤站點間關係結構本身是有用的研究方法；

⑥社會研究人員可以創建頁面來向公眾傳播有用訊息。（Murthy, 2012, p. 9）

(2)五要點

網路民族誌應注意以下的五要點：①必須計畫研究和田野工作。②必須接觸、發現並進入文化或社區領域，即進入現場（entrée）的部分。③必須蒐集有關文化和社區資料，這些資料需一致的分析和解釋。④在整個方法和現場工作中，需要遵守嚴格研究倫理標準和程序。⑤將需要向其他科學社群介紹完成研究代表工作及社群或文化本身的結論（Kozinets, 2012）（如圖 5）。

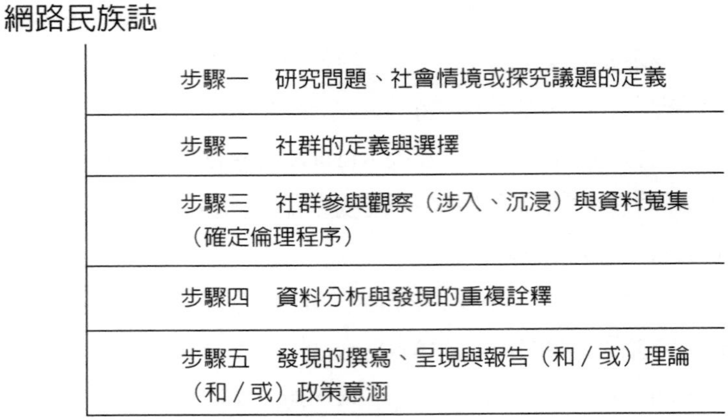

圖 5　網絡民族誌研究項目的簡化流程樹形圖

資料來源：修改自 "The method of netnography".Kozinets, R., 2012, In Hughes, J. (Ed.), *Sage internet research methods* (p.4). Sage, https://www.doi.org/10.4135/9781446268513

(3) 六規準

Kozinets 提出六規準來評估是否適合進行網路民族誌：

①相關性：計畫的社群應與研究問題相關。

②活躍性：站內的活動應該活躍。

③互動性：參與者間的交流應雙向進行。

④實質性：應有大量的傳播者。

⑤異類性：應有多種參與者。

⑥豐富性：資料應詳細且描述豐富（Chakraborty & Bhat, 2017）。

Kozinets 主張網際網路是文本式，也是空間式（Anabo et al., 2019），他解釋在網路民族誌研究中，大量資料蒐集源自於網際網路上自由分享的資料，透過這些資料可獲取網路社群的關注，明確區分參與者和非參與者的觀察（Costello et al., 2017）。

(4) 三特色

①視網路現場爲自然情境

網路民族誌是詮釋消費者在網路上行爲展現的網路文化。傳統民族誌主要爲人類學及其他社會科學學者，藉由參與、觀察、訪談及田野調查等方法，來解釋當時的社會、群體或文化。而網路民族誌強調，研究網路文化及社群的田野工作及網路產生的文本，與傳統民族誌不同的是，社群資訊是藉由電腦媒介來傳播，亦即數群人藉由電子郵件或其他網路服務並和他人連結（吳靜怡，2014）。由於網路的交流常由被觀察者間自然產生，且容易紀錄與保存其行爲。

②觀察虛擬世界的社群行爲

網路民族誌用來研究消費者行爲，藉由分析消費者針對產品或服務所發表的網路貼文等，來了解使用者行爲，適合網路上消費者在虛擬社群及虛擬文化中的行爲可以被明確地研究，如同文化人類學中強調，研究者亦可作爲其研究之網路文化的完全參與者（吳靜怡，2014）。

③運用多元媒體與網路

近年來，網路資料流傳更爲廣泛，用以探索線上話語和互動，將焦點集中在文化洞察力上，研究線上社群內的網際空間、人工製品和網路文化及社群的社會網路內部互動（Kozinets, 2010）。

網路民族誌具線上、行爲、反思、即時與多媒體等特徵（如圖 6），Kozinets（2010）認爲，閱讀和互動在線上發布的材料，可被視爲一種網路民族誌參與形式。由於社交媒體研究中它仍然是非常前衛的領域，可即時分析線上參與者的貼文與線上受眾中的不同角色；由於網路世界涉及大量觀察和蒐集資料，「反思」也相對重要（Kozinets, 2017）。

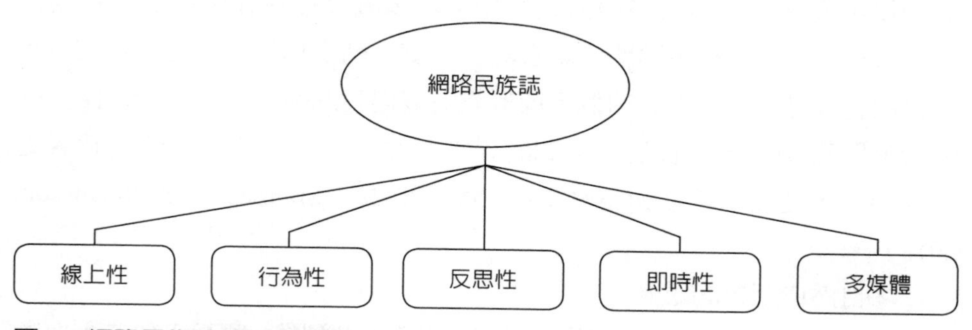

圖 6　網路民族誌特性思維圖

資料來源：研究者自行整理

網路民族誌可用網際網路、智慧型手機、穿戴式智慧軟體、客製化的APP、社交網站媒體、雲端、部落格（blogs）、論壇、社群媒體等，包括LinkedIn 和 Facebook、自媒體、抖音等社交網站，微博客如 Twitter、YouTube 和 Vimeo 等視頻網站，Instagram、Snapchat 及部落格等可視網站、論壇，Tinder 和 WhatsApp 之類的應用程式以及其他交流網站，以 Draw.io 繪製如圖 7。

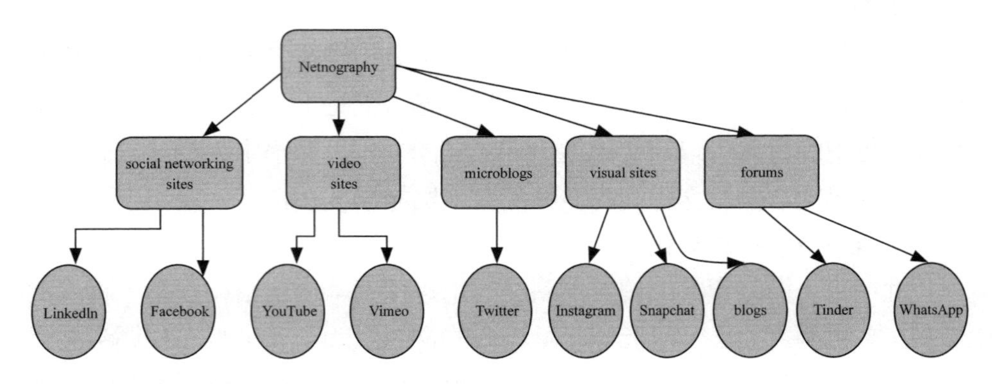

圖 7　網路民族誌者常用網站或平臺

資料來源：研究者自行整理

(5) 二爭議

①公開與私下的模糊

網路世界難以區辨公開與私下，Abolhasani 等人（2017）指出，在公共環境中發布的評論應被視公共領域。就像圖書作者在引用前不需要得到許可一樣，沒有理由證明受試者線上社交互動是私密的，尤其是在沒有暴露面孔或身分，也沒有對個人或群體造成傷害的情況下。網際網路上的社會實踐模糊了公共和私人之間的界限，使個人資訊比以往任何時候更容易獲得，從而創新互動機會和親密關係形式（Andreasson & Johansson, 2013）。

②自然或窺視的隱憂

網路民族誌是一個研究者隱身部分或完全在電腦、智慧手機或平板螢幕後進行田野工作（Kozinets, 2010; Miller, 2011）。因虛擬世界已成生活日常，發言者不需顧慮對方臉色及肢體語言的脅迫，增加公開發言與討論自由，足見網路民族誌的方法更加自然（吳靜怡，2014；Beneito-Montagut, Begueria, & Cassián, 2017）。網路攝影具有窺視特質，主因它可用來研究、情境、對話或遭遇等汙名化的現象（Costello et al., 2017）。因此，若沒事先徵詢當事者知情同意，研究網上行為算自然還是窺視？（如圖8）。

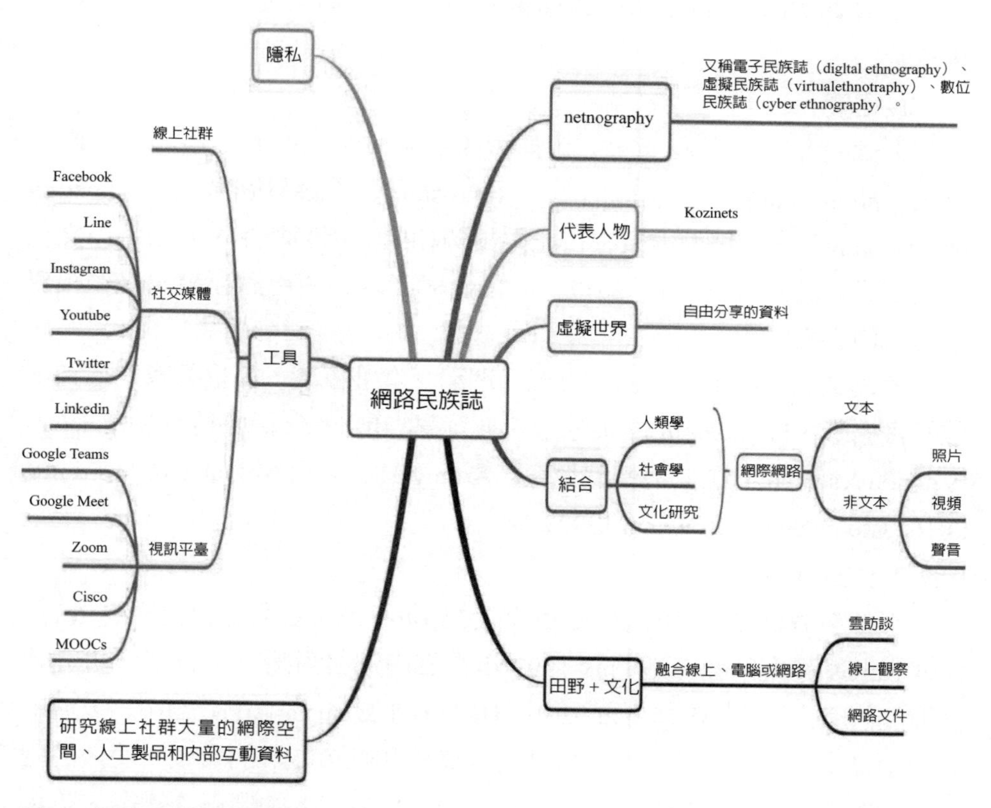

圖8　網路民族誌思維圖

資料來源：研究者自行整理

㈡文本資料到影像發聲

數位時代來臨，影音分析使數位質性研究的資料超越過去人類學家的文字資料。綜合潘淑滿（2003）與 Mitchell（2011）觀點，影像係指畫、插圖、攝影、戲劇、電影、電視、卡通、塗鴉、地圖、圖表、網絡圖形和符號及錄像遊戲等視覺影像。影像發聲所涉及的不僅僅是拍照和談論它們。Herrington 等人（2021）認為材料來源包含：圖像，包括用數碼相機或手機拍攝的照片：自拍照、螢幕截圖、卡通、繪畫、迷因（memes，指像病毒迅速傳播）和影像；除此之外，如電子郵件、語音備忘錄、較長文檔、文本或 WhatsApp 提供的書面資料均可當成材料來源，讓研究素材更趨多元。

1. 定義

影像發聲法（photovoice）也稱影像中篇小說（photo-novella）、影像日記（photo diaries）、影像故事（photo-story）或參與攝影（participatory photography），該技術涉及在日記中拍照和撰寫相關評論，此法適用文化與視覺方法工具（Fantini, 2017），使參與者能夠使用攝影來紀錄和視覺敘述他們的經歷。

綜述文獻，影像發聲法源自五大理論：女性主義、賦權教育、社區本位紀實攝影、Paulo Freire的被壓迫者教育學的參與式行動研究（Participatory action research, PAR）與轉型教育（Ardrey, Desmond, Tolhurst, & Mortimer, 2016 ; Clements, 2012; Wang, 1999）。

2. 代表人物

影像發聲法是美國密西根大學的 Caroline Wang 和倫敦大學的 Mary Ann Burris 等人創發。她們於 1992 年在雲南鄉村對婦女生育健康研究時採取的研究方法（Ardrey et al., 2016; Hallowell & Yugar-Arias, 2016），運用影像中篇小說概念，尋求個人參與對其歷史和社會狀況的質疑，使人們能夠對社區進行批判性思考（Wang & Burris, 1997），她們蒐集攝影、照片和訪談資料，讓參與者拍攝紀錄他們在個人、家庭和社會背景照片，集體反映和激發解決問題的行動，促進社區的批判反映並記錄社區的優勢和關注點；並賦權於邊緣化社區與決策者溝通以實現變革（Castleden & Garvin, 2008）。此法運用圖片與影像重視社區成員日常行為，並重視他們本身的反身性，談論其問題，並在其生活和解決方案之間建立聯繫，旨在促進與決策者如何進行積極而相關的社區變革。

3. 影像激發

Wang 和 Burris 用照片或視頻激發方法，要求受訪者對照片做出回應（Bust, Gibb & Pink, 2008）。此法建立在社會建構主義、社區賦權和文獻攝影的原則之上。這種方式與 Sarah Pink 的數位民族誌類似，Higgins（2016）指出，透過 Sarah Pink 主張，圖像被重新解釋爲多感官人造物，將研究人員包含在相機的鏡頭中，讓參與者重新思考訪談敘事中的圖像，讓研究者進入另一個人的境界。此法結合照片與多感官的激發方式，讓參與者回應圖像中的故事。

4. 參與

此法用特定照相技術來識別、代表和增能社區的過程，爲參與者提供機會來創建和討論照片，以分享其觀點、想法和經驗，記錄、反映、評論並在個人和社區問題上採取行動（Bisung, Elliott, Abudho, Schuster-Wallace, & Karanja, 2015; Wang & Burris, 1997）。這種研究是使用小組討論來蒐集參與者的照片進行反思的研究方法（Genuis, Willows, Nation, & Jardine, 2015; Hallowell & Yugar-Arias, 2016），用來傳達參與者們共同關注的證據，促進社區內的優勢和關注批判性反思和對話（Heidelberger & Smith, 2015; Wang & Burris, 1994），透過視覺相片、小組參與分享觀點，以表達對社區關注與改造。

5. 三目標

Wang 和 Burris 認爲影像發聲法有三目標：(1) 記錄和反映社區優勢和關切問題，(2) 通過對照片的小組討論，促進社區問題的批判性對話，(3) 接觸到進行改變的人，並傳達給決策者（Ardrey et al., 2016; Wang & Burris, 1997）。歸納如下：

(1) 激發反映

影像發聲法的影像激發反映是透過共同經驗和關切社區對話，可成爲組織人們糾正社會問題、不公正基礎或刺激公共政策（Ozanne, Moscato, & Kunkel, 2013）。攝影本身並非目的，而是發展批判意識的手段，它提供一種媒介（Lee et al., 2017），運用照片「引起、帶出、喚起參與者的反應」（Riley & Manias, 2004, p.400），催化個人改變。

這種參與性和以社區爲本的方法，被用來記錄各種問題和文化習俗（Wang & Burris, 1997）。研究人員要求參與者拍攝特定問題的圖片，然後從這些照片中獲取與參與者的訊息，此技術被稱爲自動照片激發或回應者生成的圖像產物（Fantini, 2017）。它讓研究參與者用圖像發聲，小組討論和論壇活動來討論照片與其生命意義（lived experiences），透過一系列的互動過程，促進群體和社區的積極改變（Ardrey et al., 2016; Arestedt, Benzein, Persson, Ramgard & Midwifery, 2016），此類研究是以客爲主或互爲主體的具體呈現。

(2)合作參與

影像發聲法促進研究者和參與者間的權力平衡，營造參與者的歸屬感，增強信任，透過鼓勵社區建設能力批判性反映並回應文化偏好（Castleden & Garvin, 2008）。它運用在參與式行動研究（Sitter & Mitchell, 2019），透過特定照相技術，鼓勵反思和討論的研究方法（Wang & Burris, 1997）。此法是參與的，也是民主的（Wang, 2003），使參與者能直觀地看到自己的經歷，而不僅僅是單詞和數字，這些影像可捕捉他們的偏愛或對個人、家庭和社會環境期望（Bai, Lai, & Liu, 2020），探索群體間關係，以獲得他們的觀點和意見，催化個人變化。它透過研究者努力與參與者合作，以提高人們對重要社會問題的認識並激勵他們採取行動（Ozanne et al., 2013）。

(3)賦權行動

Skoy 與 Werremeyer（2019）指出，影像發聲法強調賦權個人與社區關係，在研究過程中採用權力分享（Catalani & Minkler, 2010），賦予參與者權力，接觸決策者和引發常常被視爲理所當然的社會變革（Fantini, 2017）。

綜合上述，影像發聲法結合攝影、訪談和小組討論，以攝影技巧，反映關切焦點，促進對話與社會行動，讓參與者分享觀點、想法和經驗，參與者拍攝的照片記錄個人，家庭和社會背景偏好或期望，透過參與，反映集體期望，透過小組討論促進批判性對話和集體知識的產生，促進自我賦權和行動。

6. 影像資料

影像資料是透過研究所蒐集到的影音素材成為一種新語言，表現出作者潛在意識、美學觀及與外在環境交互作用所產生的結果。影像發聲法須留意參與者的視域與情緒，影像雖提供表達溝通機會，也壓抑某些生活視角表達。

7. 日常社會問題

影像發聲法要求社區成員拍攝其日常生活現實（Wang & Burris, 1997），儘管參與者有相當的自由度，但研究者通常要求他們關注某一社會聯繫的特定主題照片（Ozanne et al., 2013），這種結合視覺素材與文字敘事的研究法，目的不只是促動參與者記錄、更是對於生活經驗的反思。影像發聲記錄和反映參與者社區的關注點，參與者選擇他們的照片與研究人員分享，並為每張照片提供簡短的敘述，促進交流，以允許研究者將額外的探究性問題納入訪談議程。

運用影像發聲法，透過公開展示照片，研究人員、不同的參與者和決策者間彼此合作、討論，促進合作學習（Fantini, 2017），透過社區論壇，了解組織障礙，解決相關問題，促進行動，為弱勢者發聲，挑戰霸權話語，如此，可為他們發聲賦權、提升自主、解決排斥、促進對話、促進意義的詮釋與交流（如圖 9）。此法運用照片等視覺呈現的方法，提高人們對重要社會問題的認識並採取行動（如圖 10）。

㈢ 從扎根理論到NVivo

1. 扎根理論

扎根理論又稱為基礎理論，代表人物有 B. G. Glaser、A. L. Strauss 與 J. Corbin 等人（劉世閔，2006）（如圖 11）。Strauss 與 Corbin（1998）指出，扎根理論有三個編碼階段：開放、主軸和選擇。開放編碼在研究過程的初期，資料經過裂解、比較和分類歷程，將文本逐行分解、撰寫、整理備忘錄及寫作，以探索發現類別及重要主題。主軸編碼提出了透過開放編碼將資料重新放置一起後確定的類別之間的連接。編碼是最後階段被稱為選擇性編碼，此階段是理論整合核心，用以改善描述性類別間發生任何交互作用的概念（Glaser, 1978）。

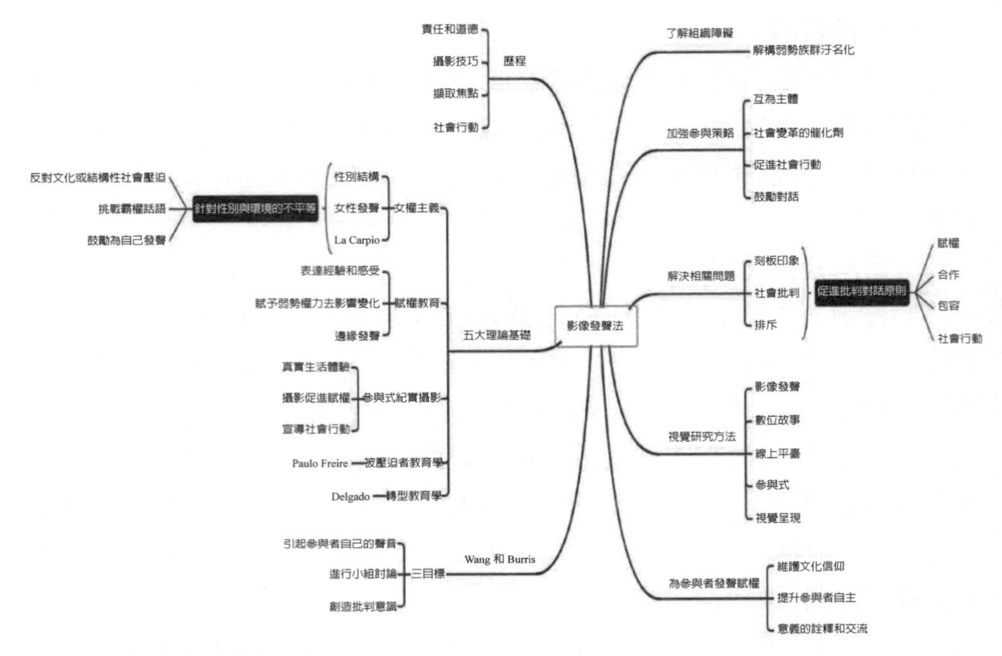

圖 9　影像發聲法括弧圖

資料來源：研究者自行整理

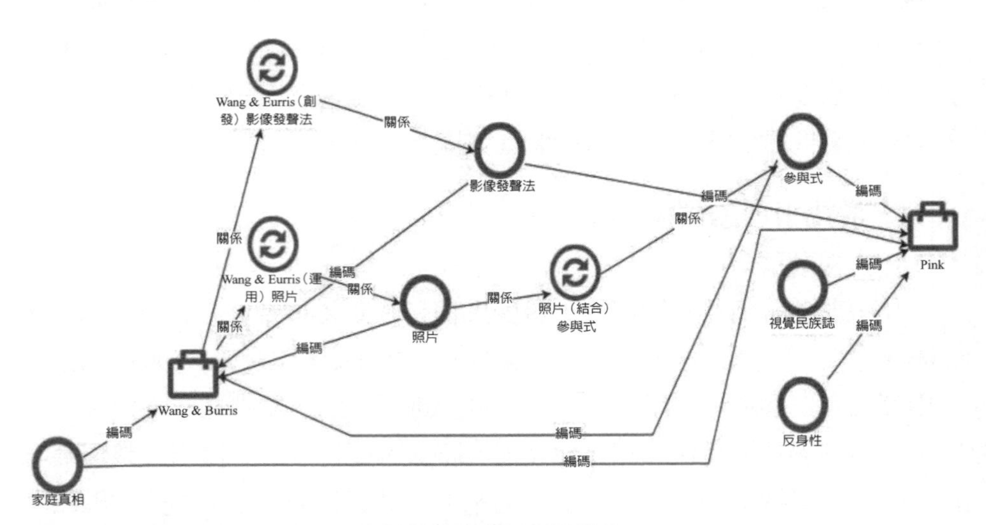

圖 10　影像發聲法之 NVivo 分層有向項目項關係圖

資料來源：研究者自行整理

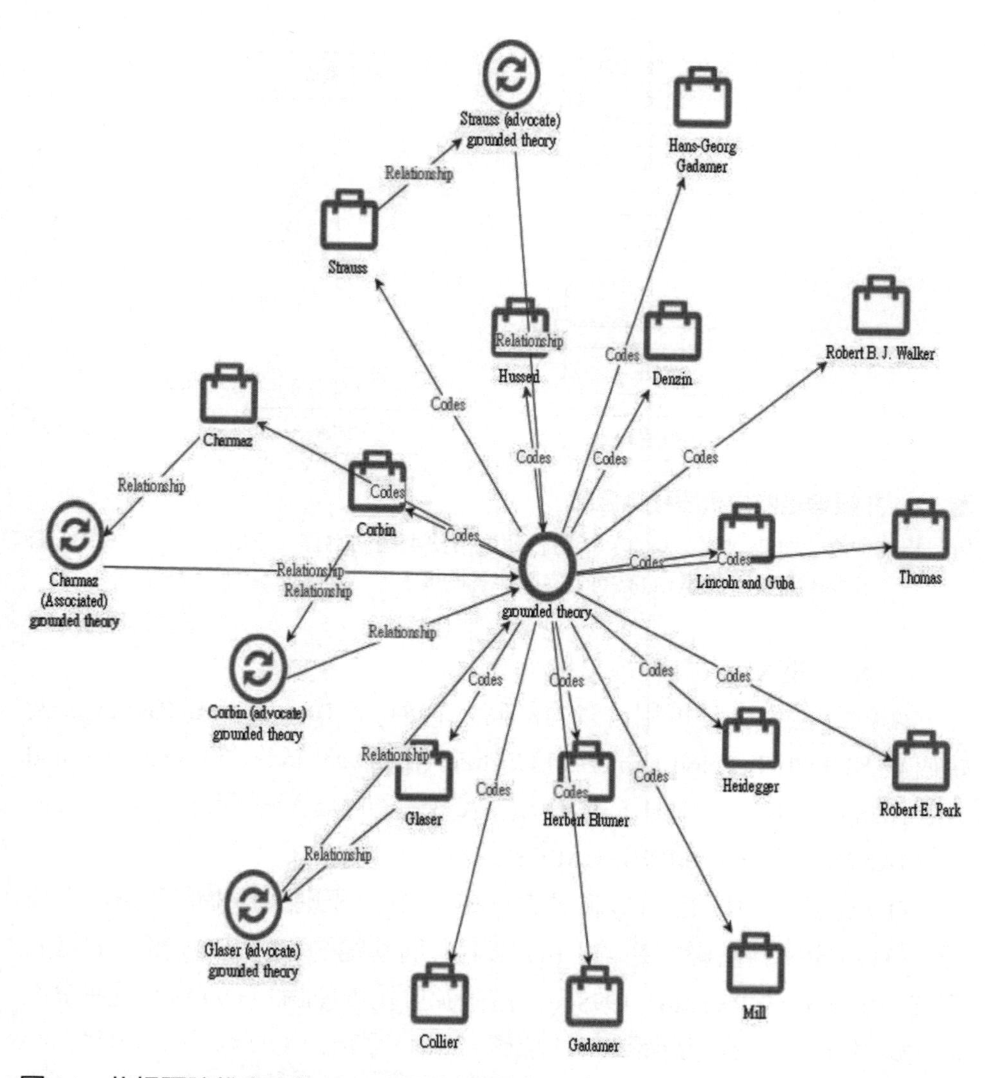

圖 11　扎根理論代表人物 NVivo 探索示意圖

資料來源：研究者自行整理

透過系統性編碼，扎根理論提供如何進行（know-how）的策略（Strauss & Corbin, 1998），運用歸納方式，將資料編碼、形成話題，區分類別，建構主題，最後形成理論。鈕文英（2021）指出，扎根理論的發現如圖 12。

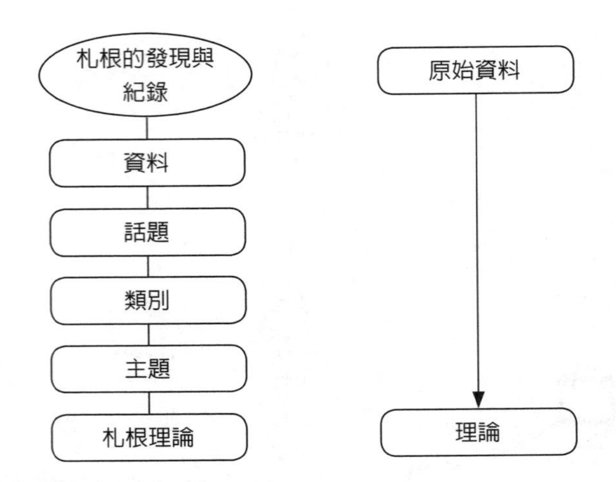

圖 12　扎根理論的分析歷程概念圖

資料來源：修改自鈕文英（2021）。**質性研究方法與論文寫作**（三版）（頁 343）。臺北：雙葉。Copyright 2021 由原作者授權。

2. QDAs的NVivo

傳統質性資料分析相當費力耗時，1981 年 Tom 與 Lyn Richards 夫婦研發 NUD*IST（Non-numerical Unstructured Data, Indexing Searching and Theorizing, 是 NVivo 前身）軟體，接著各式 QDAs 紛紛問世，如：Atlas.ti、MAXQDA 與 HyperRESREARCH。

QDAs 具五項功能：(1) 編碼與搜尋；(2) 以規則爲基礎的理論建立系統；(3) 以邏輯爲基礎的系統；(4) 以索引爲基礎的取向；(5) 概念網絡的系統（Richards & Richards, 1998）。這些源於扎根理論的 QDAs，迅速掌握各式媒材進行分析。劉世閔、李志偉（2014）指出，QDAs 有下列功能：

(1) 在現場作筆記

(2) 編輯

(3) 編碼

(4) 儲存

(5) 搜尋和提取

(6) 資料連結

(7) 備忘錄

(18 內容分析

(9) 呈現數據

(10) 獲得結論及確證

(11) 建立理論

(12) 視覺化分析

QDAs 可助資料蒐集、整理、分析、呈現、編碼比較之檢驗。NVivo 結合更多新興 APPs，讓研究如虎添翼，可擷取線上多元的厚數據，運用一種外掛式 NCapture 從網路擷取資料，將網頁轉換成 NVivo 的 PDFs 或擷取社交媒體網站成為數據集，分析這些資料的主題與情感，洞悉對參與者需求、動機和隨後行為的分析。

NVivo 具備各式編碼功能外（例如 Code In Vivo, Autocode, Range Code 與 Text Search 等），可支援音頻、攝影、廣告、電視節目、宣傳短片暨網路視頻等（p3、m4a、wma、wav、mpg、mpeg、mpe、mp4s、avi、wmv、mov、qt、3gp、mts 或 m2t），還可用布林邏輯協助查找，迅速掌握關鍵詞範圍。

NVivo 可結合 Surveymonkey 或 Qualitrics，前者是線上問卷系統，後者是私人公司研發的線上問卷調查軟體，可蒐集與分析市場研究，客戶滿意度、忠誠度，產品概念測試，員工評鑑和網站回饋。NVivo 提供質量混合方式，還可透過書目管理軟體檢索海量線上文獻，進行厚數據分析。

自動編碼可識別主題（如圖 13，選取九個關鍵詞發現，當中 study 被提及 301 次，占圖 14 層次圖表最多頻率）、識別情感（分類為正向、負面、中立或混合）、參加者姓名、使用材料來源或樣式與使用現有的編碼模式。

識別主題可匯入文檔擷取關鍵詞，形成主題與次主題所構成的矩形式樹狀結構圖的層次圖表。

自动编码向导 - 第 2 步，共 4 步

已经识别出文件中的主题。请审查下面提供的信息。

将会为每个选定主题创建一个代码或案例。

识别出的主题：

选定	课题	提及事项
☐	health	499
☐	research	370
☑	study	301
☐	services	272
☑	social	258
☑	data	249
☐	care	208
☐	use	181
☑	interview	171
☐	support	171
☑	workers	171
☑	qualitative	169
☑	experiences	155
☑	participants	155
☐	process	149
☑	analysis	148
☐	community	148
☐	level	146
☐	practice	144

圖 13　自動編碼步驟二：識別主題

資料來源：研究者自行整理

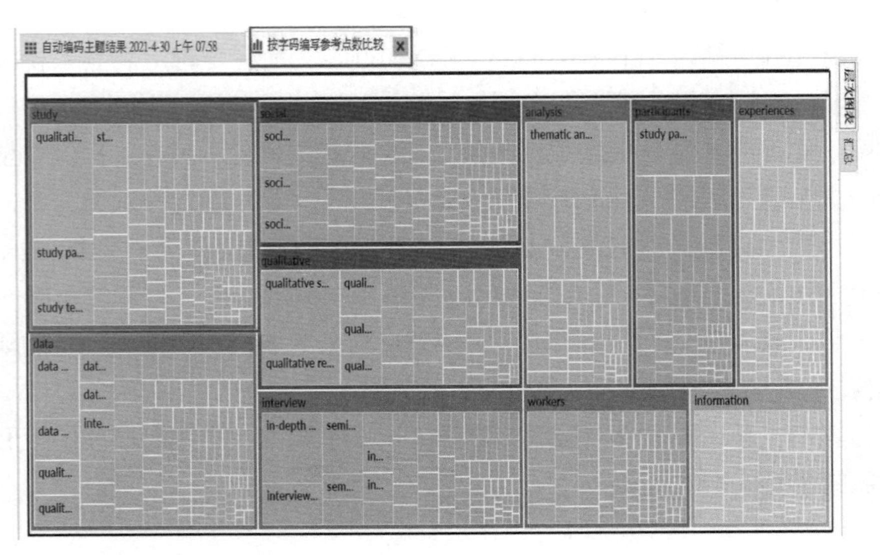

圖 14　自動編碼產生的層次圖表

資料來源：研究者自行整理

識別情感具正負情感的識別系統，運用李可特式（Likert Scale）的分類：正向、負面、中立或混合。正向的字詞會附加到正向（當文本表明幸福、熱情與善良等，會被歸類為正向情感）。否定句帶有負向（悲傷、仇恨、暴力與歧視等時，會被歸類為負向情感）。沒有暗示的被歸類為中立情感，正負兼具的則為混合。只是目前尚無法識別以下：諷刺語（sarcasm）、雙重否定語、俚語（slang）、方言變體（dialect variations）、成語（idioms）與模稜兩可語（ambiguity）（劉世閔，2018c）。由於各地語言形式有其特殊性與地域性，特別是博大精深的中文體系，只能概略呈現文本內容的語氣。

參加者姓名是指若焦點團體文檔中有多個參與者，可為每位參與者自動創建案例，並在該案例下編碼屬性與屬性值。

使用材料來源結構或樣式可用 Nvivo 軟體對訪談的逐字稿進行編碼，例如設定標題 1 或標題 2 等樣式來區分逐字稿的訪談題目與回答，掌握訪談大綱題目的段落。

使用現有的編碼模式旨在加快大量文本內容的編碼過程，NVivo 將每個文本段落（如句子或段落）與已編碼到現有節點的內容進行比較。如果文本段落的內容與已編碼到節點的內容相似，則文本段落將被編碼到該節點中。

NVivo 提供簡體中文、美、英、法、德、日、葡萄牙（巴西）與西班牙（墨西哥）等八種語言（劉世閔，2018c）。整合團隊成員各自負責的項目內容，運用代碼簿檢視編碼一致性，每位用戶可用顏色區辨，目前已增加伺服器等雲端技術，逐漸克服遠端或整合型計畫的研究需要，有利於跨國與團隊合作，具有精確、省事、省時、利於團隊成員分享、易於檢核、呈現多元觀點與運用代碼簿（Codebook）或編碼比較（Coding Comparison）來協助三角校正。

質性研究是多元方法的研究，Sovacool 等人（2020）指出，運用混合或多元方法可提高三角校正、嚴謹性與有效性，Denzin（1989）建議用多元資料、研究者、理論與方法來進行三角校正。Ely 等人（1991）建議，質性研究需要同儕審查者（peer reviewer/auditor）的詰問以提升可靠性與洞察力，也可利用不同種類的資料與方法（例如觀察、訪談或文檔之間）來相互檢視、校正，降低偏見、提升資料的眞實性。NVivo 可提供編碼比較來比較同儕編碼的一致性、不一致性與 Kappa 係數，進行三角校正。

伍 結論與省思

臺灣質性研究的發展趨勢不再局限於文本資料。多元資料與網路世界的現場已經在疫情間獲得見證，隨著 ICT 不斷進化，質性資料的處理速度不斷加快，方式更趨多元，但海量線上資料的驗證與審查也會對數位質性研究產生相對的衝擊：

一、結論

質量研究從分立到混合，研究方法越趨多元，具有十大關鍵要素的質性研究，在 ICT 發展時代扮演日益重要的角色。攝影是民族誌學者常用工具，數位多媒體與網路資料的納入，電影、動畫或繪畫均可成爲研究素材，讓影像發聲法、網路民族誌與 QDAs 在數位質性研究上迅速發展。

本研究透過 XMind 與 NVivo 的圖將複雜的概念圖形化，圖解下列方法的淵源、發展趨勢、代表人物、操作手法與研究程序。

影像發聲法用影像與文字爲弱勢發聲，影像當成發生的媒介，強調弱勢族群培力與反思，研究不只限制於學術象牙塔內，透過影像發聲，增能與介入地方實踐。

網路民族誌以研究網路社群行爲爲研究重點，強調合作、參與、把網路世界當現場。運用質量方式在社交媒體與網路社群的研究手法，幫助研究者增強對網民需求，動機和隨後行爲的了解。

NVivo 結合多元 APPs，可協助詞頻分析、撰寫、備忘錄及寫作。不必像以往手工剪輯與張貼等技術，讓繁重的分析工作更有效率，讓研究省卻不少時間來處理繁雜的資料。

二、省思

人和人間的眞摯互動是難以取代的，但 COVID-19 疫情期間，保持社交距離是必要手段，3C 科技產品日新月異，催化線上研究的可能，視覺文本、影像成爲數位質性研究的必需品，只是躲在電腦幕後的虛實與眞僞需要深究？

㈠網路社群的公開與私下

網上公開貼文或是其轉貼匿名發言是公開還是私下？網路族群與空間是否屬於公開場域？網際網路上蒐集資料照理說是法律與倫理的正當性，然而，爲了研究，可任意擷取公開的網站與粉絲頁？網路族群的對話是否具有共享秘密的特質，他人可以隨意擷取公開使用？線上隱藏身分的研究，是否具有正當性？公私領域的模糊的網路世界如何界定個體隱私或群體隱私？

㈡假消息與網路謠言的查證困難

網際網路衝擊現代生活，它具有虛擬、社會動性與私密化（唐士哲，2004）、特殊性與普遍性，加上網路世界可以化名或　名，網路發言有言論免責豁免權？眞實與虛擬互存的網路世界，網路世界虛假帳戶、網路謠言與假消息充斥，要如何區辨訊息眞假？如欲運用網路資料，研究者宜善盡校正職責。

㈢數位落差現象讓弱勢更弱

Denissen 等人（2012）指出，網際網路的訪談和使用分布不均，在特權和弱勢的社會經濟群體與國家之間存在著實質性的數位落差。因此，電腦與網際網路的有無，使性別、族群、企業與教育等研究產生極大變化也造成數位落差現象。

㈣粉絲與酸民意見可當研究素材？

粉絲與酸民（troll）意見可當研究素材？數位技術在日常生活中已廣泛應用，網路具有時空壓縮性，跨越性、快速性、匿名性、情緒性、變化性與流動性，訊息的同溫層化、多層次串聯性讓傳播速快，但也形塑粉絲與酸民。Kozinets 對 1990 年代粉絲文化研究，使他意識到粉絲文化對線上討論的歡迎程度（Costello et al., 2017）。粉絲對社群的輸誠、發聲與運作，構成相互取暖的同溫層現象。Gruzd 與 O'Bright（2016）指出，垃圾郵件發送者，虛假帳戶和酸民是社交媒體數據收集中普遍存在問題。

網路世界易有假消息與酸民：一個「其眞實意圖是出於娛樂目的而造成破壞和／或引發或加劇衝突的人」（Hardaker, 2010, p. 237）。有些酸民只要不合己意，猛發酸文，用詞尖酸刻薄、帶有情緒、嘲笑或謾罵，不在乎事情對錯，負責爆料與帶風向，舉言論自由之大纛，卻行霸凌之實，製造線上仇恨，暗／按鍵傷人，但這些言詞可代表網路輿論？

儘管對酸民及其活動普遍持否定態度，但酸民文化在很大程度上承擔了網際網路上許多最具創造和迷因普及（Bernstein et al., 2011）。因此，酸民是網際網路上最易識別和廣泛臨時欺騙手段者，可能會出現在任何大型社交媒體中（Yang, Quan-Haase, Nevin, & Chen, 2016）。由於群組的開放性，大多數群組創建討論線程，讓群組成員之間進行了有關如何處理酸民的持續討論，加入群組的用戶發表了不當評論或評論，會公開質疑該群組的目標，或者與另一群組成員展開口頭鬥爭（Gruzd & O'Bright, 2016），他們會邀請新成員加入聊天頻道，並不斷向該頻道發送垃圾郵件，帶來麻煩。

㈤軟體的支配性

透過軟體的確讓質性分析工作精準且迅速，但 Weitzman（2003）提出數個問題來反省 QDAs：1. 軟體會支配方法論？2. 研究的新手該先動手作分析？3. 軟體會影響研究的嚴謹性？一致性？雖然 NVivo 功能強大，但不該被迷信成無所不能，如同劉世閔、王爲國（2007）提出使用電腦軟體之爭議，包括：窄化分析的方法，將質性分析方法變成一元化、研究對象身份易遭暴露、支配研究方法、忽略深度的分析、學習電腦軟體的時間與成本、電腦邏輯與現場現象對眞的解釋等。因此，建議研究者善於運用軟體處理數位質性資料，而非被軟體所支配，把軟體當成無上命令，進而宰制研究者的思維。

參考文獻

吳靜怡（2014）。**資訊不對稱觀點論醫療人員與情境脈絡相互依存之研究：網路民族誌法**（未出版的碩士論文）。桃園：國立中央大學資訊管理學系。

唐士哲（2004）。民族誌學應用於網路研究的契機、問題，與挑戰。**資訊社會研究，6**，59-90。

孫溧（2016）。思維導圖與藝術設計。**美術教育研究，23**，62-63。

郭玉霞、洪梓榆（2009）。報告的撰寫。載於郭玉霞（編），**質性研究資料分析：Nvivo 8活用寶典**（頁349-360）。臺北：高等。

郭玉霞（2009）。質性研究的基本概念。載於郭玉霞（編），**質性研究資料分析：Nvivo 8活用寶典**（頁5-26）。臺北：高等。

鈕文英（2021）。**質性研究方法與論文寫作**（三版）。臺北：雙葉。

黃文琴（2015）。心智圖在小學語文中段習作教學中的應用。**考試週刊，19**，41-41。

廖俞青（2010）。**臺中縣國民小學教師專業社群與專業發展關係之研究**（未發表的碩士論文）。臺中市：中臺科技大學文教事業經營研究所。

劉世閔（2005）。教育研究法：影音資料分析。**教育研究月刊，135**，134-135。

劉世閔（2006）。質性研究的分析方式。載於劉世閔（編），**質性研究資料分析與文獻格式之運用：以QSR N6與End Note 8爲例**（頁163-220）。臺北：心理。

劉世閔（2013）。NVivo 10在學校行政質性研究之運用：以「校長處理學校人情世故之訪談」一案爲例。**教育理論與實踐學刊，28**，77-120。

劉世閔（2016）。**當豬籠粄遇上阿拜：森林國中的教育奇譚與紀實**。高雄：昶景。

劉世閔（2018a）。NVivo 11 Plus的社交網絡分析在個案研究之運用：以七次國編版國語教科書的負面人物爲例。**臺灣教育評論月刊，7**(1)，317-335。

劉世閔（2018b）。寇或帝？李自成在兩岸社會領域教科書的形象呈現及其意識形態分析。**高雄師大學報，45**，65-90。

劉世閔（2018c）。NVivo 11 Plus的圖在小學教師行動研究上的增能。發表於杭州師範大學主辦**海峽兩岸卓越小學教師教育改革高端論壇**，杭州，杭州師範大學教育學院。

劉世閔（2021）。NVivo R. 1.4.1代碼簿在整合型質性研究之運用。**臺灣教育研究期刊，2**(4)，331-353。

劉世閔、王爲國（2007）。質性研究電腦輔助分析軟體之發展趨勢與爭議。載於劉世閔（編），**質性研究e點通**（頁3-24）。高雄：麗文。

劉世閔、李志偉（2014）。**數位化質性研究：NVivo 10圖解與應用**。臺北：高教。

潘淑滿（2003）。**質性研究：理論與應用**。臺北：心理。

Abolhasani, M., Oakes, S., & Oakes, H. (2017). Music in advertising and consumer identity: The search for Heideggerian authenticity. *Marketing Theory*, *17*(4), 473-490. https://doi.org/10.1177/1470593117692021

Agostinho, S. (2005). Naturalistic inquiry in e-learning research. International *Journal of Qualitative Methods*, *4*(1), 1-13. https://doi.org/10.1177/160940690500400102

Alinejad, D., Candidatu, L., Mevsimler, M., Minchilli, C., Ponzanesi, S., & Van der Vlist, F. N. (2019). Diaspora and mapping methodologies: tracing transnational digital connections with ‘mattering maps’. *Global Networks-a Journal of Transnational Affairs*, *19*(1), 21-43. https://doi.org/10.1111/glob.12197

Andreasson, J., & Johansson, T. (2013). Female fitness in the blogosphere: Gender, health, and the body. *Sage Open*, *3*(3), 2158244013497728. https://doi.org/10.1177/2158244013497728

Appleton, J. V. & King, L. (2002). Journeying from the philosophical contemplation of constructivism to the methodological pragmatics of health services research. *Journal of Advanced Nursing, 40*(6), 641-648. https://doi.org/10.1046/j.1365-2648.2002.02424.x.

Ardrey, J., Desmond, N., Tolhurst, R. & Mortimer, K. (2016). The Cooking and Pneumonia Study (CAPS)in Malawi: A nested pilot of photovoice participatory research methodology. *Plos One*, *11*(6), 1-18. doi: 10.1371/journal.pone.0156500

Arestedt, L., Benzein, E., Persson, C., Ramgard, M., & Midwifery, B. (2016). A shared respite--The meaning of place for family well-being in families living with chronic illness. *International Journal of Qualitative Studies on Health and Well-Being*, *11*, 1-10. doi:10.3402/qhw.v11.30308

Bai, X., Lai, D. W. L., & Liu, C. (2020). Personal care expectations: Photovoices of Chinese ageing adults in Hong Kong. *Health & Social Care in the Community*, *28*(3), 1071-1081. https://doi.org/https://doi.org/10.1111/hsc.12940

Barker, M. (2018). How shall we measure our progress? on paradigms, metaphors, and meetings in audience research. *Television & New Media*, *20*(2), 130-141. doi:10.1177/1527476418813441

Beneito-Montagut, R., Begueria, A., & Cassián, N. (2017). Doing digital team ethnography: being there together and digital social data. *Qualitative Research*, *17*(6), 664-682. https://doi.org/10.1177/1468794117724500

Bernstein, M. S., Monroy-Hernandez A., Harry D., André P., Panovich K. and Vargas, G. (2011). 4chan and/ b/: An Analysis of Anonymity and Ephemerality in a Large Online Community. In Proceedings of the Fifth International AAAI Conference on Weblogs and Social Media, pp. 50-57.

Bisung, E., Elliott, S. J., Abudho, B., Schuster-Wallace, C. J., & Karanja, D. M. (2015). Dreaming of toilets: Using photovoice to explore knowledge, attitudes and practices around water-health linkages in rural Kenya. *Health & place*, *31*, 208-215.

Bogdan, R. C., & Biklen, S. K. (2003). *Qualitative research for education:An introduction to theory and methods* (4th ed.). Boston: Allyn & Bacon.

Brennan, L., Fry, M. L., & Previte, J. (2015). Strengthening social marketing research: Harnessing "insight" through ethnography. *Australasian Marketing Journal (AMJ)*, *23*(4), 286-293. https://doi.org/https://doi.org/10.1016/j.ausmj.2015.10.003

Bust, P. D., Gibb, A. G. F., & Pink, S. (2008). Managing construction health and safety: Migrant workers and communicating safety messages. *Safety Science*, *46*(4), 585-602. https://doi.org/https://doi.org/10.1016/j.ssci.2007.06.026

Castillo-de Mesa, J., & Gomez-Jacinto, L. (2020). Connectedness, engagement, and learning through social work communities on LinkedIn. *Psychosocial Intervention*, *29*(2), 103-112. https://doi.org/10.5093/pi2020a4

Castleden, H., & Garvin, T. (2008). Modifying Photovoice for community-based participatory Indigenous research. *Social science & medicine*, *66*(6), 1393-1405. https://doi: 10.1016/j.socscimed.2007.11.030

Catalani, C. & Meredith M. (2010). Photovoice: A review of the literature in health and public health. *Health Education & Behavior*, *37* (3), 424-451. https://doi:10.1177/1090198109342084

Chakraborty, U., & Bhat, S. (2017). Effect of credible reviews on brand image: A mixed method approach. *IIM Kozhikode Society & Management Review*, *7*(1), 13-22. https://doi.org/10.1177/2277975217733873

ChanLin, L. J. (2015). Tablet reading service for college students. *Procedia - Social and Behavioral Sciences*, *197*, 231-235. https://doi.org/https://doi.org/10.1016/j.sbspro.2015.07.129

Cherif, E., Martin-Verdier, E., & Rochette, C. (2020). Investigating the healthcare pathway through patients' experience and profiles: Implications for breast cancer healthcare providers. *Bmc Health Services Research*, *20*(1), 1-11. https://doi.org/10.1186/s12913-020-05569-9

Clements, K. (2012). Participatory action research and photovoice in a psychiatric nursing/clubhouse collaboration exploring recovery narrative. *Journal of Psychiatric and Mental Health Nursing*, *19*(9), 785-791. https://doi.org/10.1111/

j.1365-2850.2011.01853.x

Costello, L., McDermott, M. L., & Wallace, R. (2017). Netnography: Range of practices, misperceptions, and missed opportunities. *International Journal of Qualitative Methods*, *16*(1), 1609406917700647. https://doi.org/10.1177/1609406917700647

Daley, B. J., & Torre, D. M. (2010). Concept maps in medical education: an analytical literature review. *Medical Education*, *44*(5), 440-448. https://doi.org/10.1111/j.1365-2923.2010.03628.x

Denissen, J., Neumann, L. & van Zalk, M. (2012). How the internet is changing the implementation of traditional research methods, people's daily lives, and the way in which developmental scientists conduct research. In Hughes, J. (Ed.), *Sage internet research methods* (pp. 195-220). Sage, https://www.doi.org/10.4135/9781446268513

Denzin, N. K. (1989). *The research act* (3rd ed.). Englewood Cliff, NJ: Prentice Hall.

Ely, M., Anaul, M., Freidman, T., Garner, D., & Steinmetz, A. (1991). *Doing qualitative research: Circles within circles*. New York, NY: Falmer.

Fantini, E. (2017). Picturing waters: A review of photovoice and similar participatory visual research on water governance. *WIREs Water*, *4*(5), 1-16. https://doi.org/https://doi.org/10.1002/wat2.1226

Fletcher, M., Erkoreka, A., Gorse, C., Martin, K., & Sala, J. M. (2015). Optimising test environment and test set up for characterizing actual thermal performance of building components and whole buildings. *Energy Procedia*, *78*, 3264-3269. https://doi.org/https://doi.org/10.1016/j.egypro.2015.11.715

Genuis, S. K., Willows, N., Nation, A. F., & Jardine, C. (2015). Through the lens of our cameras: Children's lived experience with food security in a Canadian Indigenous community. *Child: Care, Health and Development*, *41*(4), 600-610. https://doi.org/https://doi.org/10.1111/cch.12182

Glaser, B. G. (1978). *Theoretical sensitivity: Advances in the methodology of grounded theory.* Mill Valley, CA: Sociology Press.

Gruzd, A. & O'Bright, B. (2016). Big data and political science: The case of vkontakte and the 2014 euromaidan revolution in ukraine. In The Sage *Handbook of social media research methods* (pp. 645-661). Sage, https://www.doi.org/10.4135/9781473983847

Guba, E. G., & Lincoln, Y. S. (1989). *Fourth generation evaluation.* Newbury Park, CA: Sage.

Hallowell, M. R., & Yugar-Arias, I. F. (2016). Exploring fundamental causes of safety challenges faced by Hispanic construction workers in the US using photovoice. *Safety Science*, *82*, 199-211. https://doi.org/10.1016/j.ssci.2015.09.010

Hardaker, C. (2010). Trolling in asynchronous computer-mediated communication: From user discussions to academic definitions. *Journal of Politeness Research*, *6*(2), 215-242. https://doi.org/doi:10.1515/jplr.2010.011

Heidelberger, L., & Smith, C. (2015). The food environment through the camera lenses of 9- to 13-year-olds living in urban, low-income, midwestern households: A photovoice project. *Journal of Nutrition Education and Behavior*, *47*(5), 437-445.e431. https://doi.org/http://dx.doi.org/10.1016/j.jneb.2015.05.005

Herrington, O. D., Clayton, A., Benoit, L., Prins-Aardema, C., DiGiovanni, M., Weller, I., & Martin, A. (2021). Viral time capsule: A global photo-elicitation study of child and adolescent mental health professionals during COVID-19. *Child and Adolescent Psychiatry and Mental Health*, *15*(1), 1-18. https://doi.org/10.1186/s13034-021-00359-5

Higgins, M. (2016). Placing photovoice under erasure: A critical and complicit engagement with what it theoretically is (not). *International Journal of Qualitative Studies in Education*, *29*, 1-16. https://doi.org/10.1080/09518398.2016.1145276

Hockin-Boyers, H., Pope, S., & Jamie, K. (2021). #gainingweightiscool: The use of transformation photos on Instagram among female weightlifters in recovery from eating disorders. *Qualitative Research in Sport Exercise and Health*, *13*(1), 94-112. https://doi.org/10.1080/2159676x.2020.1836511

Horster, E., & Gottschalk, C. (2012). Computer-assisted webnography: A new approach to online reputation management in tourism. *Journal of Vacation Marketing*, *18*, 229-238. https://doi:10.1177/ 1356766712449369

Katagall, R., Dadde, R., Goudar, R. H., & Rao, S. (2015). Concept mapping in education and semantic knowledge representation: An illustrative survey. *Procedia Computer Science*, *48*, 638-643. https://doi.org/https://doi.org/10.1016/j.procs.2015.04.146

Kozinets, R. V. (1998). On netnography: Initial reflections on consumer research investigations of cyberculture. *Advances in Consumer Research*, *25*(1), 366-371.

Kozinets, R. V. (2010). *Netnography, doing ethnographic research online*. London, England: Sage.

Kozinets, R. V. (2012). The method of netnography. In J. Hughes (Ed.), *Sage internet research methods* (pp. v3-101-v2-118). Sage, https://www.doi.org/10.4135/9781446268513

Kozinets, R. V. (2017). Netnography: radical participative understanding for a networked communications society. In C. Willig & W. Rogers(Eds.), The Sage Handbook of qualitative research in psychology (pp. 374-380). London: Sage. doi: 10.4135/9781526405555

Kuhn, T. (1962). *The structure of scientific revolutions*. Chicago: University of Chicago Press.

Lee, J. P., Pagano, A., Kirkpatrick, S., Le, N., Ercia, A., & Lipperman-Kreda, S. (2017). Using photovoice to develop critical awareness of tobacco environments for marginalized youth in California. *Action Research*, *17*(4), 510-527. https://doi.org/10.1177/1476750317741352

Lincoln, Y. S., & Guba, E. G. (1985). *Naturalistic inquiry*. Newbury Park, CA:

Sage.

Mathison, S. (2005). Concept mapping. In S. Mathison (Ed.), *Encyclopedia of evaluation* (pp. 73-74). Thousand Oaks. CA: Sage. doi: 10.4135/9781412950558.n93

Maxwell, J. A. (1996). *Qualitative research design: An interactive approach.* CA: Sage.

Mehran, N., Hajian, S., Simbar, M., & Majd, H. A. (2020). Spouse's participation in perinatal care: a qualitative study. *Bmc Pregnancy and Childbirth*, *20*(1), 489. https://doi.org/10.1186/s12884-020-03111-7

Mitchell, C. (2011). *Doing visual research.* Los Angeles, CA: Sage.

Murthy, D. (2012). Digital ethnography: An examination of the use of new technologies for social research. In J. Hughes (Ed.), *Sage internet research methods* (pp. v3-53-v2-70). Sage. https://www.doi.org/10.4135/9781446268513

Ozanne, J. L., Moscato, E. M., & Kunkel, D. R. (2013). Transformative photography: Evaluation and best practices for eliciting social and policy changes. *Journal of Public Policy & Marketing*, *32*(1), 45-65. https://doi.org/10.1509/jppm.11.161

Richards, T. J., & Richards, L. (1998). Using computer in qualitative research. In N. K. Denzin & Y. Lincoln (Eds.), *Collecting and interpreting qualitative materials* (pp. 211-245). Thousand Oaks, CA: Sage.

Riley, R. G., & Manias, E. (2004). The uses of photography in clinical nursing practice and research: A literature review. *Journal of Advanced Nursing*, *48*(4), 397-405. https://doi.org/10.1111/j.13 65-2648.2004.03208.x

Sitter, K. C., & Mitchell, J. (2019). Perceptions of paratransit accessibility among persons with disabilities: An adapted photovoice study. *Health Promotion Practice*, *21*(5), 769-779. https://doi.org/10.1177/1524839919888484

Skoy, E., & Werremeyer, A. (2019). Using photovoice to document living with mental illness on a college campus. *Clinical Medicine Insights: Psychiatry*, *10*, 1-6. https://doi.org/10.1177/1179557318821095

Sovacool, B. K., Hess, D. J., Amir, S., Geels, F. W., Hirsh, R., Rodriguez Medina, L., Miller, C., Alvial Palavicino, C., Phadke, R., Ryghaug, M., Schot, J., Silvast, A., Stephens, J., Stirling, A., & Turnheim, B. (2020). Sociotechnical agendas: Reviewing future directions for energy and climate research. *Energy Research & Social Science*, *70*, 1-35. https://doi.org/https://doi.org/10.1016/j.erss.2020.101617

Strauss, A. & Corbin, J. (1998). *Basics of qualitative research: Techniques and procedures for developing grounded theory* (2nd ed.). Thousand Oaks, CA: Sage.

Trochim, W. (1989). An introduction to concept mapping for planning and evaluation. *Evaluation and Program Planning*, *12*(1), 1-16. http://dx.doi.org/10.1016/0149-7189(89)90016-5.

Wang, C. C. (1999). Photovoice: A participatory action research strategy applied to women's health. *Journal of women's health*, *8*(2), 185-192.

Wang, C. C. (2003). Using photovoice as a participatory assessment and issue selection tool. *Community based participatory research for health*, *1*, 179-196.

Wang, C. C., & Burris, M. A. (1997). Photovoice: Concept, methodology use for participatory assessment. *Health, Education and Behaviour*, *24*(3), 369-387. https://doi.org/10.1177/109019819702400309

Wang, C. C., & Burris, M. A. (1994). Empowerment through photo novella: Portraits of participation. *Health Education Quarterly*, *21*(2), 171-186. https://doi.org/10.1177/109019819402100204

Weitzman, E. A. (1999). Analyzing qualitative data with computer software. *Health Services Research*, *34*(5), 1241-1263.

Yang, S., Quan-Haase, A., Nevin, A. & Chen, Y. (2016). The role of online reputation management, trolling, and personality traits in the crafting of the virtual self on social media. In L. Sloan & A. Quan-Haase (Eds.). *The Sage Handbook of social media research methods* (pp. 74-89). Sage, https://www.doi.org/10.4135/9781473983847

跋—教育研究趨勢的分析與開展

拜讀精心撰寫的十七章鴻文後，對我國教育各個領域近年來的研究趨勢，有更深入的了解；展望未來的前景，也有更明確的指引，著實獲益良多。在敬佩各章作者的盡心及費心，精當掌握方向，精巧安排架構，精湛分析文獻，精準運用文字，精闢闡釋見解，精確指引前景之餘，嘗試粗略綜合分析各章的梗概，謭陋提出後設分析的開展，以爲讀書心得。或許可算是「次級的後設分析」；亦即，對各章元級後設分析的後設分析。

壹、各章內涵綜合分析

限於書本的頁寬，無法將所有的分析項目羅列於同一表內，因而，拆分爲三表：合著人數、特定主題、界定範疇、分析期間與時期；文獻類型及篇數；以及，分析方式及技術等。以下就作者人數及專業背景、分析主題及範疇探討、分析期間及劃分時期、文獻類型及蒐集篇數、分析方式及運用技術、其他分析項目及特色等六項，分別說明分析的內容。

一、作者人數及專業背景

本書的十七章中有五章爲合著（詳見表1「合著人數」欄），約爲三成。合著各章的作者人數爲2-4位，平均2.6位；全書則爲平均每章1.47位。

單一作者的各章，均由各教育領域的知名資深優秀學者著述。由合著各章作者的專業背景研判，全爲相同學術領域的專家合作撰稿，且由1位資深優秀方家帶領1-3位較年輕的學者一起探究。此種合作方式，當有助於提升年輕學者的分析知能，累積後設分析的研究經驗。

表1　合著人數、特定主題、界定範疇、分析期間與時期

篇章＼項目	合著人數	特定主題	界定範疇	分析期間	時期
各級各類教育					
1. 幼兒教育				2000-2020	10
2. 初等教育		學校科目		2011-2021	
3. 中等教育				2011-2021	

（續前頁）

篇章＼項目	合著人數	特定主題	界定範疇	分析期間	時期
4. 高等教育		財政		1991-2020	5
5. 技職教育	2			2001-2020	5
6. 特殊教育	3	「學」	範疇演變		
7. 終身學習			範疇演變	(1990-)	
8. 國際教育			範疇與觀點 國際趨勢	2006-2021	3
9. 實驗教育	2		範疇與觀點	(2014-)	
教育學理與實務					
10. 教育心理	4			2005-2021	5
11. 教育行政	2			（近 20 年）	
12. 課程媒材		核心素養		2005-2013	
13. 測驗評量				2001-2021	
14. 教育哲學		實踐智慧 師資培育	範疇與觀點	2001-2021	
15. 比較教育			範疇與觀點 國際趨勢		
16. 資訊教育		程式設計		2001-2021	
17. 教育研究		質性研究數位化	範疇演變		

二、分析主題及範疇探討

本書的十七章中有十章，由文獻資料分析該領域的整體趨勢並提出未來的展望；另七章則針對該領域的特定主題或議題進行分析（詳見表 1「特定主題」欄）。其中，特殊教育及教育哲學二章較爲特別。第六章論述特殊教育是否及如何成爲「學」，須滿足三項重要條件：獨特對象、獨特內涵及獨特研究法。此爲教育學門已多年研討的學理範疇。論者常指出：中央研究院並無教育領域的「研究所」或「中心」，但其卻有不少非教育領域研究人員及院長，積極參與教育政策的制定及研究。第十四章則屬於科際整合的深思，論述如何將哲學領域的實踐智慧融入師資培育，以提升師資生成爲教育實踐智慧者的可能性，並分析三種師資培育取向：科學知識的應用、技藝製造的生產及德行爲本的素養。

另有七章使用相當多的篇幅，釐清該領域的研究範圍及其定義或演變，部分再綜合歸納學者的見解，並提出作者的觀點，亦有二章分析國際的發展趨勢（詳見表1「界定範疇」欄）。第八章在釐清範疇之後，據以蒐集國際教育的相關研究文獻並進行分析。對於該領域較不熟悉的研究人員而言，此做法會有相當大的助益。

三、分析期間及劃分時期

本書大多數章的內容已明確說明所蒐集文獻的出版期間（詳見表1「分析期間」欄）。各章基於分析主題既有文獻的數量及作者的分析考量，決定文獻的蒐集期間。初等教育及中等教育二章爲十年；國際教育及教育心理學爲十五年；以二十年爲期者最多，包括：幼兒教育、技職教育、測驗與評量、教育哲學及資訊教育；期間最長者爲三十年的高等教育，係因以財政爲研究主題的文獻數量較少（詳見下一小節）。部分章於文內大致說明文獻的來源及期間，部分則未提供說明。

在上述的期間內，部分章更進一步劃分爲較小段的時期，進行各期的分析，以便掌握更精確的演變趨勢，包括：幼兒教育的十年、高等教育及教育心理學的五年及國際教育的三年。其劃分並無固定或精確的規則可循，通常根據研究者的經驗及文獻數量而定。部分作者特別說明文獻數量變化的相關背景因素，有助讀者了解其緣由。例如：在教育部推動多項國際教育政策時，2009-2011 年期間相關主題的碩士論文數量也大增。

四、文獻類型及蒐集篇數

就明確列舉文獻來源及篇數的各章而論，其所使用的文獻類型，主要包括：期刊論文 9 章、博士或碩士學位論文 7 章、科技部研究計畫 3 章，以及專書 / 專書論文 2 章（詳見表 2）。其中，第十章使用 2 本教育心理領域的 TSSCI 學術期刊及 4 所教育心理相關研究所的博碩士論文，但未明確揭示篩選的標準。其他類型的文獻包括：各種政府報告書及英文文獻。第七章終身學習、第九章實驗教育及第十二章課程媒材，著重政府教育政策的相關報告書或文獻，探討政策的遞嬗及有關研究趨勢。較爲特別的是第四章，先分析高等教育財政的英文文獻 1,721 篇，再分析國內的 104 篇，並加以討論。另有數章則引用英文文獻的內容，但未進行篇數分析。

至於各章所分析文獻篇數的差異非常大，從最少的 5 篇到最多 8,136 篇。少部分章則未明確說明所蒐集文獻的來源及篇數。此外，第十六章以作者教導高中生及大學生程式設計的親身經驗，提供程式設計教學的建議。

表 2　文獻類型及篇數

篇章＼類型	期刊論文	學位論文	科技部研究計畫	專書／專書論文	其他
各級各類教育					
1. 幼兒教育	518	2,484	468		
2. 初等教育	48	23	28		
3. 中等教育	1,173	6,906		57	
4. 高等教育	104				英文文獻 1,721
5. 技職教育		774			
6. 特殊教育					
7. 終身學習					政府報告 英文文獻
8. 國際教育	192	262		10	
9. 實驗教育	（2014後）	（近五年）			監察院報告 1
教育學理與實務					
10. 教育心理	844/2*	1,843/4^			
11. 教育行政					文獻
12. 課程媒材					政府主導委託研究報告 5
13. 測驗評量		1,176			
14. 教育哲學	2,842#				
15. 比較教育					文獻
16. 資訊教育	23	7	311		英文文獻 教學經驗
17. 教育研究	666				英文文獻

*2 本教育心理領域的 TSSCI 學術期刊。

^4 所教育心理相關研究所的博碩士論文。

未剔除各資料庫所蒐集文獻的重複篇數。

五、分析方式及運用技術

雖然名稱不一，但各章最普遍使用的分析方法爲內容分析法（詳見表3「內容分析法」欄)。部分章未說明使用的分析方法，不過，由文章的內容判斷，大致屬於此類。在內容分析法之外，有三章使用文獻計量學(bibliometrics)及其分析技術(詳見表3「文獻計量學」欄)，並以軟體繪圖呈現分析結果。不過，該詞亦有譯爲「書目計量法」。前述二者之外，另有使用其他的分析方法或軟體。

表3　分析方式及技術

篇章＼方式	內容分析法	文獻計量學	其他
各級各類教育			
1. 幼兒教育	內容分析法		
2. 初等教育	量化內容分析 質性探討		
3. 中等教育	文件分析		
4. 高等教育		知識圖譜 關鍵詞共現 突現檢測	
5. 技職教育	內容分析法	共詞分析法	社會網絡分析法
6. 特殊教育			
7. 終身學習			
8. 國際教育	內容分析法		
9. 實驗教育	文獻調查法		
教育學理與實務			
10. 教育心理	內容分析法	書目計量法	中文斷詞系統
11. 教育行政			
12. 課程媒材			
13. 測驗評量	內容分析法		
14. 教育哲學			
15. 比較教育			
16. 資訊教育			
17. 教育研究	文獻分析法		Endnote XMind NVivo

六、其他分析項目及特色

除了前述三個表所分析的五個項目外，編者亦製表及分析各章的分析類別及項目數量（諸如：關鍵詞、篇名詞彙、分析類數、研究主題等）、研究對象及研究類型（諸如：研究群體、研究類型、研究方法等）、研究趨勢及未來展望等。不過，考量其性質與各章的領域屬性有密切關聯，各自著重的項目不一，不似前五項較具共同性，因而不在此陳述。

不過，部分章的分析項目較爲細緻，除了根據分析類別進行各大類的單獨分析外，更進一步提供各類交叉的分析結果，以呈現更詳細及可能在大類中消失或容易忽略的趨勢。例如：第三章分析：篇／文獻類型／教育階段／關鍵詞、篇／文獻類型／教育階段／研究方法、學校類型 X 關鍵詞、關鍵詞 X 研究方法、學校類型 X 研究方法。第四章分析：篇／時期／國地區（英文文獻）、核心議題。第五章分析：篇／時期／校系所。第八章分析；篇／時期／文獻類型／教育階段、篇／時期／分析類別／教育階段。此等分析方式，可供未來研究者參考。

貳、後設分析的開展

後設分析是相當重要，但在國內相對較少運用的研究方法。在研究法的書籍或論文中，可以找到後設分析的不少優點，而且對理論與實務也可提供相當多的助益。其分析方法及技術已非常成熟，且有許多研究法的書籍可供參考。在編者待回收的書堆中，便找到兩本 1990 年代取得的專書（Rosenthal, *Meta-analytic procedures for social research* 及 Cooper, *Integrating research: A guide for literature reviews*）。本書十七章中更有不少運用較新的分析技術，深究教育研究的趨勢，並提出未來發展的展望。根據研讀本書的學習心得，以及前節的分析內容，以下撮述五點教育領域開展後設分析的建議：敦請學者以科際整合、掌握整體及剖析主題、博覽文獻且周延析述、善用方法並綿密分析、發行期刊及出版專書等。

一、敦請學者以科際整合

教育各個領域的學者較少從事後設分析，長期投入者更少。以本書爲例，還有不少領域尚未包括在內，例如：師資培育、教育史學、教育社會學、教學與學習、…… 等等。因此，學界還需要繼續鼓勵投入，激勵合作，勉勵發表。

除了學者個人的努力，更可以由同一領域的學者組成研究社群，在共同探討後，使用相同的分析方法及技術，分析領域內的各項主題，在短期內合著爲專書。亦可由一位學者或一個研究團隊，長期逐一分析領域內的各個主題。再者，近年隨著學術的推展動向，科際整合研究益形重要，研究社群宜邀請不同領域的學者共同合作，從不同的觀點協同進行研究，以增廣研究視野。

二、掌握整體及剖析主題

本書各章的分析範圍可概分爲二類，一爲某一教育領域的整體分析，另爲某領域特定主題的剖析。二者各有重要的研究貢獻，均值得持續推展。研究人員可以先掌握其領域的整體動向，再深入分析各個主題或議題；也可以持續鑽研某個主題或議題，成爲最精深的專家。編者過去便曾與許育健先整體分析課程領域的趨勢（臺灣課程研究趨勢分析與比較：1994-2003），再針對其中的課程理論加以探究（誰說的話？說誰的話？—— 臺灣課程理論研究的回顧與展望）。

三、博覽文獻且周延析述

文獻資料庫的建立及科技進步，使得文獻的取得非常便利。因此，研究人員進行後設分析時，宜在界定研究範圍後，廣泛蒐集適用的文獻，並詳細閱讀及交互檢證。由前節「文獻類型及蒐集篇數」及表 2 的分析可知，本書各章使用多種文獻類型的情形。不同類型的文獻，各具研究價值；不過，由於文獻作者的學術經歷及聲望不同，各類出版方式發行前的審查機制互異，其研究嚴謹程度有所差異。即使同爲學術期刊，審查方式及嚴謹度仍有期刊間的差異。因此，研究人員在選擇文獻類型時，需要審愼考量，盡可能避免偏失；在分析文獻時，也要仔細加以評估及因應。甚至需要先訂定篩選的標準，並於文中提醒讀者，其分析及推論的可能限制。

四、善用方法並綿密分析

後設分析可以運用的方法及技術相當多。本書有不少作者運用較新的分析技術，進行探究及呈現分析結果，並對趨勢及展望分別提出具體的結論及建議。不過，傳統後設分析的統計技術，並未受到本書各章作者的青睞，未用於分析實徵研究的結果。未來可以考慮邀集學者，在討論後，使用相同的分析方法及技術，探究教育的各個領域，以提供讀者教育領域更全面的研究內涵。相對的，也可以針對同一主題，使用不同的分析方法及技術，進行各個面相的分析，有助讀者更整全充分的認識。

五、發行期刊及出版專書

美國教育研究學會在 1931 年開始發行的《教育研究評論》（*Re-*

view of Educational Research）季刊，專門出版對各類研究文獻進行分析及評論的文章。目前我國尚無後設分析的專屬期刊；不過，教育領域的各種期刊，並不排斥刊登後設分析的文章。有識者可建議各期刊訂定後設分析的相關主題，鼓勵學者投入後設分析的行列。

國內過去似乎尚無後設分析的教育專書。本節的第一項建議如有促成的機會，則會出版不少後設分析的專著。研究人員可以參考 Hattie 的做法，分析八百多篇有關學習成效的研究後，出版專著（*Visible learning: A synthesis of over 800 meta-analyses relating to achievement*）。再者，教育各個領域的研究人員亦可每隔十年或若干年，進行相同主題的後設分析，剖析該期間的教育研究趨勢與展望。

高新建

2021 年 12 月 9 日

國家圖書館出版品預行編目資料

臺灣教育研究趨勢／林佳芬, 楊智穎, 林永豐, 劉秀曦, 方瑀紳, 李隆盛, 林坤燦, 鄭浩宇, 林育辰, 張德永, 洪雯柔, 鄭同僚, 徐永康, 陳學志, 蔡孟樺, 蔡孟寧, 黃詩媛, 吳清山, 林雍智, 蔡清田, 林素微, 林建福, 沈姍姍, 賴阿福, 劉世閔合著；高新建, 林佳芬主編. -- 初版. -- 臺北市：五南圖書出版股份有限公司, 2021.12
面； 公分
ISBN 978-626-317-446-7（平裝）

1.臺灣教育 2.文集

520.933 110020523

1I5D

臺灣教育研究趨勢

主　　編 — 高新建、林佳芬

作　　者 — 林佳芬、楊智穎、林永豐、劉秀曦、方瑀紳、李隆盛、林坤燦、鄭浩宇、林育辰、張德永、洪雯柔、鄭同僚、徐永康、陳學志、蔡孟樺、蔡孟寧、黃詩媛、吳清山、林雍智、蔡清田、林素微、林建福、沈姍姍、賴阿福、劉世閔

發 行 人 — 楊榮川

總 經 理 — 楊士清

總 編 輯 — 楊秀麗

副總編輯 — 黃文瓊

責任編輯 — 李敏華

助理編輯 — 束松洋

封面設計 — 王麗娟

出 版 者 — 五南圖書出版股份有限公司

地　　址：106台北市大安區和平東路二段339號4樓

電　　話：(02)2705-5066　　傳　　真：(02)2706-6100

網　　址：https://www.wunan.com.tw

電子郵件：wunan@wunan.com.tw

劃撥帳號：01068953

戶　　名：五南圖書出版股份有限公司

法律顧問　林勝安律師事務所　林勝安律師

出版日期　2021年12月初版一刷

定　　價　新臺幣720元

經典永恆・名著常在

五十週年的獻禮——經典名著文庫

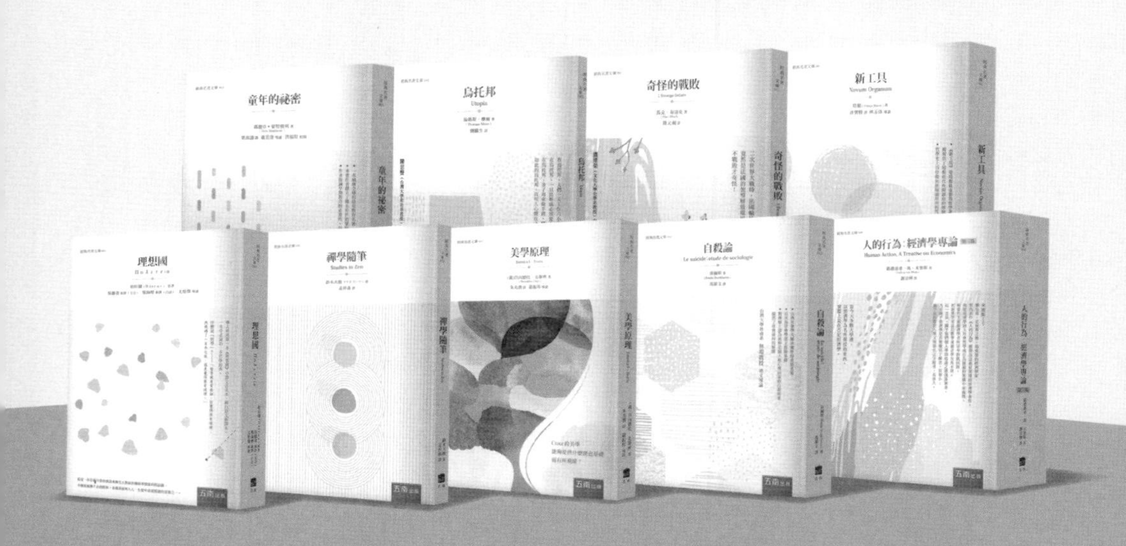

五南，五十年了，半個世紀，人生旅程的一大半，走過來了。
思索著，邁向百年的未來歷程，能為知識界、文化學術界作些什麼？
在速食文化的生態下，有什麼值得讓人雋永品味的？

歷代經典・當今名著，經過時間的洗禮，千錘百鍊，流傳至今，光芒耀人；
不僅使我們能領悟前人的智慧，同時也增深加廣我們思考的深度與視野。
我們決心投入巨資，有計畫的系統梳選，成立「經典名著文庫」，
希望收入古今中外思想性的、充滿睿智與獨見的經典、名著。
這是一項理想性的、永續性的巨大出版工程。
不在意讀者的眾寡，只考慮它的學術價值，力求完整展現先哲思想的軌跡；
為知識界開啟一片智慧之窗，營造一座百花綻放的世界文明公園，
任君遨遊、取菁吸蜜、嘉惠學子！